Der gemeinschaftsrechtliche Vorbehalt im europäischen Wettbewerbsrecht

Studien zum vergleichenden und internationalen Recht -
Comparative and International Law Studies

Herausgeber: Bernd von Hoffmann, Erik Jayme
und Heinz-Peter Mansel

Band 96

PETER LANG
Frankfurt am Main · Berlin · Bern · Bruxelles · New York · Oxford · Wien

Cordelia Faulenbach

Der gemeinschaftsrechtliche Vorbehalt im europäischen Wettbewerbsrecht

Die Herkunftslandanknüpfung der E-Commerce-Richtlinie unter dem Einfluss der Grundfreiheiten

PETER LANG
Europäischer Verlag der Wissenschaften

Bibliografische Information Der Deutschen Bibliothek
Die Deutsche Bibliothek verzeichnet diese Publikation in der Deutschen Nationalbibliografie; detaillierte bibliografische Daten sind im Internet über <http://dnb.ddb.de> abrufbar.

Zugl.: Trier, Univ., Diss., 2004

D 385
ISSN 0930-4746
ISBN 3-631-52379-3

www.peterlang.de

Meinen Eltern

Vorwort

Die vorliegende Arbeit wurde im Wintersemester 2003/2004 vom Fachbereich Rechtswissenschaft der Universität Trier als Dissertation unter dem Titel „Der gemeinschaftsrechtliche Vorbehalt zugunsten des Herkunftslandes im europäischen Wettbewerbsrecht" angenommen.

Mein Dank gilt in erster Linie meinem verehrten Doktorvater Herrn Prof. Dr. Bernd von Hoffmann, der nicht nur das Entstehen dieser Arbeit stets engagiert betreut und durch zahlreiche Anregungen unterstützt hat, sondern auch für die Aufnahme in die von ihm, Prof. Dr. Dr. h.c. mult. Erik Jayme und Prof. Dr. Heinz-Peter Mansel herausgegebene Reihe gesorgt hat. Herzlichen Dank schulde ich ihm sowie Herrn Prof. Dr. Gerhard Robbers auch für die Zeit als Wissenschaftliche Mitarbeiterin im Institut für Rechtspolitik an der Universität Trier. Herrn Prof. Dr. Walter F. Lindacher danke ich für die zügige Erstellung des Zweitgutachtens.

Gewidmet ist die Arbeit meinen Eltern, die das Entstehen dieser Arbeit jederzeit unterstützt und gefördert haben.

Köln, im März 2004

Cordelia Faulenbach

-INHALTSÜBERSICHT-

-INHALTSVERZEICHNIS-

ABKÜRZUNGSVERZEICHNIS

a.A.	andere(r) Ansicht
a.a.O.	am angegebenen Ort
ABl.EG	Amtsblatt der Europäischen Gemeinschaften
Abs.	Absatz
AfP	Archiv für Presserecht
a.F.	alte Fassung
AG	Amtsgericht
All ER	All England Law Reports
Ann Inst dr int	Annuaire de l'Institut de Droit International
Alt.	Alternative
Anh.	Anhang
Art.	Artikel
AWD	Betriebs-Berater/Außenwirtschaftsdienst
BB	Betriebsberater
Bd.	Band
BGB	Bürgerliches Gesetzbuch
BGBl	Bundesgesetzblatt
BGH	Bundesgerichtshof
BGHZ	Entscheidungen des BGH in Zivilsachen, amtliche Sammlung
BR-Drs.	Bundesratsdrucksachen
BT-Drs.	Bundestagsdrucksachen
BVerfG	Bundesverfassungsgericht
BVerfGE	Entscheidungen des Bundesverfassungsgerichts, amtliche Sammlung
bzw.	beziehungsweise
CMLR	Common Market Law Report
CML Rev.	Common Market Law Review
CR	Computer und Recht
CRi	Computer und Recht international
DB	Der Betrieb
ders.	derselbe
dies.	dieselbe(n)
Dok.	Dokument
DSWR	Datenverarbeitung, Steuer, Wirtschaft, Recht
DVBl	Deutsches Verwaltungsblatt
DZWir	Deutsche Zeitschrift für Wirtschaftsrecht
EAG	Europäische Atomgemeinschaft (EURATOM)

ECRL .... Richtlinie 2000/31/EG des Europäischen Parlamentes und des Rates vom 8. Juni 2000 über bestimmte rechtliche Aspekte der Dienste der Informationsgesellschaft, insbesondere des elektronischen Geschäftsverkehrs, im Binnenmarkt
EG .... Europäische Gemeinschaft
EGBGB .... Einführungsgesetz zum Bürgerlichen Gesetzbuch
EGKS .... Europäische Gemeinschaft Kohle und Stahl
EGV .... Vertrag zur Gründung der Europäischen Gemeinschaft
Einl. .... Einleitung
EJIL .... European Journal of International Law
ELR .... European Law Reporter
EU .... Europäische Union
EUV .... Vertrag über die Europäische Union, unterzeichnet in Maastricht am 7. 2. 1992
EuGH .... Europäischer Gerichtshof
EuGVÜ .... Brüsseler Übereinkommen über die gerichtliche Zuständigkeit und die Vollstreckung gerichtlicher Entscheidungen in Zivil- und Handelssachen vom 27. 9. 1968
EuR .... Europarecht
EuZW .... Europäische Zeitschrift für Wirtschaftsrecht
EVÜ .... Römisches EWG-Übereinkommen über das auf vertragliche Schuldverhältnisse anzuwendende Recht vom 19. 6. 1980
EWG .... Europäische Wirtschaftsgemeinschaft
EWG-Vertrag .... Vertrag zur Gründung der europäischen Wirtschaftsgemeinschaft vom 25. 3. 1957
EWS .... Europäisches Wirtschafts- und Steuerrecht
EWiR .... Entscheidungen zum Wirtschaftsrecht

f. .... folgende
ff. .... fortfolgende
Fn. .... Fußnote

GG .... Grundgesetz für die Bundesrepublik Deutschland
GRUR .... Gewerblicher Rechtsschutz und Urheberrecht
GRUR Int. .... Gewerblicher Rechtsschutz und Urheberrecht, Internationaler Teil
GWB .... Gesetz gegen Wettbewerbsbeschränkungen

Hdb.	Handbuch
h.L.	herrschende(r) Lehre
h.M.	herrschende(r) Meinung
Hrsg.	Herausgeber
hrsg	herausgegeben
HS	Halbsatz
i.d.F	in der Fassung
IPR	Internationales Privatrecht
IPRax	Praxis des Internationalen Privat- und Verfahrensrechts
i.V.m.	In Verbindung mit
JA	Juristische Arbeitsblätter
J.Trib	Journal des tribunaux
JR	Juristische Rundschau
JURA	Juristische Ausbildung
JuS	Juristische Schulung
JZ	Juristen-Zeitung
KOM	Dokumente der Kommission
K&R	Kommunikation & Recht
LG	Landgericht
lit	Litera
MDR	Monatsschrift für Deutsches Recht
MedR	Medizinrecht
MMR	Multi Media & Recht
m.w.N.	mit weiteren Nachweisen
n.F	neue Fassung
NiemZ	Niemeyer's Zeitschrift für internationales Recht; ursprünglich Zeitschrift für Internationales Privat- und Öffentliches Recht;
NILR	Netherlands international law review
NJW	Neue Juristische Wochenschrift
NJW CoR	Neue Juristische Wochenschrift Computerreport
NJW-RR	Neue Juristische Wochenschrift-Rechtsprechungsreport
Nr(n)	Nummer(n)
NVwZ	Neue Zeitschrift für Verwaltungsrecht
NZ	Österreichische Notariatszeitung, Monatsschrift für Notariat und freiwillige Gerichtsbarkeit

ÖBl. .... Österreichische Blätter für gewerblichen Rechtschutz und Urheberrecht
ÖJZ .... Österreichische Juristen-Zeitung
OLG .... Oberlandesgericht

PHi .... Haftpflicht international, Recht und Versicherung; Produkt- und Umwelthaftpflicht international
PVÜ .... Pariser Verbandsübereinkommen zum Schutz des gewerblichen Eigentums vom 20. März 1883

RabattG .... Rabattgesetz
RabelsZ .... Rabels Zeitschrift für ausländisches und internationales Privatrecht
RdA .... Recht der Arbeit
Rec des Cours .... Recueil des Cours de l'Académie de Droit International,
Rev crit d i p .... Revue critique de droit international privé
RG .... Reichsgericht
RGBl. .... Reichsgesetzblatt
RGZ .... Amtliche Sammlung der Entscheidungen des Reichsgerichts in Zivilsachen
RIW .... Recht der Internationalen Wirtschaft
RL .... Richtlinie
Rn. .... Randnummer
Rs. .... Rechtssache
Rsp. .... Rechtsprechung

S .... Satz
S .... Seite
SEW .... Tijdschrift voor Europees en economisch recht
Slg .... Sammlung der Rechtsprechung des Gerichtshofs und des Gerichts erster Instanz
st. Rsp. .... ständige Rechtsprechung

TDG .... Teledienstegesetz

u. .... und
u.a. .... und andere
UWG .... Gesetz gegen den unlauteren Wettbewerb

v. .... vom
verb. .... verbundene
VersR .... Versicherungsrecht

Vgl. .... vergleiche
VO .... Verordnung
Vorbem .... Vorbemerkung
Vol .... volume
VR .... Versicherungsrundschau
VuR .... Verbraucher und Recht

WBl .... Wirtschaftsrechtliche Blätter; Zeitschrift für österreichisches und europäisches Wirtschaftsrecht
WM .... Wertpapier Mitteilungen - Zeitschrift für Wirtschafts- und Bankrecht
WRP .... Wettbewerb in Recht und Praxis

z.B. .... zum Beispiel
ZEuP .... Zeitschrift für Europäisches Privatrecht
ZEuS .... Zeitschrift für europarechtliche Studien
ZfRV .... Zeitschrift für Rechtsvergleichung
ZHR .... Zeitschrift für das gesamte Handels- und Wirtschaftsrecht
ZIP .... Zeitschrift für Wirtschaftsrecht
ZLR .... Zeitschrift für das gesamte Lebensmittelrecht
ZPO .... Zivilprozessordnung
ZRP .... Zeitschrift für Rechtspolitik
ZRvgl .... Zeitschrift für Rechtsvergleichung
ZugabeVO .... Zugabeverordnung
ZUM .... Zeitschrift für Urheber- und Medienrecht – Film und Recht
ZVersWiss .... Zeitschrift für die gesamte Versicherungswissenschaft
ZVglRWiss .... Zeitschrift für vergleichende Rechtswissenschaft
ZZP .... Zeitschrift für Zivilprozessrecht

Einleitung und Gang der Darstellung

I. Einleitung

Innerhalb der Europäischen Gemeinschaft[1] ist eine zunehmende Internationalisierung der Handelsbeziehungen[2] zu beobachten. Waren und Dienstleistungen werden immer seltener auf dem Gebiet nur eines europäischen Mitgliedstaates vermarktet. Unternehmer bieten ihre Produkte grenzüberschreitend an; gleichzeitig decken auch Abnehmer ihren Bedarf zunehmend auf ausländischen Märkten. Bei zahlreichen Waren und Dienstleistungen entspricht der Markt, auf dem sie abgesetzt werden, dem Gebiet der gesamten Europäischen Gemeinschaft. Begünstigt wird diese Entwicklung durch den wachsenden Einsatz moderner Technologien; insbesondere die Vermarktung über das Internet führt zu einer zunehmenden Globalisierung und Internationalisierung der Werbe- und Absatztätigkeit. Mit dieser Sachlage einher geht eine steigende Zahl von Privatrechtsstreitigkeiten, die mit mehreren Rechtsordnungen Berührungen aufweisen.

Bei grenzüberschreitenden Sachverhalten im Binnenmarkt stellt sich die Frage, welchen Rechtsordnungen die streitentscheidenden Normen zu entnehmen sind. Dies bestimmt sich grundsätzlich nach den Normen des IPR, denen traditionell die Aufgabe zukommt, diejenige Rechtsordnung zu bestimmen, die zur Lösung der streitigen Rechtsverhältnisse am geeignetsten erscheint. Bei Binnenmarktsachverhalten ergeben sich indes Besonderheiten. Die im EGV verankerten Grundfreiheiten überprüfen eine kollisionsrechtlich berufene nationale Bestimmung auf ihre Vereinbarkeit mit dem primären Gemeinschaftsrecht. Ebenso wie die kollisionsrechtlichen Regelungen enthalten daher auch die Grundfreiheiten Vorgaben für die Anwendbarkeit einer Norm auf einen grenzüberschreitenden Sachverhalt. Wird eine internationalprivatrechtliche Bestimmung aufgrund der Vorgaben des primären Gemeinschaftsrechts nicht angewandt, so bedeutet dies aber eine Konterkarierung der internationalprivatrechtlichen Entscheidung. Bei

---

1 Der Begriff der Europäischen Gemeinschaft wird im Folgenden in dem Sinne der heutigen Form des Wirtschaftsraums verstanden, der durch die drei Europäischen Gemeinschaften (EGKS, EAG und EWG) gegründet wurde. Vgl. dazu: *Beutler/Bieber/Pipkorn/Streil,* Die Europäische Union, Rn. 22 ff.; *Pernice,* in: Dreher, Grundgesetz-Kommentar, Art. 23 Rn. 42 f.; *Bleckmann,* Europarecht, Rn. 139 ff.; *Borchardt,* Die rechtlichen Grundlagen der Europäischen Union, S. 42 ff. Zur Europäischen Union: *Pechstein,* EuR 1996, 137 ff.

2 Vgl. allgemein zur Internationalisierung: Großkommentar/*Schricker,* Einl. UWG F. 155; *Kohler,* in: Europäisches Kollisionsrecht, S. 15; *Reich,* RabelsZ 56 (1992), 444-520.

Rechtsstreitigkeiten im Binnenmarkt überschneidet sich daher der Anwendungsbereich dieser beiden Systeme. Ein Spannungsverhältnis zwischen den mitgliedstaatlichen Kollisionsrechten und den Grundfreiheiten entsteht. Dieses Spannungsverhältnis der beiden Rechtssysteme wird von dem Prinzip vom Vorrang des Gemeinschaftsrechts beherrscht, demzufolge letzteres dem nationalen Recht als eigene Rechtsordnung vorgeht.[3] Aus dieser Aussage ergibt sich zugleich, dass Einwirkungen der Grundfreiheiten auf das mitgliedstaatliche IPR nicht a priori ausgeschlossen sind.

Welchen Einfluss das primäre Gemeinschaftsrecht auf das IPR hat, gehört zu den zentralen Fragen des Kollisionsrechts in den letzten Jahren. Ungeklärt ist aber nach wie vor die Reichweite des grundfreiheitsrechtlichen Einflusses. Diskutiert wird, ob und, wenn ja, auf welche Art und Weise, die Grundfreiheiten Auswirkungen auf das Kollisionsrecht der Mitgliedstaaten haben.[4] Die Meinungen zu dieser Fragestellung gehen weit auseinander; sie reichen von einer positiv kollisionsrechtlichen Deutung der Grundfreiheiten bis hin zur Ablehnung jeglicher Ausstrahlungswirkung auf das IPR.

Ausgangspunkt der Diskussion des Spannungsverhältnisses der Grundfreiheiten einerseits und der nationalen kollisionsrechtlichen Bestimmungen andererseits war die Entscheidung „GB-INNO-BM“ des EuGH.[5] Diese betraf die Vereinbarkeit einer mitgliedstaatlichen wettbewerblichen Vorschrift mit Art. 28 EGV. Gerade im Bereich des Wettbewerbsrechts ergeben sich besonders deutlich Überschneidungen von grundfreiheitlichen Vorgaben und

---

3 EuGH 15. 07. 1964 – Rs. 6/64 -, Slg. 1964, 1251 (1270) („Costa/E.N.E.L“); EuGH 17. 12. 1970 - Rs. 11/70 -, Slg. 1970, 1125 (1153) Rn. 3 („Internationale Handelsgesellschaft/Einfuhr- und Vorratsstelle für Getreide und Futtermittel“); EuGH 09. 3. 1978 - Rs. 106/77 -, Slg. 1978, 629 (643 f.) („Simmenthal“); EuGH 19. 06. 1990 – Rs. C-213/89 -, Slg. 1990, I-2466 (2473 f.) Rn. 18 („The Queen/Factorame Ltd.“).

4 *Roth*, RabelsZ 55 (1991), 623 (667) Fn. 205; *Chrocziel*, EWS 1991, 173 (177 ff.); *Reich*, RabelsZ 56 (1992), 444 (513); *Bernhard*, EuZW 1992, 437 ff.; *Drasch*, Das Herkunftslandprinzip im IPR, S. 211; *Brödermann*, MDR 1992, 89 (90); *Drobnig*, RabelsZ 34 (1970), 636 (637) *Tilmann*, GRUR 1990, 89 (90 f.); *Wolf*, WM 1990, 1941 (1942); *Remien*, JZ 1994, 349 (352); *Kort*, GRUR Int. 1994, 594 (601); *Reese*, Grenzüberschreitende Werbung in der Europäischen Gemeinschaft, S. 217 ff.; *Brödermann*, in: Brödermann/Iversen, Europäisches Gemeinschaftsrecht und IPR, Rn. 402 ff.; *Chrocziel*, EWS 1991, 173 (178 f.); *Jayme/Kohler*, IPRax 1991, 361 (369); *dies.*, IPRax 1993, 357 (371); *Sack*, WRP 1994, 281 (291 ff.); *ders.*, WRP 2000, 269 (280 f.); *Basedow*, RabelsZ 59 (1995), 1 (12 ff.); *Gebauer*, IPRax 1995, 152 (155 f.); *Fezer/Koos*, IPRax 2000, 349 (350 ff.); Staudinger/*Fezer* Int. WirtschR., Rn. 433; *Thünken*, IPRax 2001, 15 (19); *Dethloff*, Europäisierung des Wettbewerbsrechts, S. 265 ff.

5 EuGH 07. 03. 1990 – Rs. C-362/88 -, Slg. 1990, I-667 („GB-INNO-BM/Confédération du commerce luxemburgeois“).

internationalprivatrechtlichen Entscheidungen. Aufgrund dessen konzentriert sich der vorliegende Beitrag auf diesen Teilbereich und versucht, gerade in diesem besonders streitträchtigen Rechtsgebiet eine Lösung des Spannungsverhältnisses zu erarbeiten.

Im deutschen internationalen Wettbewerbsrecht gilt die Marktortanknüpfung. Danach ist der Marktort maßgebliches Anknüpfungsmoment. Dieser liegt nach überwiegend vertretener Meinung dort, wo die wettbewerblichen Interessen aufeinanderstoßen.[6] Die Markortregel führt bei grenzüberschreitendem Handel zu einer Berufung mehrerer Rechtsordnungen. Berührt nämlich eine wettbewerbliche Maßnahme den Markt unterschiedlicher Staaten, so kommt nach dem Marktortprinzip im Grundsatz das Wettbewerbsrecht aller betroffenen Länder zur Anwendung. Die parallele Anwendung unterschiedlicher Marktrechte auf eine wettbewerbliche Maßnahme führt zu Behinderungen des binnenmarktweiten Handels in einem zusammenwachsenden Europa. Gegen eine solche innergemeinschaftliche Behinderung des freien Handels richten sich die Grundfreiheiten. Sie haben zum Ziel, Hindernisse des Handels im Binnenmarkt abzubauen und einen einheitlichen Wirtschaftsraum zu schaffen, in dem sich Wirtschaftssubjekte, Produktionsfaktoren und Güter grenzüberschreitend frei und von Rechtsunterschieden ungehindert bewegen können.[7]

Grundlage für einen durch nationale Rechtsunterschiede ungehinderten Binnenmarkt ist das in Warenverkehrs- und Dienstleistungsfreiheit verankerte Herkunftslandprinzip.[8] Dieses Prinzip besagt, dass sich die Zulässigkeit einer

---

6 BGHZ 35, 329 ff. („Kindersaugflasche"); BGHZ 40, 391 (395) („Stahlexport"); BGH NJW 1971, 323 („Tampax"); BGH GRUR 1982, 495 (487); („Domgarten-Brand"); BGH NJW 1998, 1227 („Gewinnspiel im Ausland"); Staudinger/*von Hoffmann*, Art. 40 EGBGB Rn. 311 ff.; Großkommentar/*Schricker*, Einl. UWG Rn. F 184; *Kreuzer*, in: Münchener Kommentar, Art. 38 EGBGB Rn. 238; *Kreuzer*, in: von Caemmerer, Vorschläge und Gutachten zur Reform des deutschen internationalen Privatrechts der außervertraglichen Schuldverhältnisse, S. 232 (274 ff.); *Grandpierre*, Herkunftslandprinzip kontra Marktortanknüpfung, S. 8; Hdb. WettbewerbsR/*Wilde*, § 6 Rn. 20; dazu: *Veelken*, in: Aufbruch nach Europa, S. 293 (306); *Dethloff*, Europäisierung des Wettbewerbsrechts, S. 59 ff.; *Riegl*, Streudelikte, S. 74 ff.

7 *Steindorff*, ZHR 150 (1986), 687 (689); *Hoffmann*, Die Grundfreiheiten des EG-Vertrags als koordinationsrechtliche und gleichheitsrechtliche Abwehrrechte, S. 28 f.; *Roth*, in: Marktwirtschaft und Wettbewerb, S. 21 (34); *Behrens*, EuR 1992, 145 (157 ff.); *Jarass*, EuR 1995, 202 (214); *ders.*, in: Festschrift Everling, S. 593 (597); *Müller-Graff*, Binnenmarktziel und Rechtsordnung, S. 10 f.

8 Die Interpretation von Warenverkehrs- und Dienstleistungsfreiheit entspricht im Wesentlichen der der anderen Grundfreiheiten. Zur Niederlassungsfreiheit vgl.: EuGH 31. 03. 1993 - Rs. C-19/92 -, Slg. 1993, I-1663 („Kraus"); EuGH 30. 11. 1995 – Rs.

wettbewerblichen Maßnahme im Binnenmarkt grundsätzlich nach dem Recht des Herkunftslandes des Werbetreibenden richtet.[9] Damit sehen die Grundfreiheiten einen dem Marktortprinzip diametral entgegengesetzten Ausgangspunkt zur Lösung grenzüberschreitender wettbewerblicher Rechtsstreitigkeiten vor.

Das Herkunftslandprinzip findet sich auch an verschiedenen Stellen des gemeinschaftlichen Sekundärrechts, besonders prominent in der Fernsehrichtlinie[10] und der Richtlinie über den elektronischen Geschäftsverkehr.[11] Dieser Sachverhalt wirft die Frage auf, ob dieses in Auswirkungen und Regelungsgehalt dem im primären Gemeinschaftsrecht verankerten entspricht und in welchem Verhältnis es zu den geltenden internationalprivatrechtlichen Anknüpfungsmaximen steht. Das in der Richtlinie über den elektronischen Geschäftsverkehr verankerte Herkunftslandprinzip hat einen großen Anwendungsbereich und ist für weite Teile des Wettbewerbsrechts von Relevanz. Grund für die Einführung dieses Prinzips in die Richtlinie war, dass die Marktortregel im Internetrecht an ihre Grenzen stößt. Aufgrund der Vielzahl von betroffenen Märkten und der nach der Marktortregel im Grundsatz ebenso großen Zahl berufener Rechtsordnungen stellt sich bei Werbemaßnahmen im Internet die Frage der Praktikabilität der Marktortanknüpfung.

Eine Grundsatzanknüpfung nach dem Herkunftslandprinzip im internationalen Wettbewerbsrecht kann aber keine Frage von Praktikabilitätserwägungen sein, sondern hat sich mit den Vorgaben der Grundfreiheiten auseinanderzusetzen. Aufgrund des Spannungsverhältnisses von internationalprivatrechtlichen Bestimmungen einerseits und den Grundfreiheiten andererseits kann die Frage

55/94 -, Slg. 1995, I-4197 („Gebhard"); zur Arbeitnehmerfreizügigkeit vgl.: EuGH 15. 12. 1995 – Rs. C-415/93 -, Slg. 1995, I-4921 („Brosman"). Dazu: *Behrens*, EuR 1992, 145 ff.; *Steindorff*, WRP 1993, 139 (141); *Roth*, in: Festschrift Großfeld, S. 929; *Eberhartinger*, EWS 1997, 43 ff.

9 *Steindorff*, ZHR 158 (1994), 149 (166); *Franzen*, Privatrechtsangleichung durch die Europäische Gemeinschaft, S. 124 f.

10 Richtlinie 89/552/EWG des Rates v. 3. Oktober 1989 zur Koordinierung bestimmter Rechts- und Verwaltungsvorschriften der Mitgliedstaaten über die Ausübung der Fernsehtätigkeit, ABl. EG 1989 Nr. L 298/23; geändert durch die Richtlinie v. 30. 6. 1997, ABl. EG Nr. L 202/60 v. 30. 07. 1997.

11 Richtlinie 2000/31/EG des Europäischen Parlamentes und des Rates vom 8. Juni 2000 über bestimmte rechtliche Aspekte der Dienste der Informationsgesellschaft, insbesondere des elektronischen Geschäftsverkehrs, im Binnenmarkt, ABl. EG Nr. L 178 v. 17. 07. 2000, S. 1.

der tauglichen Anknüpfung im Wettbewerbskollisionsrecht nicht alleine nach einem dieser Rechtsgebiete beantwortet werden.

Ziel der vorliegenden Arbeit ist es, aus den Grundfreiheiten Vorgaben für die kollisionsrechtliche Anknüpfung im Wettbewerbsrecht herzuleiten. Diese Vorgaben sollen auf ihre Auswirkungen auf die bestehenden kollisionsrechtlichen Grundsätze in diesem Rechtsgebiet hin untersucht werden. Die Ergebnisse dieser Untersuchung sollen in Bezug gesetzt werden zu dem das Wettbewerbsrecht im Internet regelnden Herkunftslandprinzip der Richtlinie über den elektronischen Geschäftsverkehr und dessen Umsetzung in das nationale Recht. Da die Richtlinie erstmals weite Teile des Wettbewerbsrechts dem Herkunftslandprinzip unterwirft, stellt sich gerade im Anwendungsbereich der Richtlinie über den elektronischen Geschäftsverkehr die Frage nach der Vereinbarkeit des Herkunftslandprinzips mit der im IPR geltenden Marktortanknüpfung und dem Bezug dieser Prinzipien zu den grundfreiheitlichen Vorgaben.

II. Gang der Darstellung

Methodisch ist die Arbeit in zwei Teile gegliedert; in einen allgemeinen Teil, in dem Grundlagen geschaffen werden europarechtlicher und internationalprivatrechtlicher Natur, und in einen besonderen Teil, der sich mit der Anwendung der im ersten Teil gefundenen Ergebnisse auf das sekundärgemeinschaftliche Herkunftslandprinzip in der Richtlinie über den elektronischen Geschäftsverkehr befassen wird.

Der erste Teil der Arbeit wird in seinem ersten Kapitel die Bedeutung des Gemeinschaftsrechts für die kollisionsrechtliche Anknüpfung untersuchen. Die internationalprivatrechtlichen Konsequenzen der Warenverkehrs- und Dienstleistungsfreiheit können nur dann geklärt werden, wenn zunächst erarbeitet wurde, welche grundsätzliche Bedeutung diesen Grundfreiheiten zukommt. Daher wird sich die Arbeit eingangs mit der Bedeutung von Warenverkehrs- und Dienstleistungsfreiheit beschäftigen (A), wobei insbesondere der Umfang des in den Grundfreiheiten enthaltenen Herkunftslandprinzips eine eingehende Untersuchung erfahren wird. Darauf aufbauend kann beleuchtet werden, ob den Grundfreiheiten selbst ein kollisionsrechtlicher Gehalt zukommt (B). Es wird der Frage nachzugehen sein, ob das primäre Gemeinschaftsrecht selbst eine Kollisionsnorm des internationalen Wettbewerbsrechts enthält. Die Untersuchung wird ergeben, dass das primärrechtliche Herkunftslandprinzip als besondere gemeinschaftsrechtliche Vorbehaltsklausel unmittelbaren Einfluss auf die kollisionsrechtliche Anknüpfung im internationalen Wettbewerbsrecht hat.

Dieses Ergebnis wirft die Frage auf, welche Konsequenzen die Existenz einer gemeinschaftsrechtlichen Vorbehaltsklausel für das geltende Wettbewerbskollisionsrecht hat. Es ist der Frage nachzugehen, ob die bestehenden Kollisionsnormen des internationalen Wettbewerbsrechts mit den gemeinschaftsrechtlichen Vorgaben vereinbar sind. Um insoweit eine Klärung zu erzielen, werden im zweiten Kapitel des ersten Teils die Anknüpfungsmaximen des internationalen Wettbewerbsrechts dargestellt, wobei zunächst ein Überblick über bereits erfolgte Vereinheitlichungen des Kollisionsrechts in Europa gegeben werden soll (A). Daran anschließend wird das deutsche internationale Wettbewerbsrecht ausführlich dargestellt (B). Innerhalb dieser Darstellung liegt der Schwerpunkt auf der kollisionsrechtlichen Anknüpfung bei Wettbewerbsverletzungen im Internet. Schließlich erfolgt eine Überprüfung der bestehenden Kollisionsnormen vor dem Hintergrund der primärrechtlichen Vorgaben (C). Dabei wird die Untersuchung ergeben, dass die Marktortregel im internationalen Wettbewerbsrecht um die gemeinschaftsrechtliche Vorbehaltsklausel zu ergänzen ist. Ein Prüfungsschema soll die sich für das IPR ergebenden Änderungen verdeutlichen.
Gegenstand des zweiten Teils der Arbeit sind die Auswirkungen der besonderen gemeinschaftsrechtlichen Vorbehaltsklausel auf das Herkunftslandprinzip in der E-Commerce-Richtlinie. In dem ersten Kapitel wird die Richtlinie selbst dargestellt in ihren Regelungsmaterien und ihrem Anwendungsbereich. Darauf aufbauend soll die Reichweite des Herkunftslandprinzips in der Richtlinie genau untersucht und der Frage nachgegangen werden, ob diesem Prinzip ein kollisionsrechtlicher Gehalt zukommt (A). Im Anschluss daran wird ein eigener Ansatz erarbeitet, der ergeben wird, dass auch die Richtlinie eine gemeinschaftsrechtliche Vorbehaltsklausel zugunsten des Herkunftslandrechts enthält (B), die allerdings in ihrer Reichweite über die im Primärrecht verankerte hinausgeht und daher der gemeinschaftsrechtskonformen Auslegung bedarf.

In einem zweiten Kapitel wird schließlich die Umsetzung des Herkunftslandprinzips der E-Commerce-Richtlinie in das deutsche Recht dargestellt. Einleitend erfolgt zunächst ein Überblick über Gesetzgebungsgeschichte und Hintergründe der Umsetzung (A). Daran wird sich eine Darstellung der umsetzenden Bestimmungen und ihrer Vereinbarkeit mit den primärgemeinschaftsrechtlichen Vorgaben anschließen (B).

1. Teil: Das europäische Kollisionsrecht des unlauteren Wettbewerbs

1. Kapitel: Die Bedeutung des Gemeinschaftsrechts für die kollisionsrechtliche Anknüpfung

Tragendes Prinzip, welches das Verhältnis zwischen Gemeinschaftsrecht und nationalem Recht charakterisiert, ist der Vorrang des Gemeinschaftsrechts.[12] Diesem Prinzip zufolge geht das Gemeinschaftsrecht dem nationalen Recht als eigene Rechtsordnung im Grundsatz vor. Nach der Rechtsprechung des EuGH und heute ganz herrschender Ansicht in der Literatur finden die Normen des EGV, insbesondere die Grundfreiheiten, auch auf die Vorschriften des Privatrechts Anwendung.[13] Für das Recht, das bestimmt, welche

[12] Der prinzipielle Vorrang des Gemeinschaftsrechts leitet sich aus dem allgemeinen Diskriminierungsverbot nach Art. 12 Abs. 1 EGV und aus der Verpflichtung der Mitgliedstaaten zur Gemeinschaftstreue gemäß Art. 10 EGV ab. Dies hat der EuGH in seiner Leitentscheidung „Costa/E.N.E.L“ klargestellt: „*Zum Unterschied von gewöhnlichen internationalen Verträgen hat der EG-Vertrag eine Rechtsordnung geschaffen, die bei seinem Inkrafttreten in die Rechtsordnungen der Mitgliedstaaten aufgenommen worden und von ihren Gerichten anzuwenden ist... Wortlaut und Geist des Vertrages haben zur Folge, dass es den Staaten unmöglich ist, gegen eine von ihnen auf der Grundlage der Gegenseitigkeit angenommene Rechtsordnung nachträgliche einseitige Maßnahmen ins Feld zu führen...es würde eine Gefahr für die Verwirklichung der in Artikel 5 Abs. 2 aufgeführten Ziele des Vertrages bedeuten und dem Verbot des Artikel 7 widersprechende Diskriminierungen zur Folge haben, wenn das Gemeinschaftsrecht je nach der nachträglichen Gesetzgebung von einem Staat zum anderen verschiedene Geltung haben könnte...*“; EuGH 15. 07. 1964 – Rs. 6/64 -, Slg. 1964, 1251 (1270) („Costa/E.N.E.L“); dies entspricht seither der st. Rsp. des EuGH: EuGH 17. 12. 1970 - Rs. 11/70 -, Slg. 1970, 1125 (1153) Rn. 3 („Internationale Handelsgesellschaft/Einfuhr- und Vorratsstelle für Getreide und Futtermittel“); EuGH 09. 03. 1978 - Rs. 106/77 -, Slg. 1978, 629 (643 f.) („Simmenthal“); EuGH 19. 06. 1990 – Rs. C-213/89 -, Slg. 1990, I-2466 (2473 f.) Rn. 18 („The Queen/Factorame Ltd.“). Vgl. dazu: *Brödermann*, in: Brödermann/Iversen, Europäisches Gemeinschaftsrecht und IPR, Rn. 419 ff.; *Taupitz*, ZeuP 1997, 986 (992 ff.); *Arndt*, Europarecht, S. 74 ff.; *Franzen*, Privatrechtsangleichung durch die Europäische Gemeinschaft, S. 28 ff.; ausführlich auch: *Streinz*, Europarecht, Rn. 179 ff.

[13] EuGH 24. 10. 1978 – Rs. 15/78 -, Slg. 1978, 1981 („Koestler“); EuGH 27. 09. 1988 – Rs. 81/87 -, Slg. 1988, 5483 („Daily Mail“); EuGH 24. 01. 1991 – Rs. C-339/89 -, Slg. 1991, I-107 (124) Rn. 15; („Alsthom Atlantique“); EuGH 30. 04. 1991 – Rs. C-239/90 -, Slg. 1991, I-2023 („Boscher“); 13. 10. 1993 – Rs. C-93/92 -, Slg. 1993, I-5009 („CMC Motorradcenter“); EuGH 9. 3. 1999 – Rs. C-212/97 -, Slg. 1999, I-1459 („Centros“); in der Literatur dazu etwa: *Bernhard*, EuZW 1992, 437 (438); *Brödermann*, in: Brödermann/Iversen, Europäisches Gemeinschaftsrecht und IPR, Rn. 7 ff.; *Drasch*, Das Herkunftslandprinzip im IPR, S. 209; *Roth*, RabelsZ 55 (1991), 623 (641); *Steindorff*, EG-Vertrag und Privatrecht, S. 44, 46, 83; *ders.*, ZHR 150 (1986), 687 (698).

privatrechtlichen Rechtsvorschriften auf internationale Sachverhalte anzuwenden sind, kann daher grundsätzlich nichts anderes gelten.[14] Als Teil des nationalen Rechts unterliegt das deutsche IPR genauso wie das nationale Sachrecht den Vorschriften des Gemeinschaftsrechts.[15] Auswirkungen der Grundfreiheiten auf das IPR der Mitgliedstaaten lassen sich daher nicht a priori ausschließen.[16] Angesichts des Vorrangs des primären Gemeinschaftsrechts ist die Frage, ob und in welchem Umfang dieses Einfluss auf das IPR hat, für die nationale kollisionsrechtliche Anknüpfung im Bereich des internationalen Wettbewerbsrechts relevant. Wenn eine kollisionsrechtliche Bestimmung eine nicht rechtfertigungsfähige Behinderung der Grundfreiheiten enthält, muss sie als gegenüber dem Gemeinschaftsrecht nachrangige Regelung diesen Vorgaben weichen. Der deutsche Gesetzgeber hat den Vorrang des Gemeinschaftsrechts gegenüber dem nationalen Kollisionsrecht in Art. 3 Abs. 2 S. 2 EGBGB deklaratorisch wiederholt.[17]

Welche genauen Vorgaben sich aber unmittelbar aus dem EGV für das IPR ergeben, bedarf einer eingehenden Untersuchung.[18] Bis heute ungeklärt ist, ob und gegebenenfalls, wann die Grundfreiheiten unmittelbar als Rechtsquellen an die Stelle nationaler kollisionsrechtlicher Regelungen treten oder ob sie nur die Ausgestaltung des nationalen IPR in negativer Hinsicht beeinflussen. Über die Möglichkeit des Gemeinschaftsrechts, dem nationalen Recht Grenzen zu setzen und ihm Vorgaben zu machen, kann das Gemeinschaftsrecht möglicherweise in der Weise unmittelbar auf das nationale IPR einwirken, dass es selbst

---

14 *Kegel/Schurig*, § 1 V; *Kropholler*, § 1 V 1; *Raape/Sturm*, IPR, I 6; *Drasch*, Das Herkunftslandprinzip im IPR, S. 211; *Taupitz*, ZEuP 1997, 986 (992).

15 So auch: *Grandpierre*, Herkunftslandprinzip kontra Marktortanknüpfung, S. 104 f. Dies verkennend, negiert *Duintjer Tebbens* den Einfluss des Gemeinschaftsrechts auf das Kollisionsrecht der Mitgliedstaaten mit dem Argument, es sei nicht Aufgabe des Gemeinschaftsrechts, das „bessere“ Recht zu ermitteln; vgl. *Duintjer Tebbens*, Rev. crit. d. i. p. 83 (1994) 451 (476 ff.).

16 Die internationalprivatrechtlichen Normen sind auch dann Teil des nationalen Rechts, wenn es sich um völkerrechtlich vereinheitlichte Kollisionsnormen handelt. Dazu: *Lüderitz*, IPR, Rn. 40; ferner: *Brödermann*, in: Brödermann/Iversen, Europäisches Gemeinschaftsrecht und IPR, Rn. 6 f.

17 Siehe dazu die Begründung des Regierungsentwurfs, BT-Drs. 10/504, S. 35 f.; ferner den Bericht des Rechtsausschusses, BT-DRs. 10/5632, S. 39.

18 Dazu im Einzelnen unten S. 33 ff.

kollisionsrechtliche Regelungen enthält.[19] Klärungsbedürftig ist, ob das Gemeinschaftsrecht bei Sachverhalten mit Gemeinschaftsbezug das nationale IPR ergänzt oder sogar verdrängt.[20] Enthalten nämlich die Grundfreiheiten selbst Kollisionsnormen, so überlagern diese die nationalen internationalprivatrechtlichen Bestimmungen. Nur wenn sich aus den Grundfreiheiten unmittelbar keine kollisionsrechtlichen Regelungen entnehmen lassen und auch keine internationalprivatrechtlichen Regelungen gemeinschaftsrechtlichen Ursprungs bestehen, kommen die internationalprivatrechtlichen Wettbewerbsnormen der Mitgliedstaaten zur Anwendung und sind dann ihrerseits auf ihre Vereinbarkeit mit dem primären Gemeinschaftsrecht zu überprüfen. Das Gemeinschaftsrecht kann mithin sowohl als Rechtsquelle als auch als Schranke Einfluss auf das IPR haben.[21]

Um die Frage nach einem möglichen unmittelbaren kollisionsrechtlichen Gehalt der Grundfreiheiten beantworten zu können, sind zunächst Inhalt und Bedeutung der Grundfreiheiten des EGV zu klären. Eine Analyse der Auswirkungen der Grundfreiheiten auf die internationalprivatrechtliche Anknüpfung im Bereich des Wettbewerbsrechts setzt die Klärung des Inhalts von Warenverkehrs- und Dienstleistungsfreiheit voraus.[22] Die vorliegende Arbeit wird eingangs Bedeutung und Tragweite von Warenverkehrs- und Dienstleistungsfreiheit analysieren, um insoweit für die sich anschließenden kollisionsrechtlichen Fragen Grundlagen zu schaffen. Dabei wird die Untersuchung im Wesentlichen auf diese beiden Grundfreiheiten beschränkt, da diese die im Bereich des Lauterkeitsrechts maßgeblichen sind.[23]

---

19 *Brödermann*, in: Brödermann/Iversen, Europäisches Gemeinschaftsrecht und IPR, Rn. 13.

20 Dazu: *Brödermann*, in: Brödermann/Iversen, Europäisches Gemeinschaftsrecht und IPR, Rn. 7.

21 Vgl. die ausführliche Auseinanderersetzung bei: *Brödermann*, in: Brödermann/Iversen, Europäisches Gemeinschaftsrecht und IPR, Rn. 25 ff.

22 *Sonnenberger*, ZVglRWiss 95 (1996), 3 (22 f.).

23 Die Interpretation der anderen Grundfreiheiten entspricht im Wesentlichen der Warenverkehrs- und der Dienstleistungsfreiheit. Das Verständnis der Warenverkehrs- und der Dienstleistungsfreiheit als allgemeines Beschränkungsverbot ist vom EuGH auf die Niederlassungsfreiheit (EuGH 31. 03. 1993 - Rs. C-19/92 -, Slg. 1993, I-1663 [„Kraus"]; EuGH 30. 11. 1995 – Rs. 55/94 -, Slg. 1995, I-4197 [„Gebhard"]) und die Arbeitnehmerfreizügigkeit (EuGH 15. 12. 1995 – Rs. C-415/93 -, Slg. 1995, I-4921 [„Brosman"]) ausgedehnt worden. Dazu: *Behrens*, EuR 1992, 145 ff.; *Steindorff*, WRP 1993, 139 (141); *Roth*, in: Festschrift Großfeld, S. 929; *Eberhartinger*, EWS 1997, 43 ff.; zur neueren Rechtsprechung: *Kohler/Knapp*, ZEuP 2001, 116 ff.

A. Herkunftslandprinzip und Bestimmungslandprinzip im primären Gemeinschaftsrecht

I. Grundsätzliches zu Bedeutung und Inhalt der Grundfreiheiten

1. Bestandsaufnahme

Ausgangspunkt der Diskussion über eine eventuelle kollisionsrechtliche Bedeutung von Warenverkehrs- und Dienstleistungsfreiheit für die Anknüpfung im internationalen Wettbewerbsrecht ist das Verständnis der Warenverkehrsfreiheit als allgemeines Beschränkungsverbot.[24] Im Unterschied zu einem bloßen Diskriminierungsverbot sind nach einem Beschränkungsverbot im Grundsatz auch nichtdiskriminierende Maßnahmen verboten, wenn sie zu einer nichtgerechtfertigten Beschränkung des freien Waren- oder Dienstleistungsverkehrs führen. Dem Verständnis liegt die Erwägung zugrunde, dass auch andere Einwirkungen als Diskriminierungen die Grundfreiheiten beeinträchtigen können.[25] Während das Diskriminierungsverbot die Gleichbehandlung ausländischer Erzeugnisse verlangt, dass diese also an den gleichen Vorschriften gemessen werden wie inländische, verbietet das Beschränkungsverbot die Inländergleichbehandlung gerade, wenn den durch die inländischen Vorschriften verfolgten Schutzzielen bereits durch das Herkunftsland Rechnung getragen wurde.[26] Dem Beschränkungsverbot entspricht ein Gedanke, der als sogenanntes Herkunftslandprinzip bezeichnet wird. Dieses besagt, dass Waren und Dienstleistungen in allen Teilen des gemeinsamen Marktes abgesetzt werden können, wenn sie den rechtlichen Anforderungen des Herkunftslandes entsprechen.[27] Nach dem traditionellen Verständnis der Grundfreiheiten als Diskriminierungsverbote enthalten sie demgegenüber lediglich ein Bestimmungslandprinzip im Sinne des Gebotes der Inländergleichbehaltung. Ausländische Waren und Dienstleistungen dürfen nicht

---

[24] *Dethloff,* Europäisierung des Wettbewerbsrechts, S. 265 f.; *Drasch,* Das Herkunftslandprinzip im IPR, S. 241; *Roth,* in: Gedächtnisschrift Lüderitz, S. 635 ff.

[25] Vgl. dazu: *Jarass,* EuR 1995, 202 (213 f.); *Schweitzer/Hummer,* Europarecht, § 14 Rn. 1192.

[26] *Steindorff,* ZHR 158 (1994), 149 (166); *Franzen,* Privatrechtsangleichung durch die Europäische Gemeinschaft, S. 124 f.

[27] *Steindorff,* ZHR 150 (1986), 687 (689); *Reich,* RabelsZ 56 (1992), 444 (491); *Reese,* Grenzüberschreitende Werbung in der Europäischen Gemeinschaft, S. 15 f., von der Groeben/Schwarze/*Müller-Graff,* Art. 28 Rn. 235.

anders behandelt werden als inländische.[28] Über dieses Verbot der Schlechterstellung ausländischer Waren und Dienstleistungen geht das Herkunftslandprinzip hinaus. Dieses Prinzip ermöglicht es, Waren und Dienstleistungen in den grenzüberschreitenden Verkehr zu bringen, ohne dass sie zusätzlichen Hemmnissen unterliegen, die sich aus den unterschiedlichen Qualifikationen und Qualitätsansprüchen der Mitgliedstaaten ergeben können.[29] Waren und Dienstleistungen können danach im europäischen Binnenmarkt grundsätzlich frei zirkulieren, wenn sie den Anforderungen des Herkunftsstaates entsprechen. Jeder Anbieter kann bei einem Grenzübertritt sozusagen sein eigenes Recht „mitnehmen“. Im Grundsatz entscheidet daher das Recht des Herkunftslandes über das Inverkehrbringen und die Vermarktung von Produkten.

Dies wirft die Frage auf, ob die Maßgeblichkeit des Herkunftslandrechts auch im Bereich des Privatrechts zu gelten hat, ob also eine kollisionsrechtliche Anknüpfung an das Recht des Herkunftslandes des Diensteanbieters aus den primärrechtlichen Vorgaben folgt. Die Untersuchung der Frage des Einflusses des Herkunftslandprinzips auf die kollisionsrechtliche Anknüpfung verlangt eine Klärung, inwiefern und mit welcher Wirkung und Reichweite das Herkunftslandprinzip tatsächlich aus Warenverkehrs- und Dienstleistungsfreiheit folgt. Die Diskussion über einen möglichen kollisionsrechtlichen Gehalt des EGV wurde im Wesentlichenüberhaupt erst ausgelöst durch die Weiterentwicklung der Warenverkehrsfreiheit von einem bloßen Diskriminierungsverbot zu einem Beschränkungsverbot.[30] Nur bei der Deutung einer grundfreiheitlichen Gewährleistung als Beschränkungsgebot unterfallen unterschiedslos geltendende Bestimmungen der besonderen gemeinschaftsrechtlichen Kontrolle. Die Bestimmungen des IPR gelten aber in der Regel unterschiedslos für In- und Ausländer. Daher sind sie nur bei einem Verständnis der Grundfreiheiten als Beschränkungsverbote an diesen zu messen.[31]

---

[28] EuGH 20. 02. 1975 – Rs. 12/74 -, Slg. 1975, S. 181 (198) („Kommission/Deutschland"); EuGH 24. 01. 1978 - Rs. 82/77 -, Slg. 1978, S. 25 (39) („van Tiggele"); EuGH 17. 12. 1981 - Rs. 279 /80 -, Slg. 1981, 3305 (3324) („Webb“); EuGH 05. 12. 1989 – Rs. C-3/88 -, Slg. 1989, 4035 (4059) („Kommission/Italien“); EuGH 20. 05. 1992 - Rs. C-106/91 -, Slg. 1992, I-3351 (3384) („Ramrath“).

[29] *Steindorff*, ZHR 150 (1986), 687 (689); *Behrens*, EuR 1992, 145 (156); *Classen*, EWS 1995, 97 (99).

[30] Dazu im Einzelnen unten S. 16 ff.

[31] *Drasch*, Das Herkunftslandprinzip im IPR, S. 241; *Dethloff*, Europäisierung des Wettbewerbsrechts, S. 265 f.; *Roth*, in: Gedächtnisschrift Lüderitz, S. 635 ff.

Voraussetzung für die Klärung des Spannungsverhältnisses zwischen Grundfreiheiten und nationalem IPR ist die nähere Bestimmung der Funktion der Grundfreiheiten im Binnenmarktkonzept des EGV. Nur auf der Grundlage einer genauen Funktionsbestimmung von Warenverkehrs- und Dienstleistungsfreiheit lassen sich Bedeutung und Reichweite der grundfreiheitlichen Gewährleistung feststellen.

2. Die Bedeutung von Warenverkehrs- und Dienstleistungsfreiheit im EGV

Ausgangspunkt einer Analyse des Inhalts von Warenverkehrs- und Dienstleistungsfreiheit ist die Zielsetzung dieser Grundfreiheiten. Zentrales Ziel der Europäischen Gemeinschaft ist nach Art. 2,[32] 3 Abs. 1 lit. c) EGV[33] die Errichtung eines Binnenmarktes. Nach der Vertragszielvorschrift[34] des Art. 14 EGV[35] [36] ist darunter ein Raum ohne Binnengrenzen zu verstehen, in dem der

---

32 Art. 2 EGV: „*Aufgabe der Gemeinschaft ist es, durch die Errichtung eines Gemeinsamen Marktes und einer Wirtschafts- und Währungsunion sowie durch die Durchführung der in den Artikeln 3 und 4 genannten gemeinsamen Politiken und Maßnahmen in der ganzen Gemeinschaft eine harmonische, ausgewogene und nachhaltige Entwicklung des Wirtschaftslebens, ein hohes Beschäftigungsniveau und ein hohes Maß an sozialem Schutz, die Gleichstellung von Männern und Frauen, ein beständiges, nicht-inflationäres Wachstum, einen hohen Grad von Wettbewerbsfähigkeit und Konvergenz der Wirtschafsleistungen, ein hohes Maß an Umweltschutz und Verbesserung der Umweltqualität, die Hebung der Lebenshaltung und der Lebensqualität, den wirtschaftlichen und sozialen Zusammenhalt und die Solidarität zwischen den Mitgliedstaaten zu fördern.*"

33 Art. 3 Abs. 1 lit. c) EGV: „*Die Tätigkeit der Gemeinschaft im Sinne des Artikels 2 umfaßt nach Maßgabe dieses Vertrags und der darin vorgesehenen Zeitfolge einen Binnenmarkt, der durch die Beseitigung der Hindernisse für den freien Waren-, Personen-, Dienstleistungs- und Kapitalverkehr zwischen den Mitgliedstaaten gekennzeichnet ist.*"

34 Allgemein anerkannt vgl.: *Hoffmann*, Die Grundfreiheiten des EG-Vertrags als koordinationsrechtliche und gleichheitsrechtliche Abwehrrechte, S. 28 f.; Beutler/Bieber/Pipkorn/*Streil*, Die Europäische Union, Rn. 77, 699; *Oppermann*, Europarecht, Rn. 1267; *Behrens*, EuR 1992, 145 (157 ff.); *Jarass*, EuR 1995, 202 (214); *ders.*, in: Festschrift Everling, S. 593 (597); *Steindorff*, ZHR 150 (1986), 687 (689); *Müller-Graff*, Binnenmarktziel und Rechtsordnung, S. 10 f.; *Roth*, in: Marktwirtschaft und Wettbewerb, S. 21 (34).

35 Art. 14 Abs. 1, 2 EGV: „*(1) Die Gemeinschaft trifft die erforderlichen Maßnahmen, um bis zum 31. Dezember 1992 gemäß dem vorliegenden Artikel, den Artikeln 15 und 26, Artikel 47 Absatz 2 und den Artikeln 49, 80, 93 und 95 unbeschadet der sonstigen Bestimmungen dieses Vertrages den Binnenmarkt schrittweise zu verwirklichen.*

(2) Der Binnenmarkt umfasst einen Raum ohne Binnengrenzen in dem der freie Verkehr von Waren, Personen, Dienstleistungen und Kapital gemäß den Bestimmungen dieses Vertrages gewährleistet ist."

freie Verkehr von Waren, Personen, Dienstleistungen und Kapital gemäß den Bestimmungen des EGV gewährleistet ist.[37] Nach dieser Definition sollen insbesondere die im EGV verbürgten Grundfreiheiten darauf hinwirken, dass die staatlichen Grenzen innerhalb der Gemeinschaft abgebaut und die Märkte der einzelnen Mitgliedstaaten geöffnet werden.[38]

Einer der tragenden Pfeiler des Binnenmarktkonzepts der Europäischen Gemeinschaft ist der Grundsatz der Warenverkehrsfreiheit.[39] Ziel dieser Grundfreiheit ist es, das Zusammenwachsen der mitgliedstaatlichen Märkte zu einem einzigen Markt zu fördern, in dem die Waren der einzelnen Mitgliedstaaten, die in ihrem Herkunftsland rechtmäßig hergestellt wurden, frei zirkulieren können.[40] Durch Art. 28 EGV soll es Anbietern ermöglicht werden, ihre Waren im gesamten Binnenmarkt ohne Behinderung durch lokale Rechtsunterschiede abzusetzen.[41] Da der Verwirklichung des Binnenmarktes[42] unterschiedliche zwingende Produkt- und Vermarktungsregeln entgegenstehen,[43] verbietet Art. 28 EGV mengenmäßige Einfuhrbeschränkungen für Waren sowie Maßnahmen gleicher Wirkung zwischen den Mitgliedstaaten. Mengenmäßige Einfuhrbeschränkungen sind dabei solche, die die vollständige

---

36 Art. 14 EGV [= Art. 7 a EGV a. F.] wurde aufgrund der Einheitlichen Europäischen Akte vom 28 02. 1986 in den Vertrag eingeführt, BRat-Drs. 150/86 = EuR 1986, 175 ff. Vgl. dazu auch: *Steindorff,* ZHR 150 (1986), 687 (689); Dauses/*Dauses,* Handbuch, C I Rn. 3; *Meyer,* GRUR Int. 1996, 697 (698); *Husch,* Der Einfluss der Freiheit des Warenverkehrs auf das Recht des unlauteren Wettbewerbs, S. 1; *Franzen,* Privatrechtsangleichung durch die Europäische Gemeinschaft, S. 94 ff.

37 Diese Begriffsbestimmung entspricht Art. 13 Abs. 2 der Einheitlichen Europäischen Akte vom 28. 02. 1986, BRat-Drs. 150/86.

38 *Jarass,* EuR 1995, 202 (214); *Hoffmann,* Die Grundfreiheiten des EG-Vertrags als koordinationsrechtliche und gleichheitsrechtliche Abwehrrechte, S. 24; *von Hoffmann,* European Private International Law, S. 19 f.; Grabitz/Hilf/*Leible,* Art. 28 EGV Rn. 8.

39 Vgl. Art. 3 lit. a) EGV.

40 *Steindorff,* ZHR 150 (1986), 687 (689); *ders.,* ZHR 158 (1994), 149 (163); *Jarass,* in: Festschrift Everling, S. 593 (597); *Dreher,* JZ 1999, 105 (110 f.); *Grandpierre,* Herkunftslandprinzip kontra Marktortanknüpfung, S. 20 f.

41 *Mülbert,* ZHR 159 (1995), 2 (20); *Nicolaysen,* EuR 1991, 95 (103); *Steindorff,* ZHR 158 (1994), 149 (163).

42 Zum Binnenmarktziel der Warenverkehrsfreiheit: *Weyer,* Freier Warenverkehr und nationale Regelungsgewalt in der Europäischen Union, S. 7 ff.; *Grandpierre,* Herkunftslandprinzip kontra Marktortanknüpfung, S. 20 f.; *Dreher,* JZ 1999, 105 (110 f.); Dauses/*Dauses,* Handbuch, C I Rn. 3 ff.; *Mülbert,* ZHR 159 (1995), 2 (19 f.); *Steindorff,* ZHR 158 (1994), 149 (162 f.).

43 *Stein,* EuZW 1995, 435; *Wägenbaur,* EuZW 1995, 431.

oder teilweise Untersagung der Einfuhr zur Folge haben können.[44] Warenverkehrsfreiheit dient mithin – ebenso wie die Dienstleistungsfreiheit[45] - der Verwirklichung des Binnenmarktes.[46]

Das Binnenmarktziel bestimmt die Weite der grundfreiheitsrechtlichen Gewährleistung. Einerseits darf die Gewährleistung nicht hinter dieser Zielsetzung zurückbleiben, denn sonst könnte das Binnenmarktziel nicht erreicht werden; nur durch eine optimale Weite lässt sich das Binnenmarktziel, das der EGV vorgibt, verwirklichen. Andererseits fehlt der Gemeinschaft aber auch die Kompetenz, etwas über diese Zielsetzung Hinausgehendes zu gestatten. Die Öffnung der Kompetenzsphäre der Mitgliedstaaten bestimmt genau die Reichweite der grundfreiheitlichen Gewährleistung.[47] Der Verwirklichung des Binnenmarktziels dient zunächst das Diskriminierungsverbot. Dieses besagt, dass Waren aus anderen Mitgliedstaaten unter den gleichen Bedingungen vermarktet werden können müssen wie solche des Importstaates. Den Zugang zum Markt des anderen Mitgliedstaates können aber ferner solche Regelungen beeinträchtigen, die unterschiedslos für importierte wie für einheimische Produkte gelten. Diese können die Vermarktung eingeführter Waren zusätzlichen Regelungen unterwerfen und daher zu Anpassungskosten führen. Dem wirkt ein Beschränkungsverbot im Sinne des Herkunftslandprinzips entgegen. Inwieweit ein solches in Art. 28 EGV enthalten ist und welche Auswirkungen dies für das Verständnis der Grundfreiheit hat, ist hingegen fraglich.

An der durch Art. 14 EGV determinierten Zielsetzung der Grundfreiheiten hat sich die im Folgenden vorgenommene Analyse der Warenverkehrs- und Dienstleistungsfreiheit zu orientieren.

---

44 St. Rsp.: EuGH 10. 12. 1968 – Rs. 7/68 -, Slg. 1968, 633, (644) („Kommission/Italien").

45 Zur Konvergenz der Grundfreiheiten vgl.: Schwarze/*Holoubek*, EU-Kommentar, Art. 49 EGV Rn. 59; *Behrens*, EuR 1992, 145 (151); *Basedow*, RabelsZ 59 (1995), 1 (10 ff.); *Eberhartinger*, EWS 1997, 43 (46, 48 f.); vgl. zur Dienstleistungsfreiheit ferner unten S. 41 ff.

46 *Behrens*, EuR 1992, 145 (157 ff.); *Jarass*, EuR 1995, 202 (214); *Steindorff*, ZHR 150 (1986), 687 (689); Grabitz/Hilf/*Leible*, Art. 28 EGV Rn. 8; *Müller-Graff*, Binnenmarktziel und Rechtsordnung, S. 10 f.; *Hoffmann*, Die Grundfreiheiten des EG-Vertrags als koordinationsrechtliche und gleichheitsrechtliche Abwehrrechte, S. 24; *Dethloff*, Europäisierung des Wettbewerbsrechts, S. 137.

47 Vgl. dazu im Einzelnen unten S. 33 ff.

3. Die Auslegungskompetenz des EuGH

Das heutige Verständnis der Grundfreiheiten ist wesentlich durch die auf Art. 220 EGV gestützte Auslegungskompetenz des EuGH geprägt. Die Rechtsprechung des EuGH muss daher bei der Auseinandersetzung mit Umfang und Bedeutungsgehalt der Grundfreiheiten maßgeblich berücksichtigt werden. Die Auslegung des EuGH ist zwar gemäß Art. 234 Abs. 1 lit. a) EGV für das Verständnis der Warenverkehrs- und Dienstleistungsfreiheit verbindlich; gleichzeitig kommt dem Gerichtshof aber keine unbeschränkte Rechtsfortbildungskompetenz zu.[48]

Die Auslegung der Verträge durch die Rechtsprechung des EuGH findet ihre Grenze dort, wo dies zu einer Überschreitung der auf die Gemeinschaft übertragenen Hoheitsrechte[49] führen würde und damit in die Souveränität der Mitgliedstaaten eingriffe.[50] Die Übertragung der Hoheitsrechte der Mitgliedstaaten auf die Gemeinschaft fand nur in beschränktem Umfang statt. Nur auf diesen klar umrissenen Gebieten haben die Mitgliedstaaten ihre Hoheitsrechte eingeschränkt. Dies ist bei der Auslegung des EGV zu berücksichtigen.[51] Die beschränkte Öffnung der Kompetenzsphäre durch die Gründungsverträge hat insbesondere das BVerfG in seinem „Maastricht-Urteil“[52] betont.[53]

Da der EuGH folglich in kompetenzrechtlicher Hinsicht Schranken unterliegt, kann der Gehalt der Grundfreiheiten nicht allein durch die Rechtsprechung begriffen werden; dies würde auf eine dem Gerichtshof nicht zukommende

---

48 Dazu ausführlich: *Ukrow*, Richterliche Rechtsfortbildung durch den EuGH S. 152 ff.; zur Rolle des EuGH ferner: *Everling*, ZLR 1989, 304 ff.

49 Zur „Übertragung“ von staatlichen Hoheitsbefugnissen und Kompetenzen: *Vogel*, Die Verfassungsentscheidung des Grundgesetzes für eine internationale Zusammenarbeit, S. 3 ff.

50 *Dänzer-Vanotti*, RIW 1992, 733 (742); *Hoffmann*, Die Grundfreiheiten des EG-Vertrags als koordinationsrechtliche und gleichheitsrechtliche Abwehrrechte, S. 28 f.

51 EuGH 05. 02. 1963 – Rs. 26/62 -, Slg. 1963, 3 (24) („van Gend und Loos“); EuGH 15. 07. 1964 – Rs. 6/64 -, Slg. 1964, 1251 (1269) („Costa/E.N.E.L“); EuGH 14. 12. 1991 – Rs. 1/91 -, Slg. 1991, I-6079 (6102) Rn. 21 („EWR-Gutachten“).

52 BVerfG, E 89, 155; Urteil v. 12. Oktober 1993 – 2BvR 2134, 2159/92.

53 *Franzen*, Privatrechtsangleichung durch die Europäische Gemeinschaft, S. 16 f.; *Pernice*, in: Dreher, Grundgesetz-Kommentar, Art. 23 Rn. 3; *Borchardt*, Die rechtlichen Grundlagen der Europäischen Union, S. 62 ff.

Kompetenz-Kompetenz hinauslaufen. Der Bedeutungsgehalt der Grundfreiheiten ergibt sich folglich vielmehr unmittelbar aus dem EGV selbst.[54]

Trotz dieser beschränkten Kompetenz des EuGH und obgleich der Gerichtshof jeweils nur einen Einzelfall entscheidet, hat die Rechtsprechung prägende Bedeutung für das heutige Verständnis der Warenverkehrsfreiheit. Die Rechtsprechung hat zu einer Liberalisierung der Wettbewerbsrechte der Mitgliedstaaten geführt[55] und damit erste Schritte einer Angleichung der wettbewerblichen Regelungen der Mitgliedstaaten eingeleitet.[56] Die Frage, ob und in welchem Umfang Warenverkehrs- und Dienstleistungsfreiheit ein umfassendes Beschränkungsverbot enthalten, ob ihnen also ein uneingeschränktes Herkunftslandprinzip zugrunde liegt, lässt sich nur unter Berücksichtigung der Rechtsprechung des EuGH umfassend erörtern. Da die Rechtsprechung des EuGH für das Verständnis und die Bewertung der Grundfreiheiten prägend war und ist, kann auf eine Darstellung an dieser Stelle nicht verzichtet werden.

II. Bedeutung des Herkunftslandprinzips im Bereich der Warenverkehrsfreiheit

1. Die Warenverkehrsfreiheit im Spiegel der Rechtsprechung des EuGH

Maßgeblich für die Entwicklung des Herkunftslandprinzips im Bereich der Warenverkehrsfreiheit war der in der Entscheidung „Dassonville" entwickelte weite Beschränkungsbegriff.

a) Die Entscheidung „Dassonville"

Der dem Urteil „Dassonville" aus dem Jahre 1974[57] zugrunde liegende Sachverhalt betraf das nach belgischem Recht bestehende Erfordernis, für den

[54] Dazu insbesondere: *Hoffmann*, Die Grundfreiheiten des EG-Vertrags als koordinationsrechtliche und gleichheitsrechtliche Abwehrrechte, S. 28 f.

[55] So wurden etwa in Deutschland als Reaktion auf die Entscheidung „Yves Rocher" die §§ 6 d) und 6 e) UWG aufgehoben; EuGH 18. 05. 1993, C-126/91 -, Slg. 1993, I-2361 (2389) Rn. 18.

[56] Zur Rechtsvereinheitlichung durch die Rechtsprechung des EuGH vgl.: *Everling*, RabelsZ 50 (1986), 193 ff.

[57] EuGH 11. 07. 1974 - Rs. 8/74 -, Slg. 1974, 837 = GRUR Int. 1974, 467 („Dassonville").

aus Frankreich eingeführten schottischen Whisky eine Ursprungsbescheinigung der britischen Zollbehörden vorzulegen.

Der EuGH stellt in dieser Entscheidung die Formel auf, eine Maßnahme gleicher Wirkung wie die der *„mengenmäßigen Beschränkungen"* im Sinne des Art. 28 EGV sei bei jeder Handelsbeschränkung der Mitgliedstaaten anzunehmen, die geeignet sei, *„den innergemeinschaftlichen Handel unmittelbar oder mittelbar, tatsächlich oder potentiell zu behindern"*.[58] Eine Maßnahme gleicher Wirkung liegt folglich zunächst immer dann vor, wenn eine Regelung bereits nach ihrem Wortlaut zwischen in- und ausländischen Produkten differenziert, mithin eine formelle Diskriminierung darstellt.[59] Darüber hinaus können auch formal einheitliche Regelungen diskriminierenden Charakter haben, wenn ihre Auslegung ergibt, dass zwischen in- und ausländischen Waren unterschieden wird.[60] Eine Behinderung des freien Warenverkehrs ist nach der Formel des EuGH jede negative Beeinflussung der Einfuhren, unabhängig davon, in welchem Ausmaß oder mit welcher Zielsetzung sie erfolgt.[61] Für das Vorliegen unmittelbarer oder mittelbarer Auswirkungen auf den innergemeinschaftlichen Handel kommt es folglich nicht darauf an, ob die fragliche Maßnahme den innergemeinschaftlichen Handel tatsächlich behindert; es reicht vielmehr bereits eine objektive und generelle Eignung, so dass der Nachweis einer tatsächlichen Behinderung nicht geführt werden muss.[62] In der Entscheidung „Dassonville"

---

58 EuGH 11. 07. 1974 - Rs. 8/74 -, Slg. 1974, 837 (852) Rn. 5 = GRUR Int. 1974, 467 (468) („Dassonville").

59 Zu formellen Diskriminierungen ergangene Entscheidungen: EuGH 20. 2. 1975 – Rs. 12/74 -, Slg. 1975, 181 („Sekt/Weinbrand"); EuGH 12. 10. 1978 – Rs. 13/78 -, Slg. 1978, 1935 („Eggers"); EuGH 17. 06. 1981 – Rs. 113/80 -, Slg. 1981, 1625 („Souvenirs"); EuGH 20. 04. 1983 – Rs. 59/82 -, Slg. 1983, 1217 („Wermutwein").

60 Entscheidungen des EuGH zu materiell diskriminierenden Regelungen: EuGH 6. 11. 1984 – Rs. 177/83 -, Slg. 1984, 3651 („Kohl"); EuGH 13. 12. 1990 – Rs. 238/89 -, Slg. 1990, I-4827 („Pall/Dahlhausen"); EuGH 10. 07. 1980 – Rs. 152/78 -, Slg. 1980, 2299 („Alkoholische Getränke").

61 *Koos*, Europäischer Lauterkeitsmaßstab und globale Integration, S. 156 f.; *Hammer*, Handbuch zum freien Warenverkehr, S. 15.

62 So ausdrücklich: EuGH 20. 02. 1975 – Rs. 12/74 -, Slg. 1975, 181 (198) Rn. 14 („Sekt und Weinbrand"); ferner: Dauses/*Dauses*, C I Rn. 88; *Hucke*, Erforderlichkeit einer Harmonisierung des Wettbewerbsrechts in Europa, S. 68 f.; *Dauses*, RIW 1984, 197 (201); *Koos*, Europäischer Lauterkeitsmaßstab und globale Integration, S. 156 f.; *Höpping*, Auswirkungen der Warenverkehrsfreiheit auf das IPR, S. 42; Grabitz/Hilf/*Leible*, Art. 28 EGV Rn. 15; *Drasch*, Das Herkunftslandprinzip im IPR, S. 25 f.; *Meyer*, WRP 1993, 215 (219); *ders.*, GRUR Int. 1996, 697 (699); Schwarze/*Becker*, Art. 28 Rn. 38; *Oppermann*, Europarecht, Rn. 1296; Beutler/Bieber/Pipkorn/*Streil*, Die Europäische Union, Rn. 744; *Kotthoff*, Werbung

hat der EuGH klargestellt, dass es nicht auf den den Handel behindernden Zweck der Regelung ankommt, sondern ausschließlich auf die Wirkung der Maßnahme im innergemeinschaftlichen Warenverkehr,[63] wobei bereits die Möglichkeit der Behinderung des innergemeinschaftlichen Handels für die Verwirklichung des Art. 28 EGV ausreicht.[64]

Die ausufernde Weite der „Dassonville-Formel" führte dazu, dass nahezu jede nationale Regelung rechtlicher oder tatsächlicher Natur an gemeinschaftsrechtlichen Maßstäben zu messen war.[65] Unter die „Dassonville-Formel" fallen damit auch nationale Regelungen, die Werbung oder Absatzförderung betreffend, soweit sie auch auf eingeführte Waren anwendbar sind und eine jedenfalls potentiell absatz- bzw. verbtriebsbehindernde Wirkung aufweisen.[66] Folge einer konsequenten Anwendung der überaus weiten „Dassonville-Formel" drohte daher eine faktische Harmonisierung auf dem kleinsten gemeinsamen Nenner der mitgliedstaatlichen Rechtsordnungen zu werden; das heißt auf dem Niveau des Staates mit den geringsten Anforderungen an die Herstellung und Vermarktung von Produkten.[67]

Der Beschränkungsbegriff der „Dassonville-Entscheidung" schließt seinem Wortlaut nach nicht aus, dass auch unterschiedslos auf eingeführte und einheimische Waren anwendbare Regelungen als Maßnahmen gleicher Wirkung

ausländischer Unternehmen im Inland, S. 70; *Hammer*, Handbuch zum freien Warenverkehr, S. 15.

63 EuGH 12. 10. 1978 – Rs. 13/78 -, Slg. 1978, 1935 (1953) Rn. 23 („Joh. Eggers Sohn & Co./Freie Hansestadt Bremen").

64 EuGH 10. 11. 1992 – Rs. C-93/1 -, Slg. 1992, I-5529 (5560) Rn. 20 („Exportur"); EuGH 18. 05. 1993, C-126/91 -, Slg. 1993, I-2361 (2389) Rn. 18 („Yves Rocher"); in der Literatur: *White*, CML Rev. 26 (1989), 235 (243); *Dauses*, RIW 1984, 197 (201); *Meyer*, WRP 1993, 215 (219).

65 Calliess/Ruffert/*Epiney*, Art. 28 Rn. 15 ff.; Schwarze/*Becker*, Art. 28 Rn. 37 ff.; Dauses/*Dauses*, C I Rn. 88; *Everling*, EuR 1982, 301 (303); *Busch*, ZEuS 2001, 349 (356); *Piper*, WRP 1992, 685 (688 f.); *Meyer*, GRUR Int. 1996, 697 (699); *Grandpierre*, Herkunftslandprinzip kontra Marktortanknüpfung, S. 25; *Dauses*, RIW 1984, 197 (201).

66 EuGH 10. 07. 1980 – Rs. 152/78 -, Slg. 1980, 2299 (2314) Rn. 11 („Werbung für alkoholische Getränke"); EuGH 15. 12. 1982 – Rs. 286/81 -, Slg. 1982, 4575 (4587 f.) Rn. 15 („Oosthoek"); EuGH 07. 03. 1990 – Rs. C-362/88 -, Slg. 1990, I-667 (686) Rn. 7 („GB-INNO-BM/Confédération du commerce luxemburgeois"); EuGH 12. 12. 1990 – Rs. C-241/89 -, Slg. 1990, 4695 (4723) Rn. 29 („SARPP"); EuGH 25. 07. 1991 – verb. Rs. C-1/90 und C-176/90 -, Slg. 1991, I-4151 (4183) Rn. 10 („Aragonesa").

67 *Drasch*, Das Herkunftslandprinzip im IPR, S. 32; siehe dazu ferner: Grabitz/Hilf/*Leible*, Art. 28 EGV Rn. 24.

zu qualifizieren sind.[68] Die Einordnung solcher Maßnahmen war nach dem Urteil zwar zunächst nicht unumstritten, - eine endgültige Klarstellung hat insoweit erst das Urteil „Cassis de Dijon“[69] gebracht[70] - aber bereits in der „Dassonville-Entscheidung“ geht der EuGH über den von der Kommission in der Richtlinie 70/50/EWG[71] eingenommenen Standpunkt hinaus, auf den die Unterscheidung zwischen unterschiedslos auf inländische und eingeführte Produkte anwendbare Maßnahmen (Art. 3 der Richtlinie) und *„andere als unterschiedslos auf inländische und eingeführte Waren anwendbare Maßnahmen“* (Art. 2 Abs. 1 der Richtlinie) zurückgeht.

Schon in der „Dassonville-Formel“ ist damit der Grundsatz angelegt, dass Waren, die in einem Mitgliedstaat legal vermarktet werden, nicht vom Verkehr ausgeschlossen werden dürfen, sofern es dafür nicht eine besondere Rechtfertigung gibt. Dies deutet bereits auf das maßgeblich durch die „Cassis-de-Dijon-Entscheidung“[72] geprägte Herkunftslandprinzip hin.[73]

b) Die Entscheidung „Cassis de Dijon“

Eine nochmalige Erweiterung des Begriffes der Maßnahme gleicher Wirkung und gleichzeitig eine Einschränkung brachte die Entscheidung „Cassis de Dijon“

68 *Nicolaysen*, Europarecht II, S. 45 ff.; *Drasch*, Das Herkunftslandprinzip im IPR, S. 26; *White*, CML Rev. 26 (1989), 235 (236 ff.); *Behrens*, EuR 1992, 145 (148 f.); *Dauses*, RIW 1984, 197 (201); *Koos*, Europäischer Lauterkeitsmaßstab und globale Integration, S. 157.

69 EuGH 20. 02. 1979 - Rs. 120/78 -, Slg. 1979, 649 = GRUR Int. 1979, 468 („Cassis de Dijon“). Vgl. dazu sogleich unten S. 19 ff.

70 Schwarze/*Becker*, Art. 28 Rn. 37, 43; Dauses/*Dauses*, C I Rn. 96 ff.

71 Richtlinie 70/50/EWG der Kommission v. 22. 12. 1969 über die Beseitigung von Maßnahmen gleicher Wirkung wie mengenmäßige Einfuhrbeschränkungen, die nicht unter andere auf Grund des EWG-Vertrages erlassene Vorschriften fallen, ABl. 1970, Nr. L 13/ 29 ff.

72 Dazu sogleich unten S. 19 ff.

73 Der EuGH trifft in der „Dassonville-Entscheidung“ die Feststellung, solange es noch an einer Gemeinschaftsregelung fehle, die den Verbrauchern die Echtheit der Ursprungsbezeichnung eines Erzeugnisses gewährleiste, könne ein Mitgliedstaat Maßnahmen ergreifen, um unlautere Verhaltensweisen auf diesem Gebiet zu unterbinden; er dürfe jedoch nur unter der Bedingung einschreiten, dass die getroffenen Maßnahmen sinnvoll seien und die geforderten Nachweise keine Behinderung des Handels zwischen den Mitgliedstaaten bewirkten; EuGH 11. 07. 1974 - Rs. 8/74 -, Slg. 1974, 837 (853) Rn. 6 = GRUR Int. 1974, 467 (468) („Dassonville“).

von 1979,[74] der folgender Sachverhalt zugrunde lag: Zur Überprüfung stand eine deutsche Regelung über die Verkehrsfähigkeit alkoholischer Getränke, die einen Mindestweingeistgehalt festsetzte. Diese Vorschrift hinderte die Einfuhr einer Partie Cassis de Dijon aus Frankreich, die einen zu geringen Weingeistgehalt enthielt. Mit der sowohl für einheimische als auch für importierte Trinkbrandweine geltenden Regelung stand erstmals eine unterschiedslos auf in- und ausländische Waren anwendbare Bestimmung auf dem Prüfstand.

In seinem Urteil führte der EuGH aus: *„Es gibt somit keinen stichhaltigen Grund dafür, zu verhindern, dass in einem Mitgliedstaat rechtmäßig hergestellte und in den Verkehr gebrachte alkoholische Getränke in die anderen Mitgliedstaaten eingeführt werden"*.[75] In dieser Formel wird die eigentliche Begründung des Herkunftslandprinzips durch die Rechtsprechung des EuGH gesehen.[76]

Maßnahmen gleicher Wirkung können folglich auch unterschiedslos für inländische und ausländische Waren geltende Regelungen sein. Damit stellt der Gerichtshof klar, dass sich eine Beschränkung des freien Warenverkehrs auch aus den Regelungsunterschieden zwischen Herkunftslandrecht und dem Recht des Bestimmungslandes ergeben kann. Dieses Verständnis des Begriffs der Maßnahme gleicher Wirkung hat allerdings zur Folge, dass auch solche staatlichen Maßnahmen als einfuhrbeschränkend angesehen werden, die im Rahmen der mitgliedstaatlichen Regelungskompetenz erlassen wurden und Ausdruck legitimer staatlicher Regelungsinteressen sind.[77] Es ergibt sich also ein Spannungsverhältnis zwischen einer möglichst weitgehenden Warenverkehrsfreiheit einerseits und der nationalen Regelungsbefugnis der Mitgliedstaaten andererseits. Da die Mitgliedstaaten ihre Kompetenzsphäre nicht gänzlich zugunsten der Gemeinschaft geöffnet haben,[78] bedeutet eine zu

---

74 EuGH 20. 02. 1979 – Rs. 120/78 -, Slg. 1979, 649 = GRUR Int. 1979, 468 („Cassis de Dijon").

75 EuGH 20. 02. 1979 – Rs. 120/78 -, Slg. 1979, 649 (664) Rn. 14 = GRUR Int. 1979, 468 (472) („Cassis de Dijon").

76 Allerdings ist es nach den obigen Ausführungen zu weitgehend, von einer *„kopernikanischen Wende"* vom Bestimmungslandprinzip hin zum Herkunftslandprinzip durch die „Cassis-de-Dijon-Rechtsprechung" zu sprechen; (so aber *Dauses*, EuZW 1995, 425) immerhin war das Herkunftslandprinzip bereits in der „Dassonville-Entscheidung" angelegt und wurde auch von der Kommission schon in Ansätzen zugrunde gelegt.

77 *Grandpierre*, Herkunftslandprinzip kontra Marktortanknüpfung, S. 46; *Nicolaysen*, Europarecht II, S. 56; *Höpping*, Auswirkungen der Warenverkehrsfreiheit auf das IPR, S. 56; *Fezer*, JZ 1994, 317 (319); *von Wilmowsky*, JZ 1996, 590 (591 f.); *Paefgen*, Globales und Euro-Marketing, S. 75.

78 Dazu und zu den sich daraus ergebenden Konsequenzen im Einzelnen unten S. 33 ff.

weitgehende Ausweitung der Warenverkehrsfreiheit eine Beschränkung der nicht durch Gemeinschaftsrecht überlagerten Hoheitsrechte der Mitgliedstaaten.[79]

Einen Ansatz zur Durchsetzung nationaler Regelungsziele bietet Art. 30 EGV, der enumerativ rechtfertigende Gründe für Warenverkehrsbeschränkungen aufzählt.[80] Damit sind solche Ein- und Ausfuhrbeschränkungen sowie Maßnahmen gleicher Wirkung zulässig, die aus Gründen der öffentlichen Sicherheit und Ordnung, der öffentlichen Sittlichkeit, zum Schutz von Gesundheit und Leben der Menschen, zum Schutz von Tieren und Pflanzen, des nationalen Kulturguts von künstlerischem, geschichtlichem oder archäologischem Wert oder des gewerblichen und kommerziellen Eigentums gerechtfertigt sind.[81] Die Vorbehaltsbereiche des Art. 30 EGV sind allerdings ihrerseits am Grundsatz der Verhältnismäßigkeit zu messen.[82] Die den freien Warenverkehr beschränkende Maßnahme muss also geeignet und erforderlich sein,[83] um den betreffenden öffentlichen Interessen des Gemeinwohls zu entsprechen,[84] und der beabsichtigte Schutz darf nicht schon durch gleichwertige

---

79 *Grandpierre*, Herkunftslandprinzip kontra Marktortanknüpfung, S. 46; *Nicolaysen*, Europarecht II, S. 56; *Ackermann*, RIW 1994, 189 (192); *Becker*, EuR 1994, 162 (166); *Stein*, EuZW 1995, 435; *Everling*, EuR 1982, 301 (306); *Martiny*, in: Europäisches Gemeinschaftsrecht und IPR, S. 211 (216); *Paefgen*, Globales und Euro-Marketing, S. 75; *Kotthoff*, Werbung ausländischer Unternehmen im Inland, S. 70.

80 Art. 30 EGV: „Die Bestimmungen der Artikel 28 und 29 stehen Einfuhr-, Ausfuhr- und Durchfuhrverboten oder –beschränkungen nicht entgegen, die aus Gründen der öffentlichen Sittlichkeit, Ordnung und Sicherheit, zum Schutz der Gesundheit und des Lebens von Menschen, Tieren oder Pflanzen, des nationalen Kulturguts von künstlerischen, geschichtlichem oder archäologischem Wert oder des gewerblichen und kommerziellen Eigentums gerechtfertigt sind. Dieses Verbote oder Beschränkungen dürfen jedoch weder ein Mittel zur willkürlichen Diskriminierung noch eine verschleierte Beschränkung des Handels zwischen den Mitgliedstaaten darstellen."

81 Dazu: *Oppermann*, Europarecht, Rn. 1302 ff.; *Bleckmann*, Europarecht, Rn. 1521 ff.; *Lecheler*, Einführung in das Europarecht, § 8 IV 3 a).

82 Vgl. EuGH 11. 06. 1987 - Rs. 406/85 -, Slg. 1985, 2525 (2542) Rn. 10 („Procureur de la République/Gofette und Gilliard") st. Rsp.

83 Vgl. EuGH 10. 11. 1982 - Rs. 261/81 -, Slg. 1982, 3961 (3972 f.) Rn. 12 ff. („Margarine"); EuGH 16. 05. 1989 - Rs. 382/87 -, Slg. 1989, 1235 (1251) Rn. 10 f. („Buet"); EuGH 13. 12. 1990 – Rs. 238/89 -, Slg. 1990, I-4827 (4848) Rn. 12 („Pall/Dahlhausen"); vgl. auch: Schwarze/*Becker*, Art. 30 Rn. 66; *Oppermann*, Europarecht, Rn. 1308.

84 *Grandpierre*, Herkunftslandprinzip kontra Marktortanknüpfung, S. 49; Dauses/*Dauses*, C I Rn. 113; Calliess/Ruffert/*Epiney*, Art. 30 Rn. 25; Dauses, EuZW 1995, 425; Schwarze/*Becker*, Art. 30 Rn. 64 ff.

Regelungen des Herkunftslandes erreicht werden.[85] Darüber hinaus muss die Abwägung ergeben, dass die Beeinträchtigung des freien Warenverkehrs zur Erreichung der Schutzinteressen angemessen ist.[86]

Da es sich aber bei Art. 30 EGV um eine Ausnahmevorschrift handelt, ist diese restriktiv auszulegen.[87] Daher ist diese Bestimmung zum Schutz staatlicher Regelungsinteressen nicht ausreichend. Angesichts dessen führte der EuGH in der „Cassis-de-Dijon-Entscheidung" ein Korrektiv für die weite Formulierung des Begriffs der Maßnahme gleicher Wirkung ein.[88] Danach sind *„Hemmnisse für den Binnenhandel der Gemeinschaft, die sich aus den Unterschieden der nationalen Regelungen über die Vermarktung dieser Erzeugnisse ergeben,"* hinzunehmen, *„soweit diese Bestimmungen notwendig sind, um zwingenden Erfordernissen gerecht zu werden, insbesondere den Erfordernissen einer wirksamen steuerlichen Kontrolle, des Schutzes der öffentlichen Gesundheit, der Lauterkeit des Handelsverkehrs und des Verbraucherschutzes".*[89] Bei der Heranziehung der zwingenden Erfordernisse ist wiederum der Grundsatz der Verhältnismäßigkeit zu wahren. Die fragliche Maßnahme muss folglich geeignet und erforderlich sein; ferner muss die Abwägung der Interessen des Mitgliedstaates an der Verfolgung der zwingenden Erfordernisse mit der Beschränkung des freien Warenverkehrs zugunsten der mitgliedstaatlichen Interessen ausfallen.[90]

Bisher hatte die „Dassonville-Formel" dazu geführt, dass jede nationale Vorschrift der Kontrolle am Maßstab des Art. 28 EGV unterworfen war. Die „zwingenden Erfordernisse" liefern nun eine flexible tatbestandsimmanente

---

85 Vgl. EuGH 22. 06. 1982 – Rs. 220/81 -, Slg. 1982, 2349 (2361) Rn. 12 („Robertson").

86 Calliess/Ruffert/*Epiney*, Art. 30 Rn. 49; Schwarze/*Becker*, Art. 30 Rn. 73.

87 St. Rsp. vgl.: EuGH 25. 01. 1977 – Rs. 46/76 -, Slg. 1977, 5 (15) Rn. 12, 15; („Bauhuis"); EuGH 17. 06. 1981 – Rs. 113/80 -, Slg. 1981, 1625 (1638) Rn. 7 („Souvenirs"); vgl. auch: *Bleckmann*, Europarecht, Rn. 1522; *Oppermann*, Europarecht, Rn. 1307; *Kotthoff*, Werbung ausländischer Unternehmen im Inland, S. 70 f.

88 *Grandpierre*, Herkunftslandprinzip kontra Marktortanknüpfung, S. 47; *Dauses*, EuZW 1995, 425; *Everling*, EuR 1982, 301 (306); *Everling*, in: Festschrift Steindorff, S. 1155 f.; *Koos*, Europäischer Lauterkeitsmaßstab und globale Integration, S. 157.

89 EuGH 20. 02. 1979 – Rs. 120/78 -, Slg. 1979, 649 (662) Rn. 8 = GRUR Int. 1979, 468 (471) („Cassis de Dijon").

90 Vgl. EuGH 13. 12. 1990 – Rs. 238/89 -, Slg. 1990, I-4827 (4848 f.) Rn. 12 ff. („Pall/Dahlhausen"); EuGH 25. 07. 1991 – Rs. C-1/90 und C-176/90 -, Slg. 1991, I-4151 (4184 ff.) Rn. 14 ff. („Aragonesa"), *Nicolaysen*, Europarecht II, S. 60 ff.; *Grandpierre*, Herkunftslandprinzip kontra Marktortanknüpfung, S. 49; *Dauses*, EuZW 1995, 425; Calliess/Ruffert/*Epiney*, Art. 28 Rn. 25; *Martiny*, in: Europäisches Gemeinschaftsrecht und IPR, S. 211 (216); *Oppermann*, Europarecht, Rn. 1308.

Einschränkung des Begriffs der Maßnahme gleicher Wirkung.[91] Bei der Heranziehung von zwingenden Erfordernissen im Sinne der „Cassis-de-Dijon-Rechtsprechung" ist - im Gegensatz zu den Maßnahmen nach Art. 30 EGV - stets Voraussetzung, dass es sich um eine unterschiedslos anwendbare Regelung handelt, mithin nicht um eine Diskriminierung.[92] Es darf ferner nicht bereits eine abschließende gemeinschaftliche Regelung für den fraglichen Bereich existieren.[93] Durch den Erlass gemeinschaftsrechtlicher Regeln zieht die Gemeinschaft die Kompetenz für die betreffende Materie an sich, so dass ein weiteres Tätigwerden der Mitgliedstaaten auf diesem Gebiet nur mehr in den ausdrücklich im Vertrag vorgesehenen Fällen[94] möglich ist.[95] Die Regelungen des Herkunftslandes müssen auch nicht inhaltsgleich mit den Vorschriften des Bestimmungslandes sein, es reicht vielmehr bereits aus, wenn sie den gleichen Zweck erfüllen. Eine doppelte Kontrolle ist nicht erforderlich und damit unverhältnismäßig.[96]

Sofern die beschränkende Maßnahme nicht entsprechend dem Bestimmungslandprinzip nach Art. 30 EGV oder aufgrund zwingender Erfordernisse des Allgemeinwohls gerechtfertigt ist, muss ein Produkt, das in einem Mitgliedstaat nach dessen Vorschriften rechtmäßig in den Verkehr gebracht wurde, im gesamten Binnenmarkt zirkulationsfähig sein.[97] Art. 28

---

91 *Grandpierre*, Herkunftslandprinzip kontra Marktortanknüpfung, S. 47; Dauses/*Dauses* C I Rn. 108; *Nicolaysen*, Europarecht II, S. 57; *Becker*, EuR 1994, 162 (166); *Everling*, EuR 1982, 301 (305).

92 Vgl. EuGH 17. 06. 1981 – Rs. 113/80 -, Slg. 1981, 1625 (1639) Rn. 10 f. („Souvenirs"); EuGH 09. 07. 1992 – Rs. C-2/90 -, Slg. 1992, I-4431 (4480) Rn. 34 („Kommission/Belgien"); EuGH 25. 07. 1991 – Rs. C-1/90 und C-176/90 -, Slg. 1991, I-4151 (4184 ff.) Rn. 13 („Aragonesa"); Grabitz/Hilf/*Leible*, Art. 28 EGV Rn. 20.

93 *Grandpierre*, Herkunftslandprinzip kontra Marktortanknüpfung, S. 48; *Dauses*, EuZW 1995, 425 (428); *Everling*, in: Irreführende Werbung in Europa, 43 (50); *Drasch*, Das Herkunftslandprinzip im IPR, S. 33; *von Hoffmann*, ZfRV 1995, 45 (46); *Nicolaysen*, Europarecht II, S. 61; *Koenig/Braun/Capito*, EWS 1999, 401; *Meyer*, GRUR Int. 1996, 697 (699).

94 Insbesondere: Art. 95 Abs. 4 EGV: „Hält es ein Mitgliedstaat, wenn der Rat oder die Kommission eine Harmonisierungsmaßnahme erlassen hat, für erforderlich, einzelstaatliche Bestimmungen beizubehalten, die durch wichtige Erfordernisse im Sinne des Artikels 30 oder in bezug auf den Schutz der Arbeitsumwelt oder den Umweltschutz gerechtfertigt sind, so teilt er diese Bestimmungen sowie die Gründe für ihre Beibehaltung der Kommission mit."

95 Dazu: *Drasch*, Das Herkunftslandprinzip im IPR, S. 33.

96 Vgl. statt aller: *Nicolaysen*, Europarecht II, S. 6.

97 *Steindorff*, ZHR 150 (1986), 687 (689); *Behrens*, EuR 1992, 145 (156 f.); *Höpping*, Auswirkungen der Warenverkehrsfreiheit auf das IPR, S. 83; *Grandpierre*,

EGV findet folglich auf Hemmnisse für den Binnenhandel der Gemeinschaft Anwendung, die sich aus den Unterschieden der nationalen Regelungen über die Vermarktung bestimmter Erzeugnisse ergeben, soweit sie in einem anderen Mitgliedstaat rechtmäßig hergestellt und in den Verkehr gebracht wurden.[98] Waren und Dienstleistungen können dementsprechend im gesamten Gemeinsamen Markt abgesetzt werden, sofern sie den rechtlichen Anforderungen des Herkunftslandes genügen.[99] Entspricht die Ware allerdings

Herkunftslandprinzip kontra Marktortanknüpfung, S. 57 f.; *Weyer*, Freier Warenverkehr und nationale Regelungsgewalt in der Europäischen Union, S. 215; *Müller-Graff*, Binnenmarktziel und Rechtsordnung, S. 32.

98 Die Geltung des Herkunftslandprinzips für die Warenverkehrsfreiheit wird nicht erst seit der wegweisenden „Cassis-de-Dijon-Entscheidung" des EuGH angenommen. Die ersten Stellungnahmen der Kommission zum Herkunftslandprinzip rühren bereits aus dem Jahre 1967 (Ergänzende Antwort der Kommission v. 14. 03. 1967 auf die schriftliche Anfrage Nr. 118, ABl. 1967 S. 901 v. 29. 03. 1967), in denen sich Hinweise auf die Anwendbarkeit der Warenverkehrsfreiheit unter den Voraussetzungen des Herkunftslandprinzips ergeben. Bereits in der ersten Stellungnahme äußerte die Kommission die Auffassung, es könnten auch Bestimmungen, die unterschiedslos auf importierte wie auf einheimische Erzeugnisse Anwendung finden, in bestimmten Fällen Maßnahmen mit gleicher Wirkung wie mengenmäßige Beschränkungen sein (Ergänzende Antwort der Kommission v. 14. 03. 1967 auf die schriftliche Anfrage Nr. 118, ABl. 1967 S. 901 [903]). Allerdings – so führte die Kommission in ihrer zweiten Stellungnahme aus – sollten *„diejenigen Bestimmungen, welche in gleicher Weise auf die Einfuhren wie auf die einheimische Produktion angewandt werden, in der Mehrzahl der Fälle keine Maßnahmen mit gleicher Wirkung wie mengenmäßige Beschränkungen darstellen."*; Antwort der Kommission v. 30. 06. 1967 auf die schriftliche Anfrage Nr. 64, ABl. 1967 Nr. 169/11 f.).

Einen deutlicheren Ausdruck fand der Gedanke des Herkunftslandprinzips in der Richtlinie 70/50/EWG der Kommission v. 22. 12. 1969 über die Beseitigung von Maßnahmen gleicher Wirkung wie mengenmäßige Einfuhrbeschränkungen, die nicht unter andere auf Grund des EWG-Vertrages erlassene Vorschriften fallen, ABl. 1970, Nr. L 13/ 29 ff. Gemäß Art. 3 der Richtlinie bezieht sich die Richtlinie auch auf Maßnahmen über die Vermarktung von Waren, insbesondere betreffend die Form, die Ausmaße, das Gewicht, die Zusammensetzung, die Aufmachung, die Identifizierung, die Aufbereitung, welche unterschiedslos auf inländische und eingeführte Waren anwendbar sind und deren beschränkende Wirkungen auf den Warenverkehr den Rahmen der solchen Handelsregelungen eigentümlichen Wirkungen überschreiten (siehe dazu: *Weyer*, Freier Warenverkehr und nationale Regelungsgewalt in der Europäischen Union, S. 217 f.; *Grandpierre*, Herkunftslandprinzip kontra Marktortanknüpfung, S. 22). Auch wenn sich hieraus kein ausdrücklicher Verweis auf das Herkunftslandprinzip ergibt, so bestehen doch Ähnlichkeiten, zumal die in Art. 2 der Richtlinie angesprochenen Regelungsgegenstände eine Einschränkung auf produktbezogene Regelungen im Sinne des Herkunftslandprinzips nahe legt.

99 Vgl. die Definition des Wissenschaftlichen Beirates beim Bundesministerium für Wirtschaft, Stellungnahme zum Weißbuch der EG-Kommission über den Binnenmarkt, Hektografiert, Bonn 22. 02. 1986; ferner: *Steindorff*, ZHR 150 (1986), 687 (689).

nicht den Erfordernissen des Herkunftsstaates, so liegt kein Bedürfnis nach einer über ein Diskriminierungsverbot hinausgehenden Überprüfung vor, da es an der für die Marktspaltung charakteristischen Doppelregelung fehlt.[100] Ist eine den Vorschriften des Herkunftslandes nicht entsprechende Ware etwa nur zum Angebot in anderen Mitgliedstaaten konzipiert, so entsteht für den Anbieter keine zusätzliche, sondern eine erstmalige Belastung, wenn er sie nach den Vorschriften des Einfuhrstaates ausrichten muss.[101]

Durch die Kombination der „Dassonville-Formel“ mit der „Cassis-de-Dijon-Rechtsprechung“ und Art. 30 EGV ergibt sich die Geltung des Herkunftslandprinzips im Rahmen der Warenverkehrsfreiheit.[102] Die Entscheidung „Cassis de Dijon“ bedeutet eine Absage an das Bestimmungslandprinzip (im Sinne eines bloßen Diskriminierungsverbots) und eine Hinwendung zu dem Herkunftslandprinzip (im Sinne eines umfassenden Beschränkungsverbots). Im Ergebnis hat der EuGH einen Mittelweg zwischen Herkunftslandprinzip und Bestimmungslandprinzip eingeschlagen im Sinne eines eingeschränkten Herkunftslandprinzips.[103]

c) Die Entscheidung „Keck und Mithouard“

Die Geltung des Herkunftslandprinzips im Bereich des Art. 28 EGV hat der EuGH in seinem Grundsatzurteil „Keck“[104] ausdrücklich bestätigt,[105]

---

[100] *Reich*, RabelsZ 56 (1992), 444 (492 f.); *Ackermann*, RIW 1994, 189 (193); *Reese*, Grenzüberschreitende Werbung in der Europäischen Gemeinschaft, S. 59 f.; *Grandpierre*, Herkunftslandprinzip kontra Marktortanknüpfung, S. 59 f.

[101] *Classen*, EWS 1995, 97 (102).

[102] *Mülbert*, ZHR 159 (1995), 2 (20); *Steindorff*, ZHR 158 (1994), 149 (163); ferner zum Binnenmarktziel: *Weyer*, Freier Warenverkehr und nationale Regelungsgewalt in der Europäischen Union, S. 7 ff.; *Grandpierre*, Herkunftslandprinzip kontra Marktortanknüpfung, S. 20 f.; Dauses/*Dauses*, Handbuch, C I Rn. 3 ff.; *Basedow*, NJW 1996, 1921 (1927); *Mülbert*, ZHR 159 (1995), 2 (19 f.).

[103] Vgl. *Müller-Graff*, Binnenmarktziel und Rechtsordnung, S. 32.

[104] EuGH 24. 11. 1993 – Rs. C-267/91 u. C-268/91 -, Slg. 1993, I-6097 („Keck und Mithouard“).

[105] EuGH 24. 11. 1993 – Rs. C-267/91 u. C-268/91 -, Slg. 1993, I-6097 (6131) Rn. 15 („Keck und Mithouard“); vgl. zu der Entscheidung „Keck“ auch: *Heermann*, WRP 1999, 381 ff.; *Fezer*, JZ 1994, 317 (320 ff.); von der Groeben/Schwarze/*Müller-Graff*, Art. 28 Rn. 239 ff.; *Grandpierre*, Herkunftslandprinzip kontra Marktortanknüpfung, S. 26 ff.; *Busch*, ZEuS 2001, 349 (357); *Arndt*, JuS 1994, 469 (472 f.); *Drasch*, Das Herkunftslandprinzip im IPR, S. 100; Beutler/Bieber/Pipkorn/*Streil*, Die Europäische Union, Rn. 746 ff.; *Weyer*, Freier Warenverkehr und nationale Regelungsgewalt in der

gleichzeitig aber die Grenzlinie zwischen dem Anwendungsbereich des Diskriminierungsverbots und dem des Beschränkungsverbots zu Gunsten des ersteren verschoben.[106] Die in den Urteilen „Dassonville“ und „Cassis-de-Dijon“ entwickelten Grundsätze haben eine Einschränkung erfahren.[107] Nach der „Cassis-de-Dijon-Rechtsprechung“ unterfielen auch solche unterschiedslos geltenden Maßnahmen Art. 28 EGV, die sich nicht auf die Produkte selbst bezogen, sondern Regelungen bezüglich der Werbung oder andere Methoden der Absatzförderung betrafen.[108] Eine Einschränkung brachte insoweit die Entscheidung „Keck“.[109]

Europäischen Union, S. 51 f. u. S. 226 f.; *Sack*, in: Neuordnung des Wettbewerbsrechts, S. 139 (140 ff.); *Schricker*, GRUR Int. 1994, 586 (589 f.); *Jestaedt/Kästle*, EWS 1994, 26 ff.; *Höpping*, Auswirkungen der Warenverkehrsfreiheit auf das IPR, S. 45 ff.; Schwarze/*Becker*, Art. 28 Rn. 47 ff.; *Kingreen*, Die Struktur der Grundfreiheiten des Europäischen Gemeinschaftsrechts, S. 53 ff.; *Schilling*, EuR 1994, 50 ff.; Dauses/*Dauses*, Handbuch, C I Rn. 119 ff.; *Bleckmann*, Europarecht, Rn. 1511; *Keßler*, Das System der Warenverkehrsfreiheit im Gemeinschaftsrecht, S. 61 ff.; Calliess/Ruffert/*Epiney*, Art. 28 Rn. 27 ff.; *Bernhard*, EWS 1995, 404 ff.; *Weatherill*, CML Rev 33 (1996), 885 ff.; *von Wilmowsky*, Europäisches Kreditsicherungsrecht, S. 24 ff.; *Koos*, Europäischer Lauterkeitsmaßstab und globale Integration, S. 158 ff.; *Hucke*, Erforderlichkeit einer Harmonisierung des Wettbewerbsrechts in Europa, S. 74 ff.; *Schwintowski*, RabelsZ 64 (2000), 38 ff.; *Nicolaysen*, Europarecht II, S. 54 f.; *Herdegen*, Europarecht, Rn. 290; *Lurger*, Regulierung und Deregulierung im europäischen Privatrecht, S. 31 ff.; *Ackermann*, RIW 1994, 189 ff.; *Becker*, EuR 1994, 162 ff.; *Petschke*, EuZW 1994, 107 ff.; ausführlich ferner: *Hammer*, Handbuch zum freien Warenverkehr, S. 93 ff.; *Franzen*, Privatrechtsangleichung durch die Europäische Gemeinschaft, S. 126 ff.

106 *Lecheler*, Einführung in das Europarecht, S. 250.

107 Die Bewertung der Entscheidung in der Literatur geht von *„Kehrtwende“* (*Möschel*, NJW 1994, 429; *Schack*, ZZP 108 (1995), 47 [53]) und *„weitreichende Rechtsprechungswende“* (*Lurger*, Regulierung und Deregulierung im europäischen Privatrecht, S. 36) über *„Einschränkung“* (*Oppermann*, Europarecht, Rn. 1293; von der Groeben/Schwarze/*Müller-Graff*, Art. 28 Rn. 239) bis hin zu *„Kurskorrektur“* (*Fezer*, JZ 1994, 317 [318]), *„Präzisierung“* und *„Klarstellung“* (*Basedow*, EuZW 1994, 225). Der EuGH selbst begreift die „Keck-Rechtsprechung“ nicht als Verabschiedung der Grundsätze der „Dassonville“ - und der „Cassis-de-Dijon-Rechtsprechung“, sondern vielmehr als eine Konkretisierung derer. Dies ergibt sich aus der ausdrücklichen Bezugnahme auf diese Urteile in EuGH 24. 11. 1993 – Rs. C-267/91 u. C-268/91 -, Slg. 1993, I-6097 (6131) Rn. 15, 16 („Keck und Mithouard“).

108 So: EuGH 15. 12. 1982 – Rs. 286/81 -, Slg. 1982, 4575 („Oosthoek“); EuGH 16. 05. 1989 - Rs. 382/87-, Slg. 1989, 1235 („Buet“); EuGH 12. 12. 1990 – Rs. C-241/89 -, Slg. 1990, 4695 („SARPP“); EuGH 07. 03. 1990 – Rs. C-362/88 -, Slg. 1990, I-667 („GB-INNO-BM/Confédération du commerce luxembourgeois“); EuGH 18. 05. 1993, C-126/91 -, Slg. 1993, I-2361 („Yves Rocher“).

109 EuGH 24. 11. 1993 – Rs. C-267/91 u. C-268/91 -, Slg. 1993, I-6097 („Keck und Mithouard“).

Die Entscheidung betraf zwei französische Anbieter, die gegen das französische Verbot, Waren zum Verlustpreis weiterzuverkaufen, verstoßen hatten. Die Anbieter beriefen sich nunmehr auf die Grundsätze der Warenverkehrs- und Dienstleistungsfreiheit sowie des freien Wettbewerbs innerhalb der Gemeinschaft. Der EuGH führte in dieser viel beachteten Entscheidung aus: *„[...]entgegen der bisherigen Rechtsprechung ist die Anwendung nationaler Bestimmungen, die bestimmte Verkaufsmodalitäten beschränken oder verbieten, auf Erzeugnisse aus anderen Mitgliedstaaten nicht geeignet, den Handelsverkehr zwischen den Mitgliedstaaten im Sinne des Urteils ‚Dassonville' unmittelbar oder mittelbar, tatsächlich oder potentiell zu behindern, sofern diese Bestimmungen für alle betroffenen Wirtschaftsteilnehmer gelten, die ihre Tätigkeit im Inland ausüben, und sofern sie den Absatz der inländischen Erzeugnisse und der Erzeugnisse aus anderen Mitgliedstaaten rechtlich wie tatsächlich in der gleichen Weise berühren".*[110] Bei Erfüllung dieser Voraussetzungen sei *„die Anwendung derartiger Regelungen auf den Verkauf von Erzeugnissen aus einem anderen Mitgliedstaat, die den von diesem Staat aufgestellten Bestimmungen entsprechen, nicht geeignet, den Marktzugang für diese Erzeugnisse zu versperren oder stärker zu behindern, als sie dies für inländische Erzeugnisse tut. Diese Regelungen fallen daher nicht in den Anwendungsbereich des Art. 30 EWG-Vertrag [Art. 28 EGV n. F.]."*[111]

Der Grund für die vom EuGH eingeführte Differenzierung war zunächst – nach eigenem Bekunden des Gerichtshofs – die zunehmende Belastung des Gerichts, die sich daraus ergab, dass aufgrund der Weite der durch die „Dassonville-Formel" begründeten Begriffsbestimmung von Maßnahmen gleicher Wirkung prinzipiell alle nationalen Regelungen erfasst wurden, die zumindest mittelbar die Absatzmöglichkeiten für Waren betrafen.[112] Darüber hinaus führte das weite Verständnis dazu, dass die Gestaltungsmöglichkeiten der Mitgliedstaaten zunehmend verengt wurden.[113] Daher hatte der EuGH bereits zuvor mit unterschiedlichen Begründungen das Vorliegen von Maßnahmen gleicher

---

[110] EuGH 24. 11. 1993 – Rs. C-267/91 u. C-268/91 -, Slg. 1993, I-6097 (6131) Rn. 16 („Keck und Mithouard").

[111] EuGH 24. 11. 1993 – Rs. C-267/91 u. C-268/91 -, Slg. 1993, I-6097 (6131) Rn. 17 („Keck und Mithouard").

[112] Der EuGH führte insoweit aus: „Da sich die Wirtschaftsteilnehmer immer häufiger auf Art. 30 EWG-Vertrag berufen, um jedwede Regelung zu beanstanden, die sich als Beschränkung ihrer geschäftlichen Freiheit auswirkt, auch wenn sie nicht auf Erzeugnisse aus anderen Mitgliedstaaten gerichtet ist, hält es der Gerichtshof für notwendig, seine Rechtsprechung auf diesem Gebiet zu überprüfen und klarzustellen."; EuGH 24. 11. 1993 – Rs. C-267/91 u. C-268/91 -, Slg. 1993, I-6097 (6131) Rn. 14 („Keck und Mithouard").

[113] Schwarze/*Becker*, Art. 28 Rn. 47; vgl. ferner: *Ackermann*, RIW 1994, 189 (192).

Wirkung abgelehnt und auf diese Weise versucht, den Anwendungsbereich der Warenverkehrsfreiheit nicht grenzenlos auszudehnen.[114]

Dieser uneinheitlichen Linie hat der EuGH mit der Entscheidung „Keck" offenbar ein Ende setzen wollen.[115] Mit der Differenzierung zwischen sogenannten produktbezogenen Regelungen einerseits und *„bestimmten Verkaufmodalitäten"* andererseits hat der Gerichtshof den Anwendungsbereich von Art. 28 EGV eingeschränkt. Der EuGH unterscheidet in der Entscheidung „Keck" zwischen Hemmnissen für den freien Warenverkehr aufgrund von warenbezogenen Vorschriften und solchen, die lediglich bestimmte Verkaufsmodalitäten verbieten oder beschränken. Letztere sollen in ausdrücklicher Abweichung von der bisherigen Rechtsprechung nicht mehr als handelsbehindernd im Sinne der „Dassonville-Formel" betrachtet werden, wenn sie für alle im Inland tätigen Wirtschaftsteilnehmer gelten und den Absatz inländischer und ausländischer Produkte rechtlich und tatsächlich in gleicher Weise berühren.[116]

Zu den produktbezogenen Regelungen, die weiterhin als Maßnahmen gleicher Wirkung der Warenverkehrsfreiheit entgegenstehen können,[117] zählen Regelungen, die vorsehen, dass eine eingeführte Ware bestimmten Anforderungen hinsichtlich ihrer Bezeichnung, ihrer Form, ihrer Abmessung, ihres Gewichts, ihrer Zusammensetzung, ihrer Aufmachung, ihrer Etikettierung und ihrer Verpackung genügen müssen. *„Bestimmte Verkaufsmodalitäten"* sind demgegenüber sogenannte vertriebsbezogene Regelungen, wie die Modalitäten des Absatzes, Vorschriften betreffend die Ladenöffnungszeiten und insbesondere auch staatliche Werberegelungen.[118] Diese stellen keine Maßnahmen gleicher Wirkung dar, sofern sie den Absatz in- und ausländischer Produkte rechtlich und tatsächlich in gleicher Weise berühren. Sie sind vielmehr grundsätzlich lediglich dann Maßnahmen gleicher Wirkung, wenn ihre

---

[114] Siehe dazu die Urteile: EuGH 31. 03. 1982 – Rs. 75/81 -, Slg. 1982, 1211 („Blesgen"); EuGH 07. 03. 1990 – Rs. C-69/88 -, Slg. 1990, I- 583 („Krantz); EuGH 11. 07. 1990 – Rs. C-23/89 -, Slg. 1990, I-3077 („Quietlynn"); EuGH 14. 07. 1981 – Rs. 155/80 -, Slg. 1981, 1993 („Nachtbackverbot"); EuGH 11. 07. 1985 – Rs. 60 u. 61/84 -, Slg. 1985, 2605 („Cinéthèque"); EuGH 23. 11. 1989 – Rs. 145/88 -, Slg. 1989, 3885 („Torfaen").

[115] Grabitz/Hilf/*Leible*, Art. 28 EGV Rn. 27 f.

[116] EuGH 24. 11. 1993 – Rs. C-267/91 u. C-268/91 -, Slg. 1993, I-6097 Rn. 15 f. („Keck und Mithouard").

[117] Schwarze/*Becker*, Art. 28 Rn. 47; *Koos*, Europäischer Lauterkeitsmaßstab und globale Integration, S. 159.

[118] *Matthies*, in: Festschrift Everling, S. 803 (812 f.); Dauses/*Dauses*, Handbuch, C I Rn. 127; *von Wilmowsky*, Europäisches Kreditsicherungsrecht, S. 24; Grabitz/Hilf/*Leible*, Art. 28 EGV Rn. 38.

praktischen Folgen oder ihre Durchführung eine, wenn auch nur mittelbare, Diskriminierung hervorrufen. Sind staatliche Werberegelungen mithin diskriminierungsfrei ausgestaltet, scheiden sie von vornherein aus dem Anwendungsbereich des Art. 28 EGV aus. Bei diskriminierenden Regelungen gelten die Einschränkungen der „Keck-Rechtsprechung" indes nicht.[119]

Voraussetzung für die Beschränkung des Anwendungsbereichs der Warenverkehrsfreiheit ist nach der „Keck-Rechtsprechung" mithin, dass es sich um nicht-diskriminierende Maßnahmen handelt und darüber hinaus diese den Absatz inländischer und aus anderen Mitgliedstaaten eingeführter Waren rechtlich wie tatsächlich in gleicher Weise berühren.[120] Abgrenzungskriterium für produktbezogene Maßnahmen einerseits und vertriebsbezogne andererseits ist die Auswirkung der Maßnahme auf den Markt*zugang*. Hat eine wettbewerbliche Regelung zumindest eine der Einfuhrbeschränkung vergleichbare Wirkung, so unterfällt sie ohne weiteres dem Anwendungsbereich des Art. 28 EGV. Wird der Marktzugang unterbunden oder erschwert, so handelt es sich um eine dem Anwendungsbereich des Art. 28 EGV unterfallende Maßnahme. Demgegenüber reicht es nunmehr nicht aus, wenn sich eine Regelung nur mittelbar auf Absatzmöglichkeiten auswirkt und erst auf diesem Wege den Marktzugang beschränkt.[121] Eine Anwendung von Art. 28 EGV liegt insgesamt umso näher, je mehr sich die Maßnahme zugangsbeschränkend auswirkt. Maßgeblich ist daher stets der Zusammenhang zum Marktzugang. Dies gilt freilich nicht, wenn es sich bei der fraglichen Maßnahme um eine diskriminierende Regelung handelt. In diesem Fall bedarf es der dargestellten Differenzierung nicht. Die Maßnahme unterfällt stets dem Anwendungsbereich von Art. 28 EGV.

Das Urteil „Keck und Mithouard" bedeutet die Einführung eines Diskriminierungsverbots für *„bestimmte Verkaufsmodalitäten"*. In diesem Bereich gilt demgemäß nicht mehr das allgemeine Beschränkungsverbot,[122] so

---

119 Dazu: EuGH 13. 01. 2000 – Rs. C-254/98 -, Slg. 2000-I, 151 = EuZW 2000, 309 (310) („Sass"), mit Anmerkung *Gundel.*

120 EuGH 24. 11. 1993 – Rs. C-267/91 u. C-268/91 -, Slg. 1993, I-6097 Rn. 15 („Keck und Mithouard").

121 *Becker,* EuR 1994, 162 (172).

122 So auch: *Sonnenberger,* ZVglRWiss 95 (1996), 2 (22); *Sack,* EWS 1994, 37 (42); *Roth,* ZHR 1995 (159), 78 (86); *Ackermann,* RIW 1994, 189 (190); *Petschke,* EuZW 1994, 107; *Müller-Graff,* ZHR 1995 (159), 34 (73); *Leible,* WRP 1994, 908 (909); *Jarass,* EuR 1995, 202 (217); *Bornkamm,* GRUR 1994, 297 (298). Zweifelnd neuerdings wieder: *Gundel,* Anmerkung zu EuGH 13. 01. 2000 – Rs. C-254/98 -, Slg. 2000-I, 151 (174) = EuZW 2000, 309 („Sass"), 311 (312), dessen kritischer Ansicht allerdings aufgrund des Vorliegens einer *diskriminierenden* Verkaufsmodalität nicht gefolgt werden kann.

dass die „Keck-Rechtsprechung“ des EuGH eine teilweise Rückkehr zum Diskriminierungsverbot ist.[123]

d) Auf die Entscheidung „Keck“ folgende Entscheidungen des EuGH

Die „Keck-Rechtsprechung“ hat der EuGH in der Entscheidung „Hünermund“[124] bestätigt. Dort hatte der EuGH darüber zu befinden, ob die deutsche Standesregel für Apotheker, die diesen die Werbung für apothekenübliche Ware außerhalb der Apotheken verbietet, mit Art. 28 EGV zu vereinbaren ist. Unter Hinweis auf die Entscheidung „Keck“ bestätigte der Gerichtshof die Kriterien, nach denen Regelungen des Einfuhrlandes nicht geeignet sind, den Marktzugang zu versperren oder stärker zu behindern als einheimische Waren.[125] In dem zu entscheidenden Fall bejahte der EuGH das Vorliegen dieser Voraussetzungen aufgrund der Erwägung, dass die fragliche Werbebestimmung, *„die, ohne nach Herkunft der betreffenden Waren zu unterscheiden, für alle Apotheker[...]gilt,[...]den Absatz der Waren aus anderen Mitgliedstaaten nicht in anderer Weise als den der inländischen Waren“* betrifft.[126]

Auch die folgende Rechtsprechung bestätigt die durch die „Keck-Rechtsprechung“ aufgestellten Grundsätze. Für produktbezogene Regelungen bleibt es bei der „Cassis-de-Dijon-Rechtsprechung“,[127] während Verkaufsmodalitäten nicht in den Anwendungsbereich des Art. 28 EGV mit einzubeziehen sind. Unter diesen Begriff fasst der EuGH in seinen seitdem ergangenen Entscheidungen die zeitlichen und räumlichen Voraussetzungen,

---

[123] *Dethloff*, Europäisierung des Wettbewerbsrechts, S. 140 ff.; *von Wilmowsky*, Europäisches Kreditsicherungsrecht, S. 24 ff., der aber kritisch ausführt, das partielle Zurückschneiden der Grundfreiheiten auf eine Freihandelsgarantie führe zu einem größeren Bedürfnis nach Rechtsangleichung: *„Je weniger die Grundfreiheiten mitgliedstaatliche Beschränkungen aufheben (sei es, dass diese gerechtfertigt sind, oder sei es, dass diese ohne Kontrolle auf ihre Rechtfertigung passieren), desto mehr Vorschriften müssen angeglichen werden.“*

[124] EuGH 15. 12. 1993 – Rs. C-292/92 -, Slg. 1993, I-6787 („Hünermund“).

[125] EuGH 15. 12. 1993 – Rs. C-292/92 -, Slg. 1993, I-6787 (6810 f.) Rn. 21 („Hünermund“).

[126] EuGH 15. 12. 1993 – Rs. C-292/92 -, Slg. 1993, I-6787 (6811 f.) Rn. 23 („Hünermund“).

[127] EuGH 14. 07. 1994 – Rs. C-17/93 -, Slg. 1994, I-3537 („Van der Veldt“); EuGH 13. 03. 1997 – Rs. C-358/95 -, Slg. 1997, I-1431 („USL“); EuGH 09. 07. 1995 – Rs. C-470/93 –, Slg. 1995, I-1923 (1941) Rn. 13 („Mars”).

unter denen Waren abgesetzt werden können,[128] ferner Preisregelungen[129] sowie grundsätzlich Werberegelungen.[130]

e) Ergebnis

Ein Überblick über die Rechtsprechung im Bereich der Warenverkehrsfreiheit zeigt, dass der EuGH in Art. 28 EGV ein allgemeines Beschränkungsverbot sieht, dem das Herkunftslandprinzip entspricht.

Die Warenverkehrsfreiheit verlangt, dass Waren aus anderen Mitgliedstaaten unter den gleichen Bedingungen vermarktet werden können wie solche des Importlandes. Dem dient das Diskriminierungsverbot. Der Zugang zum Markt kann aber ebenso durch unterschiedslos geltende Vorschriften beeinträchtigt werden, wenn die Regelungen das Inverkehrbringen oder die Vermarktung verschiedener Produkte verbieten oder zusätzlichen Regelungen und Kosten unterwerfen. Daher enthält die Warenverkehrsfreiheit auch ein Beschränkungsverbot. Dieses ist indes nicht allumfassend zu verstehen, sondern dient nur dem Abbau von Beschränkungen, die den Marktzugang für importierte Waren in spezifischer Weise behindern.[131]

An der grundsätzlichen Geltung des allgemeinen Beschränkungsverbots hat auch die Entscheidung „Keck" nichts geändert.[132] Auch den neueren Entscheidungen des EuGH liegt das gemeinschaftsrechtliche Herkunftslandprinzip zugrunde. Allerdings gilt für nicht produktbezogene

[128] EuGH 02. 06. 1994 - verb. Rs. C-401 u. 402/92 -, Slg. 1994, I-2199, I-2233 („Boermans"); EuGH 02. 06. 1994 - verb. Rs. C-69/93 u. C-258/93 -, Slg. 1994, I-2355, (2369) („Punto Casa und PPV"); EuGH 20. 06. 1996, - verb. Rs. C-418/93 u.a. -, Slg. 1996, I-2975, (3007) („Semeraro Casa Uno"). Dazu auch: EuGH 13. 01. 2000 – Rs. C-254/98, EuZW 2000, 309 (310) („Sass"). In dieser Entscheidung bezieht sich der Gerichtshof zwar ausdrücklich auf die „Keck-Rechtsprechung", stuft die Verkaufsmodalität aber im Ergebnis als diskriminierend ein.

[129] EuGH 11. 08. 1995 – Rs. C-63/94 -, Slg. 1995, I-2467, (2491) („Groupement National des Négociants en Pomme de Terre de Belgique/ITM Belgium SA und Vocarex").

[130] EuGH 15. 12. 1993 – Rs. C-292/92 -, Slg. 1993, I-6787 (6810 f.) („Hünermund"); EuGH 09. 02. 1995 – Rs. C-412/93 -, Slg. 1995, I-179 („Leclerc-Siplec"); EuGH 09. 07. 1997 - verb. Rs. C-34, 35 u. 36/95 -, Slg. 1997, I-3843 („De Agostini").

[131] Grabitz/Hilf/*Leible*, Art. 28 EGV Rn. 8; *Fanzen*, Privatrechtsangleichung durch die Europäische Gemeinschaft, S. 127 f.; Groeben/Thiesing/Ehlermann/*Müller-Graff*, Art. 30 Rn. 5.

[132] Beutler/Bieber/Pipkorn/*Streil*, Die Europäische Union, Rn. 748; *Fanzen*, Privatrechtsangleichung durch die Europäische Gemeinschaft, S. 127 f.

Regelungen nunmehr ein Diskriminierungsverbot im Sinne des Bestimmungslandprinzips.[133] Damit hat der EuGH das Herkunftslandprinzip eingeschränkt und dem Diskriminierungsverbot wieder mehr an Bedeutung zugebilligt. Den jüngeren Entscheidungen des EuGH, insbesondere den Urteilen „Keck"[134] und „Hünermund"[135], liegt das Bekenntnis zu einem unvollkommenen Binnenmarkt zugrunde, das heißt zu einem Binnenmarkt, der gerade durch den Fortbestand von Rechtsunterschieden und bestimmten rechtlichen Einschränkungen der wirtschaftlichen Handlungsfreiheit gekennzeichnet ist.[136]

Der EuGH erweitert mit seiner Rechtsprechung nach „Keck" den Anwendungsbereich des Diskriminierungsverbots zu Lasten des Beschränkungsverbots.[137] Dadurch verliert das Herkunftslandprinzip für diesen Bereich an Bedeutung. Insgesamt ist der Spielraum der Mitgliedstaaten zur Regulierung ihrer Märkte erweitert worden. Der EuGH übt damit eine größere Zurückhaltung gegenüber mitgliedstaatlichen Regelungen.[138] Mit der „Keck-Rechtsprechung" erkennt der EuGH die mitgliedstaatliche Regelungsautonomie an und leistet dadurch einen Ausgleich zwischen dem Ziel einer wechselseitigen Marktdurchdringung einerseits und der Erhaltung föderaler Entscheidungsstrukturen andererseits.[139] Damit erreicht der EuGH eine Entlastung der Grundfreiheiten und eine Stärkung der föderalen Struktur der Europäischen Gemeinschaft, ohne grundsätzlich von dem gemeinschaftsrechtlichen Herkunftslandprinzip abzurücken.

Mit der Skizzierung der Rechtsprechung des EuGH ist aber noch keine abschließende Aussage über den Bedeutungsgehalt der Warenverkehrsfreiheit getroffen. Maßgeblich für die Bestimmung der Reichweite der Grundfreiheiten

---

133 *Rohe*, RabelsZ 61 (1997), 11 (18); *Schweitzer/Hummer*, Europarecht, Rn. 1123; *Zuleeg*, in: Festschrift Everling, 1717 (1720); *Sack*, EWS 1994, 37 (44).

134 EuGH Rs. C-267/91 u. C 268/91 -, Slg. 1993 I –6097 =NJW 1994, 121 („Keck und Mithouard").

135 EuGH 15. 12. 1993 – Rs. C-292/92 -, Slg. 1993, I-6787 („Hünermund").

136 *Steindorff*, ZHR 158 (1994), 149 (160).

137 *Roth*, in: Festschrift Großfeld, S. 929 (941).

138 Schack, ZZP 108 (1995), 47 (54); Rohe, RabelsZ 61 (1997), 11 (13), der von einer „bewussten Wende weg vom Ziel eines vollkommenen Binnenmarktes hin zu mehr Dezentralisierung der Normgebung" spricht.

139 *Ackermann*, RIW 1994, 189 (192 f.); *Remien*, RabelsZ 62 (1998), 627 (629); *Reese*, Grenzüberschreitende Werbung in der Europäischen Gemeinschaft, S. 59 f.

ist aufgrund der beschränkten Kompetenz des Gerichtshofs der EGV selbst.[140] Zu klären ist daher, ob der EGV eine Auslegung der Warenverkehrsfreiheit als umfassendes Beschränkungsverbot vorsieht.

2. Überprüfung der aus der Rechtsprechung des EuGH gewonnenen Ergebnisse anhand des EGV

Ausgangspunkt für eine Bewertung des Anwendungsbereichs der Warenverkehrsfreiheit muss die auf den Binnenmarkt bezogene Zielsetzung sein.[141] Das Binnenmarktziel enthält aber zwei unterschiedliche Bezugspunkte: zum einen die Freiheit des Marktzugangs für die in einem Mitgliedstaat produzierten Produkte und zum anderen das Prinzip der Marktgleichheit im Sinne eines möglichst unverfälschten Wettbewerbs (Art. 3 lit. g) EGV).[142] Diese beiden Elemente werden durch die Begriffe Marktfreiheit und Marktgleichheit beschrieben.[143] Die Marktfreiheit beinhaltet die Abschaffung grenzübertrittsspezifischer Behinderungen,[144] während die Marktgleichheit auf Optimierung von Homogenität und Egalität der Wettbewerbsbedingungen gerichtet ist.[145] Das Diskriminierungsverbot dient der Verwirklichung des Grundsatzes der Marktgleichheit und das Beschränkungsverbot der Durchsetzung der Marktzugangsfreiheit.[146]

140 Vgl. dazu die Ausführungen oben S. 15 ff. Ausführlich und grundlegend zu dieser Problematik ferner: *Hoffmann,* Die Grundfreiheiten des EG-Vertrags als koordinationsrechtliche und gleichheitsrechtliche Abwehrrechte, S. 27 ff.

141 Siehe dazu oben S. 12 ff.

142 *Roth,* in: Festschrift Großfeld, S. 929 (944); *Grabitz,* in: Festschrift Ipsen, S. 645 (646 ff.).

143 *Grabitz*, in: Festschrift Steindorff, S. 1229 (1234 f.); *ders.*, in: Festschrift Ipsen, S. 645 (646 ff.); *Hoffmann,* Die Grundfreiheiten des EG-Vertrags als koordinationsrechtliche und gleichheitsrechtliche Abwehrrechte, S. 42 f.

144 *Grabitz,* in: Festschrift Steindorff, S. 1229 (1234 f.); *ders.*, in: Festschrift Ipsen, S. 645 (646 ff.); *Borchardt,* Die rechtlichen Grundlagen der Europäischen Union, S. 207; *Hoffmann,* Die Grundfreiheiten des EG-Vertrags als koordinationsrechtliche und gleichheitsrechtliche Abwehrrechte, S. 42 f.

145 *Borchardt,* Die rechtlichen Grundlagen der Europäischen Union, S. 208 f.; *Grabitz,* in: Festschrift Steindorff, S. 1229 (1236 f.); *ders.*, in: Festschrift Ipsen, S. 645 (646 ff.); *Hoffmann,* Die Grundfreiheiten des EG-Vertrags als koordinationsrechtliche und gleichheitsrechtliche Abwehrrechte, S. 42 f.; vgl. ferner: *Mülbert,* ZHR 159 (1995), 2 (19 ff.).

146 *Grabitz,* in: Festschrift Steindorff, S. 1229 (1236 f.).

Die Marktfreiheit ist dann verwirklicht, wenn die Freiheit von Waren-, Personen-, Dienstleistungs- sowie Kapital- und Zahlungsverkehr besteht. Marktfreiheitsrechte dienen dazu, den Zugang zu den Märkten überhaupt erst zu öffnen.[147] Demgegenüber setzt die Marktgleichheit Neutralität gegenüber dem zwischenstaatlichen Verkehr innerhalb der einzelnen Märkte der Gemeinschaft voraus. Dementsprechend sollen alle Waren innerhalb eines Mitgliedstaates (nahezu) gleiche Wettbewerbsbedingungen vorfinden, mithin den gleichen Regelungen unterworfen werden.[148] Darüber hinausgehend verlangt die Marktgleichheit aber neben der Neutralität der Rechtsordnungen der Mitgliedstaaten gleichzeitig die Homogenität des gesamten Marktes. Diese beiden beschriebenen Aspekte der Marktgleichheit lassen sich gleichzeitig aber nur in einer materiell vereinheitlichten Marktordnung verwirklichen. Nur in einer solchen harmonisierten Rechtsordnung können gleiche Rechtsbedingungen innerhalb und außerhalb der Mitgliedstaatsrechte verwirklicht werden. Wie ein Ausgleich zwischen diesen beiden Elementen zu erfolgen hat, ergibt sich ausgehend von den kompetenzrechtlichen Schranken der Gemeinschaft.

Die Grundfreiheiten erhalten ihre Geltungskraft durch die Übertragung von Hoheitsrechten der Mitgliedstaaten auf die Europäische Gemeinschaft. Damit einher geht eine Einschränkung der Souveränität der Mitgliedstaaten und eine Öffnung der Kompetenzsphäre zugunsten der Gemeinschaft. In seinem grundlegenden Urteil „Van Gend und Loos“[149] hat der EuGH ausgeführt: *„[...]die Gemeinschaft [stellt] eine neue Rechtsordnung des Völkerrechts [dar], zu deren Gunsten die Staaten, wenn auch im begrenzten Rahmen, ihre Souveränitätsrechte eingeschränkt haben[...]“.*[150] Die Übertragung der Hoheitsrechte der Mitgliedstaaten auf die Gemeinschaft fand also nur in beschränktem Umfang statt.[151] Die Europäische Gemeinschaft verfügt nicht über eine Kompetenz-Kompetenz.[152] Die Öffnung der Kompetenzsphäre durch die Gründungsverträge erfolgt nur in einem begrenzten Rahmen, und zwar grundsätzlich nur in dem Umfang, der unabdingbar für das Funktionieren des

---

[147] *Borchardt,* Die rechtlichen Grundlagen der Europäischen Union, S. 207.

[148] *Borchardt,* Die rechtlichen Grundlagen der Europäischen Union, S. 208.

[149] EuGH 05. 02. 1963 – Rs. 26/62 -, Slg. 1963, 3 (24) („van Gend und Loos“).

[150] EuGH 05. 02. 1963 – Rs. 26/62 -, Slg. 1963, 3 (25) („van Gend und Loos“).

[151] *Constantinesco,* Das Recht der Europäischen Gemeinschaften I, S. 314 f.

[152] *Franzen,* Privatrechtsangleichung durch die Europäische Gemeinschaft, S. 16 f. *Di Fabio* spricht allerdings kritisch von einer „faktischen“ Kompetenz-Kompetenz, da die Europäische Gemeinschaft in Gestalt des EuGH ein nicht anderweitig kontrolliertes Organ zur eigenen Kompetenzinterpretation habe, vgl. dazu: *Di Fabio,* Der Staat 1993, 191 (197).

Gemeinschaftsmarktes ist.[153] Ist der Umfang der übertragenen Hoheitsrechte nicht genau auszumachen, so besteht eine Vermutung, dass die Übertragung genau in dem Maße stattfand, der für das Funktionieren des Gemeinschaftsmarktes erforderlich ist. Da Ziel der Grundfreiheiten die Herstellung des Binnenmarktes ist, bedeutet diese Zielsetzung zugleich eine Kompetenzgrenze der Gemeinschaft.[154] Die Grundfreiheiten sind Mittel zur Erreichung des Vertragsziels Binnenmarkt.[155] Ein über dieses Binnenmarktziel hinausgehender Eingriff in die Hoheitsrechte der Mitgliedstaaten ist durch den EGV nicht gedeckt. Nur ein der Zielsetzung der Öffnung der Kompetenzsphäre entsprechender Eingriff befindet sich innerhalb der kompetenzrechtlichen Schranken der Europäischen Gemeinschaft.

Da es sich bei der Warenverkehrsfreiheit um ein Recht auf Marktzugang handelt,[156] ist sie auf die Verhinderung spezifischer Einfuhrbehinderungen gerichtet und nicht auf die Beseitigung jeglicher Beschränkung durch unterschiedliche nationale Regelungen.[157] Eine vollständige Harmonisierung ist für das Funktionieren des Binnenmarktes auch nicht erforderlich.[158] Die Grundfreiheiten zielen lediglich auf die Errichtung eines *„unvollkommenen Binnenmarktes"*.[159]

Diskriminierungsverbot einerseits und Beschränkungsverbot andererseits greifen in unterschiedlichem Maße in die mitgliedstaatlichen Regelungsbefugnisse ein. Die gleichmäßige Anwendung der Regelungen des einen Mitgliedstaates im Sinne des Bestimmungslandprinzips bedingt nur die Anwendung der eigenen Bestimmungen auf alle Waren. Demgegenüber führt das Herkunftslandprinzip zu einem partiellen Regelungsverzicht des Zielstaates und der Anwendung von Vorschriften eines anderen Mitgliedstaates. Das Diskriminierungsverbot lässt mithin staatliche Regelungen im Grundsatz unangetastet und richtet sich lediglich gegen die Schlechterstellung importierter Waren. Darüber geht das Beschränkungsverbot hinaus, da es die Vorschriften eines anderen Staates für

---

153 *Ipsen*, Europäisches Gemeinschaftsrecht, S. 199 f.; vgl. ferner: *Hoffmann*, Die Grundfreiheiten des EG-Vertrags als koordinationsrechtliche und gleichheitsrechtliche Abwehrrechte, S. 48.

154 *Schwemer*, Die Bindung des Gemeinschaftsgesetzgebers an die Grundfreiheiten, S. 30.

155 *Schwemer*, Die Bindung des Gemeinschaftsgesetzgebers an die Grundfreiheiten, S. 37.

156 Vgl. zum Binnenmarktziel bereits oben S. 12 ff.

157 *Dethloff*, Europäisierung des Wettbewerbsrechts, S. 144 f.; *Ackermann*, RIW 1994, 189 (194).

158 *Mülbert*, ZHR 159 (1995), 2 (18 f.).

159 *Steindorff*, ZHR 158 (1994), 149 (160).

maßgeblich erklärt. Ein Verständnis der Warenverkehrsfreiheit als bloßes Diskriminierungsverbot führt gegenüber der Deutung als umfassendes Beschränkungsverbot zu einem geringeren Eingriff in die Hoheitsgewalt der Mitgliedstaaten.

Das gemeinschaftsrechtliche Herkunftslandprinzip kann daher nur dann als Grundlage der Warenverkehrsfreiheit gesehen werden, wenn es *erforderlich* für die Verwirklichung des Binnenmarktziels ist. Nur in diesem Fall darf demnach, über den Diskriminierungsstandard hinausgehend, in die mitgliedstaatlichen Regelungskompetenzen eingegriffen werden.[160] Nach dem Grundsatz, dass eine Übertragung von Hoheitsrechten nur im Rahmen des Erforderlichen zu geschehen hat, ist in erster Linie die Neutralität der Märkte der Mitgliedstaaten zu verfolgen. Die Optimierung der Homogenität des Gesamtmarktes führt zu einer stärkeren Marktintegration, verlangt aber gleichzeitig eine größere Übertragung an Hoheitsrechten.[161] Die Warenverkehrsfreiheit verlangt, dass im Rahmen des Erforderlichen alle in der Gemeinschaft vorkommenden Produkte überall unter voller Beibehaltung ihrer Individualität in den Wettbewerb eintreten können. Darüber hinaus zielen die Grundfreiheiten darauf ab, dass die nationalen Rechtsordnungen gegenüber dem zwischenstaatlichen Verkehr neutral verfasst sind.[162]

Das Ziel der Marktgleichheit ist damit grundsätzlich auf die Neutralität der Rechtsordnungen der Mitgliedstaaten gerichtet und darüber hinaus im Rahmen des Erforderlichen auf die gemeinschaftsweite Möglichkeit des Wettbewerbs der Waren. Die Geltung des Herkunftslandrechts ist aber nur dann erforderlich, wenn die wettbewerbliche Maßnahme auch tatsächlich dem Recht des Niederlassungslandes des Anbieters entspricht. Ist sie auch im Herkunftsland rechtswidrig, muss es aus gemeinschaftsrechtlicher Sicht bei der Anwendung des Bestimmungslandrechts bleiben. Der Grund für diese Voraussetzung liegt darin, dass der Anbieter einer Beschränkung ausgesetzt ist, die mit Mehrkosten verbunden ist, wenn er seine wettbewerbliche Maßnahme, die dem Recht seines Sitzes entspricht, aufgrund abweichender Bestimmungen der Marktorte anpassen muss. Diese Anpassungskosten führen zu einer zusätzlichen Belastung. Entspricht die Maßnahme aber bereits nicht dem Herkunftslandrecht, so verursachen die Bestimmungen einer anderen Rechtsordnung keine zusätzliche, sondern eine erstmalige Belastung, die nicht grenzübertrittsspezifisch ist. Selbst

---

[160] *Roth*, in: Marktwirtschaft und Wettbewerb, S. 21 (36).

[161] Vgl. zu der Herleitung im Einzelnen: *Hoffmann*, Die Grundfreiheiten des EG-Vertrags als koordinationsrechtliche und gleichheitsrechtliche Abwehrrechte, S. 47 f.

[162] *Hoffmann*, Die Grundfreiheiten des EG-Vertrags als koordinationsrechtliche und gleichheitsrechtliche Abwehrrechte, S. 54.

wenn die Regelungen im Herkunftsland für den Anbieter günstiger sind, steht das Gemeinschaftsrecht der Anwendung des Marktortrechts nicht entgegen.[163] Die Geltung des Herkunftslandprinzips ist nicht erforderlich, so dass kein Bedürfnis nach einer über ein Diskriminierungsverbot hinausgehenden Überprüfung besteht.

Die vom EuGH in seiner Entscheidung „Keck" vorgenommene Unterscheidung zwischen produktbezogenen und vertriebsbezogenen Regelungen ergibt sich ebenfalls aus dem Binnenmarktziel des Art. 28 EGV.[164] Abgrenzungserheblich ist die Eignung der jeweiligen Maßnahme, den Marktzugang zu begrenzen. Zu unterscheiden sind mithin Regelungen, die den Zugang zu den Märkten begrenzen von solchen, die lediglich eine Regulierung bereits zugelassener Waren beinhalten.[165] Erforderlich ist die Anwendung des Herkunftslandprinzips danach jedenfalls bei produktbezogenen Vorschriften. Regelungen, die die Eigenschaften der Waren selbst betreffen, können die Wettbewerbsmöglichkeit einzelner Produkte auf einem bestimmten Teilmarkt ganz ausschließen und sind damit im Lichte des Binnenmarktziels ein unverzichtbares Minimum an Homogenität. Anders verhält es sich mit vertriebsbezogenen Vorschriften. Im Gegensatz zu produktbezogenen Regelungen stellen vertriebsbezogene Bestimmungen keine Bedingung für den Eintritt der Produkte auf den Markt dar. Es besteht daher nicht die Notwendigkeit, das Herkunftslandprinzip auch insoweit anzuwenden.[166] Beschränkungen des Marktzugangs sind in besonderem Maße binnenmarktrelevant. Sinn des Binnenmarktziels ist es gerade, dem Anbieter im Grundsatz den gesamten Markt als Absatzmarkt zu eröffnen. Mit dieser Idee wäre es nicht zu vereinbaren, dass ein Staat den Absatz von Produkten eines anderen Mitgliedstaates jederzeit verbieten dürfte, solange nur dieses Verbot auch für einheimische Waren gälte.[167] Auch Doppelbelastungen von Produkten dadurch, dass sie den auf dem jeweiligen Markt geltenden (unterschiedlichen) Anforderungen entsprechen müssen, erschweren die Absatztätigkeit auf dem Binnenmarkt. An einer solchen spezifischen Doppelbelastung von ausländischen Waren fehlt es aber bei vertriebsbezogenen

---

[163] *Brödermann*, in: Brödermann/Iversen Europäisches Gemeinschaftsrecht und IPR, Rn. 409; *Dethloff*, Europäisierung des Wettbewerbsrechts, S. 272 f.

[164] *Steindorff*, ZHR 158 (1994), 149 (162); *Dethloff*, Europäisierung des Wettbewerbsrechts, S. 150 ff.; Grabitz/Hilf/*Leible*, Art. 28 EGV Rn. 38.

[165] So: *Becker*, EuR 1994, 162 (172); *Fanzen*, Privatrechtsangleichung durch die Europäische Gemeinschaft, S. 127 f.; vgl. schon früher: *Steindorff*, ZHR 150 (1986), 697.

[166] Vgl. dazu im Einzelnen: *Hoffmann*, Die Grundfreiheiten des EG-Vertrags als koordinationsrechtliche und gleichheitsrechtliche Abwehrrechte, S. 66 ff.

[167] *Roth*, in: Festschrift Großfeld, S. 929 (948).

Regelungen.[168] Diese sind binnenmarktneutral. Das Verbot etwa, an Sonn- und Feiertagen zu verkaufen, birgt nicht die Gefahr einer Doppelbelastung der eingeführten Produkte. Diese sind nur der lokalen Regelung ausgesetzt; zu zusätzlichen Kosten aufgrund von nationalen Regelungen führt dies nicht. Im Sinne einer größtmöglichen Schonung der mitgliedstaatlichen Kompetenzsphäre ist es daher sachgerecht, wenn es insoweit bei dem Diskriminierungsstandard verbleibt.[169]

3. Folgerungen für die Behandlung von staatlichen Werberegelungen

Bislang nicht eindeutig geklärt ist die Behandlung von Werberegelungen. Diese Problematik kann hier, um den Rahmen der Arbeit nicht zu sprengen, nur kurz angerissen werden.[170]

Grundsätzlich zählen neben den Modalitäten des Absatzes im engeren Sinne, insbesondere auch staatliche Werberegelungen, zu den sogenannten vertriebsbezogenen Regelungen.[171] Regelungen über die Art und Weise der Werbung sind grundsätzlich als *„bestimmte Verkaufsmodalitäten"* generell dem Anwendungsbereich des Art. 28 EGV entzogen.[172] Sofern die Werbevorschriften diskriminierungsfrei ausgestaltet sind, fallen sie daher an sich aus dem Anwendungsbereich des Art. 28 EGV heraus. Nur bei diskriminierenden Bestimmungen kommt weiterhin eine Prüfung am Maßstab der Art. 28 ff. EGV in Betracht. Insofern ist dann aber eine Rechtfertigung gemäß Art. 30 EGV möglich. Diese Prüfung erfolgt bei diskriminierenden Vorschriften oder solchen, die die Tätigkeit des grenzüberschreitend tätigen Anbieters *„im Kern"* beeinträchtigen.[173] Dies ist etwa dann der Fall, wenn der Marktzugang für eingeführte Waren durch die Werbebeschränkung weitgehend

---

168 *Fanzen*, Privatrechtsangleichung durch die Europäische Gemeinschaft, S. 127 f.

169 *Roth*, in: Festschrift Großfeld, S. 929 (948).

170 Dazu ausführlich: *Lensdorf*, Das deutsche Werberecht im Rahmen des Euro-Marketing, S. 92 ff.

171 Dauses/*Dauses*, Handbuch, C I Rn. 127; *Solbach*, Staatliche Regelungen von Verkaufmodalitäten als Maßnahmen gleicher Wirkung wie mengenmäßige Einfuhrbeschränkungen im Sinne des Artikels 30 EGV, S. 150 f.

172 Die Anwendung des deutschen Rabattgesetzes auf Werbung für Produkte aus anderen Mitgliedstaaten verneinte der BGH unter Verweis auf das Vorliegen von *„bestimmten Verkaufsmodalitäten"* im Sinne der Rechtsprechung des EuGH: BGH GRUR 1995, 515 („two for one").

173 Grabitz/Hilf/*Leible*, Art. 28 EGV, Rn. 38.

unmöglich gemacht wird.[174] Ein Werbeverbot für bestimmte Produkte führt dazu, dass die auf dem inländischen Markt weniger bekannten ausländischen Produkte nicht in der Weise den Verbrauchern präsent werden wie einheimische Waren. Dadurch wird das Einfuhrvolumen zugunsten einheimischer Erzeugnisse beschränkt.[175] Werbung ist daher vor allem für den Markzugang neuer Wettbewerber wichtig. Nur auf diese Weise kann er sein Produkt den Marktteilnehmern zur Kenntnis bringen und bestehende Kaufgewohnheiten durchbrechen.[176]

Maßgeblich für die Frage, ob eine Werbevorschrift generell dem Anwendungsbereich des Art. 28 EGV entzogen ist, ist wiederum die Binnenmarktrelevanz der Regelung.[177] Zwingen unterschiedliche Vermarktungsregelungen in den Mitgliedstaaten den Anbieter, seine Werbekonzeption zu ändern, so ist aufgrund der damit in der Regel verbundenen Mehrkosten davon auszugehen, dass sie dem Anwendungsbereich des Art. 28 EGV unterfallen. Diesen Vorschriften kommt eine den produktbezogenen Bestimmungen vergleichbare Wirkung zu. Sie werden daher vom Anwendungsbereich des Art. 28 EGV erfasst. Hat der Anbieter ein einheitliches Werbekonzept und vertreibt er seine Produkte vom Ausland aus, so ist die Binnenmarktrelevanz der Vorschrift zu bejahen. Unterschiedliche Werbe- und Absatzregelungen stehen einem europaweit einheitlichen Vermarktungskonzept entgegen. Für Werberegelungen ergibt sich mithin, dass sie dann Maßnahmen gleicher Wirkung darstellen, wenn der ausländische Anbieter gezwungen wird, seine im Herkunftsland rechtmäßigen Marketingstrategien den Erfordernissen des Bestimmungslandes anzupassen, und ihm dadurch zusätzliche Anpassungskosten entstehen. Ein einheitliches, für den gesamten Binnenmarkt konzipiertes Euromarketing wird dadurch erschwert. Marktzutrittsschranken entstehen. Die Binnenmarktrelevanz der Regelung ist daher in diesem Fall zu bejahen.[178] Aus dem Kriterium der Binnenmarktrelevanz der Regelung ergibt sich, dass auch unterschiedslos anwendbare Werbevorschriften weiterhin der Vereinbarkeitsprüfung mit den Erfordernissen der Warenverkehrsfreiheit

---

174 Grabitz/Hilf/*Leible*, Art. 28 EGV, Rn. 38.

175 Grabitz/Hilf/*Leible*, Art. 28 EGV, Rn. 38; *Timmermanns*, in: Werbung und Werbeverbote im Lichte des europäischen Gemeinschaftsrechts, S. 26 ff.; *Calliess*, JURA 2001, 311; *Lüder*, EuZW 1996, 615; *Schwarze*, Werbung und Werbeverbote im Lichte des europäischen Gemeinschaftsrechts, S. 9 (12).

176 *Lüder*, EuZW 1996, 615. Dazu auch: *Wägenbaur*, EuZW 1995, 431 (432 f.).

177 Vgl. dazu bereits oben S. 37 f.

178 So auch: *Lensdorf*, Das deutsche Werberecht im Rahmen des Euro-Markting, S. 129 ff.; Grabitz/Hilf/*Leible*, Art. 28 EGV Rn. 28; *Steindorff*, ZHR 158 (1994), 149 (166 f.); *Heermann*, WRP 1999, 381 (384 f.).

unterfallen, sofern es sich um Produktinformationen handelt, die sich auf der beworbenen Ware selbst oder deren Verpackung befinden. Bei einer derart engen Verbindung der Werberegelung mit dem Produkt führt ein Verbot zu einem Einfuhrhindernis für das fragliche Produkt selbst. In diesem Fall handelt es sich daher um produktbezogene Bestimmungen.

Dies entspricht der Rechtsprechung des EuGH. Der Gerichtshof führte in der Entscheidung „Mars“[179] aus, dass im Rahmen von Werbeverboten zu differenzieren sei. Soweit sich ein bestimmtes nationales Werbeverbot unmittelbar auf die Produktdarbietung und deren physische Erscheinung auswirke, stelle es keine Verkaufsmodalität im Sinne der „Keck-Rechtsprechung“ dar, sondern sei vielmehr als Maßnahme gleicher Wirkung zu werten und unterfalle als solche Art. 28 EGV. Sei Werbung demgemäß unmittelbar mit der Gestaltung und dem Erscheinungsbild der Ware verbunden, so sei der Anwendungsbereich des Art. 28 EGV eröffnet.[180] Je größer also der Produktbezug der wettbewerblichen Maßnahme oder die Beeinträchtigung grenzüberschreitender Vermarktungsstrategien ist, desto eher unterfällt die Maßnahme dem Anwendungsbereich des Art. 28 EGV.[181] Grundsätzlich ergibt sich mithin, dass Werberegelungen als bestimmte Verkaufsmodalitäten dem Anwendungsbereich des Art. 28 EGV entzogen sind. Etwas anderes gilt aber dann, wenn sich aufgrund eines einheitlichen Euromarketingkonzepts oder wegen der unmittelbaren räumlichen Verbindung der Werbung mit dem Produkt selbst eine erhöhte Binnenmarktrelevanz ergibt.

4. Ergebnis

Die Grundfreiheiten verdanken ihre Möglichkeit, den Handlungsspielraum der Mitgliedstaaten einschränken zu können, der Souveränitätseinschränkung der Mitgliedstaaten.[182] Die Grenze zwischen abgetretener und fortbestehender Souveränität der Mitgliedstaaten verläuft im Geltungsbereich der Grundfreiheiten.[183] Eine Kompetenzüberschreitung schlägt demgemäß

[179] EuGH 09. 07. 1995 – Rs. C-470/93 –, Slg. 1995, I-1923 (1941) („Mars”).

[180] Grabitz/Hilf/*Leible*, Art. 28 EGV, Rn. 38; *Lüder*, EuZW 1996, 615; *Bernhard*, EWS 1995, 404.

[181] *Herdegen*, Europarecht, Rn. 292; Grabitz/Hilf/*Leible*, Art. 28 EGV Rn. 30; in diesem Sinne auch: *Ackermann*, RIW 1994, 189 (194).

[182] Dies stellt zu Recht *Hoffmann* klar heraus: *Hoffmann*, Die Grundfreiheiten des EG-Vertrags als koordinationsrechtliche und gleichheitsrechtliche Abwehrrechte, S. 24.

[183] *Reich*, EuZW 1991, 203 (207); *Hoffmann*, Die Grundfreiheiten des EG-Vertrags als koordinationsrechtliche und gleichheitsrechtliche Abwehrrechte, S. 24 f.

unmittelbar in eine Überschreitung der Verbandskompetenz der Gemeinschaft gegenüber den Mitgliedstaaten durch.[184] Daher greift das Herkunftslandprinzip nur in dem Umfang, wie es für die Herstellung von Binnenmarktverhältnissen erforderlich ist. Bei Regelungen, die eine Binnenmarktrelevanz aufweisen, ist dies zu bejahen. Demgegenüber verlangt das Binnenmarktziel die Geltung des Herkunftslandprinzips dann nicht, wenn es sich um bloße Verkaufsmodalitäten handelt. Das allgemeine Beschränkungsverbot liegt der Warenverkehrsfreiheit demnach nur bei Marktzugangshemmnissen zugrunde. Bei Regelungen, die ohne besondere Binnenmarktrelevanz das „Wie" der Vermarktung betreffen, ist demgegenüber die Geltung des Herkunftslandprinzips nicht erforderlich. Sie sind lediglich dem Diskriminierungsverbot unterworfen. Der Warenverkehrsfreiheit liegt mithin ein eingeschränktes Herkunftslandprinzip zugrunde.

III. Bedeutung des Herkunftslandprinzips im Bereich der Dienstleistungsfreiheit

1. Überblick über die Rechtsprechung

Im Grundsatz enthält die Dienstleistungsfreiheit ein Diskriminierungsverbot. Ausländische Dienstleistungen und ihre Erbringer dürfen danach nicht gegenüber inländischen Dienstleistungen und deren Erbringern benachteiligt werden.[185] Wie die Warenverkehrsfreiheit geht aber auch die Dienstleistungsfreiheit über dieses Gebot der Inländerbehandlung hinaus und enthält nach Rechtsprechung[186] und ganz herrschender Meinung im Schrifttum[187] ein allgemeines Beschränkungsverbot. Die Hinwendung von

[184] BVerfG, E 89, 155 (210); Urteil v. 12. Oktober 1993 – 2BvR 2134, 2159/92; vgl. ferner die Darstellung bei: *Hoffmann*, Grundfreiheiten, S. 28.

[185] EuGH 17. 12. 1981 - Rs. 279 /80 -, Slg. 1981, 3305 (3324) („Webb"); EuGH 05. 12. 1989 – Rs. C-3/88 -, Slg. 1989, 4035 (4059) („Kommission/Italien"); EuGH 20. 05. 1992 -Rs. C-106/91 -, Slg. 1992, I-3351 (3384) („Ramrath").

[186] Vgl. EuGH 25. 07. 1991 – Rs. C-76/90 -, Slg. 1991, I-4221 („Säger/Dennemeyer"); EuGH 25. 07. 1991 – Rs. C-288/89 -, Slg. 1991, I-4007 („Collectieve Antennevoorziening Gouda"); EuGH 24. 03. 1994 - Rs. C-275/92 -, Slg. 1994, I-1039 („Schindler"); EuGH 10. 05. 1995 – Rs. C-384/93 -, Slg. 1995, I-1141 („Alpine Investments"); EuGH 09. 07. 1997 – verb. Rs. C-34, 35 und 36/95 -, Slg. 1997, I-3843 („De Agostini").

[187] *Basedow*, RabelsZ 59 (1995), 1 (10 ff.); *Grandpierre*, Herkunftslandprinzip kontra Marktortanknüpfung, S. 61 ff.; *Kort*, JZ 1996, 132 ff.; *Franzen*, Privatrechtsangleichung durch die Europäische Gemeinschaft, S. 131 f.; Schwarze/*Holoubek*, EU-Kommentar,

einem Verständnis als bloßem Diskriminierungsverbot zu einem allgemeinen Beschränkungsverbot ist bereits in der „van Binsbergen-Entscheidung“[188] des EuGH von 1974 angelegt.[189] In dieser Entscheidung stellt der EuGH fest, dass mit einem reinen Diskriminierungsverbot eine Liberalisierung nicht erreicht werden könne. Erforderlich für die Verwirklichung des freien Dienstleistungsverkehrs sei vielmehr ein allgemeines Beschränkungsverbot, das auch nicht diskriminierende Behinderungen erfasse. Obwohl damit bereits in der „van Binsbergen-Entscheidung“ davon ausgegangen wurde, dass Art. 49 EGV ein allgemeines Beschränkungsverbot normiere,[190] brachte erst das Urteil „Säger/Dennemeyer“ des EuGH[191] insoweit endgültige Klarheit.

In dieser Entscheidung heißt es, dass Art. 49 EGV nicht nur die Beseitigung sämtlicher Diskriminierungen aufgrund der Staatsangehörigkeit verlange, *„sondern auch die Aufhebung aller Beschränkungen – selbst wenn sie unterschiedslos auf einheimische Dienstleistende wie für Dienstleistende anderer Mitgliedstaaten gelten“* –, sofern sie geeignet seien, *„die Tätigkeit des Dienstleistenden, der in einem anderen Mitgliedstaat ansässig ist und dort rechtmäßig ähnliche Dienstleistungen erbringt, zu unterbinden oder zu behindern“*.[192] Damit werden von Art. 49 EGV ebenso wie von Art. 28 EGV im Grundsatz alle unterschiedslos anwendbaren Maßnahmen erfasst, die die Erbringung oder die Empfangnahme der Dienstleistung behindern. Mit dem Urteil „Säger/Dennemeyer“ wurde der Anwendungsbereich des Art. 49 EGV auf einen ähnlichen Umfang erweitert wie der der Warenverkehrsfreiheit. Dem Dienstleistungserbringer soll es ermöglicht werden, eine einmal konzipierte Dienstleistung überall innerhalb der Gemeinschaft anzubieten. Daraus ergibt sich, dass das Herkunftslandprinzip nur dort gilt, wo der Dienstleistungserbringer im Ausland eine zumindest „ähnliche“ Leistung

---

Art. 49 EGV Rn. 59; *Weber*, EWS 1995, 292 ff.; *Roth*, EuR 1986, 340 (356 f.); *Behrens*, EuR 1992, 145 (148 ff.); *Classen*, EWS 1995, 98 (101 ff.); *Eberhartinger*, EWS 1997, 43 (44); *Schaub*, RabelsZ 66 (2002), 18 (30).

188 EuGH 03. 12. 1974 - Rs. 33/74 -, Slg. 1974, 1299 („van Binsbergen“).

189 *Drasch*, Das Herkunftslandprinzip im IPR, S. 134; *Kingreen*, Die Struktur der Grundfreiheiten des Europäischen Gemeinschaftsrechts, S. 58 ff.; *Behrens*, EuR 1992, 145 (150); *Bleckmann*, Europarecht, Rn. 1678; *Kort*, JZ 1996, 132 (135); *Eberhartinger*, EWS 1997, 43 (44); Schwarze/*Holoubek*, EU-Kommentar, Art. 49 EGV Rn. 56.

190 Vgl. die Schlussanträge des Generalanwalts *Warner* in der Rechtssache 52/79, Slg. 1980, 833 („Debauve“).

191 EuGH 25. 07. 1991 – Rs. C-76/90 -, Slg. 1991, I-4221 ff. („Säger/Dennemeyer“).

192 EuGH 25. 07. 1991 – Rs. C-76/90 -, Slg. 1991, I-4221(4243) Rn. 12 („Säger/Dennemeyer“).

erbringt wie im Inland.[193] Der Dienstleistungsfreiheit liegt also nach der Rechtsprechung des EuGH grundsätzlich ein paralleles Verständnis zur Warenverkehrsfreiheit zugrunde.[194]

Aufgrund dieser strukturellen Konvergenz der Freiheiten liegt es nahe, auch die „Keck-Rechtsprechung" auf die Dienstleistungsfreiheit zu übertragen. Dieser Frage ist der EuGH erstmalig in der Entscheidung „Alpine Investments" nachgegangen.[195] Aus der Tatsache, dass der EuGH sich mit den Grundsätzen der „Keck-Rechtsprechung" inhaltlich auseinander setzte, kann geschlossen werden, dass er implizit von deren Übertragbarkeit auf die Dienstleistungsfreiheit ausgeht. Im Ergebnis kommt er in der Entscheidung „Alpine Investments" zwar dazu, dass eine Einschränkung nach „Keck" nicht vorzunehmen sei, dies aber nicht deswegen, weil eine Übertragbarkeit grundsätzlich ausscheide, sondern weil die fragliche Regelung *„unmittelbar den Zugang zum Dienstleistungsmarkt in den anderen Mitgliedstaaten"* beeinflusse und dementsprechend geeignet sei, *„den innergemeinschaftlichen Dienstleistungsverkehr zu behindern"*.[196] Damit sei nach der ratio der „Keck-Grundsätze" eine Einschränkung nicht angebracht.[197] Eine Übertragung der „Keck-Rechtsprechung" auf die Dienstleistungsfreiheit ist angesichts der strukturellen Parallelität der Freiheiten sachgerecht und daher zu befürworten.[198] Bei wettbewerblichen Regelungen ergibt sich folglich, dass diese dann keine bestimmten Verkaufsmodalitäten im Sinne der „Keck-Rechtsprechung" sind, wenn sie den Marktzugang behindern, das heißt, wenn ein europaweit einheitliches Marketing erschwert wird.[199]

---

[193] EuGH 25. 07. 1991 – Rs. C-76/90 -, Slg. 1991, I-4221(4243) Rn. 12 („Säger/Dennemeyer").

[194] Ebenso: *Basedow*, RabelsZ 59 (1995), 1 (10 ff.); *Grandpierre*, Herkunftslandprinzip kontra Marktortanknüpfung, S. 66 ff.; *Drasch*, Das Herkunftslandprinzip im IPR, S. 136 ff.; *Kort*, JZ 1996, 134 ff.; Schwarze/*Holoubek*, EU-Kommentar, Art. 49 EGV Rn. 59; *Behrens*, EuR 1992, 145 (151); *Eberhartinger*, EWS 1997, 43 (46, 48 f.).

[195] EuGH 10. 05. 1995 – Rs. C-384/93 -, Slg. 1995, I-1141 („Alpine Investments").

[196] EuGH 10. 05. 1995 – Rs. C-384/93 -, Slg. 1995, I-1141 Rn. 38 („Alpine Investments").

[197] Vgl. dazu im Einzelnen: *Meyer*, GRUR Int. 1996, 697 (706 f.); ferner: *Kingreen*, Die Struktur der Grundfreiheiten des Europäischen Gemeinschaftsrechts, S. 61 f.; *Glöckner*, GRUR Int. 2000, 29 (34 ff.).

[198] So auch: *Kort*, JZ 1996, 132 (136); *Meyer*, GRUR Int. 1996, 697 (706); *Eberhatinger*, EWS 1997, 43 (49 f.); *Franzen*, Privatrechtsangleichung durch die Europäische Gemeinschaft, S. 132; *Grandpierre*, Herkunftslandprinzip kontra Marktortanknüpfung, S. 68.

[199] Bei Werbung als Bestandteil der Dienstleistung kann dies etwa im Rahmen des Vorspanns einer Fernseh- oder Rundfunksendung der Fall sein.

Die strukturelle Gleichheit von Waren- und Dienstleistungsfreiheit drückt sich nach der Rechtsprechung des Gerichtshofs darüber hinaus auch in den Beschränkungen der Freiheiten aus. Wie die Warenverkehrsfreiheit findet auch die Dienstleistungsfreiheit ihre Grenzen, wenn eine Beschränkung aus *„zwingenden Gründen des Allgemeininteresses"* erforderlich ist.[200] Damit entspricht das Konzept des Herkunftslandprinzips in der Dienstleistungsfreiheit dem bereits oben für die Warenverkehrsfreiheit dargelegten.[201] Genauso wie im Rahmen des Art. 28 EGV ist auch hier Voraussetzung, dass die nationalen Regelungen verhältnismäßig sind[202] und nicht bereits funktionsäquivalente Vorschriften des Herkunftslandes den gleichen Zweck erfüllen.[203]

2. Überprüfung der Rechtsprechung anhand des EGV

Für das Verständnis der Dienstleistungsfreiheit ergibt sich aus dem EGV nichts anderes als für die Warenverkehrsfreiheit. Die Dienstleistungsfreiheit ist dogmatisch parallel zur Warenverkehrsfreiheit strukturiert.[204] Ausgangspunkt der Konkretisierung der Dienstleistungsfreiheit war ebenso wie bei der Warenverkehrsfreiheit ein Diskriminierungsverbot, welches zu einem Beschränkungsverbot ausgebaut wurde.[205] Auch der Dienstleistungsfreiheit liegt das Binnenmarktziel zugrunde.[206] Das Verständnis der Dienstleistungsfreiheit als allgemeines Beschränkungsverbot führt zum Herkunftslandprinzip, um den Binnenmarkt auch im Dienstleistungsbereich zu verwirklichen und Wettbewerbsverzerrungen aufgrund der Herkunft der Dienstleistung zu

---

200 EuGH 03. 12. 1974 - Rs. 33/74 -, Slg. 1974, 1299 Rn. 10 ff. („van Binsbergen").

201 Vgl. insoweit die Ausführungen oben S. 16 ff.

202 EuGH 26. 11. 1975 – Rs. 39/75 -, Slg. 1975, 1547 Rn. 8, 11 („Coenen"); EuGH 18. 03. 1980 – Rs. 52/79 -, Slg. 1980, 833 Rn. 18 („Debauve").

203 EuGH 18. 03. 1980 – Rs. 52/79 -, Slg. 1980, 833 Rn. 30 („Debauve"); EuGH 17. 12. 1981 – Rs. 279/80 -, Slg. 1981, 3304 Rn. 17; vgl. ferner: *Basedow,* RabelsZ 59 (1995), 1 (10); *Grandpierre,* Herkunftslandprinzip kontra Marktortanknüpfung, S. 66 ff.; Dauses/*Roth,* Handbuch, E I Rn. 121; *Nicolaysen,* Europarecht II, S. 180.

204 Schwarze/*Holoubek,* EU-Kommentar, Art. 49 EGV Rn. 59; *Steindorff,* EG-Vertrag und Privatrecht, S. 85; *Behrens,* EuR 1992, 145 (151); *Eberhartinger,* EWS 1997, 43 (46, 48 f.); *Basedow,* RabelsZ 59 (1995), 1 (10 ff.); *Grandpierre,* Herkunftslandprinzip kontra Marktortanknüpfung, S. 66 ff.; *Drasch,* Das Herkunftslandprinzip im IPR, S. 136 ff.; *Kort,* JZ 1996, 134 ff.

205 Dazu: *Steindorff,* RIW 1983, 831 ff.; ferner: *Franzen,* Privatrechtsangleichung durch die Europäische Gemeinschaft, S. 131 f.

206 Vgl. dazu oben S. 41 ff.

verhindern.[207] Daraus ergibt sich die Notwendigkeit der Anerkennung von Dienstleistungen, die im Niederlassungsstaat rechtmäßig erbracht wurden, auch in den anderen Mitgliedstaaten. Eine Durchbrechung des Herkunftslandprinzips aufgrund zwingender Allgemeininteressen ist aber wegen der Unvollkommenheit des Binnenmarktes, in dem keine einheitlichen rechtlichen Rahmenbedingungen herrschen, erforderlich.[208] Nationale Bestimmungen, die unterschiedslos für in- und ausländische Dienstleister gelten, können dann eine mit Art. 49 EGV unvereinbare Beschränkung darstellen, wenn sie geeignet sind, die Tätigkeit der ausländischen Dienstleister zu unterbinden oder zu behindern. Das Binnenmarktprinzip ist verwirklicht, wenn der Dienstleistungserbringer im ganzen Binnenmarkt seine Dienstleistung zu den in seinem Niederlassungsstaat geltenden Standards erbringen kann. Dem entspricht das allgemeine Beschränkungsverbot, das über die Aufrechterhaltung der nationalen Teilmärkte hinausgeht und gerade deren Überwindung anstrebt. Ein bloßes Diskriminierungsverbot genügt diesem Ziel nicht.

Es ergibt sich somit, dass an Dienstleistungs- und Warenverkehrsfreiheit grundsätzlich die gleichen Maßstäbe anzulegen sind.[209] Aufgrund der kompetenzrechtlichen Schranken der Gemeinschaft ist wiederum ein Herkunftslandprinzip im Rahmen des Erforderlichen der Grundfreiheit zu entnehmen.[210] Dort, wo zur Verwirklichung des Binnenmarktziels die Geltung der Regelungen des Herkunftslandes der Dienstleistungen erforderlich ist, enthält Art. 49 EGV ein allgemeines Beschränkungsverbot. Handelt es sich demgegenüber um binnenmarktneutrale Modalitäten der Dienstleistungen, gilt das Diskriminierungsverbot.

Das Verständnis der Dienstleistungsfreiheit als allgemeinem Beschränkungsverbot ist auch wertungsmäßig richtig. Mit dem Binnenmarktziel ist es nicht vereinbar, wenn ein Dienstleistungserbringer seine Tätigkeit nicht nur nach den Vorschriften seines Niederlassungsstaates ausrichten muss, sondern darüber hinaus auch noch die Regelungen der Bestimmungsstaaten zu

---

207 *Grandpierre,* Herkunftslandprinzip kontra Marktortanknüpfung, S. 75; Dauses/*Roth,* Handbuch, E I Rn. 117.

208 Vgl. dazu auch: *Grandpierre,* Herkunftslandprinzip kontra Marktortanknüpfung, S. 75; Dauses/*Roth,* Handbuch, E I Rn. 121.

209 *Steindorff,* EG-Vertrag und Privatrecht, S. 85; *Basedow,* EuZW 1994, 225; *ders.,* RabelsZ 59 (1995), 1 (10 ff.); *Eberhartinger,* EWS 1997, 43 (48 ff.); Schwarze/*Holoubek,* EU-Kommentar, Art. 49 EGV Rn. 59; *Behrens,* EuR 1992, 145 (151); *Kort,* JZ 1996, 134 ff.; *Grandpierre,* Herkunftslandprinzip kontra Marktortanknüpfung, S. 66 ff.; *Drasch,* Das Herkunftslandprinzip im IPR, S. 136 ff.

210 Zu den kompetenzrechtlichen Schranken der Europäischen Gemeinschaft vgl. im Einzelnen oben S. 34 ff.

beachten hat. Allerdings macht es für ihn faktisch keinen Unterschied, ob er durch Vorschriften des Bestimmungslandes diskriminiert wird oder seine Tätigkeit „lediglich" dadurch behindert wird, dass andere Anforderungen gestellt werden.

IV. Ergebnis

Das Herkunftslandprinzip wird von der Kommission als neue Strategie zur Schaffung eines Binnenmarktes gesehen, die gegenüber dem schwerfälligen Konzept der Rechtsangleichung vorzugswürdig sei.[211] Das Ziel der *„Schaffung eines echten gemeinsamen Marktes"* erfordert nach der von der Kommission in dem „Weißbuch zur Vollendung des Binnenmarktes"[212] formulierten Ansicht nicht die Geltung der gleichen Regeln innerhalb der Gemeinschaft; erforderlich sei vielmehr, dass sich *„Waren, Personen und Gesellschaften frei bewegen können"*.[213]

Kennzeichen des Binnenmarktzieles ist, dass der Anbieter die Möglichkeit hat, binnenmarktweit ohne Behinderung durch nationale Rechtsunterschiede tätig zu sein. Dieses Ziel erfordert keine vollständige Rechtsvereinheitlichung. Es reicht vielmehr aus, wenn die Anbieter ihre Produkte im gesamten Binnenmarkt nach den Regelungen anbieten können, die in ihrem Heimatstaat gelten, so dass die rechtmäßig in den Verkehr gebrachten Waren nach diesen Vorschriften binnenmarktweit abgesetzt werden können. Dem Binnenmarktkonzept des EGV liegt damit das Bekenntnis zu einem *„unvollkommenen Binnenmarkt"* zugrunde. Ein einheitlicher Binnenmarkt würde erfordern, dass die Europäische Gemeinschaft eine umfassende Regelungskompetenz für das gesamte Wirtschafts- und Sozialleben erhielte. Das Verständnis der Grundfreiheiten in dem hier dargelegten Sinne beinhaltet aber nur das Bekenntnis zu der Vermeidung spezifisch grenzüberschreitender Hindernisse.[214]

---

211 Weißbuch der Kommission an den Europäischen Rat, Vollendung des Binnenmarktes, Juni 1985, S. 18 Nr. 63. Dazu: *Grabitz/von Bogdandy*, JuS 1990, 170 (175); *Helmberg*, WBl 1997, 137 (139); *Müller-Graff*, EuR 1989, 106 (110 f.); *Roth*, EuR 1986, 340 ff.; *ders.*, EuR 1987, 7 (23); *Gärtner*, EWS 1994, 114 (115 ff.); *Joerges*, in: Festschrift Steindorf, S. 1247 (1249 ff.).

212 Weißbuch der Kommission an den Europäischen Rat, Vollendung des Binnenmaktes, Juni 1985, S. 17 Nr. 57.

213 Weißbuch der Kommission an den Europäischen Rat, Vollendung des Binnenmarktes, Juni 1985, S. 17 Nr. 58.

214 *Classen*, EWS 1995, 97 (105); *Petschke*, EuZW 1994, 107 (111); *Kingreen*, Die Struktur der Grundfreiheiten des Europäischen Gemeinschaftsrechts, S. 35; *Möschel*, NJW 1994, 429 (431).

Das Herkunftslandprinzip fußt auf dem Gedanken gegenseitiger Anerkennung rechtlicher Vorschriften und damit auf dem wechselseitigen Vertrauen der Mitgliedstaaten in ihre Rechtsordnungen.[215] Dies bedeutet, dass mit der Zunahme der Gleichwertigkeitsanerkennung oder der Angleichung einzelstaatlicher Regelungen zur Sicherung zwingender Erfordernisse oder Schutzinteressen die Abnahme der noch zulässigen Handelshemmnisse einhergeht.[216] Daraus folgt, dass, soweit der Einfuhrstaat keine zwingenden Erfordernisse geltend machen kann und auch Art. 30 EGV nicht einschlägig ist, es für die Beurteilung der Rechtmäßigkeit allein auf das Recht des Herkunftslandes des Produktes ankommt.[217] Nach dem Herkunftslandprinzip sind allein die Standards des Herkunftslandes der Waren maßgeblich. Das Bestimmungsland nimmt folglich seinen Regulierungsanspruch zurück und begrenzt ihn auf inländische Produkte. Damit wird die Regulierung des Herkunftslandes implizit als gleichwertig anerkannt. Diese Anerkennung ist im Herkunftslandprinzip enthalten und gewährleistet, dass Waren im gesamten Markt frei zirkulieren können, soweit sie den Anforderungen ihres Herkunftslandes entsprechen.[218] Der Regelungsverzicht des Bestimmungslandes zugunsten des Herkunftslandes gilt allerdings nur soweit, wie die Bestimmungen des Herkunftsstaates des Anbieters auch tatsächlich eingehalten wurden.[219] Bei Rechtswidrigkeit der Maßnahme im Niederlassungsstaat des Anbieters bleibt es aus gemeinschaftsrechtlicher Sicht bei der Anwendung des Bestimmungslandrechts.

Das gemeinschaftsrechtliche Herkunftslandprinzip liegt grundsätzlich sowohl der Warenverkehrs- als auch der Dienstleistungsfreiheit zugrunde.[220] Entspricht

---

215 Vgl. insoweit eingehend: *Müller-Graff,* Binnenmarktziel und Rechtsordnung, S. 32 f.; *Calliess,* Subsidiaritäts- und Solidaritätsprinzip in der Europäischen Union, S. 48 ff.; ferner *G. Calliess,* EWS 2000, 432 ff.

216 So auch: *Müller-Graff,* Binnenmarktziel und Rechtsordnung, S. 42.

217 Dabei kommt dem Verhältnismäßigkeitsprinzip eine tragende Rolle zu. Zum Teil wird die ganze Rechtsprechung zu dem Verhältnis von Herkunftslandrecht und den zwingenden Interessen des Bestimmungslands als besondere Ausprägung des Verhältnismäßigkeitsprinzips begriffen, da sie letztlich auf einer Abwägung der Erfordernisse des freien Warenverkehrs mit den legitimen Schutzinteressen der Mitgliedstaaten beruht. Dazu: *Fezer,* JZ 1994, 317 (320); *Reich,* RabelsZ 56 (1992), 444 (491); *Drasch,* Das Herkunftslandprinzip im IPR, S. 34 f.; *Everling,* in: Festschrift Steiner, S. 1155 (1157).

218 *Behrens,* EuR 1992, 145 (156); *Reich,* RabelsZ 56 (1992), 444 (491).

219 *Reich,* RabelsZ 56 (1992), 444 (493).

220 *Steindorff,* EG-Vertrag und Privatrecht, S. 85; *Basedow,* EuZW 1994, 225; *ders.,* RabelsZ 59 (1995), 1 (10 ff.); *Kort,* JZ 1996, 134 ff.; *Grandpierre,* Herkunftslandprinzip kontra

die Vermarktung der Waren und Dienstleistungen den Regelungen des Herkunftslandes, so beschränkt das Bestimmungsland grundsätzlich seinen Regelungsanspruch auf inländische Produkte und erkennt das ausländische Erzeugnis als gleichwertig an. Dies führt dazu, dass ein Mitgliedstaat im Zweifel die in einem anderen Mitgliedstaat bestehenden Regulierungen als ausreichend anerkennen muss. Waren, die in einem anderen Mitgliedstaat rechtmäßig hergestellt und in den Verkehr gebracht worden sind, sind damit grundsätzlich auch in den anderen Mitgliedstaaten verkehrsfähig. Aufgrund der kompetenzrechtlichen Grenzen der Gemeinschaft gilt das Herkunftslandprinzip allerdings nur in dem Umfang, der für das Erreichen des Binnenmarktziels erforderlich ist. Bei binnenmarktneutralen Regelungen greift nur das Diskriminierungsverbot. In diesem Fall sind die Regelungen des Marktortes für die Zulässigkeit der Maßnahme maßgeblich. Im Übrigen entscheiden die Bestimmungen des Herkunftslandes des Anbieters über die wettbewerbliche Maßnahme. Als Ergebnis lässt sich mithin festhalten, dass Warenverkehrs- und Dienstleistungsfreiheit ein eingeschränktes Herkunftslandprinzip zugrunde liegt.

Im Anschluss an diese Feststellung stellt sich vorliegend die Frage, inwieweit das gemeinschaftsrechtliche Herkunftslandprinzip unmittelbaren Einfluss auf das IPR hat. Ergibt sich aus den Grundfreiheiten, dass bei privatrechtlichen Wettbewerbsbestimmungen grundsätzlich das Recht des Herkunftslandes maßgeblich ist, so fragt es sich, ob dem Herkunftslandprinzip in den Grundfreiheiten kollisionsrechtlicher Charakter zukommt. Dieser Fragestellung soll im Folgenden nachgegangen werden.

Marktortanknüpfung, S. 66 ff.; *Drasch,* Das Herkunftslandprinzip im IPR, S. 136 ff.; *Eberhartinger,* EWS 1997, 43 (48 ff.); Schwarze/*Holoubek,* EU-Kommentar, Art. 49 EGV Rn. 59; *Behrens,* EuR 1992, 145 (151).

B. Grundfreiheiten und Kollisionsrecht des unlauteren Wettbewerbs

Die Anknüpfungsmaximen des IPR können vom primären Gemeinschaftsrecht, insbesondere den Grundfreiheiten, dergestalt überlagert werden, dass trotz gegebener kollisionsrechtlicher Anknüpfung das berufene Recht nicht zur Anwendung kommt.[221] Handelte es sich bei dem Herkunftslandprinzip um eine primärrechtlich verankerte Kollisionsnorm, so wäre diese aufgrund des Vorrangprinzips[222] in den Mitgliedstaaten anstelle ihrer nationalen internationalprivatrechtlichen Bestimmungen anzuwenden. Dies würde bedeuten, dass Rechtsverhältnisse mit grenzüberschreitendem Bezug innerhalb der Europäischen Gemeinschaft grundsätzlich dem Herkunftslandrecht des Leistungserbringers unterlägen. Es fragt sich daher, ob dem der Warenverkehrs- und Dienstleistungsfreiheit zugrunde liegenden Herkunftslandprinzip ein solcher unmittelbar wirkender kollisionsrechtlicher Gehalt zukommt.

I. Kollisionsrechtliche Bedeutung des primärrechtlichen Herkunftslandprinzips

1. Kollisionsrechtliche Implikationen der Rechtsprechung des EuGH

a) Die Entscheidung „GB-INNO-BM" des EuGH

Ausgangspunkt der kollisionsrechtlichen Diskussion ist die Entscheidung „GB-INNO-BM" des EuGH.[223] Dieser Entscheidung lag folgender Sachverhalt zugrunde: Eine belgische Gesellschaft ließ in Luxemburg Werbezettel verteilen, deren Inhalt und Gestaltung nach belgischem Recht zulässig, nach luxemburgischem Recht demgegenüber unzulässig waren.[224] Problematisch war,

---

221 Dies ergibt sich bereits aus dem Umstand, dass das Kollisionsrecht Teil der mitgliedstaatlichen Rechtsordnung ist und daher wie das Sachrecht dem Anwendungsvorrang des Gemeinschaftsrechts unterliegt; so auch: *Grandpierre*, Herkunftslandprinzip kontra Marktortanknüpfung, S. 104 f. Vgl. dazu schon oben S. 8 f.

222 Dazu im Einzelnen oben S. 7 f.

223 EuGH 07. 03. 1990 – Rs. C-362/88 -, Slg. 1990, I-667 („GB-INNO-BM/Confédération du commerce luxembourgeois").

224 Im Ausgangsverfahren hatten luxemburgische Gerichte es einem in Belgien niedergelassenen Unternehmen untersagt, für in Belgien stattfindende Verkaufsaktionen unter Eigenpreisvergleichen und mit Hinweis auf die Dauer des Angebots zu werben. Die belgische Supermarktkette GB-INNO-BM hatte nahe der belgisch-luxemburgischen

ob die Art. 28, 29, 30 EGV der Anwendung der luxemburgischen Wettbewerbsbestimmungen entgegenstehen.[225] Vor dem Hintergrund der „Keck-Rechtsprechung" ist umstritten, ob die Entscheidung „GB-INNO-BM" überholt ist.[226] Unabhängig davon, ob man sich der dies vertretenden Ansicht[227] anschließt oder nicht,[228] liegt der Entscheidung ein hier interessierender Grundgedanke zugrunde, der, auch wenn es sich bei der Entscheidung um die Regelung einer *„bestimmten Verkaufsmodalität"* handelte,[229] Gültigkeit behält.

Der EuGH stellte in dem Urteil „GB-INNO-BM" zunächst mit Bezugnahme auf seine frühere Rechtsprechung[230] fest, dass Rechtsvorschriften, die bestimmte Formen der Werbung und Methoden der Absatzförderungen beschränken oder verbieten, obwohl sie den Handel nicht unmittelbar regeln, geeignet sein können, das Handelsvolumen zu beschränken, da sie Absatzmöglichkeiten beeinträchtigen.[231] Da die Warenverkehrsfreiheit auch Privatpersonen betreffe,

---

Grenze mit Prospekten geworben, die nach luxemburgischem Wettbewerbsrecht als unlauter zu werten waren, da sie Preisnachlässe enthielten, die hinsichtlich ihrer Dauer befristet waren und die früheren Preise deutlich zu erkennen gaben. Eine solche Werbung außerhalb von Sonder- oder Schlussverkäufen widersprach luxemburgischem Recht. Der EuGH erklärte die nationale Bestimmung für nicht anwendbar, da sie nicht mit Art. 30 EGV [Art. 28 EGV n. F.] vereinbar sei.

225 Ausführlich zu dem Urteil „GB-INNO-BM": *Hakenberg/Harles,* GRUR Int. 1990, 957 ff.; ferner: *Piper,* WRP 1992, 685 (689 f.); *Remien,* RabelsZ 62 (1998), 627 (634 f.); *Chrocziel,* EWS 1991, 173 ff.; *von Gamm,* EWS 1991, 166 ff.

226 Zu der Frage, ob die Entscheidung „GB-INNO-BM" durch „Keck" overruled ist: *Sack,* in: Neuordnung des Wettbewerbsrechts, S. 139 (142 ff.); *Remien,* RabelsZ 62 (1998), 627 (634 f.).

227 So: *Becker,* EuR 1994, 162 (164); *Bornkamm,* GRUR 1994, 298 ff.; *Kotthoff,* Werbung ausländischer Unternehmen im Inland, S. 88 ff., 110 ff.; *Möschel,* NJW 1994, 429 (430); *Roth,* in: Festschrift Mestmäcker, S. 725 (726); *Mülbert,* ZHR 159 (1995), 2 (25 ff.); *Matthies,* in: Festschrift Everling, S. 803 (813); *Petschke,* EuZW 1994, 107 (111); *Remien,* JZ 1994, 349 (352).

228 Vertreter der Gegenansicht sind etwa: *Ackermann,* RIW 1994, 189 (193 f.); *Basedow,* EuZW 1994, 225; *ders.,* RabelsZ 59 (1995), 1 (9); *Dauses,* EuZW 1995, 425 ff.; *Drasch,* Das Herkunftslandprinzip im IPR, S. 111 ff.; *Fezer,* JZ 1994, 317 (321 ff.); *Steindorff,* ZHR 158 (1994), 149 (163 f.); *Remien,* RabelsZ 62 (1998), 627 (634 f.); *Martin-Ehlers,* Die Irreführungsverbote des UWG im Spannungsfeld des freien europäischen Werbeverkehrs, S. 180 u. S. 206; *Reese,* Grenzüberschreitende Werbung in der Europäischen Gemeinschaft, S. 61 u. S. 118.

229 Diese Fragestellung kann hier aus Platzgründen nicht weiter vertieft werden.

230 EuGH 15. 12. 1982 – Rs. 286/81 -, Slg. 1982, 4575 (4587) Rn. 15 („Oosthoek").

231 EuGH 07. 03. 1990 – Rs. C-362/88 -, Slg. 1990, I-667 (686) Rn. 7 („GB-INNO-BM/Confédération du commerce luxembourgeois").

müsse es Verbrauchern, insbesondere in grenznahen Gebieten, möglich sein, sich frei in das Hoheitsgebiet eines anderen Mitgliedstaates zu begeben, um dort unter denselben Bedingungen wie die ortsansässige Bevölkerung einzukaufen.[232] Mit Hinweis auf die „Cassis-de-Dijon-Rechtsprechung" führte der EuGH weiter aus, dass es darauf ankomme, ob die fraglichen Wettbewerbsbestimmungen dadurch gerechtfertigt werden könnten, dass sie notwendig seien, um zwingenden Erfordernissen gerecht zu werden. Als ein solches Erfordernis im Sinne der „Cassis-de-Dijon-Rechtsprechung" sah der EuGH vorliegend den Verbraucherschutz an.[233] Der Gerichtshof führte aus, dass die luxemburgischen Wettbewerbsregelungen ein ungerechtfertigtes Handelshemmnis darstellten, da sie die Verbraucher in ihrem Recht auf Unterrichtung und Aufklärung beschränkten. Auf eine in einem anderen Mitgliedstaat rechtmäßig durchgeführte Werbeaktion dürfen nach dem Urteil „GB-INNO-BM" die Art. 28, 30 EGV somit nicht angewandt werden.[234]

Die strengeren wettbewerblichen Vorschriften des Marktortes sind mithin nicht auf eine im Herkunftsland rechtmäßige wettbewerbsrechtliche Maßnahme anzuwenden. Damit werden entgegen dem kollisionsrechtlichen Verweis die wettbewerblichen Bestimmungen des Marktortes nicht angewandt. Das kollisionsrechtlich berufene Recht vermag daher nicht allein über die Zulässigkeit einer grenzüberschreitenden wettbewerblichen Maßnahme zu befinden. Im Ergebnis wurde mithin in der Entscheidung „GB-INNO-BM" die Frage des anwendbaren Rechts nicht vermittels des IPR des Forumstaates ermittelt, sondern unmittelbar unter Bezugnahme auf Art. 28 EGV. Rechtssystematisch ist zumindest eine Überlagerung des nach internationalprivatrechtlichen Grundsätzen berufenen Rechts durch das Recht des EGV zu konstatieren.

Vor diesem Hintergrund tritt die Frage auf, ob sich aus den Grundfreiheiten gemeinschaftsrechtlich bindende Regelungen des IPR ableiten lassen.

---

232 EuGH 07. 03. 1990 – Rs. C-362/88 -, Slg. 1990, I-667 (686) Rn. 8 („GB-INNO-BM/Confédération du commerce luxemburgeois").

233 EuGH 07. 03. 1990 – Rs. C-362/88 -, Slg. 1990, I-667 (686 ff.) Rn. 10 ff. („GB-INNO-BM/Confédération du commerce luxemburgeois").

234 EuGH 07. 03. 1990 – Rs. C-362/88 -, Slg. 1990, I-667 (689) Rn. 21 („GB-INNO-BM/Confédération du commerce luxemburgeois").

b) In der Literatur vertretene Ansichten

Der Frage, ob und inwieweit die Grundfreiheiten Auswirkungen auf das nationale Kollisionsrecht haben, wird vermehrt erst in neuerer Zeit nachgegangen.[235] Aufgrund des Vorrangs des EGV ergeben sich zwar grundsätzlich Schranken auch für die kollisionsrechtlichen Regelungen der Mitgliedstaaten.[236] Dies wurde indes lange Zeit verkannt, da die Grundfreiheiten, verstanden als bloße Diskriminierungsverbote, lediglich als Fremdenrecht begriffen und daher auf das IPR nicht für anwendbar gehalten wurden.[237] Bei einer Auseinandersetzung mit der Rechtsprechung des EuGH auf dem Gebiet des Wettbewerbsrechts werden auch in der neueren Literatur mögliche Auswirkungen auf das IPR nur vereinzelt diskutiert. Bei einer chronologischen Darstellung mit den im Schrifttum vertretenen Ansichten ergibt sich das folgende Bild.[238]

Ansatzpunkte einer Diskussion finden sich bei *Tilmann*, der zwar von einem Einfluss der Warenverkehrsfreiheit auf das IPR ausgeht, aber im Ergebnis nur die Modifizierung des materiellen Wettbewerbsrechts durch das primäre Europarecht annimmt.[239]

Einen radikal anderen Ansatz wählt *Wolf*, der im Hinblick auf Art. 18 der Zweiten Bankrichtlinie[240] vertritt, dass sich aus der gegenseitigen Anerkennungspflicht und Anwendung ausländischen Privatrechts ergebe, dass

---

235 Vgl. zur kollisionsrechtlichen Bedeutung des Herkunftslandprinzips die umfangreiche Untersuchung mit zahlreichen Nachweisen von: *Drasch*, Das Herkunftslandprinzip im IPR, S. 209 ff.

236 Vgl. dazu: Drasch, Das Herkunftslandprinzip im IPR, S. 211, der ausführt: „Was für das materielle Privatrecht gilt, kann auf einer Stufe ‚vorher' auch für das internationale Privatrecht nicht von vorneherein unzutreffend sein." In diesem Sinne auch: Brödermann, MDR 1992, 89 (90).

237 Vgl. etwa: Drobnig, RabelsZ 34 (1970), 636 (637): „Alle diese spezialisierten Diskriminierungsverbote [...] zielen jedoch eindeutig auf das Fremdenrecht. Es fehlt ihnen also die Relevanz für das Kollisionsrecht."

238 Zu einer detaillierten Auseinandersetzung mit den unterschiedlichen im Schrifttum vertretenen Ansichten vgl. unten S. 66 ff.

239 *Tilmann*, GRUR 1990, 89 (90 f.).

240 Zweite Richtlinie des Rates v. 15. 12. 1989 zur Koordinierung der Rechts- und Verwaltungsvorschriften über die Aufnahme und Ausübung der Tätigkeit der Kreditinstitute und zur Änderung der Richtlinie 77/780/EWG (89/646/EWG), ABl. EG 1989 L 386/1.

die Anerkennung unmittelbar „*ohne den Umweg über das IPR*“ zu erfolgen habe.[241]

Nicht ganz so weit geht *Chrocziel.*[242] Er entnimmt der „GB-INNO-BM-Entscheidung“ des EuGH eine Abkehr vom Marktortprinzip des deutschen internationalen Wettbewerbsrechts. Der EuGH stelle dort mit „*nicht zu überbietender Klarheit*“ fest, dass Werbung, die nach den Vorschriften eines Mitgliedstaates zulässig sei und sich im grenznahen Bereich gezielt auf den anderen Mitgliedstaat auswirke, nicht nach dessen nationalen wettbewerblichen Vorschriften für unzulässig erklärt werden könne. Die nationalen Normen des Ortes der wettbewerblichen Interessenkollision seien daher nach der Rechtsprechung des EuGH nicht anwendbar, wenn die Werbemaßnahme nach dem Ursprungsortrecht für zulässig erachtet werden müsse. Aus diesen Erwägungen folgert *Chrocziel*, dass die Marktortregel im gemeinschaftsrechtlichen Bereich nicht mehr aufrecht zu erhalten sei. Grenzüberschreitende und auch nur grenznahe Sachverhalte seien nicht mehr nach dem deutschen UWG zu beurteilen, wenn die Wettbewerbsgesetze im EG-Ausland weniger einschneidende Regelungen enthielten.[243] Die Folge ist nach *Chrocziel*, dass eine „*zweigeteilte Rechtssituation*“ entstehe. Für rein innerstaatliche Sachverhalte gelte weiterhin das UWG; für Vorgänge mit Bezug zu einem anderen Mitgliedstaat gelte demgegenüber eine großzügigere Regelung. Der EuGH habe demgemäß eine zweite Fassung des Gesetzes gegen unlauteren Wettbewerb geschaffen, nämlich ein UWG (EG). Das Recht des unlauteren Wettbewerbs werde auf EG-Ebene nur noch so stark sein wie das „*schwächste Glied in der Kette*“, nämlich das im Einzelfall nachgiebigste Recht.[244] Damit geht *Chrocziel* kollisionsrechtlich von einem Günstigkeitsprinzip aus, wonach jeweils die Regelung Anwendung findet, die weniger beschränkend wirkt.

Ähnlich sehen es *Jayme* und *Kohler*, die eine Überlagerung des Marktortprinzips von Art. 28 EGV erwägen und die Frage aufwerfen, ob ein EG-Kollisionsrecht des unlauteren Wettbewerbs im Entstehen begriffen sei, das

---

241 *Wolf,* WM 1990, 1941 (1942); entschieden dagegen wendet sich *Roth,* der darauf verweist, dass der inländische Richter über das IPR überhaupt erst den Anwendungsbefehl von ausländischem Recht erhält. Ein unmittelbarer Verweisungsbefehl aus Art. 18 der Zweiten Bankrichtlinie entspricht nicht dem Sinn der Richtlinie; dazu im Einzelnen: *Roth,* RabelsZ 55 (1991), 623 (667) Fn. 205; dazu ferner *ders.*, in: Aspekte des internationalen Versicherungsvertragsrechts im Europäischen Wirtschaftsraum, S. 1 (8 ff.).

242 *Chrocziel,* EWS 1991, 173 (177 ff.).

243 *Chrocziel,* EWS 1991, 173 (178).

244 *Chrocziel,* EWS 1991, 173 (179).

im Sinne eines Günstigkeitsprinzips bei grenzüberschreitenden Sachverhalten dasjenige Recht für anwendbar erkläre, das den freien Warenverkehr im Einzelfall weniger behindert.[245]

Demgegenüber kommt *Reich* zu dem Ergebnis, dass an den allgemeinen Regeln des IPR festzuhalten sei, allerdings *„unter Berücksichtigung“* der Rechtsprechung des EuGH zu den Art. 28, 49 ff. EGV.[246]

Nach *Bernhard* verbirgt sich hinter der „Cassis-de-Dijon-Rechtsprechung“ des EuGH ein kollisionsrechtlicher Ansatz.[247] Bei Unvereinbarkeit einer Norm mit den Art. 28, 30 EGV werde implizit das inländische Recht durch Normen eines ausländischen Gesetzgebers ersetzt. Damit werde der Anwendungsbereich einer nationalen Regelung aufgrund der Auslandesberührung des Sachverhalts eingeschränkt und eine ausländische Rechtsordnung berufen, was strukturell eine kollisionsrechtliche Methode darstelle.[248] Trotz der Feststellung einer strukturellen Vergleichbarkeit ergeben sich aber nach *Bernhard* aus der „Cassis-de-Dijon-Rechtsprechung“ keine kollisionsrechtlichen Vorgaben, die nationale Gerichte bei der Anwendung der internationalprivatrechtlichen Regelungen binden.[249] Zwischen Kollisionsrecht und primärem Gemeinschaftsrecht bestehe vielmehr eine *„friedliche Koexistenz“*. Der EuGH nehme das Ergebnis der kollisionsrechtlichen Anknüpfung als Ausgangspunkt seiner Entscheidung über das materiell berufene Recht. Nicht ganz konsequent untersucht *Bernhard* aber im Anschluss an diese Ausführungen doch das Herkunftslandprinzip als kollisionsrechtlichen Ansatz und kommt zu dem Ergebnis, dass die Übernahme des Herkunftslandprinzips in das IPR nicht zu befürworten sei. Aus Zweckmäßigkeits- und Gerechtigkeitserwägungen sei an der Marktortregel als dem im deutschen IPR maßgeblichen Anknüpfungsmoment festzuhalten.[250]

Remien erwägt, aus der Entscheidung „GB-INNO-BM“ ein der Fernsehrichtlinie[251] entsprechendes kollisionsrechtliches „Sendelandprinzip“ abzuleiten.[252]

---

245 *Jayme/Kohler*, IPRax 1991, 361 (369); *dies.*, IPRax 1993, 357 (371)

246 *Reich*, RabelsZ 56 (1992), 444 (513).

247 *Bernhard*, EuZW 1992, 437 ff.

248 *Bernhard*, EuZW 1992, 437 (438).

249 *Bernhard*, EuZW 1992, 437 (440).

250 *Bernhard*, EuZW 1992, 437 (443).

251 Richtlinie 89/552/EWG des Rates v. 3. Oktober 1989 zur Koordinierung bestimmter Rechts- und Verwaltungsvorschriften der Mitgliedstaaten über die Ausübung der Fernsehtätigkeit, ABl. EG 1989 Nr. L 298/23; geändert durch die Richtlinie v. 30. 6. 1997, ABl. EG Nr. L 202/60 v. 30. 07. 1997.

Kort geht ähnlich wie *Bernhard* von einer *„friedlichen Koexistenz"* von europäischem Wettbewerbsrecht und den nationalen Kollisionsrechten aus.[253] Internationalprivatrechtlich sei zwar grundsätzlich am Marktortprinzip festzuhalten, das Ergebnis der kollisionsrechtlichen Anknüpfung bedürfe aber gegebenenfalls der Korrektur durch das primäre Gemeinschaftsrecht aufgrund von Art. 28 EGV.[254] Wie diese Korrektur aussehen soll und wann sie zu erfolgen hat, bleibt in den Ausführungen von *Kort* indes offen.

Auch *Reese* möchte am Marktortprinzip – wenn auch *„in abgeschwächter Form"* – festhalten.[255] Eine kollisionsrechtliche Deutung der „GB-INNO-BM-Entscheidung" des EuGH hält er für eine Überinterpretation. Im Ergebnis befürwortet er, die materiellen Wettbewerbsvorschriften neu zu überdenken. Ein kollisionsrechtliches Herkunftsland- oder Günstigkeitsprinzip lehnt er ab.[256]

Große Aufmerksamkeit erregt hat die Untersuchung von *Brödermann*,[257] in der er ausführt, die Entscheidung „GB-INNO-BM" enthalte für die zugrunde liegende Fallkonstellation einen Nichtanwendungsbefehl für das strengere Recht des Marktortes, sofern eine wettbewerbliche Maßnahme nach dem Recht des Herkunftslandes rechtmäßig und die Anwendung des strengeren Marktortrechts nicht nach Art. 30 EGV oder entsprechend den immanenten Schranken des Art. 28 EGV gerechtfertigt sei. Damit enthalte das Urteil *„ein Stück Kollisionsregel"*.[258] Nach der *„rechtsfortbildenden Auslegung"* des EuGH sei in Art. 28 EGV eine negative einseitige Kollisionsnorm enthalten. Daran anschließend wirft *Brödermann* die Frage nach der Gemeinschaftskonformität der geltenden Marktortregel auf, wobei er davon ausgeht, dass diese Regel zumindest in den Fällen unanwendbar sei, in denen das Herkunftslandrecht im

252 *Remien*, JZ 1994, 349 (352).

253 *Kort*, GRUR Int. 1994, 594 (601).

254 *Kort*, GRUR Int. 1994, 594 (601).

255 *Reese*, Grenzüberschreitende Werbung in der Europäischen Gemeinschaft, S. 219.

256 *Reese*, Grenzüberschreitende Werbung in der Europäischen Gemeinschaft, S. 217 ff.

257 *Brödermann*, in: Brödermann/Iversen, Europäisches Gemeinschaftsrecht und IPR, Rn. 402 ff.

258 *Brödermann*, in: Brödermann/Iversen, Europäisches Gemeinschaftsrecht und IPR, Rn. 409, der auf die Aussage *Martinys* zur „Cassis-de-Dijon-Rechtsprechung" verweist: *Martiny*, in: Europäisches Gemeinschaftsrecht und IPR, S. 211 (217).

Einzelfall günstiger sei.[259] Eine generelle Anknüpfung nach dem Herkunftslandprinzip lehnt er demgegenüber ab.[260]

Auch *Sack* untersucht mögliche kollisionsrechtliche Implikationen der Rechtsprechung des EuGH zur Warenverkehrsfreiheit, kommt aber zu dem Ergebnis, dass die Art. 28, 30 EGV keine Auswirkungen auf das deutsche IPR des unlauteren Wettbewerbs haben; es seien vielmehr die wettbewerbsrechtlichen Sachnormen, denen Grenzen gesetzt würden.[261] Ein kollisionsrechtlich verstandenes Herkunftslandprinzip sei auch mit dem System der Art. 28, 30 EGV gar nicht zu vereinbaren, da durch die kollisionsrechtliche Berufung von Normen des Herkunftslandes den Einfuhrländern das nach Art. 30 EGV vorgesehene und durch die Rechtsprechung zu Art. 28 EGV um zwingende Erfordernisse erweiterte Recht genommen werde, strengere Regelungen als die im Herkunftsland durchzusetzen.[262] Er möchte das Herkunftslandprinzip daher als bloße Rechtsfolge der Einwirkung des europäischen Rechts auf Sachnormen begreifen - ohne kollisionsrechtliche Relevanz.[263]

Nach der Ansicht *Basedows* ist der Ansatz des EuGH *„im wesentlichen kollisionsrechtlicher Natur"*.[264] Die Grundfreiheiten enthielten eine *„versteckte kollisionsrechtliche Verweisung"*,[265] die im Ergebnis auf ein Günstigkeitsprinzip hinauslaufe.[266] Im Einzelnen legt *Basedow* dar, dass jede Beschränkung der Grundfreiheiten durch den der sachrechtlichen Regelung vorgeschalteten kollisionsrechtlichen Anwendungsbefehl ausgelöst werde. Durch diesen kollisionsrechtlichen Anwendungsbefehl werde die Berufung eines Sachrechts überhaupt erst ermöglicht, so dass sich die Grundfreiheiten im Ergebnis nur auf das nationale IPR auswirkten. Sofern die Beschränkung der Grundfreiheiten nicht gerechtfertigt sei, werde der kollisionsrechtliche Anwendungsbefehl, der

---

259 *Brödermann*, in: Brödermann/Iversen, Europäisches Gemeinschaftsrecht und IPR, Rn. 416 f.

260 *Brödermann*, in: Brödermann/Iversen, Europäisches Gemeinschaftsrecht und IPR, Rn. 416 Fn. 856.

261 *Sack*, WRP 1994, 281 (293); *ders.*, WRP 2000, 269 (280 f.).

262 *Sack*, WRP 1994, 281 (291); *ders.*, WRP 2000, 269 (280 f.).

263 So explizit: *Sack*, WRP 2000, 269 (281).

264 *Basedow*, RabelsZ 59 (1995), 1 (4).

265 *Basedow*, RabelsZ 59 (1995), 1 (15).

266 Basedow, RabelsZ 59 (1995), 1 (16 f.), wonach sich das Günstigkeitsprinzip indes als ein *„Konglomerat aus Elementen des Gemeinschaftsrechts und des nationalen Wirtschaftskollisionsrechts"* darstelle.

zu der Berufung der beschränkend wirkenden Bestimmung führe, aufgehoben.[267] Auf einer zweiten Stufe entscheidet nun nach der Ansicht *Basedows* das Recht des Herkunftslandes über die Rechtmäßigkeit der in Frage stehenden Maßnahme. Damit fülle also das Herkunftslandrecht die durch die Kassation der kollisionsrechtlichen Bestimmung geschaffene Lücke.

Gebauer lehnt demgegenüber eine kollisionsrechtliche Bedeutung der Rechtsprechung des EuGH kategorisch ab.[268] Das Kollisionsrecht werde durch das primäre Gemeinschaftsrecht weder verdrängt noch abgeändert. Aus dem gemeinschaftsrechtlichen Herkunftslandprinzip lassen sich nach *Gebauer* keine Folgerungen für das IPR ableiten.[269] Allerdings zwinge der Einfluss der Warenverkehrsfreiheit auf das nationale Privatrecht zu einer Überlagerung des IPR im Einzelfall, um gemeinschaftswidrige Anwendungsergebnisse zu verhindern.[270]

Aus Anlass der Einführung des Herkunftslandprinzips in die Richtlinie über den elektronischen Geschäftsverkehr beschäftigen sich auch *Fezer/Koos* mit der Frage nach einer eventuellen kollisionsrechtlichen Bedeutung des Herkunftslandprinzips im primären Gemeinschaftsrecht.[271] Nach ihrer Ansicht sind aus den Grundfreiheiten keine Kollisionsnormen abzuleiten; die Grundfreiheiten stellten vielmehr ein gemeinschaftsrechtliches Korrektiv binnenmarktstörender Ergebnisse der Marktortanknüpfung dar.[272]

Ähnlich sieht es *Thünken*, der die Frage nach einer kollisionsrechtlichen Bedeutung der Grundfreiheiten ebenfalls im Rahmen einer Auseinandersetzung mit der Richtlinie über den elektronischen Geschäftsverkehr anreißt und zu dem Ergebnis gelangt, dass den Grundfreiheiten kein kollisionsrechtlicher Gehalt zukomme.[273]

Dethloff setzt sich ebenfalls mit dem Verhältnis des IPR zu den Grundfreiheiten auseinander.[274] Dabei kommt sie zu dem Ergebnis, dass dem der Warenverkehrs- und Dienstleistungsfreiheit zugrunde liegenden

---

267 *Basedow*, RabelsZ 59 (1995), 1 (12).

268 *Gebauer*, IPRax 1995, 152 (155 f.).

269 *Gebauer*, IPRax 1995, 152 (156).

270 *Gebauer*, IPRax 1995, 152 (156).

271 *Fezer/Koos*, IPRax 2000, 349 (350 ff.).

272 *Fezer/Koos*, IPRax 2000, 349 (350); ferner: Staudinger/*Fezer* Int. WirtschR., Rn. 433.

273 *Thünken*, IPRax 2001, 15 (19).

274 *Dethloff*, Europäisierung des Wettbewerbsrechts, S. 265 ff.

Herkunftslandprinzip zwar kein kollisionsrechtlicher Gehalt zukomme, dass das Recht des Herkunftslandes aber bei der Auslegung des Marktstaatsrechts „*wie ausländisches Recht auch sonst bei Auslandssachverhalten*“ zu berücksichtigen sei.[275]

2. Ergebnis

Insgesamt ergibt sich in der Literatur ein höchst uneinheitliches Bild. Das Meinungsspektrum reicht von der Ablehnung jeglicher kollisionsrechtlicher Implikationen der Grundfreiheiten bis hin zu einer kollisionsrechtlichen Deutung.

Nachdem die in der Literatur vertretenen Ansätze überblickartig dargestellt wurden, soll im Folgenden der Versuch unternommen werden, eine kohärente Lösung für die vorliegende Problematik zu finden. Dazu soll, ausgehend von dem Begriff der Kollisionsnorm, eine eingehende Auseinandersetzung mit den in der Literatur vertretenen Lösungsansätzen erfolgen und anschließend ein eigener Ansatz erarbeitet werden.

II. Entwicklung eines eigenen Ansatzes

1. Grundlagen und Ausgangspunkt der Überlegungen

Um eine tragfähige Lösung zu der hier aufgeworfenen Problematik zu erarbeiten, soll auf der Basis einer definitorischen Grundlage herausgearbeitet werden, was das Charakteristische einer Kollisionsnorm ist.

a) Der Begriff der Kollisionsnorm

Art. 3 EGBGB macht deutlich, dass zwischen Kollisionsnormen und Sachnormen zu trennen ist. Internationalprivatrechtliche Vorschriften sind danach solche, die bei Sachverhalten mit Bezug zu dem Recht eines anderen Staates bestimmen, welche Rechtsordnungen anzuwenden sind. Das IPR wird

---

275 *Dethloff*, Europäisierung des Wettbewerbsrechts, S. 280 f. Zu dem Verständnis des Herkunftslandprinzips als Auslandssachverhalt vgl. unten S. 85 ff.

also von seiner Rechtsfolge her definiert.[276] Es kommt dabei nicht entscheidend auf das Vorliegen einer Auslandsberührung an, sondern darauf, ob die Norm den Auslandsbezug zum Anlass nimmt, eine nationale Rechtsordnung zur Anwendung zu berufen.[277] Demzufolge liegt eine Kollisionsnorm dann vor, wenn der Gesetzgeber zwischen mehreren Rechtsordnungen wählt, wohingegen es sich um eine Sachnorm handelt, wenn die sachlich beste Lösung innerhalb der eigenen Rechtsordnung gesucht wird.[278] Die Kollisionsnorm entscheidet nicht selbst; sie fördert aber die Sachentscheidung, indem sie die maßgebliche Sachnorm nennt. Sie spricht mithin nur eine Verweisung auf Sachnormen aus.[279]

Diese grobe Einteilung ist aber nicht immer eindeutig; immerhin gibt es Verweisungsnormen auch im materiellen Recht;[280] zudem werden Kategorien wie „versteckte Kollisionsnormen“[281] oder „selbstbegrenzte Kollisionsnormen“[282] diskutiert, die sich diesen Abgrenzungsmerkmalen nicht zweifelsfrei zuordnen lassen. Diese Normen legen zwar nicht explizit, aber zumindest inzident fest, ob sie bei Vorliegen eines Sachverhalts mit Auslandsbezug unabhängig von der eigentlich maßgeblichen lex causae anzuwenden sind. Unter „versteckten Kollisionsnormen“ sind kollisionsrechtliche Aussagen zu fassen, die in Sachnormen enthalten sind.[283] Dieses Phänomen umschreiben die weitgehend synonym verwendeten Begriffe „versteckte Kollisionsnorm“,[284] „selbstgerechte“[285] bzw. „selbstbegrenzte

276 *von Bar*, IPR I, Rn. 213; *Junker*, IPR, Rn. 116; *Steindorff*, Sachnormen im internationalen Privatrecht, S. 11 ff.

277 *Rabel*, The Conflict of Laws I, S. 47, „*... conflict rules decide only which state shall give such immediate solution.*“ Vgl. ferner: *von Bar*, IPR I, Rn. 213; *Junker*, IPR, Rn. 116; *Kegel/Schurig*, IPR, § 1 VIII; *Kropholler*, IPR, § 12 II 2; *Mann*, in: Festschrift Raiser, S. 499 (501).

278 *Kegel*, in: Gedächtnisschrift Ehrenzweig, S. 51 (69); vgl. ferner: *ders.*, IPR, § 1 VIII; *Junker*, IPR, Rn. 116; *von Hoffmann*, IPR, § 4 Rn. 3.

279 *Siehr*, RabelsZ 46 (1982), 357 (360); *Kegel/Schurig*, IPR, § 1 VIII; *von Bar*, IPR I, Rn. 216; *Keller/Siehr*, Allgemeine Lehren des IPR, § 21 I 2; ferner: *Thünken*, IPRax, 2001, 15 (18).

280 *Kegel/Schurig*, IPR, § 1 VIII.

281 Der Begriff der „versteckten Kollisionsnorm“ geht zurück auf *Theodor Niemeyer*; vgl. *Niemeyer*, Urteilsanmerkung, NiemZ 13, (1903), 447 (448); siehe dahzu ferner: *Keller/Siehr*, Allgemeine Lehren des IPR, § 21 I 3 b); § 36 VI 2; *von Hoffmann*, IPR, § 4 Rn. 14 ff.

282 *Kropholler*, IPR, § 13 IV 2; vgl. dazu ferner: *von Hoffmann*, IPR, § 4 Rn. 15.

283 Vgl. dazu im Einzelnen unten S. 64 ff.

284 *Niemeyer*, Urteilsanmerkung, NiemZ 13, (1903), 447 (448); *Keller/Siehr*, Allgemeine Lehren des IPR, § 21 I 3 b); § 36 VI 2; *von Hoffmann*, IPR, § 4 Rn. 14.

Sachnormen"[286] oder „lois d'application immédiate".[287] Sie bilden aber keine eigene zwischen Sach- und Kollisionsnormen liegende Kategorie, sondern kombinieren eine Sachnorm mit einer Kollisionsnorm.[288] Diese Vorschriften sind zwar grundsätzlich dem Sachrecht zuzuordnen, enthalten allerdings einen kollisionsrechtlichen Kern, der bestimmt, ob die Norm bei Sachverhalten mit Auslandsbezug zur Anwendung kommen soll.[289]

Ob im Einzelfall eine Kollisionsnorm oder eine Sachnorm vorliegt, ist durch Auslegung zu ermitteln. Insoweit ist zunächst von dem Wortlaut der Regelung auszugehen.[290] Eine Norm ist ihrem Wortlaut nach dann als Kollisionsnorm zu qualifizieren, wenn sie als ein Rechtssatz formuliert ist, der bestimmt, wann ein anderer Rechtssatz über einen Sachverhalt entscheidet. Demgegenüber liegt eine Sachnorm vor, wenn sie nach ihrer sprachlichen Fassung über die Sache selbst befindet.[291] Für das Vorliegen einer Kollisionsnorm spricht in systematischer Hinsicht, wenn sie sich im Kontext anderer internationalprivatrechtlicher Regelungen befindet. Dieses Kriterium kann allerdings nicht mehr als ein erstes Indiz sein. Wichtiger sind demgegenüber Sinn und Zweck der Norm. Insoweit gilt, dass eine Sachnorm dann vorliegt, wenn es dem Gesetzgeber um ein bestimmtes sachliches Ergebnis geht; wohingegen von einer Kollisionsnorm ausgegangen wird, wenn eine Wahl zwischen unterschiedlichen Rechtsordnungen getroffen wird.[292] Über das sachliche Ergebnis sagen

---

285 So bezeichnet *Kegel* Sachnormen, die ihren räumlich-persönlichen Anwendungsbereich selbst bestimmen: *Kegel*, in: Gedächtnisschrift Ehrenzweig, S. 51 ff.; *Kegel/Schurig*, IPR, § 6 I 5.

286 *Kropholler*, IPR, § 13 IV 2.

287 *Schwander*, Lois d'application immédiate, S. 248 ff.; *Voser*, Die Theorie der lois d'application immédiate, S. 236.

288 *Neuhaus*, Die Grundbegriffe des IPR, S. 105 f.; *von Hoffmann*, IPR, § 4 Rn. 15.

289 Vgl. zu dieser Thematik: *Freitag*, Der Einfluss des Europäischen Gemeinschaftsrechts auf das internationale Produkthaftungsrecht, S. 313 f.

290 *Schurig*, Kollisionsnorm und Sachrecht, S. 64; *Voser*, Die Theorie der lois d'application immédiate, S. 238 ff.; *Mann*, in: Festschrift Raiser, S. 499 (503); *Siehr*, RabelsZ 46 (1982), 357 (374); *Kegel*, in: Gedächtnisschrift Ehrenzweig, S. 51 (69); *Kropholler*, IPR, § 13 IV 2.

291 *Kegel/Schurig*, IPR, § 1 VIII; *Kegel*, in: Gedächtnisschrift Ehrenzweig, S. 51 (75), der allerdings eine formelle und materielle Unterscheidung vornimmt. Methodisch erscheint aber eine Auslegung der Norm in grammatikalischer, systematischer und teleologischer Hinsicht vorzugswürdig; vgl. dazu im Einzelnen: *Wank*, Die Auslegung von Gesetzen, S. 47 ff.

292 Im Einzelnen: *Neuhaus*, Die Grundbegriffe des IPR, § 11 III; *Kegel/Schurig*, IPR, § 1 VIII; *Keller/Siehr*, Allgemeine Lehren des IPR, § 21 I 2.

Kollisionsnormen im Grundsatz nichts aus oder - um es mit den Worten von *Rabel* auszudrücken - „*They are simply neutral; the answer is not in them*".[293]

Nach dieser Annäherung an den Begriff der Kollisionsnorm soll versucht werden, die genannten Kriterien auf die Warenverkehrs- und Dienstleistungsfreiheit zu übertragen.

b) Übertragung der Kriterien auf die Warenverkehrs- und Dienstleistungsfreiheit

(1) Grundsätzliches zur Auslegung von Normen des EGV

Aufgrund der Selbständigkeit des Gemeinschaftsrechts ergeben sich bei der Auslegung gemeinschaftsrechtlicher Normen Besonderheiten. Für die Auslegung des EGV ist nach Art. 220 EGV der EuGH zuständig. Durch die jahrzehntelange Praxis der Auslegung durch den EuGH hat sich eine selbständige gemeinschaftsrechtliche Interpretation mit eigenen Grundsätzen entwickelt,[294] der zwar die bekannten Auslegungskriterien zugrunde liegen,[295] die aber im Einzelnen anders gewichtet werden. Ferner sind spezifisch gemeinschaftsrechtliche Wertungen zu berücksichtigen. Jede Bestimmung des Gemeinschaftsrechts ist nach der Rechtsprechung des EuGH in ihrem Zusammenhang zu sehen und im Lichte des gesamten Gemeinschaftsrechts, seiner Ziele und seines Entwicklungsstands zur Zeit der Anwendung der betreffenden Vorschriften auszulegen.[296]

Ausgangspunkt jeder Auslegung von Rechtssätzen – und damit auch von solchen gemeinschaftsrechtlichen Ursprungs - ist der Wortlaut der Bestimmung.[297] Dabei besteht im Gemeinschaftsrecht allerdings die Besonderheit, dass der auszulegende Rechtssatz in unterschiedlichen

---

[293] *Rabel*, The Conflict of Laws I, S. 103.

[294] Dazu insbesondere: *Meyer*, JURA 1994, 455 ff.; ferner: *Oppermann*, Europarecht, Rn. 680 ff.; *Franzen*, Privatrechtsangleichung in der Europäischen Gemeinschaft, S. 445 ff.; *Epiney*, Umgekehrte Diskriminierungen, S. 79 ff.

[295] Siehe dazu: *Larenz/Canaris*, Methodenlehre der Rechtswissenschaft, S. 133 ff.

[296] EuGH 06. 10. 1982 – Rs. 283/81 -, Slg. 1982, 3415 (3430) Rn. 20 („C.I.L.F.I.T.").

[297] Der EuGH hat sich bei der wörtlichen Auslegung zu der aus Frankreich stammenden Doktrin vom sog. „acte clair" bekannt, das heißt, dass bei eindeutigem Wortlaut nicht auf weitere Auslegungsmethoden zurückzugreifen ist, vgl. EuGH 09. 03. 1978 - Rs. 79/77 -, Slg. 1978, 611 (619) („Firma Kühlhaus Zentrum AG/Hauptzollamt Hamburg-Harburg").

sprachlichen Fassungen verbindlich ist.[298] Ferner verfügt das Gemeinschaftsrecht über eine eigene Terminologie,[299] weshalb der Gerichtshof Begriffe in gemeinschaftsrechtlichen Rechtsvorschriften autonom auslegt.[300] Daher kommt insgesamt der grammatikalischen Auslegung nur begrenzte Bedeutung zu. Wichtiger sind systematische und teleologische Gesichtspunkte.[301] Bestimmungen des Gemeinschaftsrechts sind maßgeblich unter Rückgriff auf die Vertragsziele und die Systematik der Verträge auszulegen. Die systematische Auslegung dient einer möglichst großen Annäherung an die Ziele des EGV. Auch die teleologische Auslegung hat entscheidend die Vertragsziele und darüber hinaus allgemeine Grundsätze, wie den des „effet utile",[302] der Subsidiarität und der Verhältnismäßigkeit, zu berücksichtigen.[303] Bei der Auslegung des primären Gemeinschaftsrechts sind also der Geist der Verträge, ihr Aufbau sowie die Prinzipien des Gemeinschaftssystems mit einzubeziehen.[304] Demgegenüber kommt der historischen Auslegung aufgrund des Willens zur Weiterentwicklung nur eine eingeschränkte Bedeutung zu.[305]

Für die Auslegung von Warenverkehrs- und Dienstleistungsfreiheit bedeutet das, dass neben den herkömmlichen Auslegungskriterien die Strukturen, Prinzipien des Gemeinschaftsrechts zu berücksichtigen sind.[306]

---

298 Siehe dazu VO Nr. 1 des Rates zur Regelung der Sprachanfrage für die EWG v. 15. 04. 1958, Abl. 17, 385; ferner: *Franzen,* Privatrechtsangleichung in der Europäischen Gemeinschaft, S. 446 f.; *Braselmann,* EuR 1992, 55 (58 f.); zur Problematik der Mehrsprachigkeit von Gesetzestexten internationalen Einheitsrechts: *Kropholler,* Internationales Einheitsrecht, S. 266 ff.

299 EuGH 06. 10. 1982 – Rs. 283/81 -, Slg. 1982, S. 3415 (3430) Rn. 19 („C.I.L.F.I.T.").

300 Dazu: *von Hoffmann,* IPR, § 3 Rn. 192; *Kropholler,* IPR § 10 III 2; *Franzen,* Privatrechtsangleichung in der Europäischen Gemeinschaft, S. 475 ff.

301 *Epiney,* Umgekehrte Diskriminierungen, S. 81 f.; *Franzen,* Privatrechtsangleichung in der Europäischen Gemeinschaft, S. 445 ff.

302 Die gemeinschaftsrechtliche Bestimmung muss *„mit größter Nutzwirkung"* ausgelegt und voll ausgeschöpft werden. Dazu: *Oppermann,* Europarecht, Rn. 583; *Franzen,* Privatrechtsangleichung in der Europäischen Gemeinschaft, S. 475 ff.

303 *Oppermann,* Europarecht, Rn. 685 f.; *Franzen,* Privatrechtsangleichung in der Europäischen Gemeinschaft, S. 445 ff.; *Meyer,* JURA 1994, 455 (457).

304 *Nicolaysen,* Europarecht I, S. 48; *Franzen,* Privatrechtsangleichung in der Europäischen Gemeinschaft, S. 445 ff.

305 *Epiney,* Umgekehrte Diskriminierungen, S. 81; *Nicolaysen,* Europarecht I, S. 49.

306 *Nicolaysen,* Europarecht I, S. 48; *Franzen,* Privatrechtsangleichung in der Europäischen Gemeinschaft, S. 445 ff.; *Oppermann,* Europarecht, Rn. 680 ff.

(2) Warenverkehrs- und Dienstleistungsfreiheit als Kollisionsnormen des primären Gemeinschaftsrechts?

Ausgehend von dem Wortlaut des Art. 28 EGV - *„Mengenmäßige Einfuhrbeschränkungen sowie alle Maßnahmen gleicher Wirkung sind zwischen den Mitgliedstaaten verboten"* -, ergibt sich für die Warenverkehrsfreiheit, dass über die Maßgeblichkeit einer bestimmten Rechtsordnung zunächst nichts ausgesagt, sondern vielmehr eine bestimmte Sachentscheidung getroffen wird, dass es nämlich zwischen den Mitgliedstaaten keine Einfuhrbeschränkungen geben soll. Damit liegt nach dem Wortlaut des Art. 28 EGV eine Sachnorm vor.

Ebenso verhält es sich mit der Dienstleistungsfreiheit. Nach Art. 49 Abs. 1 EGV sind die *„Beschränkungen des freien Dienstleistungsverkehrs innerhalb der Gemeinschaft für Angehörige der Mitgliedstaaten, die in einem anderen Staat der Gemeinschaft als demjenigen des Leistungsempfängers ansässig sind,[...]verboten"*.

Auch diese Norm enthält keine Aussage über die Maßgeblichkeit eines bestimmten ausländischen Rechtssatzes, der über den Sachverhalt zu befinden habe. Die grammatikalische Auslegung ergibt wiederum das Vorliegen einer Sachnorm. Aus systematischer Sicht folgt keine andere Bewertung der Grundfreiheiten. Der Kontext, in dem sie sich befinden, ist kein internationalprivatrechtlicher. Daher spricht aus systematischer Sicht nichts für einen kollisionsrechtlichen Charakter der Bestimmungen. Nach Sinn und Zweck von Warenverkehrs- und Dienstleistungsfreiheit wird in erster Linie ein bestimmtes sachrechtliches Ergebnis angestrebt, nämlich ein möglichst ungehinderter Waren- und Dienstleistungsverkehr innerhalb der Gemeinschaft. Damit deutet auch die teleologische Auslegung zunächst auf das Vorliegen von Sachnormen hin. Obgleich also die Auslegung auf das Vorliegen einer sachrechtlichen Bestimmung hindeutet, könnte den Grundfreiheiten aber dennoch ein internationalprivatrechtlicher Gehalt zu entnehmen sein.

Maßgeblich zu berücksichtigen sind bei der Auslegung von primärem Gemeinschaftsrecht die Vertragsziele. Sinn und Zweck der Warenverkehrs- und der Dienstleistungsfreiheit ist der möglichst ungehinderte Waren- und Dienstleistungsverkehr innerhalb der Gemeinschaft. In Zusammenhang mit Art. 14 EGV ergibt sich daraus das Binnenmarktziel.[307] Dieser Zielsetzung dient aber vornehmlich die einheitliche Anknüpfung an den Niederlassungsort jedes Anbieters. Durch eine Herkunftslandanknüpfung wird es dem Anbieter ermöglicht, binnenmarktweit die Waren zu den gleichen Bedingungen zu

[307] Dazu im Einzelnen oben S. 12 ff.

vermarkten und abzusetzen. Obwohl aus dem Wortlaut der Normen nicht unmittelbar die Wahl einer bestimmten Rechtsordnung folgt, könnten sich dennoch unter Umständen Kriterien für die Maßgeblichkeit einer bestimmten Rechtsordnung aus den Grundfreiheiten ergeben. Diese könnten aus dem Ziel der Erreichung eines bestimmten sachlichen Ergebnisses zu folgern sein. Dieser kollisionsrechtliche Gehalt wäre in den Grundfreiheiten gewissermaßen „versteckt". Von einem Teil der Literatur wird, wie bereits oben angerissen, die Ansicht vertreten, dass in Sachnormen Kollisionsnormen enthalten sein könnten.[308] Diese These findet gerade mit Blick auf die Grundfreiheiten des EGV Anhänger.[309]

c) Versteckte Kollisionsnormen in den Grundfreiheiten des EGV

Ein versteckter kollisionsrechtlicher Gehalt kommt einer Sachnorm dann zu, wenn die Norm ihren räumlich-persönlichen Anwendungsbereich selbst dergestalt festlegt, dass sie eine allgemeine Kollisionsnorm verdrängt und durch eine spezielle Verweisungsnorm ersetzt, die auch den internationalen Anwendungsbereich der eigenen Rechtsordnung bestimmt. In diesem Fall handelt es sich nach der Lehre von den versteckten Kollisionsnormen um eine Sachnorm mit internationalprivatrechtlichem Gehalt.[310] Ob im Einzelfall in einer Sachnorm ein kollisionsrechtlicher Gehalt verborgen ist, ist durch Auslegung des Wortlauts sowie des Sinn und Zwecks der Norm zu ermitteln.[311] Allerdings kann von einer kollisionsrechtlichen Relevanz einer Sachnorm von vornherein nur dann gesprochen werden, wenn Tatbestand und Rechtsfolge der Norm und ihre Verknüpfung eine bestimmte kollisionsrechtliche Behandlung voraussetzen.[312] Für Warenverkehrs- und Dienstleistungsfreiheit würde das bedeuten, dass sich ihnen eindeutig kollisionsrechtliche Aussagen entnehmen lassen müssten, die eine bestimmte Behandlung internationalprivatrechtlicher Vorgänge gebieten.[313] Eine bestimmte kollisionsrechtliche Behandlung gebieten

---

[308] Vgl. die Darstellung bei: *Kropholler*, IPR, § 12 IV; *Neuhaus*, Die Grundbegriffe des IPR, § 11 II; *von Bar*, IPR I, Rn. 219; *Keller/Siehr*, Allgemeine Lehren des IPR, § 21 I 3 b); § 36 VI 2; *Sonnenberger*, in: Münchener Kommentar, Einl. IPR, Rn. 432 ff.

[309] Dazu sogleich unten S. 64 ff.

[310] Näher dazu: *Kropholler*, IPR, § 12 IV; *Neuhaus*, Die Grundbegriffe des IPR, § 11 II; *Siehr*, RabelsZ 46 (1982), 357 (363).

[311] *Kropholler*, IPR, § 12 IV 2; *Neuhaus*, Die Grundbegriffe des IPR, § 11 II; *Siehr*, RabelsZ 46 (1982), 357 (362 f., 374).

[312] *Sonnenberger*, ZVglRWiss 95 (1996), 2 (10 ff.); *ders.*, in: Münchener Kommentar, Einl. IPR, Rn. 432.

[313] *Sonnenberger*, ZVglRWiss 95 (1996), 2 (10 f.).

aber nur ganz vereinzelt Sachnormen des materiellen deutschen Privatrechts.[314] Bei der Annahme von versteckten Kollisionsnormen ist daher grundsätzlich Zurückhaltung geboten.[315]

Folge der Annahme einer solchen versteckten kollisionsrechtlichen Verweisung in den Grundfreiheiten des EGV wäre aufgrund des Vorrangs des primären Gemeinschaftsrechts, dass dieses das nationale IPR in den Mitgliedstaaten verdrängte.[316] Das EG-Primärrecht würde in allen betroffenen Rechtsbereichen unmittelbar gelten und anstelle des nationalen mitgliedstaatlichen IPR zur Anwendung kommen.

Diese Lehre von den versteckten Kollisionsnormen im primären Gemeinschaftsrecht wird im Schrifttum diskutiert.[317] Zum Teil wird insbesondere mit Hinweis auf die Entscheidung „GB-INNO-BM"[318] des EuGH die Frage aufgeworfen, ob ein europäisches IPR entstehe.[319] Nach der dies befürwortenden Ansicht[320] enthalten die Grundfreiheiten eine kollisionsrechtliche Verweisung auf das Recht des Herkunftslandes des Anbieters. Begründet wird diese Auffassung mit der Rechtsprechung des EuGH, der nicht eine konkrete Sachnorm als solche für gemeinschaftswidrig erkläre, sondern vielmehr das Ergebnis ihrer Anwendung im Einzelfall. Dieses Ergebnis setze sich aber zusammen aus dem sachrechtlichen Gehalt der Norm einerseits und dem räumlichen Anwendungsbefehl der Rechtsordnung andererseits.[321] Da aber die Sachnormen, für sich betrachtet, gar nicht in den Anwendungsbereich der Grundfreiheiten fallen, sei es gerade der räumliche Anwendungsbefehl, der den Verstoß gegen die Grundfreiheiten begründe. Nach der „Cassis-de-Dijon-

---

314 Angenommen wird dies beispielsweise für § 244 BGB; vgl. dazu: *Martiny*, in: Münchener Kommentar, Nach Art. 34 Anh. I, Rn. 22; *Kropholler*, IPR, § 12 IV 2; *Neuhaus*, Die Grundbegriffe des IPR, § 11 II 2; a.A. *von Maydell*, in: Münchener Kommentar, § 244 Rn. 55 m.w.N. zum Meinungsstand.

315 *Sonnenberger*, ZVglRWiss 95 (1996), 2 (10 ff.); *ders.*, in: Münchener Kommentar, Einl. IPR, Rn. 432.

316 Vgl. dazu oben S. 7.

317 *Sonnenberger*, ZVglRWiss 95 (1996), 2 (8). Dazu ferner: *Roth*, in: Systemwechsel im europäischen Kollisionsrecht, S. 47 (53 ff.).

318 EuGH 07. 03. 1990 – Rs. C-362/88 -, Slg. 1990, I-667 (686) Rn. 7 („GB-INNO-BM/Confédération du commerce luxemburgeois").

319 Dazu: *Jayme/Kohler*, IPRax 1991, 369; *Bernhard*, EuZW 1992, 437; *Sonnenberger*, ZVglRWiss 95 (1996), 2 (8).

320 *Basedow*, RabelsZ 59 (1995), 1 (15); vgl. ferner: *Bernhard*, EuZW 1992, 437 (438); ausführlich: *Sonnenberger*, ZVglRWiss 95 (1996), 2 (10 ff.).

321 *Basedow*, RabelsZ 59 (1995), 1 (12).

Rechtsprechung" des EuGH werde bei Gemeinschaftswidrigkeit einer Norm des Bestimmungslandes diese in ihrem Anwendungsbereich beschränkt. Die Folge dessen sei nach der eine kollisionsrechtliche Auslegung propagierenden Ansicht,[322] dass das allgemeine kollisionsrechtliche Prinzip der Marktortanknüpfung „*verdrängt*" und durch eine andere kollisionsrechtliche Anknüpfung, nämlich die an das Herkunftslandrecht des Anbieters, „*ersetzt*" werde. Es würden damit sowohl auf der Ebene des IPR als auch auf der des Gemeinschaftsrechts Entscheidungen über die Maßgeblichkeit einer bestimmten nationalen Rechtsordnung für grenzüberschreitende Sachverhalte getroffen, so dass es sich um funktional äquivalente Regelungen handele.[323]

Für einen verborgenen kollisionsrechtlichen Charakter der Grundfreiheiten könnte daher in der Tat die strukturelle Vergleichbarkeit mit der internationalprivatrechtlichen Anknüpfung sprechen.[324] Ob sich aus dieser strukturellen Vergleichbarkeit aber ein kollisionsrechtlicher Gehalt des Herkunftslandprinzips entnehmen lässt, erscheint fragwürdig und bedarf einer näheren Auseinandersetzung.

2. Auseinandersetzung mit den in der Literatur vertretenen Lösungsansätzen

Die Frage eines kollisionsrechtlichen Gehalts des primärrechtlichen Herkunftslandprinzips wird insbesondere im neueren Schrifttum diskutiert. Die Ansichten, ob und in welchem Umfang das Herkunftslandprinzip kollisionsrechtliche Implikationen aufweist, sind sehr kontrovers. Sie reichen von der Annahme einer kollisionsrechtlichen Grundanknüpfung kraft primärgemeinschaftlichen Gebots bis hin zu der gänzlichen Ablehnung jeglicher kollisionsrechtlicher Implikationen der Grundfreiheiten.[325] Die im Schrifttum vertretenen Ansichten lassen sich im Wesentlichen zu drei Ansätzen zusammenfassen: zu einer kollisionsrechtlichen Grundanknüpfung an das Herkunftslandrecht, einem kollisionsrechtlichen Günstigkeitsprinzip und einem rein sachrechtlichen Verständnis. Im Folgenden soll eine Auseinandersetzung

---

[322] So: *Basedow*, RabelsZ 59 (1995), 1 (12); *ders.*, NJW 1996, 1921 (1927); ferner: *Bernhard*, EuZW 1992, 437, nach dessen Ansicht sich hinter der „Cassis-de-Dijon-Rechtsprechung" „*ein kollisionsrechtlicher Ansatz versteckt*".

[323] *Bernhard*, EuZW 1992, 437.

[324] Vgl. dazu insbesondere: *Basedow*, RabelsZ 59 (1995), 1 (12); ferner: *Bernhard*, EuZW 1992, 437.

[325] Vgl. dazu die chronologische Darstellung der im Schrifttum vertretenen Ansichten oben S. 52 ff.

mit den drei Meinungsströmen erfolgen, in der zu den einzelnen Argumenten Stellung bezogen wird und die Folgen der jeweiligen Ansichten herausgearbeitet und kritisch hinterfragt werden sollen.

a) Kollisionsrechtliches Herkunftslandprinzip

(1) Argumente für ein kollisionsrechtliches Verständnis des Herkunftslandprinzips

Von einem Teil des Schrifttums wird das Herkunftslandprinzip als kollisionsrechtliche Zuweisungsregel verstanden. Nach dieser Ansicht verpflichtet das primärrechtliche Herkunftslandprinzip die Mitgliedstaaten nicht nur zur Anerkennung der Rechtsnormen des Herkunftslandes, sondern zugleich auch zu deren Anwendung.[326]

Für ein kollisionsrechtliches Verständnis wird die strukturelle Vergleichbarkeit der Vorgehensweise des EuGH mit einer kollisionsrechtlichen Anknüpfung angeführt.[327] Nach der „Cassis-de-Dijon-Rechtsprechung" entscheiden bei Gemeinschaftswidrigkeit der zur Anwendung berufenen Regelung Rechtsnormen eines ausländischen Gesetzgebers über einen grenzüberschreitenden Sachverhalt. Damit werde aufgrund der Auslandsberührung der Anwendungsbereich nationaler Vorschriften eingeschränkt und eine andere Rechtsordnung zur Anwendung berufen. Der Gerichtshof überprüft daher nach dieser Ansicht die kollisionsrechtlich berufene Norm anhand der Grundfreiheiten, was darauf hinauslaufe, dass der Anwendungsbefehl des nationalen IPR durch das Recht des Herkunftslandes ersetzt werde.[328] Anderenfalls billige der EuGH zugleich mit der Sachnorm auch die kollisionsrechtliche Verweisung. Damit ergebe sich aus der Sachentscheidung des EuGH zugleich eine Entscheidung über die kollisionsrechtliche Behandlung.[329] Es sei daher unerheblich, dass der EuGH in seinen Entscheidungen nicht explizit auf die kollisionsrechtliche Problematik eingehe.

---

326 *Basedow*, RabelsZ 59 (1995), 1 (12 ff.); *Drasch*, Das Herkunftslandprinzip im IPR, S. 209 ff.; *Joerges*, in: Festschrift Steindorf, S. 1247 (1249 ff.).

327 So: *Bernhard*, EuZW 1992, 437 (438).

328 *Drasch*, Das Herkunftslandprinzip im IPR, S. 313; *Bernhard*, EuZW 1992, 437 (440).

329 *Drasch*, Das Herkunftslandprinzip im IPR, S. 313 f.

Gegen diese Ausführungen spricht indes, dass es zumindest näher liegt, dass der EuGH deshalb keine kollisionsrechtlichen Ausführungen macht, weil es sich nach seiner Auffassung eben nicht um eine kollisionsrechtliche Problematik handelt. Wendet der EuGH aufgrund des Ergebnisses dieser Prüfung das Recht des Bestimmungslandes nicht an und beruft stattdessen eine einzelne Sachnorm des Herkunftslandes zur Anwendung, so ist darin nicht zwingend eine kollisionsrechtliche Anknüpfung an das Herkunftslandrecht zu sehen. Ein kollisionsrechtliches Verständnis würde bedeuten, dass die wettbewerbliche Norm des Herkunftslandes unmittelbar zur Anwendung käme und die vom mitgliedstaatlichen Kollisionsrecht berufene Norm weder hinsichtlich des Tatbestandes noch der Rechtsfolge Bedeutung behielte.

Für ein kollisionsrechtliches Verständnis der Vorgehensweise des EuGH spricht nach dieser Ansicht ferner, dass bei gemeinschaftsrechtlicher Unanwendbarkeit einer Sachnorm des Bestimmungslandes von der kollisionsrechtlichen Verweisung auf das Bestimmungslandrecht nichts mehr übrig bliebe. Es handele sich dann nur noch um eine *„kollisionsrechtliche ‚Hülse' ohne eigenen Regelungsgehalt"*.[330]

Selbst wenn man dies für den einzelnen Fall, in dem die Sachnorm tatsächlich gemeinschaftsrechtlich nicht anzuwenden ist, vertritt, so ist es doch jedenfalls in allen übrigen Fällen anders. Von einem einzelnen Ausnahmefall auf eine Regelanknüpfung an das Herkunftslandrecht zu schließen, ist nicht zulässig. Aber davon abgesehen, kann bereits dem Ausgangspunkt dieser Argumentation nicht gefolgt werden. Die kollisionsrechtliche Anknüpfung an das Recht des Bestimmungslandes bleibt ja gerade bestehen, lediglich die einzelne Sachnorm wird nicht angewandt. Nach den oben herausgearbeiteten Charakteristika einer Kollisionsnorm ist es aber im Regelfall so, dass auf eine Rechtsordnung insgesamt verwiesen und nicht lediglich eine einzelne Norm angewandt wird. Aber auch nach der zitierten Ansicht handelt es sich immerhin um eine *kollisionsrechtliche* Hülse; die Prüfung des EuGH setzt also erst nach erfolgter kollisionsrechtlicher Anknüpfung ein. Auch die Bezeichnung des primärrechtlichen Herkunftslandprinzips als ein *„Stück Kollisionsnorm"*[331] hilft nicht weiter. Der Ausdruck ist in der kollisionsrechtlichen Terminologie nicht aussagekräftig, dogmatisch nicht sauber und terminologisch daher verwirrend.[332]

---

330 *Drasch*, Das Herkunftslandprinzip im IPR, S. 315.

331 *Martiny*, in: Europäisches Gemeinschaftsrecht und IPR, S. 211 (217); *Brödermann*, in: Brödermann/Iversen, Europäisches Gemeinschaftsrecht und IPR, Rn. 409.

332 *Koppensteiner*, Österreichisches und europäisches Wirtschaftsprivatrecht 6/2, S. 145, Fn. 587.

(2) Folgen eines kollisionsrechtlichen Verständnisses des Herkunftslandprinzips

Die Konsequenz eines kollisionsrechtlichen Herkunftslandprinzips wäre eine Verkürzung der Rechte der Anbieter.[333] Dieses Verständnis hätte nämlich zur Folge, dass auch das strengere Recht des Herkunftslandes das des Marktortes ersetzte, ohne durch die zwingenden Erfordernisse des Art. 28 EGV oder gemäß Art. 30 EGV gerechtfertigt zu sein.

Damit wird der Anwendungsbereich des Art. 28 EGV in unzulässiger Weise verkürzt. Auch wenn das Herkunftslandrecht weniger strenge Anforderungen stellt als das des Bestimmungslandes, könnte es zu einer unzulässigen Beschränkung der Warenverkehrsfreiheit kommen, denn Art. 28 EGV wendet sich gegen „Einfuhrbeschränkungen", mithin ausschließlich gegen Beeinträchtigungen der Warenverkehrsfreiheit durch Regelungen des Bestimmungslandes. Eine Überprüfung von wettbewerbsbeschränkenden Normen des Herkunftslandes lässt sich aus Art. 28 EGV daher nicht entnehmen. Die Folge eines kollisionsrechtlichen Verständnisses des Herkunftslandprinzips wäre daher die unmittelbare Anwendung der Normen des Herkunftslandes ohne eine Überprüfung der Regelungen am Maßstab der Art. 28, 30 EGV.[334] Das weniger strenge Herkunftslandrecht könnte folglich den freien Warenverkehr innerhalb der Gemeinschaft beschränken, ohne durch die immanenten Schranken des Art. 28 EGV oder nach Art. 30 EGV gerechtfertigt zu sein. Um insoweit eine Verkürzung des Schutzbereiches der Warenverkehrsfreiheit zu vermeiden, müsste man auch die wettbewerblichen Sachnormen des Herkunftslandes einer Kontrolle gemäß Art. 28, 30 EGV unterziehen. Dies führte dazu, dass Art. 28 EGV in zweifacher Weise angewandt werden müsste. Zunächst wäre die kollisionsrechtliche Berufung der wettbewerblichen Vorschriften des Herkunftslandes die Folge von Art. 28 EGV. In einem zweiten Schritt erfolgte dann eine Kontrolle dieser Sachnormen anhand der Art. 28, 30 EGV.[335] Diese Vorgehensweise läuft indes dem klaren Wortlaut des Art. 28 EGV entgegen, der explizit nur von Beschränkungen durch das Einfuhrland spricht, eine Kontrolle in beide Richtungen mithin gerade nicht vorsieht.

Aus der Systematik der Art. 28, 30 EGV ergibt sich ein anderer weit gewichtigerer Einwand. Art. 28 EGV verbietet gerade nicht jegliche strengere

---

[333] Dazu: *Brödermann*, in: Brödermann/Iversen, Europäisches Gemeinschaftsrecht und IPR, Rn. 415; *Leible*, in: Neue Entwicklungen in der Dienstleistungs- und Warenverkehrsfreiheit, S. 71 (76 f.).

[334] So auch: *Sack*, WRP 1994, 281 (288 f.).

[335] *Sack*, WRP 1994, 281 (289), der diese Möglichkeit aber nur aufzeigt und sie mit Hinweis auf den Wortlaut des Art. 28 EGV gleichfalls ablehnt.

Behandlung durch Regelungen des Einfuhrlandes, sondern lässt vielmehr auch restriktivere Vorschriften durch das Bestimmungslandrecht zu – sofern sie zwingende Erfordernisse darstellen, bzw. nach Art. 30 EGV gerechtfertigt sind.[336] Dieser Umstand beschränkt das Herkunftslandprinzip zugunsten des Bestimmungslandprinzips, weshalb in den Regelungen des EGV ein Kompromiss dieser beiden Prinzipien gesehen wird.[337] Zahlenmäßig ist sogar ein Großteil der Beschränkungen durch Regelungen des Bestimmungslandes nach Art. 30 EGV gerechtfertigt.[338] Bei einer kollisionsrechtlichen Anwendung des Herkunftslandprinzips würden die Rechtfertigungsgründe weitgehend ausgehebelt. Die den Art. 28, 30 EGV eigentümliche Balance zwischen Herkunftslandprinzip einerseits und Bestimmungslandprinzip andererseits, die sich aus der Systematik des EGV ergibt,[339] wäre aufgehoben. Die Folge wäre die kollisionsrechtliche Aushebelung der Rechtfertigungsgründe des Art. 30 EGV,[340] was zugleich ein Leerlaufen der den Mitgliedstaaten verbliebenen Regelungskompetenzen und nationalen Gestaltungsspielräume bedeutete.

Der kollisionsrechtliche ordre public könnte nur einem sehr geringen Teil wettbewerblicher Vorschriften des Bestimmungslandes Geltung verschaffen.[341] Eine Ausweitung des ordre-public-Vorbehalts auf zwingende Erfordernisse des Allgemeinwohls und die Rechtfertigungsgründe des Art. 30 EGV kommt aus zahlreichen Gründen nicht in Betracht. Es wäre zunächst insgesamt als Konzept widersinnig, wenn man zunächst die Rechtfertigungsgründe des Art. 30 EGV aushebelte, um sie anschließend durch die „Hintertür“ des allgemeinen ordre-public-Vorbehalts wieder einzuführen. Dies widerspräche eklatant Systematik und Funktion der Art. 28 ff. EGV. Dazu kommt, dass die Regelungen des EGV gemeinschaftsrechtlich interpretiert werden, wohingegen der ordre public - in Deutschland in Art. 6 EGBGB – national bestimmt wird.[342] Diese Vorgehensweise hätte zudem eine unterschiedliche Interpretation des nationalen ordre-public-Vorbehalts zur Folge, je nachdem, ob es sich um einen gemeinschaftsrechtlichen Sachverhalt handelte oder ob andere Staaten betroffen wären. Dieser

---

336 So auch: *von Wilmowsky*, Europäisches Kreditsicherungsrecht, S. 58.

337 Vgl. dazu oben S. 25.

338 *Sack*, WRP 1994, 281 (289 f.); *ders.*, WRP 2000, 269 (280).

339 Vgl. eingehend dazu oben S. 16 ff.

340 *Sack*, WRP 1994, 281 (289 f.); *Gebauer*, IPRax 1995, 152 (155 f.); Staudinger/*Fezer*, Int. WirtschR., Rn. 434; *Thünken*, IPRax 2001, 15 (19).

341 Vgl. dazu ausführlich: *Reich*, RabelsZ 56 (1992), 444 (483); dazu ferner: *Sack*, WRP 1994, 281 (289 f.); *Basedow*, RabelsZ 59 (1995), 1 (19 ff.); *Fezer/Koos*, IPRax 2000, 349 (351).

342 *Sack*, WRP 1994, 281 (290).

Ansatz ist nicht schlüssig und kaum praktikabel. Eine derartige „Rettung“ der Rechtfertigungsgründe des Art. 30 EGV kommt mithin nicht in Frage. Es bleibt demzufolge dabei, dass ein kollisionsrechtlich verstandenes Herkunftslandprinzip den Einfuhrstaaten das ausdrücklich im EGV verankerte Recht nimmt, strengere Regelungen als das Recht des Herkunftslandes vorzusehen. Nicht nur Art. 30 EGV, sondern auch Art. 28 EGV in seiner durch die „Cassis-de-Dijon-Rechtsprechung“ erfahrenen Auslegung[343] würden damit ausgehebelt.

Gegen diese Argumentation wendet eine Ansicht ein, dass eine Abwägung stets erforderlich sei und von dem EuGH in ständiger Rechtsprechung vorgenommen werde, die Rechtfertigungsgründe für den Bestimmungsstaat mithin nicht ausgehebelt würden.[344] Die Warenverkehrsfreiheit verlange die Anwendung des Herkunftslandrechts nur insoweit, als die Vorschriften des Bestimmungslandes nicht durch überwiegende Gründe des Allgemeinwohls gerechtfertigt seien.

Der Bewertung der Vorgehensweise des EuGH ist zuzustimmen. Allerdings kann darin wohl keine kollisionsrechtliche Anknüpfung gesehen werden. Eine Verhältnismäßigkeitsprüfung, wie sie der EuGH im Rahmen der umfassenden Abwägung vornimmt, ist dem Kollisionsrecht fremd.[345] Für eine kollisionsrechtliche Einordnung der Vorgehensweise des EuGH spricht auch nicht, dass die kollisionsrechtliche Anknüpfung aufgrund ihrer Abstraktheit nur schwer Gegenstand der vom Gerichtshof vorgenommenen konkreten Abwägung zwischen den Grundfreiheiten und den überwiegenden Gründen des Allgemeinwohls sein könne, so dass es folgerichtig sei, dass der EuGH zum Kollisionsrecht direkt keine Stellung bezöge, da er die Argumente für die Abwägung nur aus den Vorschriften des materiellen Rechts ziehen könne.[346] Diese Argumentation ist schief. Gerade die Vorgehensweise des EuGH zeigt, dass eben keine kollisionsrechtliche Anknüpfung vorgenommen wird. Diese würde unmittelbar – ohne Abwägung – zu einer bestimmten Rechtsordnung führen. Der EuGH nimmt nicht deshalb zum Kollisionsrecht keine Stellung, weil es keine Argumente für den Abwägungsvorgang bietet, sondern weil er nicht kollisionsrechtlich anknüpft.

Eine weitere problematische Folge des kollisionsrechtlich verstandenen Herkunftslandprinzips wäre die Benachteiligung inländischer Anbieter.

---

343 Vgl. insoweit ausführlich oben S. 19 ff.

344 *Drasch*, Das Herkunftslandprinzip im IPR, S. 320 f.

345 So zu Recht: *Martin-Ehlers*, Die Irreführungsverbote des UWG, S. 48; *Bernhard*, EuZW 1992, 437 (438).

346 *Drasch*, Das Herkunftslandprinzip im IPR, S. 315.

Während von einem ausländischen Anbieter beworbene Waren nach ihren (milderen) Herkunftslandrechten behandelt würden, bliebe es bei inländischen Produkten bei dem strengeren Recht des Marktortes. Dies führt zu dem, was gemeinhin unter dem Stichwort „Inländerdiskriminierung" oder „umgekehrte Diskriminierung" behandelt wird.[347] Die Vermarktung ausländischer Waren kann nach dem Herkunftslandrecht erlaubt sein, während sie für inländische Produkte nach dem Recht des Marktortes verboten ist. Da ausländische Produkte den Marktortvorschriften im Gegensatz zu den einheimischen Produkten nicht entsprechen müssen, sind diese eingeführten Produkte auf dem ausländischen Markt privilegiert.[348] Diese Besserstellung eingeführter Waren führt zu Wettbewerbsverfälschungen, die sich allerdings im Unterschied zu den in Art. 28 EGV begegneten Maßnahmen nicht marktsegmentierend auswirken. Dennoch wirken sich auch diese unmittelbar auf einen konkreten nationalen Markt aus, so dass ihre Wirkung staatlichen Begünstigungen ähnelt, wenn sie auch umgekehrt gerade zu Gunsten der ausländischen Anbieter eingreifen.[349]

Umgekehrt können Marktverfälschungen aber auch als Folge des Marktortprinzips eintreten, soweit eine Bestimmung den grenzüberschreitenden Warenverkehr behindert, ohne nach Art. 30 EGV oder durch zwingende Erfordernisse des Allgemeinwohls gerechtfertigt zu sein. In diesem Fall ist die Bestimmung nur im Verhältnis zu Importprodukten unanwendbar. Für reine Inlandessachverhalte bleibt sie hingegen bestehen, so dass diese Waren weiterhin den strengen Bestimmungen des Marktortes unterliegen.[350]

Zum Teil wird aufgrund dieser „Inländerdiskriminierung" ein Verstoß gegen das gemeinschaftsrechtliche Diskriminierungsverbot erwogen,[351] denn im Gegensatz zu anderen kollisionsrechtlichen Anknüpfungsmomenten unterwirft das Herkunftslandprinzip nicht lediglich einen Auslandssachverhalt einer anderen Rechtsordnung, sondern geht insoweit darüber hinaus, als ein innerstaatlicher Sachverhalt aufgrund der gemeinschaftsrechtlichen Relevanz anderen Regelungen unterworfen wird als ein vergleichbarer anderer innerstaatlicher

[347] Siehe dazu: EuGH 23. 10. 1986 – Rs. 355/85 -, Slg. 1986, 3231 (3241) Rn. 9 („Cognet"), ferner: *Katzenberger*, in: Neuordnung des Wettbewerbsrechts, S. 218 (228 f.); Staudinger/*Fezer*, Int. WirtschR., Rn. 438, 453; *Koos*, Europäischer Lauterkeitsmaßstab und globale Integration, S. 131 ff.

[348] *Dauses*, EuZW 1995, 425 (427); *Koos*, Europäischer Lauterkeitsmaßstab und globale Integration, S. 131.

[349] *Koos*, Europäischer Lauterkeitsmaßstab und globale Integration, S. 131 f.

[350] *Sack*, WRP 1994, 281 (292); *Chrocziel*, EWS 1991, 173 (179).

[351] Staudinger/*Fezer*, Int. WirtschR., Rn. 453; *Koos*, Europäischer Lauterkeitsmaßstab und globale Integration, S. 149.

Vorgang. Daraus ergibt sich eine Benachteiligung von inländischen Produkten gegenüber Waren aus anderen Mitgliedstaaten.[352]

Im Ergebnis ist ein Verstoß gegen das Diskriminierungsverbot des Art. 12 EGV aber dennoch abzulehnen. Die Schlechterstellung knüpft hier nämlich nicht an die Staatsangehörigkeit der Anbieter an, sondern an die Herkunft der Produkte. Auch wenn ein Verstoß gegen Art. 12 EGV nicht gegeben ist, so erscheint die „Inländerdiskriminierung" dennoch problematisch angesichts des Ziels der Einheit der Wettbewerbsordnung innerhalb des Binnenmarktes und des unverfälschten Wettbewerbs innerhalb der Europäischen Gemeinschaft.[353] Zudem führt die „Inländerdiskriminierung" faktisch dazu, dass innerstaatliche Schutzgesetze aufgehoben werden, was zu einer Verkürzung des Verbraucherschutzes führt. Allein das Vorliegen einer Schlechterstellung der einheimischen Waren gegenüber ausländischen Produkten führt zu einem wirtschaftlichen und politischen Druck auf den nationalen Gesetzgeber, die ungleichen Wettbewerbsbedingungen zu beseitigen.[354] Der nationale Gesetzgeber wird grundsätzlich kein Interesse daran haben, Bestimmungen aufrechtzuerhalten, die eigene Anbieter diskriminieren. Ein kollisionsrechtliches Verständnis des Herkunftslandprinzips ginge daher zu Lasten anderer gemeinschaftsrechtlicher Ziele, wie das der Wettbewerbsgleichheit oder des Verbraucherschutzes.[355] Das Gleichbehandlungsprinzip wird daher dem Binnenmarkt eher gerecht als ein Wettbewerb der Rechtssysteme, der die Folge des Herkunftslandprinzips wäre.[356]

(3) Zwischenergebnis

Ein unbedingter kollisionsrechtlicher Anwendungsbefehl des Herkunftslandrechts ohne Prüfung am Maßstab der Grundfreiheiten steht im Widerspruch zu den Zwecken der Warenverkehrsfreiheit. Ein Anwendungsbefehl ohne Überprüfung der Gemeinschaftskonformität der Normen bringt eine positive Wertung zugunsten des Rechts des Herkunftslandes mit sich, die dem hergebrachten Verständnis des Art. 28 EGV nicht

352 EuGH 23. 10. 1986 – Rs. 355/85 -, Slg. 1986, 3231 (3241) Rn. 9 („Cognet").

353 Staudinger/*Fezer*, Int. WirtschR., Rn. 453; *Koos*, Europäischer Lauterkeitsmaßstab und globale Integration, S. 149; Fezer, JZ 1994, 317 (326).

354 *Koos*, Europäischer Lauterkeitsmaßstab und globale Integration, S. 132.

355 *Von Hoffmann*, IPR, § 1 Rn. 108.

356 *Bernhard*, RabelsZ 64 (1999), 175 (176 f.).

entspricht.[357] Der Struktur des primärrechtlichen Herkunftslandprinzips eher entsprechen könnte daher ein kollisionsrechtliches Günstigkeitsprinzip.

b) Kollisionsrechtliches Günstigkeitsprinzip

(1) Argumente für ein kollisionsrechtliches Günstigkeitsprinzip

Angesichts der aufgezeigten Problematik wird in der Literatur die Auffassung vertreten, den Grundfreiheiten liege ein kollisionsrechtliches Günstigkeitsprinzip zugrunde.[358] Nach diesem Verständnis der Grundfreiheiten wären jeweils diejenigen mitgliedstaatlichen wettbewerblichen Bestimmungen anzuwenden, die im Einzelfall weniger beschränkend wirken. Das Marktortprinzip würde durch Art. 28 EGV dergestalt überlagert, dass beim Konflikt zweier Rechte dasjenige zur Anwendung gelänge, welches den freien Warenverkehr weniger beeinträchtige.[359] Gestützt wird diese Ansicht auf die Entscheidung „GB-INNO-BM" des EuGH.[360] In der Entscheidung habe der EuGH in *„nicht zu überbietender Klarheit"*[361] festgestellt, dass Werbung, die nach den Vorschriften eines Mitgliedstaates zulässig sei und sich im grenznahen Bereich gezielt auf einen anderen Mitgliedstaat auswirke, von diesem nicht nach dessen Werberecht für unzulässig erklärt werden dürfe. Nach dieser kollisionsrechtlichen Interpretation der Entscheidung „GB-INNO-BM" des EuGH erfährt das Marktortprinzip demnach durch Art. 28 EGV eine Einschränkung. Es wird gefolgert, Art. 28 EGV gebiete es, das günstigere Herkunftslandrecht zu berücksichtigen, so dass nicht allein das Marktortrecht Anwendung finden dürfe.[362] Die Warenverkehrsfreiheit habe zur Folge, dass das

---

[357] *Fezer/Koos*, IPRax 2000, 349 (351 f.).

[358] So: *Basedow*, RabelsZ 59 (1995), 1 (49 ff.); *Chrocziel*, EWS 1991, 173 (179); *Jayme/Kohler*, IPRax 1991, 361 (369), *dies.*, IPRax 1993, 357 (371); *Fleischer*, Das italienische Wettbewerbsrecht, S. 368; vgl. ferner die Darstellungen bei: *Reese*, Grenzüberschreitende Werbung in der Europäischen Gemeinschaft, S. 218; *Drasch*, Das Herkunftslandprinzip im IPR, S. 312 ff.

[359] *Jayme/Kohler*, IPRax 1991, 361 (369); *dies.*, IPRax 1993, 357 (371).

[360] EuGH 07. 03. 1990 – Rs. C-362/88 -, Slg. 1990, I-667 (686) Rn. 7 („GB-INNO-BM/Confédération du commerce luxemburgeois"). Vgl zu dieser Entscheidung bereits oben S. 49 ff.

[361] *Chrocziel*, EWS 1991, 173 (177).

[362] *Remien*, JZ 1994, 349 (350); vgl. ferner: *Jayme/Kohler*, IPRax 1991, 361 (369); *dies.*, IPRax 1993, 357 (371).

strengere Recht des Marktortes durch weniger einschneidende Bestimmungen des Herkunftslandes ersetzt werde.[363]

Gegen diese Ansicht spricht indes, dass der EuGH in der Entscheidung „GB-INNO-BM“ nicht das mitgliedstaatliche Wettbewerbskollisionsrecht ersetzt, sondern vielmehr das berufene materielle Wettbewerbsrecht am Maßstab des Gemeinschaftsrechts gemessen hat. Das mitgliedstaatliche IPR wird daher durch die Entscheidung „GB-INNO-BM“ des EuGH nicht berührt.[364] Die kollisionsrechtliche Deutung der Entscheidung „GB-INNO-BM“ ist eine Überinterpretation.[365] Der Gerichtshof beruft hier zwar eine Regelung des Herkunftslandes zur Anwendung, allerdings verweist er damit nicht pauschal auf die wettbewerblichen Vorschriften des Herkunftslandes, sondern nimmt lediglich konkret auf die von der luxemburgischen Bestimmung verbotenen Preisangaben Bezug.[366]

Für ein kollisionsrechtlich zu verstehendes Günstigkeitsprinzip wird ferner vorgebracht, die vom EuGH zu entscheidenden Fälle seien naturgemäß nur solche gewesen, in denen das Marktortrecht restriktiver war als das des Herkunftslandes. Bei Vorliegen von nicht gerechtfertigten Beschränkungen durch das Bestimmungslandrecht habe der EuGH dem Anbieter das Recht zugesprochen, sich auf das weniger einschneidende Recht des Herkunftslandes zu berufen. Wie aber vorzugehen sei, wenn die Situation umgekehrt ist, sei damit noch nicht gesagt. *Basedow* geht davon aus, dass das Bestimmungsland nur die Beachtung der eigenen Vorschriften kontrollieren wird und den ausländischen Anbieter nicht deshalb strengeren Regelungen unterwirft, weil sein Herkunftsland diese vorsieht.[367] Im Ergebnis herrsche daher ein Günstigkeitsprinzip, das sich freilich aus verschiedenen Rechtsquellen zusammensetze. Soweit das Recht des nachgiebigeren Herkunftslandes anzuwenden sei, ergebe sich das aus dem Gemeinschaftsrecht; demgegenüber sei die Berufung auf das mildere Bestimmungslandrecht in dessen nationalem

363 *Chrocziel*, EWS 1991, 173 (179); *Bernhard*, EuZW 1992, 437 (438), der zwar von einem verborgenen kollisionsrechtlichen Charakter der Rechtsprechung des EuGH ausgeht, im Ergebnis eine Ersetzung des Marktortprinzips durch ein kollisionsrechtliches Herkunftslandprinzip aber ablehnt.

364 Vgl. zu dieser Argumentation schon oben; ferner: *Kreuzer*, in: Münchener Kommentar, Art. 38 EGBGB Rn. 227 a; Staudinger/*von Hoffmann*, Art. 40 EGBGB Rn. 295; *Reese*, Grenzüberschreitende Werbung in der Europäischen Gemeinschaft, S. 218.

365 *Kotthoff*, Werbung ausländischer Unternehmen im Inland, S. 23; *Reese*, Grenzüberschreitende Werbung in der Europäischen Gemeinschaft, S. 218.

366 *Reese*, Grenzüberschreitende Werbung in der Europäischen Gemeinschaft, S. 218.

367 *Basedow*, RabelsZ 59 (1995), 1 (16).

Kollisionsrecht verankert. Daraus folge, dass „*den Grundfreiheiten ein kollisionsrechtlicher Gehalt nicht abzusprechen*" sei.[368] Allerdings solle diese in den Grundfreiheiten enthaltene „*gemeinschaftsrechtliche Kollisionsnorm*" das nationale Kollisionsrecht nicht ersetzen, sondern vielmehr als Maßstab fungieren, der in Anbetracht des Anwendungsvorrangs[369] des Gemeinschaftsrechts an die internationalprivatrechtlichen Vorschriften der Mitgliedstaaten anzulegen sei.

Diese Schlussfolgerung, die *Basedow* aus dem von ihm angenommenen kollisionsrechtlichen Gehalt der Grundfreiheiten zieht, scheint aber letztendlich nicht konsequent für einen kollisionsrechtlichen Ansatz zu sprechen. Denn mit der Annahme, die Grundfreiheiten seien lediglich ein gemeinschaftsrechtliches Korrektiv der internationalprivatrechtlichen Regelungen, geht er kaum über das hinaus, was ohnehin eine Folge des gemeinschaftsrechtlichen Anwendungsvorrangs ist. Enthielten die Grundfreiheiten versteckte Kollisionsnormen im eigentlichen Sinne, so träten sie logisch an die Stelle der Kollisionsnormen der Mitgliedstaaten und wären nicht lediglich ein Maßstab für diese.

(2) Folgen eines kollisionsrechtlichen Günstigkeitsprinzips

Ein kollisionsrechtliches Günstigkeitsprinzip würde dazu führen, dass das Lauterkeitsrecht auf EG-Ebene nur noch so stark wäre wie das nachgiebigste Recht eines Mitgliedstaates. Ein so verstandenes kollisionsrechtliches Günstigkeitsprinzip widerspricht allerdings der rechtlichen Struktur der Warenverkehrsfreiheit, da es auf eine Kontrolle auch der wettbewerblichen Vorschriften im Herkunftsland hinausliefe. Es müsste nämlich geprüft werden, ob das Herkunftslandrecht in den Anwendungsbereich von Art. 28 EGV fällt und nicht zwingenden Erfordernissen entspricht oder nach Art. 30 EGV gerechtfertigt ist.[370] *Chrocziel* meint sogar, dass die Existenz eines so nachgiebigen Rechts gerade zeige, dass es kein zwingendes Erfordernis für eine restriktivere Regelung gebe. Aus dem Verhältnismäßigkeitsprinzip folge daher die Pflicht für die anderen Mitgliedstaaten, diese Bestimmung zu respektieren.[371]

---

[368] *Basedow*, RabelsZ 59 (1995), 1 (25).

[369] Vgl. zu dem Vorrang des Gemeinschaftsrechts oben S. 7 f.

[370] *Gebauer*, IPRax 1995, 152 (156); *Fezer/Koos*, IPRax 2000, 349 (351); Staudinger/*Fezer*, Int. WirtschR., Rn. 434; vgl. ferner: *Sack*, WRP 1994, 281 (289).

[371] *Chrocziel*, EWS 1991, 173 (179)

Dieser Argumentation kann aber nicht gefolgt werden. Allein aus der Tatsache, dass eine Rechtsordnung eine bestimmte Restriktion nicht vorsieht, kann keinesfalls geschlossen werden, dass es ihrer nicht bedarf. Insbesondere Verbraucherschutzgesichtspunkte können insoweit zwingende Erfordernisse darstellen. Dass eine mitgliedstaatliche Rechtsordnung den Verbraucher mehr schützt als eine andere, bedeutet nicht, dass es nur dieses geringeren Schutzes bedarf. Es muss daher als problematisch gewertet werden, dass sich der wettbewerbliche Schutz auf das Niveau des Staates absenken würde, der die geringsten Anforderungen stellt; zumal durch ein gezieltes Plazieren des Ursprungs der wettbewerblichen Maßnahme in einem Land mit nur geringem Schutz planmäßig das wettbewerbliche Schutzniveau in dem Marktstaat ausgehöhlt werden kann.

(3) Zwischenergebnis

Es lässt sich somit festhalten, dass sich ein kollisionsrechtliches Günstigkeitsprinzip weder zwingend aus den Grundfreiheiten ableiten lässt, noch als rechtspolitisch wünschenswert zu erachten wäre.

c) Sachrechtliches Verständnis des Herkunftslandprinzips

(1) Argumente für ein rein sachrechtliches Verständnis des Herkunftslandprinzips

Überwiegend wird in der Literatur eine kollisionsrechtliche Bedeutung des primärrechtlichen Herkunftslandprinzips gänzlich abgelehnt.[372] Nach diesem rein sachrechtlichen Verständnis ist die Prüfung der einzelnen zur Anwendung berufenen wettbewerblichen Sachnormen am Maßstab der Grundfreiheiten und

372 *Freitag*, Der Einfluss des Europäischen Gemeinschaftsrechts auf das internationale Produkthaftungsrecht, S. 292 ff.; *Höpping*, Auswirkungen der Warenverkehrsfreiheit auf das IPR, S. 93 f.; *Halfmeier*, ZeuP 2001, 837 (853 f.); *Sack*, WRP 2000, 269 (281); *Fezer/Koos*, IPRax 2000, 349 (350); Staudinger/*Fezer*, Int. WirtschR., Rn. 433; *Sonnenberger*, ZVglRWiss 95 (1996), 3 (11 ff.); *ders*, in: Münchener Kommentar, Einl. IPR Rn. 137 ff.; *Leible*, in: Neue Entwicklungen in der Dienstleistungs- und Warenverkehrsfreiheit, S. 71 (74 ff.); *Gebauer*, IPRax 1995, 152 (156); *Rüffler*, in: Koppensteiner, Österreichisches und europäisches Wirtschaftsprivatrecht 6/2, S. 144 f.; *Bernhard*, RabelsZ 63 (1999), 175 (177); *Wilderspin*, in: Systemwechsel im europäischen Kollisionsrecht, S. 77 (83 ff.); *von Wilmowsky*, Europäisches Kreditsicherungsrecht, S. 52 ff.

die damit verbundene Nichtanwendung der Norm bei Gemeinschaftswidrigkeit nicht die Folge einer kollisionsrechtlichen Prüfung, sondern vielmehr eine bloße normenhierarchische Konsequenz des Vorrangs des EG-Rechts vor dem nationalen Recht der Mitgliedstaaten.[373] Nach dieser Ansicht handelt es sich um ein gemeinschaftsrechtliches Korrektiv von binnenmarktbehindernden Wirkungen der mitgliedstaatlichen kollisionsrechtlichen Anknüpfungsmaximen, durch das solchen Rechtswirkungen der mitgliedstaatlichen Rechtsordnungen entgegengewirkt werden soll, die der Verwirklichung des Binnenmarktes im innergemeinschaftlichen Waren- und Dienstleistungsverkehr entgegenstehen.[374] Nach dieser Ansicht ist das Herkunftslandprinzip daher die bloße Rechtsfolge der Anwendung von Sachnormen.[375] Zweck dieser Rechtsnormen sei folglich nicht, eine bestimmte Rechtsordnung zur Anwendung zu berufen, sondern vielmehr eine bestimmte sachrechtliche Rechtsfolge herbeizuführen, nämlich den freien Waren- und Dienstleistungsverkehr zu ermöglichen. Die Anwendung des Herkunftslandrechts sei demgemäß bloße Folge und nicht der Zweck der Normen.

Gegen ein kollisionsrechtliches Verständnis wird von einem Teil des Schrifttums ferner vorgebracht, der EuGH nehme die kollisionsrechtliche Entscheidung der Mitgliedstaaten hin und verweise lediglich auf eine bestimmte einzelne Norm des Herkunftslandrechts. Die Normen, von denen der EuGH ausgehe und die er auf ihre Vereinbarkeit mit den Grundfreiheiten überprüfe, würden aufgrund von internationalprivatrechtlichen Bestimmungen zur Anwendung berufen. In allen einschlägigen Entscheidungen habe der EuGH bisher, ausgehend von dem Marktortprinzip der internationalprivatrechtlichen mitgliedstaatlichen Vorschriften, die entsprechenden Sachnormen auf ihre Vereinbarkeit mit den Grundfreiheiten überprüft.[376] Der EuGH nehme also den kollisionsrechtlichen Anwendungsbefehl der mitgliedstaatlichen internationalprivatrechtlichen Regelungen hin und knüpft gerade nicht unmittelbar an das Recht des Herkunftslandes an, sondern überprüfe lediglich die zur Anwendung berufenen Sachvorschriften am Maßstab der

---

373 So: *Fezer/Koos*, IPRax 2000, 349 (350); Staudinger/*Fezer*, Int. WirtschR., Rn. 433; vgl. ferner *Gebauer*, IPRax 1995, 152 (156); *Rüffler*, in: Koppensteiner, Österreichisches und europäisches Wirtschaftsprivatrecht 6/2, S. 144 f.

374 Staudinger/*Fezer*, Int. WirtschR., Rn. 433; *Koppensteiner*, Österreichisches und europäisches Wirtschaftsprivatrecht 6/2, S. 145.

375 *Sack*, WRP 2000, 269 (281).

376 Vgl. die Entscheidungen des EuGH: EuGH 17. 06. 1981 – Rs. 113/80 -, Slg. 1981, 1625 („Souvenirs"); EuGH 15. 12. 1982 – Rs. 286/81 -, Slg. 1982, 4575 („Oosthoek"); EuGH 16. 05. 1989 - Rs. 382/87 -, Slg. 1989, 1235 (1251) Rn. 10 f. („Buet"); EuGH 13. 12. 1990 – Rs. 238/89 -, Slg. 1990, I-4827 („Pall/Dahlhausen"); EuGH Rs. C-267/91 u. C 268/91 -, Slg. 1993 I -6097=NJW 1994, 121 („Keck und Mithouard").

Grundfreiheiten.[377] Damit nehme der Gerichtshof eine sachrechtliche Prüfung vor. Diese Prüfung werde nicht dadurch zu einer kollisionsrechtlichen, dass er die nach dem Marktortprinzip zur Anwendung berufene Norm am Maßstab der überwiegenden Gründe des Allgemeinwohls überprüfe.

Allerdings kann aus der Tatsache, dass der EuGH keine kollisionsrechtlichen Erwägungen anstellt, wohl weder auf ein sachrechtliches noch ein kollisionsrechtliches Verständnis des Gerichtshofs geschlossen werden. Der EuGH kontrolliert weder ausdrücklich noch stillschweigend das IPR, da er im Rahmen der den meisten Entscheidungen zugrunde liegenden Vorlageverfahren nach Art. 234 EGV das Gemeinschaftsrecht nur im Hinblick auf den konkreten Vorlagegegenstand überprüft. Diesen Vorlagegegenstand bildeten aber bisher nur sachrechtliche Vorschriften, so dass der Gerichtshof die vorgeschaltete kollisionsrechtliche Anknüpfung des vorlegenden Gerichts hinnehmen musste und diesbezüglich daher keine Aussagen getroffen hat. Mangels Anfrage zur Gemeinschaftsrechtsverträglichkeit einer Bestimmung des Kollisionsrechts konnte der Gerichtshof insoweit auch keine bindende Auslegung der Grundfreiheiten vornehmen.[378]

Ganz grundsätzlich wird ferner angeführt, der EuGH sehe das Herkunftslandprinzip überhaupt nicht als eine feststehende Zuweisungsregel an.[379] Zur Unterstützung dieser These wird auf die Entscheidung zur Richtlinie über Einlagensicherungssysteme[380] verwiesen,[381] in der der Gerichtshof ausführt: „*Hierzu ist zunächst festzuhalten, daß nicht dargetan worden ist, daß der Gemeinschaftsgesetzgeber das Prinzip der Herkunftslandkontrolle im*

---

377 Vgl. die Darstellung bei: *Sack*, WRP 1994, 281 (285 ff.); *Halfmeier*, ZEuP 2001, 837 (853 f.); ferner: *Gebauer*, IPRax 1995, 152 (155); *Bernhard*, RabelsZ 63 (1999), 175 (177); *Katzenberger*, in: Neuordnung des Wettbewerbsrechts, S. 218 (228 f.); *Gruber*, in: Internet und e-commerce, S. 109 (114).

378 *Von Gamm*, EWS 1991, 166; *Bernhard*, EuZW 1992, 437 (440); *ders.*, RabelsZ 63 (1999), 175 (177); *Gebauer*, IPRax 1995, 152 (155); *Sonnenberger*, ZVglRWiss 95 (1996), 3 (11); *Helmberg*, WBl 1997, 137 (139 f.); *Kort*, GRUR Int. 1994, 594 (600); *Brödermann*, in: Brödermann/Iversen Europäisches Gemeinschaftsrecht und IPR, Rn. 402; *Freitag*, Der Einfluss des Europäischen Gemeinschaftsrechts auf das internationale Produkthaftungsrecht, S. 307 ff.; *Höpping*, Auswirkungen der Warenverkehrsfreiheit auf das IPR, S. 94.

379 *Leible*, in: Neue Entwicklungen in der Dienstleistungs- und Warenverkehrsfreiheit, S. 71 (75 f.); *von Wilmowsky*, RabelsZ 62 (1998), 1 (11 ff.); ferner: *Roth*, ZHR 159 (1995), 78 (90 f.).

380 Richtlinie 94/19/EG des Europäischen Parlamentes und des Rates v. 30. Mai 1994 über Einlagensysteme, ABl. EG 1994, Nr. L 135, 5.

381 EuGH 13. 05. 1997 – Rs. C-233/94 -, Slg. 1997, I-2405 („Kommission/Deutlschland").

Bereich des Bankrechts mit der Absicht aufgestellt hätte, ihm systematisch alle übrigen Regeln für diesen Bereich unterzuordnen. Außerdem konnte der Gemeinschaftsgesetzgeber, da es sich nicht um ein im Vertrag verankertes Prinzip handelt, davon abweichen, sofern er nicht das berechtige Vertrauen der Betroffenen verletzt."[382]

Aus dieser Aussage können aber keine zwingenden Rückschlüsse auf die Verankerung des Herkunftslandprinzips im primären Gemeinschaftsrecht und dessen Implikationen für das IPR gezogen werden. Die Rolle des Herkunftslandprinzips im gemeinschaftlichen Primärrecht wurde bereits oben dargetan.[383] Ein darüber hinausgehender Erkenntniswert ist der Entscheidung des EuGH für die hier interessierende Fragestellung nicht zu entnehmen.

Es wird im Schrifttum ferner darauf verwiesen, dass der Ansatz des Gemeinschaftsrechts sich von einem internationalprivatrechtlichen im Ausgangpunkt unterscheide. Während das Kollisionsrecht seinen Ausgangspunkt im Sachverhalt nehme und diesen einer bestimmten nationalen Rechtsordnung unterstelle, gehe es bei der gemeinschaftsrechtlichen Prüfung um die Vereinbarkeit einer nationalen Bestimmung mit dem ihm übergeordneten Gemeinschaftsrecht.[384] Zum Teil wird daher von einer *„friedlichen Koexistenz"* zweier Rechtsgebiete gesprochen.[385] In der Tat ergeben sich in methodischer Hinsicht Zweifel an einer kollisionsrechtlichen Bewertung der Vorgehensweise des EuGH. Der Gerichtshof bestimmt in seinen Entscheidungen jeweils den Anwendungsbereich einer konkreten Norm, die er auf ihre Vereinbarkeit mit Art. 28 EGV untersucht. In methodischer Hinsicht problematisch ist daran, dass diese Vorgehensweise gerade nicht einer internationalprivatrechtlichen Anknüpfung entspricht, bei der ausgehend von einem Rechtsverhältnis die maßgebliche Norm anhand der Bestimmung des Sitzes des Rechtsverhältnisses gesucht wird.[386] Die Anknüpfung des EuGH ausgehend von einer bestimmten Norm entspricht vielmehr der sogenannten statutistischen Methode, die im internationalen öffentlichen Recht angewandt wird und die auch im IPR in der

---

382 EuGH 13. 05. 1997 – Rs. C-233/94 -, Slg. 1997, I-2405 (2463) Rn. 64 („Kommission/Deutlschland").

383 Vgl. insbesondere die Ausführungen oben S. 33 ff.

384 *Bernhard*, EuZW 1992, 437 (439); *Gebauer*, IPRax 1995, 152 (153).

385 *Bernhard*, EuZW 1992, 437 (440).

386 Grundlegend: *von Savigny*, System des heutigen Römischen Rechts VIII, S. 2 ff., 108; ferner: *Kegel/Schurig*, IPR, § 3 IX; *C. von Bar*, Theorie und Praxis des IPR, S. 75 ff.; *Braga*, RabelsZ 23 (1958), 421 (435 f.); *Schurig*, Kollisionsnorm und Sachrecht, S. 115 ff.

Zeit vor der von *von Savigny* herbeigeführten *„kopernikanischen Wende"*[387] maßgeblich war. Mit Hinweis auf diese methodisch andere Vorgehensweise des EuGH wird von einem Teil der Literatur ein kollisionsrechtliches Verständnis der Warenverkehrs- bzw. Dienstleistungsfreiheit abgelehnt.

An dieser Argumentation ist aber bereits im Ausgangspunkt problematisch, dass von der Rechtsprechung des EuGH ein zwingender Rückschluss auf die Natur der Grundfreiheiten gezogen wird. In Anbetracht der kompetenzrechtlichen Schranken der Gemeinschaft, denen auch der EuGH unterliegt,[388] ist diese Begründung zumindest angreifbar. Zudem – und das ist in diesem Zusammenhang wohl das gewichtigere Argument - ist die Statutenlehre kein Gegensatz zu der internationalprivatrechtlichen Anknüpfung, wie sie heute vorgenommen wird, sondern lediglich ein anderer Ausgangspunkt. *„Beide Arten, die Frage aufzufassen, sind"* - so *von Savigny* – *„nur im Ausgangspunkt verschieden."* Die Frage selbst ist hier und dort dieselbe, und die Entscheidung kann in beiden Fällen nicht verschieden sein.[389] So findet sich eine statutistische Vorgehensweise auch heute noch im IPR, und zwar auf dem Gebiet des Immaterialgüterrechts. Maßgebliches Anknüpfungsmoment ist dort das Recht des Schutzlandes. Ob aber dieses Recht im konkreten Fall Anwendung findet, entscheidet die Auslegung der einzelnen immaterialgüterrechtlichen Norm.[390] Die Argumentation vermag daher insgesamt nicht zu überzeugen. Der Ansatz des EuGH ausgehend von der Norm und nicht dem Rechtsverhältnis spricht nicht per se gegen einen kollisionsrechtlichen Gehalt des Herkunftslandprinzips.[391]

Weiterhin wird die kollisionsrechtliche Bedeutung der Rechtsprechung des EuGH mit Hinweis darauf angezweifelt, dass der Gerichtshof nicht das Herkunftslandrecht *anwende*, sondern lediglich die *Rechtmäßigkeit* des kollisionsrechtlich berufenen Rechts am Maßstab des Herkunftslandrechts überprüfe. Es sei zweifelhaft, ob das Gemeinschaftsrecht tatsächlich die *Anwendung* des Herkunftslandrechts fordere oder ob es nicht vielmehr lediglich

387 Zu dem Verdienst *von Savignys* um die Überwindung der Statutenlehre: *Schurig*, Kollisionsnorm und Sachrecht, S. 115 ff.

388 Vgl. dazu im Einzelnen oben S. 15 ff.

389 *Von Savigny*, System des heutigen Römischen Rechts VIII, S. 3; vgl. dazu auch: *Schurig*, Kollisionsnorm und Sachrecht, S. 116.

390 *Kreuzer*, in: Münchener Kommentar, Art. 38 EGBGB Anh. II Rn. 14; *Bernhard*, EuZW 1992, 437 (439); darauf verweist auch: *Drasch*, Das Herkunftslandprinzip im IPR, S. 316.

391 So, aber zu Unrecht: *Martin-Ehlers*, Die Irreführungsverbote des UWG, S. 49; wie hier: *Bernhard*, EuZW 1992, 437 (439).

um die Beurteilung der *Rechtmäßigkeit* der wettbewerblichen Maßnahme nach dem Recht des Niederlassungsortes des Anbieters gehe.[392] Diese Unterscheidung scheint aber eine künstliche zu sein. Auch wenn das Recht des Niederlassungsstaates nicht angewandt wird, so werden doch die Voraussetzungen für die Zulässigkeit einer wettbewerblichen Maßnahme diesem Recht entnommen. Damit wird dieses Recht für maßgeblich erklärt. Der Verweis auf die Maßgeblichkeit eines bestimmten Rechts ist aber kollisionsrechtlicher Natur.

Zum Teil wird zur Unterstützung der These von der mangelnden kollisionsrechtlichen Bedeutung des Herkunftslandprinzips auf die „Keck-Rechtsprechung" des EuGH verwiesen.[393] Danach handelt es sich bei bloßen Verkaufsmodalitäten bereits nicht um Maßnahmen gleicher Wirkung im Sinne des Art. 28 EGV. Mangels Einschlägigkeit der Art. 28, 30 EGV seien daher auf diesem Gebiet die Normen des Herkunftslandes von Anfang an nicht von Bedeutung.[394] Es bleibe mithin bei der Maßgeblichkeit der Regelungen des Bestimmungslandes; eine wie auch immer zu bezeichnende Bedeutung des primärrechtlichen Herkunftslandprinzips sei daher nicht gegeben, so dass ein kollisionsrechtliches Ersetzen durch die Normen des Herkunftslandes in diesem Bereich daher jedenfalls nicht stattfinde. Das Herkunftslandrecht greife zudem auch bei warenbezogenen Regelungen nur ein, soweit die Regelungen des Bestimmungslandes strenger seien als die des Herkunftslandes und nicht zwingenden Erfordernissen entsprechen oder nach Art. 30 EGV gerechtfertigt seien. Die Anwendung der Bestimmungen des Herkunftslandes beruhe aber auch in diesem Fall nicht auf einem kollisionsrechtlichen Verweis; sie seien vielmehr unabhängig von der Anwendbarkeit des Art. 28 EGV einschlägig und gälten auch nur im Herkunftsland.[395] Ein Ersetzen der Bestimmungen des Einfuhrlandes durch die des Bestimmungslandes finde mithin auch bei warenbezogenen Regelungen nicht statt. Auch umgekehrt setzten sich nachgiebigere Regelungen des Einfuhrlandes nicht faktisch gegen strengeres Herkunftslandrecht durch. Sofern warenbezogene Bestimmungen des Herkunftslandes nicht an Art. 29 EGV scheiterten, seien diese bei der Einfuhr zu beachten. Der Import sei dementsprechend nur dann möglich, wenn die Waren

---

392 Vgl. auch: *Dethloff,* Europäisierung des Wettbewerbsrechts, S. 272 f.

393 Vgl. zu der „Keck-Rechtsprechung" und der Unterscheidung von warenbezogenen Regelungen einerseits und Verkaufsmodalitäten andererseits sowie deren Auswirkungen die Ausführungen oben S. 25 ff.

394 So im Ergebnis auch: *Sack,* WRP 1994, 281 (292), der allerdings auch Verkaufsmodalitäten, so weit sie spürbar sind, als Maßnahmen gleicher Wirkung im Sinne des Art. 28 EGV einstuft.

395 *Sack,* WRP 1994, 281 (291).

sowohl den Regelungen des Einfuhrlandes genügten - sofern diese mit Art. 28, 30 EGV vereinbar seien - als auch denen des Herkunftslandes entsprechen, es sei denn diese scheiterten ausnahmsweise an Art. 29 EGV. Folglich haben die Regelungen des Herkunftslandes Einfluss auf die Einfuhr unabhängig von Art. 28, 30 EGV.[396] Demnach werde also keineswegs pauschal das Recht des Marktortes durch das des Herkunftslandes ersetzt; vielmehr sei bei Verkaufsmodalitäten das Herkunftslandprinzip von vornherein nicht anwendbar und bei warenbezogenen Regelungen stets eine Rechtfertigung möglich. Nur sofern eine Rechtfertigung ausscheide und es sich um einen Gemeinschaftssachverhalt handele, könnten die Regelungen des Herkunftslandes zur Anwendung kommen. Mit dieser Beschreibung des Anwendungsbereichs wird über den Charakter der Bestimmung als Kollisions- bzw. Sachnorm aber keine Aussage getroffen.

Eine Ansicht im Schrifttum weist weiterhin darauf hin, dass der EuGH in seinen Entscheidungen gar nicht über eine kollisionsrechtliche Frage zu befinden habe, sondern vielmehr stets über die – sachrechtliche – Frage, ob das strengere Wettbewerbsrecht des Bestimmungslandes legitime Interessen schütze, so dass es unter dem Blickwinkel der Art. 28, 30, 49 ff. EGV die Einfuhr von Waren behindern dürfe, die im Herkunftsland rechtmäßig in den Verkehr gebracht wurden.[397] Über die kollisionsrechtliche Anwendbarkeit der fraglichen Regelungen des Bestimmungslandes habe der Gerichtshof dagegen nicht zu entscheiden und mache dementsprechend dahingehend auch keine Ausführungen. Vielmehr sei die kollisionsrechtliche Anwendbarkeit der Vorschriften des Bestimmungslandes dem Gerichtshof vorgegeben. Von diesen Voraussetzungen habe er auszugehen und auf dieser Grundlage zu entscheiden. Die vom EuGH behandelte Frage sei demgemäß lediglich die nach der sachrechtlichen Vereinbarkeit des Wettbewerbsrechts des Bestimmungslandes mit den Grundfreiheiten des EGV gewesen.[398] Bei Gemeinschaftsrechtswidrigkeit der Bestimmungen würden diese aufgrund des höherrangigen supranationalen Sachrechts des EGV ersetzt. Eine Kollisionsregel habe der Gerichtshof damit folglich nicht aufgestellt. Von einem kollisionsrechtlichen Ersetzen der Regelungen des Bestimmungslandes durch die des Herkunftslandes könne folglich nicht gesprochen werden. Insgesamt liege den Grundfreiheiten ein sachrechtliches Leitbild zugrunde, woraus gefolgert wird, dass es sich nicht um kollisionsrechtliche Bestimmungen

---

396 *Sack,* WRP 1994, 281 (292).

397 *Katzenberger,* in: Neuordnung des Wettbewerbsrechts, S. 218 (228 f.).

398 *Katzenberger*, in: Neuordnung des Wettbewerbsrechts, S. 218 (228 f.); *Gruber,* in: Internet und e-commerce, S. 109 (114); *Kotthoff,* Werbung ausländischer Unternehmen im Inland, S. 23.

handele.[399] Andererseits sind aber auch internationalprivatrechtliche Normen oft von sachrechtlichen Erwägungen geprägt, die durch eine bestimmte kollisionsrechtliche Anknüpfung gefördert werden sollen.[400]

(2) Zwischenergebnis

Auch ein rein sachrechtliches Verständnis des primärrechtlichen Herkunftslandprinzips scheint weder zwingend noch überzeugend.

d) Ergebnis

Aus den Grundfreiheiten ist nach vorstehenden Erwägungen weder ein kollisionsrechtliches Herkunftslandprinzip noch ein kollisionsrechtliches Günstigkeitsprinzip zu entnehmen. Eine kollisionsrechtliche Wirkung kann dem Herkunftslandprinzip aber dennoch nicht gänzlich abgesprochen werden.

Daher soll im Folgenden der Versuch unternommen werden, eine von diesen geschilderten Ansätzen verschiedene, tragfähige Lösung zu entwickeln.

3. Schlussfolgerungen und eigene Lösung

a) Schlussfolgerungen

Ausgangspunkt für die Frage nach einer kollisionsrechtlichen Bedeutung des Herkunftslandprinzips sind die oben erarbeiteten gemeinschaftsrechtlichen Grundlagen.[401] Das Prinzip des freien Waren- und Dienstleistungsverkehrs und das der Wettbewerbsgleichheit aller Anbieter auf einem Markt, welches dem Marktortprinzip zugrunde liegt, stehen in einem Spannungsverhältnis.[402] Eine ausschließliche Anknüpfung an das Herkunftslandrecht wird dem nicht gerecht.

---

[399] *Sack*, WRP 2000, 269 (281).

[400] Art. 11 Abs. 1 EGBGB *favor negotii:* Durch die alternative Anknüpfung soll ein bestimmtes sachliches Ergebnis, nämlich die Formwirksamkeit des Rechtsgeschäfts, erreicht werden.

[401] Vgl. dazu oben S. 33 ff.

[402] *Bernhard*, EuZW 1992, 437 (442); *Kort*, GRUR Int. 1994, 594 (601).

Da die Grundfreiheiten ihre Rechtskraft der Souveränitätseinschränkung der Mitgliedstaaten verdanken, sind die kompetenzrechtlichen Schranken in die folgende Darstellung mit einzubeziehen. Das Marktortprinzip einerseits und das Herkunftslandprinzip andererseits greifen - wie oben gezeigt -[403] in unterschiedlichem Maße in die mitgliedstaatlichen Regelungsbefugnisse ein. Während das Marktortprinzip zu einer gleichmäßigen Anwendung der Regelungen des Einfuhrlandes auf alle Waren führt, werden nach dem Herkunftslandprinzip Vorschriften eines anderen Mitgliedstaates auf importierte Waren angewandt, was zu einem partiellen Regelungsverzicht des Zielstaates führt. Demgemäß bedeutet die Anknüpfung nach dem Marktortprinzip einen geringeren Eingriff in die Hoheitsrechte der Mitgliedstaaten. Aus dem primären Gemeinschaftsrecht folgt daher kein umfassendes Herkunftslandprinzip.[404]

Es ist demgemäß festzuhalten, dass aufgrund der primärrechtlichen Vorgaben im Grundsatz nicht von der Anknüpfung an das Marktortprinzip abgerückt werden kann. Das Herkunftslandprinzip erlangt daher nicht die Bedeutung einer kollisionsrechtlichen Grundanknüpfung. Andererseits sind ihm aber nach obigen Ausführungen[405] kollisionsrechtliche Implikationen nicht abzusprechen.

b) Eigene Lösung

Geht man nicht von einer kollisionsrechtlichen Grundanknüpfung aus, so kommt zum einen die Berücksichtigung des Herkunftslandsrechts als Sonderfall des Auslandssachverhalts und zum anderen das Verständnis als besondere Vorbehaltsklausel in Betracht. Diese beiden Varianten sollen im Folgenden auf ihre Tragfähigkeit für die hier interessierende Problematik untersucht werden.

(1) Herkunftslandprinzip als Sonderfall des Auslandssachverhalts

(a) Auslandssachverhalt

Die Anwendung von wettbewerblichen Sachnormen des Herkunftslandes des Anbieters und die damit einhergehende Beschränkung des am Marktort geltenden Wettbewerbsrechts könnte sich als Sonderfall des

403 Vgl. dazu ausführlich oben S. 35 f.

404 Vgl. die Ausführungen oben S. 37 f.

405 Vgl. dazu oben S. 81 ff.

Auslandssachverhalts darstellen.[406] Ein Auslandssachverhalt liegt grundsätzlich dann vor, wenn im Tatbestand einer inländischen Sachnorm verwendete unbestimmte Rechtsbegriffe durch ausländische Sachnormen ausgefüllt werden. In diesem Fall wird ausländisches Recht nicht angewandt, sondern vielmehr bei der Auslegung des kollisionsrechtlich berufenen Rechts berücksichtigt.[407] Das ausländische Recht findet nach der Lehre des Auslandssachverhalts als „local data" (Tatsache) oder als „moral data" (Bewertungsmaßstab) Berücksichtigung; die Rechtsfolge wird aber nach wie vor dem kollisionsrechtlich berufenen Recht entnommen.[408] Da das ausländische Recht nur als Rechtstatsache bei der Auslegung der berufenen Sachnorm berücksichtigt wird, handelt es sich im Kern um eine sachrechtliche Lösung. Der Auslandssachverhalt betrifft Einzelfragen des maßgeblichen inländischen Sachrechts. Ausländisches Recht wird dabei nicht angewandt, sondern lediglich als Tatsache zur Konkretisierung ausländischen materiellen Recht hingenommen. Die Rechtsfolge ergibt sich weiterhin aus der inländischen Sachnorm.[409] Damit soll solchen Sachverhalten Rechnung getragen werden, die deutschem Recht unterstehen, obwohl sie einen Auslandsbezug haben.

Bei einem Verständnis des Herkunftslandprinzips als Sonderfall des Auslandssachverhalts wäre an den bestehenden Anknüpfungsregeln festzuhalten; allerdings wäre bei tatsächlicher, nicht gemeinschaftsrechtlich gerechtfertigter Behinderung des Anbieters durch die Bestimmungen des Marktortes das Recht des Herkunftslandes bei der Beurteilung der im Herkunftsland verwirklichten Tatbestandsmerkmale zu berücksichtigen.[410] Geböte demgemäß das Gemeinschaftsrecht die Maßgeblichkeit des Herkunftslandrechts bei produktbezogenen Regelungen, die nicht aufgrund übwiegender Gründe des Gemeinwohls gerechtfertigt sind,[411] so fände die berufene Sachnorm auf den betreffenden Binnenmarktsachverhalt keine

---

406 So: *von Hoffmann*, IPR, § 1 Rn. 109, § 11 Rn. 54; Staudinger/*von Hoffmann*, Art. 40 EGBGB Rn. 295; ferner: *Dethloff*, Europäisierung des Wettbewerbsrechts, S. 270 f.; *Sonnenberger*, ZVglRWiss 95 (1996), 3 (26); *Freitag*, Der Einfluss des Europäischen Gemeinschaftsrechts auf das internationale Produkthaftungsrecht, S. 316 ff.; *Schmid*, Freier Dienstleistungsverkehr und Recht des unlauteren Wettbewerbs, S. 369.

407 *Jayme*, in: Gedächtnisschrift Ehrenzweig, S. 35 (42 ff.); *Mülbert*, IPRax 1986, 140 (141 f.).

408 Dazu ausführlich: *von Hoffmann*, IPR, § 1 Rn. 129 f.

409 Zum Begriff des Auslandssachverhalts: *von Hoffmann*, IPR, § 1 Rn. 129; Soergel/*Kegel*, Vor Art. 3 Rn. 164; *Kegel/Schurig*, IPR, § 1 IX 3; ferner: *Ferid*, GRUR Int. 1973, 472 ff.

410 *Von Hoffmann*, IPR, § 1 Rn. 109; Staudinger/*von Hoffmann*, Art. 40 EGBGB Rn. 295; *Dethloff*, Europäisierung des Wettbewerbsrechts, S. 270 f.

411 Vgl. dazu oben S. 37 f.

Anwendung.[412] Weitergehende Rechtsfolgen wären aber dennoch dem kollisionsrechtlich berufenen Recht zu entnehmen. Das Recht des Herkunftslandes wird also nicht *angewandt,* sondern lediglich *berücksichtigt.*

Gegen die Annahme eines Auslandssachverhalts sprechen indes gewichtige Argumente: Zunächst bezieht sich der Auslandssachverhalt stets auf Tatbestandsmerkmale einer inländischen Sachnorm, die im Ausland verwirklicht wurden. In dem hier interessierenden Fall eines wettbewerblich handelnden Diensteanbieters findet die Maßnahme demgegenüber gänzlich im Inland statt. Eine Werbemaßnahme in Printmedien oder in Rundfunk und Fernsehen trifft am inländischen Marktort auf Verbraucher und Konkurrenten. Auch eine Website ist im Inland wie eine inländische Seite abrufbar, so dass sie im Inland wirkt. Die Tatbestandsmerkmale der kollisionsrechtlich berufenen inländischen Sachnorm werden folglich im Inland verwirklicht.

Mit der Figur des Auslandssachverhalts soll es ermöglicht werden, die besonderen tatsächlichen Gegebenheiten im Ausland zu berücksichtigen. Es soll *ausnahmsweise* möglich sein, einzelnen Sachverhalten, die trotz Auslandsbezug dem inländischen Recht unterstehen, durch Berücksichtigung der ausländischen Gegebenheiten Rechnung zu tragen. Die Berücksichtigung ausländischen Rechts findet hier nicht auf der Ebene des Kollisionsrechts, sondern auf der des Sachrechts statt. Problematisch an der großzügigen Bejahung eines Auslandssachverhalts ist daher, dass entgegen kollisionsrechtlicher Methodik, entgegen dem kollisionsrechtlichen Anwendungsbefehl, eine andere Rechtsordnung Berücksichtigung findet und demgemäß die Gefahr besteht, dass die eigentlich berufene Rechtsordnung ausgehebelt wird. Es ist gerade einer internationalprivatrechtlichen Fragestellung immanent, dass ein Sachverhalt eine Auslandsberührung aufweist. Nach den kollisionsrechtlichen Regeln wird er einer Rechtsordnung unterstellt; nur in Ausnahmefällen sollte dann aber eine andere Rechtsordnung auf der Ebene des Sachrechts Berücksichtigung finden. Es besteht sonst die Gefahr, dass entgegen dem kollisionsrechtlichen Anwendungsbefehl eine andere nicht berufene Rechtsordnung Maßgeblichkeit erlangt.

Die Figur des Auslandssachverhalts dient dazu, ausländischen Gegebenheiten im Rahmen unbestimmter Rechtsbegriffe einer inländischen Sachnorm Rechnung zu tragen, nicht aber Fragen nach der Rechtmäßigkeit einer Maßnahme einer anderen als der berufenen Rechtsordnung zu unterstellen. Die Annahme eines Auslandssachverhalts für den vorliegenden Fall würde zu einer unzulässigen Aufweichung der Unterschiede zwischen der Berücksichtigung

[412] *Dethloff,* Europäisierung des Wettbewerbsrechts, S. 270 f.

tatsächlicher Gegebenheiten und der Beachtung normativer Maßstäbe führen. Gerade die Frage des Erlaubtseins bzw. Nichterlaubtseins einer Handlung ist keine Tatsache, sondern Ausfluss normativer Maßstäbe.[413]

Dethloff will im Rahmen des § 1 UWG bei der Beurteilung eines Verstoßes gegen die guten Sitten berücksichtigen, ob die fragliche wettbewerbliche Maßnahme im Herkunftsland rechtmäßig ist.[414] Die Frage der Rechtmäßigkeit einer Handlung im Herkunftsland bedeutet aber einen Verweis auf das dortige Wettbewerbsrecht. Damit wird also im Grunde eine andere Rechtsordnung für maßgeblich erklärt, wenn auch nur bezüglich einer einzelnen Frage. Dies bedeutet aber einen kollisionsrechtlichen Verweis auf eine andere Rechtsordnung. Es noch als eine Frage der Auslegung einer Sachnorm zu bezeichnen, ist methodisch unsauber. Das Kollisionsrecht läuft Gefahr ausgehebelt zu werden, wenn man Fragen nach der Rechtmäßigkeit einer Handlung letzten Endes doch einer anderen Rechtsordnung unterstellt als der kollisionsrechtlich berufenen. Auf der Ebene des Sachrechts einen kollisionsrechtlichen Anwendungsbefehl zu verändern, muss die Ausnahme bleiben. Aufgrund dieser Erwägungen ist die Anwendung der Figur des Auslandssachverhalts auf die vorliegende Problematik abzulehnen.

(b) Ergebnis

Das primärrechtliche Herkunftslandprinzip ist nicht mit der Figur des Auslandssachverhalts zu erfassen. Die wettbewerblichen Normen des Niederlassungsstaates des Diensteanbieters lediglich auf der Ebene des Sachrechts zu berücksichtigen, birgt die Gefahr der Umgehung des kollisionsrechtlich berufenen Rechts und erscheint daher methodisch unsauber.

Eine vermittelnde Lösung zwischen dem Verständnis des Herkunftslandprinzips als kollisionsrechtlicher Grundanknüpfung und der Berücksichtigung als Sonderfall des Auslandssachverhalts wäre die Deutung als besondere Vorbehaltsklausel.

413 So auch: *Mankowski*, EWS 2002, 401 (406).

414 *Dethloff*, Europäisierung des Wettbewerbsrechts, S. 270 f.

(2) Primärrechtliches Herkunftslandprinzip als besondere Vorbehaltsklausel

(a) Besondere Vorbehaltsklausel

Eine besondere Vorbehaltsklausel wirkt zwar einerseits - im Gegensatz zum Auslandssachverhalt - auf der Ebene des Kollisionsrechts; andererseits ist sie aber auch keine kollisionsrechtliche Grundanknüpfung.[415] Ein so verstandenes primärrechtliches Herkunftslandprinzip begrenzt lediglich die Wirkung der allgemeinen Regeln.[416] Besondere Vorbehaltsklauseln korrigieren durch Anordnung eines bestimmten Korrekturmaßstabs ein sachrechtliches Ergebnis.[417] Sie sind Exklusivnormen zugunsten des eigenen Rechts.[418] Ziel dieser rechtspolitisch umstrittenen Normen[419] ist die Bevorzugung inländischen Rechts, der Schutz von Inländern und die Durchsetzung wesentlicher Grundsätze des deutschen Rechts.[420]

Nach Darstellung dieser Charakteristika einer besonderen Vorbehaltsklausel erscheint es fernliegend, das primärrechtliche Herkunftslandprinzip in diesem Zusammenhang zu nennen. Eine Bevorzugung inländischen Rechts enthält das primärrechtliche Herkunftslandprinzip gerade nicht. Es ordnet vielmehr – im Gegenteil – die Korrektur des *inländischen* Rechts durch Anwendung *ausländischer* Normen an. Das sachrechtliche Ergebnis dieser Rechtsanwendung korrigiert das Herkunftslandprinzip durch Berufung ausländischen Rechts. Eine Exklusivnorm zugunsten innerstaatlichen Rechts ist das Herkunftslandprinzip damit keinesfalls.

Die Charakteristika einer besonderen Vorbehaltsklausel werden aber nicht einheitlich beschrieben. Während nach einer Ansicht nur solche Normen als

---

415 Ausführlich zur Vorbehaltsklausel im IPR: *Spickhoff*, Der ordre public im internationalen Privatrecht.

416 Staudinger/*von Hoffmann*, Art. 40 EGBGB Rn. 299.

417 Vgl. allgemein zu besonderen Vorbehaltsklauseln: *von Hoffmann*, IPR, § 6 Rn. 144; *Kropholler*, IPR, § 36 VIII; *Neuhaus*, Die Grundbegriffe des IPR, § 51 I zu „speziellen Vorbehaltsklauseln“; *Kegel*, IPR, § 16 X.

418 *Kropholler*, IPR, § 36 VIII; *Sonnenberger*, in: Münchener Kommentar, Art. 6 Rn. 24 f.; *Kegel*, IPR, § 16 X; *Neuhaus*, Die Grundbegriffe des IPR, § 51 I. Nach a.A. gibt es auch besondere Vorbehaltsklauseln zugunsten ausländischen Rechts, etwa in Art. 29 Abs. 2, Art. 30 Abs. 2 EGBGB. So etwa: Staudinger/*Blumenwitz*, Art. 6 EGBGB Rn. 4.

419 Dazu: *Neuhaus*, Die Grundbegriffe des IPR, § 51 I; *Kropholler*, IPR, § 36 VIII; *Kegel*, IPR, § 16 X.

420 *Kropholler*, IPR, § 36 VIII.

besondere Vorbehaltsklauseln zu begreifen sind, die Exklusivnormen zugunsten des eigenen Rechts formulieren,[421] gibt es nach anderer Ansicht auch besondere Vorbehaltsklauseln zugunsten ausländischen Rechts (etwa in Art. 29 Abs. 2, Art. 30 Abs. 2 EGBGB).[422] Nach ersterer Ansicht schreiben spezielle Vorbehaltsklauseln begriffsnotwendig die bevorzugte Anwendung inländischen Rechts vor. In Art. 29 Abs. 2 EGBGB wird nach dem sogenannten *„favor consumatoris"*[423] indes eine inhaltliche Beschränkung des berufenen Rechts durch Anwendung des Verbraucherstaatsrechts vorgenommen, sofern dies im konkreten Fall für den Verbraucher günstiger ist als das kollisionsrechtlich berufene Recht.[424] Dieser Günstigkeitsvergleich kann auch zugunsten der gewählten, kollisionsrechtlich nach Art. 29 Abs. 1 EGBGB berufenen, Rechtsordnung ausfallen. Sind demnach die Vorschriften objektiv für den Verbraucher im konkreten Fall günstiger, so bleibt es bei dieser Rechtsordnung.[425] Das Recht des gewöhnlichen Aufenthaltsstaates des Verbrauchers ist demgemäß das Minimum. Ähnlich wie dem vergleichbar aufgebauten Art. 30 Abs. 1 EGBGB liegt Art. 29 Abs. 1 EGBGB damit ein Günstigkeitsprinzip zugrunde.[426] Es findet also keine starre Anknüpfung an das Recht des Aufenthaltsstaates des Verbrauchers statt, vielmehr handelt es sich um eine materiellrechtlich orientierte „Inhaltskontrolle". Diese ist Voraussetzung für die Anwendung des Rechts des Aufenthaltsstaates des Verbrauchers.[427]

Bei dem in der Warenverkehrsfreiheit enthaltenen Herkunftslandprinzip könnte es sich um eine in diesem Sinne verstandene Vorbehaltsklausel handeln. Allerdings würde dies bedeuten, dass es um die Erreichung eines bestimmten materiellen Ergebnisses geht. Das Herkunftslandprinzip beruht aber auf europarechtlichen Grundsätzen. Es hat nicht in erster Linie einen Art. 29 Abs. 2 EGBGB[428] entsprechenden *„favor-Gedanken"* zum Ziel; andererseits geht es

---

421 *Kropholler*, IPR, § 36 VIII; so auch: *Sonnenberger*, in: Münchener Kommentar, Art. 6 Rn. 24 f.

422 Staudinger/*Blumenwitz*, Art. 6 EGBGB Rn. 4.

423 *Siehr*, IPR, Buch 1 § 26 III 1 a).

424 *Von Hoffmann*, IPR § 10 Rn. 71; *Siehr*, IPR, Buch 1 § 26 III 1 a); Soergel/*von Hoffmann*, Art. 29 Rn. 30.

425 *Von Hoffmann*, IPR § 10 Rn. 71; *Siehr*, IPR, Buch 1 § 26 III 1 a); *Kegel/Schurig*, IPR, § 18 I 1 f); *Martiny*, in: Münchener Kommentar, Art. 29 EGBGB Rn. 2, 37; Soergel/*von Hoffmann*, Art. 29 Rn. 30 ff.

426 *Martiny*, in: Münchener Kommentar, Art. 29 EGBGB Rn. 2, 37 ff.; zu Art. 30 EGBGB vgl.: *Martiny*, in: Münchener Kommentar, Art. 30 EGBGB Rn. 23 ff.; Soergel/*von Hoffmann*, Art. 29 Rn. 30.

427 *Martiny*, in: Münchener Kommentar, Art. 29 EGBGB Rn. 37; *Lorenz*, RIW 1987, 570 ff.

428 Zu Art. 29 EGBGB: *von Hoffmann*, IPRax 1989, 261 (262 f.).

aber auch nicht um die Durchsetzung eines bestimmten ausländischen Rechts. Es handelt sich daher nicht um einen Vorbehalt zugunsten inländischen Rechts oder in erster Linie zugunsten eines bestimmten Ergebnisses; Hintergrund des primärrechtlichen Herkunftslandprinzips sind vielmehr die Gebote des Gemeinschaftsrechts. Der Vorbehalt zugunsten des Herkunftslands des Anbieters wird formuliert, um der Warenverkehrsfreiheit zur Durchsetzung zu verhelfen. Diese gemeinschaftsrechtliche Vorbehaltsklausel führt dazu, dass die lex fori auf ihre Gemeinschaftskonformität hin zu überprüfen ist. Ist die wettbewerbliche Maßnahme nicht mit den Grundfreiheiten zu vereinbaren, so ergibt sich aus der Vorbehaltsklausel eine Verweisung auf das Recht des Herkunftslandes des Anbieters. Die mitgliedstaatliche, kollisionsrechtliche Anknüpfung bleibt demnach bestehen. Führt diese aber zu einer Beschränkung der Warenverkehrsfreiheit, die nicht rechtfertigungsfähig ist, so greift der Vorbehalt zugunsten des Gemeinschaftsrechts ein mit der Folge, dass die fragliche Regelung nicht zur Anwendung kommt. Diese Vorgehensweise entspricht kollisionsrechtlichen Grundsätzen. Es bedarf daher keiner neuen Begriffsbildungen, wie *„ein Stück Kollisionsregel"*.[429]

Das primärrechtliche Herkunftslandprinzip lässt sich als Vorbehalt zugunsten des Gemeinschaftsrechts begreifen.[430] Es handelt sich dabei um eine *gemeinschaftsrechtliche Vorbehaltsklausel.* Ein solcher Vorbehalt ist internationalprivatrechtlich etwas gänzlich Neues, da er dazu zwingt, die lex fori einer ordre-public-ähnlichen-Prüfung zu unterziehen. Dem IPR ist diese gemeinschaftsrechtlich gebotene Überprüfung des eigenen Rechts fremd. Einer ordre-public-Prüfung wird sonst nur das kollisionsrechtlich berufene *fremde* Sachrecht unterzogen.[431] Hier liegt demgegenüber kein Vorbehalt zugunsten inländischen Rechts vor, sondern es handelt sich um eine *gemeinschaftsrechtliche Vorbehaltsklausel,* die einen Vorbehalt entgegen dem eigenen Recht ausspricht. Der Vorbehalt selbst ist kollisionsrechtlicher Natur. Es wird nicht lediglich materiellrechtlich ein bestimmtes sachrechtliches Ergebnis korrigiert, sondern eine bestimmte kollisionsrechtliche Anknüpfung verändert und eine andere Rechtsordnung als Maßstab berufen. Andererseits handelt es sich aber auch nicht um eine Grundanknüpfung; es bleibt vielmehr im Grundsatz bei den mitgliedstaatlich berufenen Rechtsnormen. An den kollisionsrechtlichen Maximen der Mitgliedstaaten wird insoweit nichts geändert.

---

429 *Martiny,* in: Europäisches Gemeinschaftsrecht und IPR, S. 211 (217).

430 *Brödermann* spricht von einer *„ordre-public-ähnlichen-Funktion"* des Gemeinschaftsrechts, *Brödermann,* in: Brödermann/Iversen, Europäisches Gemeinschaftsrecht und IPR, Rn. 410.

431 *Brödermann,* in: Brödermann/Iversen, Europäisches Gemeinschaftsrecht und IPR, Rn. 410.

(b) Inhalt der Vorbehaltsklausel

Der Inhalt, zu dessen Gunsten der Vorbehalt erklärt wird, folgt aus der ratio des Herkunftslandprinzips im gemeinschaftsrechtlichen Kontext.

Das Herkunftslandprinzip ergibt sich aus dem Verständnis von Waren- und Dienstleistungsfreiheit als allgemeinen Beschränkungsverboten. Ziel dieser Grundfreiheiten ist es, das Zusammenwachsen der mitgliedstaatlichen Märkte zu einem einzigen Markt zu fördern, in dem die Waren der einzelnen Mitgliedstaaten, die in ihrem Herkunftsland rechtmäßig hergestellt wurden, frei zirkulieren können.[432] Waren und Dienstleistungen können im europäischen Binnenmarkt grundsätzlich frei zirkulieren, wenn sie den Anforderungen des Herkunftsstaates entsprechen.[433]

Das Herkunftslandprinzip wird in der Rechtsprechung aus dem Binnenmarktziel der Grundfreiheiten hergeleitet. In der „Cassis-de-Dijon-Entscheidung"[434] heißt es: *„Daher stellt es ein mit Artikel 30 des Vertrages unvereinbares Handelshemmnis dar, wenn ein Mitgliedstaat durch Rechtsvorschriften einseitig einen Mindestweingeistgehalt als Voraussetzung für die Verkehrsfähigkeit alkoholischer Getränke festsetzt. Es gibt somit keinen stichhaltigen Grund dafür, zu verhindern, dass in einem Mitgliedstaat rechtmäßig hergestellte und in den Verkehr gebrachte alkoholische Getränke in die anderen Mitgliedstaaten eingeführt werden."*[435] Dies ist die Formel, in der die eigentliche Begründung des Herkunftslandprinzips durch die Rechtsprechung des EuGH gesehen wird.[436] In der Entscheidung „GB-INNO-BM" führt der Gerichtshof aus: *„Hemmnisse für den Binnenhandel der Gemeinschaft, die sich aus einer nationalen Regelung der im Ausgangsverfahren streitigen Art ergeben, können folglich nicht aus Gründen des Verbraucherschutzes gerechtfertigt werden. Sie fallen daher unter das Verbot des Artikels 30 EWG-Vertrag."*[437] Diese und ähnliche Formulierungen finden sich auch in anderen einschlägigen Entscheidungen des

---

[432] *Steindorff*, ZHR 150 (1986), 687 (689); *ders.*, ZHR 158 (1994), 149 (163); *Jarass*, in: Festschrift Everling, S. 593 (597); *Dreher*, JZ 1999, 105 (110 f.); *Grandpierre*, Herkunftslandprinzip kontra Marktortanknüpfung, S. 20 f.

[433] Siehe allgemein zum Herkunftslandprinzip S. 10 ff.

[434] Vgl. dazu bereits oben S. 19 ff.

[435] EuGH 20. 02. 1979 – Rs. 120/78 -, Slg. 1979, 649 (664) Rn. 14 = GRUR Int. 1979, 468 (472) („Cassis de Dijon").

[436] Vgl. dazu im Einzelnen oben S. 19 ff.

[437] EuGH 07. 03. 1990 – Rs. C-362/88 -, Slg. 1990, I-667 (689) Rn. 19 („GB-INNO-BM/Confédération du commerce luxembourgeois").

EuGH.[438] Dem gemeinschaftsrechtlichen Herkunftslandprinzip liegt mithin das Binnenmarktziel zugrunde.

Sinn des Vorbehalts zugunsten des Herkunftslandrechts ist der ungehinderte Waren- und Dienstleistungsverkehr. Beschränkende Wirkungen des Markortrechts werden durch den Vorbehalt ausgehebelt. Das materielle Ziel, das den unbedingten Anwendungswillen der Norm ausmacht, ist damit das Binnenmarktziel der Europäischen Gemeinschaft.

(c) Zwischenergebnis

Das primärrechtliche Herkunftslandprinzip lässt sich als besondere Vorbehaltsklausel begreifen, die als gemeinschaftsrechtliche Exklusivnorm aus dem Gemeinschaftsrecht folgt. Eine Veränderung der kollisionsrechtlichen Grundanknüpfung der Mitgliedstaaten geht damit nicht einher. Führt die mitgliedstaatliche kollisionsrechtliche Anknüpfung zu gemeinschaftsrechtswidrigen Ergebnissen, so ergibt sich kollisionsrechtlich aus einer besonderen Vorbehaltsklausel die Anwendung des Herkunftslandrechts.

Dies entspricht auch den europarechtlichen Vorgaben. Das Marktortprinzip führt gegenüber dem Herkunftslandrecht nur zu einem geringeren Eingriff in die Kompetenzsphäre der Mitgliedstaaten. Daher bleibt es, soweit es nicht

---

438 *„Nach dem Urteil Cassis de Dijon[...]stellen Hemmnisse für den freien Warenverkehr, die sich in Ermangelung einer Harmonisierung der Rechtsvorschriften daraus ergeben, dass Waren aus anderen Mitgliedstaaten, die dort rechtmäßig hergestellt und in den Verkehr gebracht worden sind, bestimmten Vorschriften entsprechen müssen[...], selbst dann, wenn diese Vorschriften unterschiedslos für alle Erzeugnisse gelten, nach Artikel 30 verbotene Maßnahmen gleicher Wirkung dar, sofern sich die Anwendung dieser Vorschriften nicht durch einen Zweck rechtfertigen lässt, der im Allgemeininteresse liegt und den Erfordernissen des freien Warenverkehrs vorgeht.“* EuGH 24. 11. 1993 – Rs. C-267/91 u. C-268/91 -, Slg. 1993, I-6097 (6131) Rn. 15 („Keck und Mithouard“).

„Nach der Rechtsprechung des Gerichtshofs bezweckt Artikel 30 das Verbot jeder Handelsregelung der Mitgliedstaaten, die geeignet ist, den innergemeinschaftlichen Handel unmittelbar oder mittelbar, tatsächlich oder potentiell zu behindern[...]. Der Gerichtshof hat klargestellt, dass in Ermangelung einer Harmonisierung der Rechtsvorschriften Artikel 30 die Hemmnisse für den freien Warenverkehr verbietet, die sich daraus ergeben, dass Waren aus anderen Mitgliedstaaten, die dort rechtmäßig hergestellt und in den Verkehr gebracht worden sind, bestimmten Vorschriften wie etwa hinsichtlich ihrer Ausstattung, ihrer Etikettierung und ihrer Verpackung entsprechen müssen, auch wenn diese unterschiedslos für einheimische und eingeführte Erzeugnisse gelten.“ EuGH 09. 07. 1995 – Rs. C-470/93 –, Slg. 1995, I-1923 (1941) Rn. 12 („Mars“).

erforderlich ist, bei der Anknüpfung nach dem Marktortprinzip.[439] Fordern die Grundfreiheiten unter bestimmten Voraussetzungen die Maßgeblichkeit des Herkunftslandrechts, so greift die besondere Vorbehaltsklausel zugunsten des Herkunftslandrechts ein.

Wie diese Vorbehaltsklausel im Einzelnen auszusehen hat, soll im Folgenden untersucht werden.

(3) Formulierung der besonderen gemeinschaftsrechtlichen Vorbehaltsklausel

(a) Vorüberlegungen

Der Tatbestand der gemeinschaftsrechtlichen Vorbehaltsklausel ergibt sich aus den europarechtlichen Vorgaben. Diese sind daher an dieser Stelle kurz zu rekapitulieren.

Die Grundfreiheiten gebieten die Anwendung des Herkunftslandrechts nicht generell.[440] Nur unter bestimmten Voraussetzungen ist nach den primärrechtlichen Vorgaben das Recht des Niederlassungsortes des Anbieters maßgeblich.

(aa) Voraussetzung ist zunächst, dass die nationale Maßnahme überhaupt den zwischenstaatlichen Verkehr betrifft. Es muss folglich eine grenzüberschreitende Maßnahme vorliegen.[441] Allerdings reicht es insoweit bereits aus, wenn die fraglichen Regelungen geeignet sind, die Vertriebsmöglichkeiten für eingeführte Waren zu versperren. Die Voraussetzung der Grenzüberschreitung ist daher fast immer gegeben.[442]

(bb) Weiterhin muss es sich um einen Binnenmarktsachverhalt handeln. Im Verhältnis zu Drittstaaten bleibt es bei den allgemeinen Regelungen.

(cc) Einschränkend ist ferner festzuhalten, dass das Herkunftslandrecht nur dann anzuwenden ist, wenn die wettbewerbliche Maßnahme im Herkunftsland rechtmäßig ist. Ist sie auch im Niederlassungsstaat des Anbieters rechtswidrig,

---

439 Vgl. zu der Herleitung oben S. 33 ff.

440 Vgl. dazu im Einzelnen oben S. 33 ff.

441 *Becker*, EuR 1994, 162 (170).

442 *Becker*, EuR 1994, 162 (171).

bleibt es aus gemeinschaftsrechtlicher Sicht bei der Anwendung des Bestimmungslandrechts.[443]

(dd) Ferner unterfallen nicht diskriminierende vermarktungsbezogene Regelungen nach der „Keck-Rechtsprechung“ grundsätzlich nicht dem Anwendungsbereich der Warenverkehrsfreiheit.[444] Vermarktungsbezogene Regelungen sind in der oben beschriebenen Weise nach Sinn und Zweck nicht solche Regelungen, die den Anbieter *„im Kern“* seiner Tätigkeit beschränken.[445] Insofern verlangt das Gemeinschaftsrecht also auch keine Geltung des Herkunftslandrechts.

(ee) Weiterhin ist zu berücksichtigen, dass stets eine Rechtfertigung der wettbewerblichen Maßnahme aufgrund zwingender Erfordernisse des Allgemeinwohls, bzw. nach Art. 30 EGV, in Betracht kommt.

(b) Zusammenfassung und Herausarbeitung der sich ergebenden Konstellationen

Zusammenfassend lässt sich also festhalten, dass die Anwendung der gemeinschaftsrechtlichen Vorbehaltsklausel von Anfang an dann nicht in Betracht kommt, wenn die wettbewerbliche Maßnahme schon im Herkunftsland nicht rechtmäßig ist oder zwingenden Erfordernissen entspricht, bzw. nach Art. 30 EGV gerechtfertigt ist. Dies gilt auch, wenn es sich nach den Grundsätzen der „Keck-Rechtsprechung“ um eine unterschiedslos anwendbare vermarktungsbezogene Regelung handelt. Art. 28 EGV widersprechen demnach solche Regelungen, die eingeführte Produkte diskriminieren, ferner solche, die unterschiedslos gelten und beschränkende Wirkung auf den freien Warenverkehr oder auf den Marktzugang haben und die weder durch zwingende Erfordernisse noch gemäß Art. 30 EGV gerechtfertigt sind.

Liegen die oben beschriebenen Voraussetzungen vor, verbleiben die folgenden vier Konstellationen:

(aa) Die wettbewerbliche Maßnahme ist sowohl nach dem Herkunftslandrecht als auch nach dem Bestimmungslandrecht rechtswidrig.

---

443 Vgl. dazu oben S. 36.

444 Vgl. dazu oben S. 25 ff.

445 Vgl. dazu oben S. 29 f.

In diesem Fall wird der Anbieter nicht in seiner grenzüberschreitenden Vermarktungstätigkeit eingeschränkt. Das Gemeinschaftsrecht verlangt daher nicht die Geltung des Herkunftslandrechts.

(bb) Die wettbewerbliche Maßnahme ist nach dem Herkunftslandrecht rechtswidrig, nach dem Bestimmungslandrecht aber rechtmäßig.

Ein Eingreifen des Herkunftslandrechts kommt hier nicht in Betracht. Der Anbieter wird durch seine grenzüberschreitenden Aktivitäten nicht eingeschränkt. Zudem kommt eine Anwendung des Herkunftslandrechts nur bei Rechtmäßigkeit der Maßnahme im Herkunftsland in Frage.

(cc) Die wettbewerbliche Maßnahme ist sowohl nach dem Herkunftslandrecht als auch nach dem Bestimmungslandrecht rechtmäßig.

In diesem Fall ergeben sich, wie oben bereits dargestellt, keine zusätzlichen Anpassungskosten für den Anbieter. Es bleibt daher ebenfalls bei der Anwendung des Bestimmungslandrechts.

(dd) Die wettbewerbliche Maßnahme ist nach dem Bestimmungslandrecht rechtswidrig, nach dem Herkunftslandrecht aber rechtmäßig.

Dies ist der einzige Fall, in dem die grenzüberschreitende Betätigung des Anbieters zu Mehrkosten führt und seine Tätigkeit folglich behindert. In diesem Fall fordert das Gemeinschaftsrecht die Maßgeblichkeit des Herkunftslandrechts.

Nur in diesem Fall kommt es zu der gemeinschaftsrechtlich begründeten Anwendung des Herkunftslandrechts. In den übrigen Konstellationen bleibt es bei der Anwendung des Marktortrechts. Allerdings ist das Herkunftslandrecht auch in diesem beschriebenen letzten Fall nur unter der Prämisse maßgeblich, dass die wettbewerbliche Regelung einen Produktbezug aufweist oder diskriminierenden Charakter hat. Ferner bleibt es auch dann bei der Maßgeblichkeit des Bestimmungslandrechts, wenn die Beschränkung nach Art. 30 EGV, durch zwingende Erfordernisse, zu rechtfertigen ist.

(c) Formulierung der Vorbehaltsklausel

Die im primären Gemeinschaftsrecht enthaltene Vorbehaltsklausel lässt sich demnach folgendermaßen formulieren:

Bei Binnenmarktsachverhalten ist eine produktbezogene oder diskriminierende vermarktungsbezogene wettbewerbliche Maßnahme dann nach dem Recht des Herkunftslandes des Anbieters dieser Maßnahme zu beurteilen, wenn sie dort rechtmäßig ist, nach dem Recht des Marktortes aber rechtswidrig wäre, es sei denn die Maßnahme ist nach Art. 30 EGV, bzw. zwingenden Erfordernissen des Allgemeinwohls, gerechtfertigt.

(4) Sachnormverweisung auf das Herkunftslandrecht

Nach Formulierung der Vorbehaltsklausel schließt sich die Frage an, ob es sich bei der ausgesprochenen Verweisung um eine Sachnorm- oder um eine Gesamtverweisung handelt.[446] Besondere Vorbehaltsklauseln zugunsten des inländischen Rechts sind Sachnormverweisungen. Dies ergibt sich bereits aus Art. 4 Abs. 1 S. 2 EGBGB, der für Verweisungen auf deutsches Recht die Anwendung deutscher Sachvorschriften anordnet. Die in den Grundfreiheiten enthaltene besondere Vorbehaltsklausel verweist indes auf eine ausländische Rechtsordnung. Daher fragt es sich, ob auf den Grundsatz in Art. 4 Abs. 1 S. 1 EGBGB zurückzugreifen ist, wonach Verweisungen auf ausländische Rechtsordnungen in der Regel Gesamtverweisungen sind.

Für Gesamtverweisungen sprechen zum einen Praktikabilitätserwägungen;[447] ferner das Ziel des internationalen Entscheidungseinklangs.[448] Eine Ausnahme von dem Grundsatz der Gesamtverweisung sieht Art. 4 Abs. 1 S. 1 EGBGB für den Fall vor, dass der Renvoi dem Sinn der Verweisung widerspricht.[449] Der Sinn der Verweisung ergibt sich vorliegend unmittelbar aus der binnenmarktkonformen Auslegung der Grundfreiheiten. Sinn der Vorbehaltsklausel ist es, zur Erreichung des Binnenmarktziels dem Herkunftslandprinzip zur Anwendung zu verhelfen. Mithin erfordern die Grundfreiheiten die Anwendung einer *bestimmten* mitgliedstaatlichen Rechtsordnung - nämlich die des Niederlassungsstaates des Diensteanbieters. Es ist gerade nicht ausreichend, *irgendeiner* kollisionsrechtlich ermittelten Rechtsordnung zur Anwendung zu verhelfen.[450] Die binnenmarktkonforme Auslegung verlangt dementsprechend die Berufung des Rechts des Herkunftslandes.

---

446 Allgemein zu der Frage: *Sonnenberger*, in: Münchener Kommentar, Art. 4 Rn. 2 ff.; *von Hoffmann*, IPR, § 6 Rn. 73 ff.; *Kropholler*, IPR, § 24.

447 *Kropholler*, IPR, § 24 I 3 a).

448 *Von Hoffmann*, IPR, § 6 Rn. 87 ff.; *Kropholler*, IPR, § 24 I 3 b).

449 BT-Drs. 10/5632, 39. Vgl. dazu: *Kropholler*, IPR, § 24 II 2; ferner: *Rauscher*, NJW 1988, 2151 ff.

450 *Hoffmann*, Die Grundfreiheiten des EG-Vertrags als koordinationsrechtliche und gleichheitsrechtliche Abwehrrechte, S. 59.

Dieses Ergebnis ergibt sich auch aus der Überlegung, dass die Mitgliedstaaten aufgrund der Öffnung der Kompetenzsphäre zugunsten der Gemeinschaft im Einzelfall die Befugnis eingebüßt haben, den Sachverhalt den eigenen Regelungen zu unterwerfen. Daher müssen auch sich aus den mitgliedstaatlichen internationalprivatrechtlichen Regelungen ergebende Weiterverweisungen unbeachtlich sein.

Die in den Grundfreiheiten des EGV enthaltene besondere Vorbehaltsklausel spricht folglich eine Sachnormverweisung auf das Recht des Herkunftslandes des Diensteanbieters aus.

4. Ergebnis

Das in Warenverkehrs- und Dienstleistungsfreiheit verankerte Herkunftslandprinzip weist kollisionsrechtliche Implikationen auf. Daraus folgt aber keine kollisionsrechtliche Grundanknüpfung an das Herkunftslandrecht. Die Untersuchung hat vielmehr ergeben, dass es sich lediglich um eine Ergebniskorrektur der Grundanknüpfung im Einzelfall handelt. Damit stellt sich das Herkunftslandprinzip als eine besondere gemeinschaftsrechtliche Vorbehaltsklausel zugunsten des Herkunftslandes des Wettbewerbers dar.

Das materielle Ziel, dem durch die Vorbehaltsklausel zur Durchsetzung verholfen werden soll, ist das Binnenmarktziel der europäischen Gemeinschaft. Dieses erfordert in dem Fall, dass die wettbewerbliche Maßnahme nach dem Bestimmungslandrecht rechtswidrig, nach dem Herkunftslandrecht aber rechtmäßig ist, eine Sachnormverweisung auf das Niederlassungsrecht des Werbetreibenden, sofern die wettbewerbliche Regelung einen Produktbezug aufweist bzw. diskriminierenden Charakter hat und die Beschränkung nicht nach Art. 30 EGV, bzw. durch zwingende Erfordernisse, zu rechtfertigen ist.

III. Negative gemeinschaftsrechtliche Vorgaben aus den Grundfreiheiten des EGV

Die Grundfreiheiten enthalten nach obigen Ausführungen eine besondere Vorbehaltsklausel zugunsten des Herkunftslandrechts. Angesichts des Vorrangs des Gemeinschaftsrechts[451] stellt sich mithin im Folgenden die Frage, welche Auswirkungen diese kollisionsrechtliche Implikation des primären Gemeinschaftsrechts auf das mitgliedstaatliche IPR hat. Der

[451] Dazu im Einzelnen oben S. 7.

Anwendungsvorrang des Gemeinschaftsrechts erfasst auch die mitgliedstaatlichen internationalprivatrechtlichen Regelungen, da es sich bei diesen um einen Teil der Rechtsordnung der Mitgliedstaaten handelt.[452] Die Kollisionsnormen sind staatliche Maßnahmen im Sinne der Art. 28, 29, 49 EGV, da sie die Anknüpfungsmaximen für internationale Sachverhalte enthalten.[453] Aufgrund der Tatsache, dass sich die mitgliedstaatlichen Kollisionsnormen an den Grundfreiheiten messen lassen müssen, ist zu prüfen, ob sich aus der Warenverkehrs- und Dienstleistungsfreiheit Vorgaben für das bestehende nationale Kollisionsrecht des unlauteren Wettbewerbs negativer Art ergeben, das heißt, es bedarf der Prüfung, ob eine kollisionsrechtliche Anknüpfung gegen gemeinschaftsrechtliche Vorgaben verstößt.

Um aber entscheiden zu können, inwieweit die geltende internationalprivatrechtliche Anknüpfung im nationalen Kollisionsrecht mit den gemeinschaftsrechtlichen Vorgaben zu vereinbaren ist, muss diese zunächst analysiert werden.

In dem sich anschließenden zweiten Kapitel sollen daher die Anknüpfungsmomente im Wettbewerbskollisionsrecht dargestellt werden. Da es auf die autonomen Regelungen der Mitgliedstaaten dort nicht ankommt, wo bereits eine Vereinheitlichung des Kollisionsrechts stattgefunden hat, wird im Folgenden zunächst der Stand der Kollisionsrechtsintegration untersucht (A). In diesem Abschnitt soll dargestellt werden, inwieweit bereits Vereinheitlichungen bestehen und welchen kollisionsrechtlichen Anknüpfungsmaximen in diesen Bereichen gefolgt wird.

Anschließend soll das deutsche Kollisionsrecht eine eingehende Analyse erfahren (B), wobei ein besonderes Augenmerk auf die Anknüpfung bei Multistate-Wettbewerb, insbesondere im Bereich des Internetrechts, gelegt werden soll. Dieser Schwerpunkt wird deswegen gesetzt, weil das Internetrecht gerade durch die im zweiten Teil der Arbeit untersuchte E-Commerce-Richtlinie[454] eine Änderung erfährt. Zudem ist gerade in dem Bereich des Multistate-Wettbewerbs die Anknüpfung besonders problematisch.

---

452 *Grandpierre*, Herkunftslandprinzip kontra Marktortanknüpfung, S. 104 f.; a.A. *Tebbens*, Rev. crit. d. i. p. 83 (1994), 451 (476 ff.). Vgl. ferner dazu oben S. 8.

453 *Brödermann*, MDR 1992, 89 (90); *Grandpierre*, Herkunftslandprinzip kontra Marktortanknüpfung, S. 104 f.

454 Richtlinie 2000/31/EG des Europäischen Parlamentes und des Rates v. 8. Juni 2000 über bestimmte rechtliche Aspekte der Dienste der Informationsgesellschaft, insbesondere des elektronischen Geschäftsverkehrs, im Binnenmarkt, ABl. EG Nr. L 178 v. 17. 07. 2000, S. 1.

In einem sich anschließenden Abschnitt C sollen die geltenden kollisionsrechtlichen Anknüpfungsmaximen auf ihre Gemeinschaftsrechtskonformität hin kritisch untersucht werden. Es wird insbesondere der Frage nachgegangen werden, ob und, wenn ja, welche Auswirkungen die im ersten Teil erarbeitete gemeinschaftsrechtliche Vorbehaltsklausel auf die kollisionsrechtlichen Regelungen im Bereich des internationalen Wettbewerbsrechts hat.

2. Kapitel: Das IPR des unlauteren Wettbewerbs

A. Das europäische Kollisionsrecht des unlauteren Wettbewerbs

I. Kollisionsrechtsintegration

Als neues Konzept zur Vereinheitlichung des Wettbewerbsrechts beschreibt die Kommission in ihrem „Grünbuch kommerzielle Kommunikation im Binnenmarkt"[455] die Kollisionsrechtsintegration auf der Grundlage des Herkunftslandprinzips.[456] Der gegenwärtige Stand der Vereinheitlichung des Wettbewerbskollisionsrechts soll im Folgenden überblickartig dargestellt werden.

1. Staatsverträge

Zu einer staatsvertraglichen Vereinheitlichung des Wettbewerbskollisionsrechts ist es bisher nicht gekommen. Das Pariser Verbandsübereinkommen zum Schutz des gewerblichen Eigentums vom 20. März 1883[457] enthält keine wettbewerbsrechtliche Kollisionsnormen. Die Bestimmungen des PVÜ und insbesondere auch der den unlauteren Wettbewerb betreffende Art. 10 (bis) PVÜ verpflichten vielmehr ausschließlich die Verbandsstaaten, innerstaatliche Vorschriften gegen den unlauteren Wettbewerb zu schaffen und dabei die Mindestschutzbestimmungen des Art. 10 (bis) PVÜ einzuhalten und den Angehörigen der Verbandsstaaten den gleichen Schutz wie Angehörigen des Schutzstaates zu gewähren.[458] Das PVÜ hat daher in dem hier interessierenden Bereich lediglich fremdenrechtlichen Charakter.[459]

---

455 Grünbuch über kommerzielle Kommunikation im Binnenmarkt, KOM (1996) 192 endg.; dazu: *Henning-Bodewig*, GRUR Int. 1999, 233 (239); *dies.*, WRP 2001, 771 (772); *Nacken*, WRP 1997, 929 ff.; *Lehmann*, in: Rechtsfragen im Netz – Electronic commerce, S. 169 (173 f.).

456 Dazu: *Kohler*, ZEuS 2001, 575 (583 ff.).

457 Pariser Verbandsübereinkommen v. 20. März 1883 zum Schutze des gewerblichen Eigentums in der für Deutschland geltenden Stockholmer Fassung v. 14. Juli 1967; abgedruckt bei: *Baumbach/Hefermehl*, Wettbewerbsrecht, Teil IV, S. 1645 ff.

458 Vgl. die Darstellung bei: *Kreuzer*, in: von Caemmerer, Vorschläge und Gutachten zur Reform des deutschen internationalen Privatrechts der außervertraglichen Schuldverhältnisse, S. 232 (235); ferner: *Schmid*, Bericht über das 11. Ringberg-Symposium des Max-Planck-Instituts für ausländisches und internationales Patent-,

Der Vorentwurf eines Übereinkommens über das auf vertragliche und außervertragliche Schuldverhältnisse anwendbare Recht von 1972 sah keine Sonderanknüpfung für das internationale Wettbewerbsrecht vor. Nachdem dieser Entwurf hinsichtlich der außervertraglichen Schuldverhältnisse gescheitert war, fehlte es lange Zeit an weiteren Vereinheitlichungsbemühungen.[460] Auf internationaler Ebene sprachen sich sowohl die Resolution des „Institut de Droit International" von 1983 als auch die Studie im Auftrag der Haager Konferenz von 1987 für eine Kollisionsnorm des internationalen Wettbewerbsrechts aus.[461] Im Jahre 1996 folgte die Entschließung des Rates der Europäischen Union zur Festlegung der Prioritäten für die Zusammenarbeit im Bereich Justiz und Inneres, in der die Aufnahme der Beratungen für ein Übereinkommen über das auf außervertragliche Schuldverhältnisse anzuwendende Recht vorgesehen war.[462] Aufgrund dessen entwarf die „Groupe Européen de Droit International Privé" einen Vertragstext für ein solches Übereinkommen.[463] Dieser Entwurf enthält in Art. 3 Abs. 1 die grundsätzliche Anknüpfung an den Staat, mit dem die engste Verbindung besteht. Für den unlauteren Wettbewerb ist in Art. 4 b) eine Vermutung der engsten Verbindung mit dem Staat enthalten, dessen Markt von der wettbewerblichen Maßnahme betroffen ist.

Urheber- und Wettbewerbsrecht, in: GRUR Int. 1998, 475; *Köhler/Piper*, UWG, Einf. Rn. 89; *Grandpierre*, Herkunftslandprinzip kontra Marktortanknüpfung, S. 13 ff.; *Henning-Bodewig*, GRUR Int. 2002, 389 (389, 399); *Wirner*, Wettbewerbsrecht und IPR, S. 25 ff.

459 Staudinger/*von Hoffmann*, Art. 40 EGBGB Rn. 295; Staudinger/*Fezer*, Int. WirtschR., Rn. 340; *Kreuzer*, in: Münchener Kommentar Art. 38 EGBGB Rn. 227; *Deutsch*, Wettbewerbstatbestände, S. 17; *Kreuzer*, in: von Caemmerer, Vorschläge und Gutachten zur Reform des deutschen internationalen Privatrechts der außervertraglichen Schuldverhältnisse, S. 232 (235); *Regelmann*, Die internationalprivatrechtliche Anknüpfung des Gesetzes gegen unlauteren Wettbewerb, S. 11; *Wirner*, Wettbewerbsrecht und IPR, S. 25 (28); *Katzenberger*, in: Neuordnung des Wettbewerbsrechts, S. 218 (220 f.).

460 Vgl. dazu: *Dethloff*, Europäisierung des Wettbewerbsrechts, S. 48 f.

461 Art. II und II des Regelungsvorschlags des Institut de Droit International, abgedruckt bei: *Reese/Vischer*, Annuaire de l' Institut de Droit International 60/ I (1983), 159 (160 f.).

462 3.1.c) der Entschließung des Rates v. 14. Oktober 1996 zur Festlegung der Prioritäten für die Zusammenarbeit im Bereich Justiz und Inneres für den Zeitraum v. 1. Juni 1996 bis zum 30. Juni 1998, ABl. EG Nr. C 319 v. 26. 10. 1996 S. 2.

463 Proposal for a European Convention on the law applicable to non-contractual obligations, abgedruckt in: NILR 1998, 465 sowie in IPRax 1999, 286.

2. Europäisches Gemeinschaftsrecht

Seit dem Inkrafttreten des Vertrages von Amsterdam besteht nach Art. 65 EGV eine Gemeinschaftszuständigkeit für das Internationale Privat- und Verfahrensrecht als Teilbereich der justiziellen Zusammenarbeit im Bereich des Zivilrechts.[464] An die Stelle von Staatsverträgen auf der Grundlage des Art. 295 EGV treten mithin in Zukunft verstärkt Rechtssetzungsakte des sekundären Gemeinschaftsrechts. Die Kommission hat bereits einen „Entwurf für eine Verordnung über das auf außervertragliche Schuldverhältnisse anwendbare Recht“ (sogenannte Rom-II-Verordnung) vorgelegt.[465] Auch dieser Entwurf geht ebenso wie der von der „Group Européen de Droit International Privé“ vorgelegte von dem Grundsatz der engsten Verbindung aus. Für den Bereich des unlauteren Wettbewerbs enthält er eine Vermutung zugunsten des Staates, auf dessen Markt sich die schädigende Handlung auswirkt.[466] Diese Regelung entspricht der Sache nach dem Entwurf der „Group Européen de Droit International“.[467]
Kollisionsrechtliche Regelungen enthalten weiterhin einige Richtlinien im Bereich des internationalen Wettbewerbsrechts.

a) Richtlinie über irreführende und vergleichende Werbung

Die Richtlinie zur Angleichung der Rechts- und Verwaltungsvorschriften der Mitgliedstaaten über irreführende Werbung[468] schafft weder Einheitsrecht, noch

---

464 Ausführlich zu der Gesetzgebungskompetenz: *Basedow*, in: Systemwechsel im europäischen Kollisionsrecht, S. 19 (24 ff.); *Kohler/Knapp*, ZEuP 2001, 116 (116 f.); *Heß*, JZ 2001, 573 ff.; *Kohler*, ZEuS 2001, 575 (577 ff.); *Vallelersundi*, Revue du Droit de l'Union Européenne 2001, 5 ff.; *Mansell*, in: Systemwechsel im europäischen Kollisionsrecht, S. 1 ff.; *Jayme/Kohler*, IPRax 2003, 485 ff.

465 Entwurf einer Verordnung des Rates über das auf außervertragliche Schuldverhältnisse anwendbare Recht v. 21. Juni 1999 (unveröffentlicht); vgl. dazu: *Dethloff*, Europäisierung des Wettbewerbsrechts, S. 49 f.; *Wagner*, EuZW 1999, 709; *Dethloff*, JZ 2000, 179; *Wilderspin*, in: Systemwechsel im europäischen Kollisionsrecht, S. 77 ff.

466 Art. 4 b) des Entwurfs der Groupe européen de droit international privé, der dem Verordnungsentwurf zugrunde liegt; abgedruckt in: Netherlands Inernational Law Review 1998, 465.

467 Vgl. dazu insbesondere: *Dethloff*, Europäisierung des Wettbewerbsrechts, S. 49 f.; ferner: Die Anhörung über einen Vorentwurf eines Vorschlages für eine Verordnung des Rates über das auf außervertragliche Schuldverhältnisse anzuwendende Recht; abrufbar unter: http://europa.eu.int/comm/justice_home/unit/civil/consultation/index_de.htm.

468 Richtlinie v. 10. 09. 1984 zur Angleichung der Rechts- und Verwaltungsvorschriften der Mitgliedstaaten über irreführende Werbung, ABl. EG 1984, Nr. L 250, S. 20.

enthält sie Kollisionsnormen. Sie beinhaltet ausschließlich die Verpflichtung der Mitgliedstaaten, Maßnahmen zur Rechtsangleichung zu treffen, und führt dadurch zu einem gemeinschaftsrechtlichen Mindestschutz. Entsprechendes gilt für die Richtlinie zur Änderung der Irreführungsrichtlinie zwecks Einbeziehung der vergleichenden Werbung.[469] Kollisionsrechtliche Regelungen finden sich auch nach Einführung der Bestimmungen zur vergleichenden Werbung nicht.[470]

b) Kabel- und Satellitenrichtlinie

Zwar lässt sich aus Art. 1 Abs. 2 b) der Kabel- und Satellitenrichtlinie[471] eine kollisionsrechtliche Regelung zum Satellitensenderecht ableiten, nach der das Recht des Landes zur Anwendung gelangt, in dem die Handlung vorgenommen wurde. Damit ist das Recht des Ursprungslandes berufen. Diese Bestimmung ist indes für die kollisionsrechtliche Problematik insgesamt ohne Bedeutung, da sie auf die Eigenarten des mit der Richtlinie koordinierten Urheber- und Leistungsschutzes ausgerichtet ist.[472]

c) Fernsehrichtlinie

Die Fernsehrichtlinie von 1989[473] dient mit der Angleichung der Regelungen über die Fernsehtätigkeit der Beseitigung von Hindernissen für den freien

---

469 Richtlinie 97/55 des Europäischen Parlaments und des Rates v. 06. 10. 1997 zur Änderung der Richtlinie 84/450/EWG über irreführende Werbung zwecks Einbeziehung der vergleichenden Werbung, ABl. EG 1997, Nr. L 290, S. 18 v. 12. 10. 1997.

470 Vgl. zur Irreführungsrichtlinie: *Dethloff*, Europäisierung des Wettbewerbsrechts, S. 11; Hdb. WettbewerbsR/ Jacobs/*Schulte-Beckhausen*, § 26 Rn. 42 ff.; *Albrecht*, WRP 1997, 926; *Schricker*, in: Festschrift Zweigert, S. 537 (542 ff.); *Henning-Bodewig*, WRP 2001, 771 (773 f.); *Schmid*, Bericht über das 11. Ringberg-Symposium des Max-Planck-Instituts für ausländisches und internationales Patent-, Urheber- und Wettbewerbsrecht, in: GRUR Int. 1998, 475 (478 ff.); *Grandpierre*, Herkunftslandprinzip kontra Marktortanknüpfung, S. 86 ff.

471 Richtlinie des Rates zur Koordinierung bestimmter urheber- und leistungsschutzrechtlicher Vorschriften, betreffend Satellitenrundfunk und Kabelweiterverbreitung; Richtlinie 93/83/EWG v. 27. 09. 1993, ABl. EG Nr. L 248/15.

472 *Grandpierre*, Herkunftslandprinzip kontra Marktortanknüpfung, S. 100 f.; *Rumpfhorst*, GRUR Int. 1993, 934; *Kort*, GRUR Int. 1994, 594 (601 f.).

473 Richtlinie 89/552/EWG des Rates v. 3. Oktober 1989 zur Koordinierung bestimmter Rechts- und Verwaltungsvorschriften der Mitgliedstaaten über die Ausübung der Fernsehtätigkeit, ABl. EG 1989, Nr. L 298/23; geändert durch die Richtlinie v. 30. 6. 1997, ABl. EG Nr. L 202/60 v. 30. 07. 1997.

Dienstleistungsverkehr und der Schaffung eines gemeinsamen Marktes zur Herstellung und Verbreitung von Programmen. Die Richtlinie enthält neben Regelungen über die Sendezeit der Werbung und deren Einführung in das Programm produktspezifische Werbevorschriften sowie Minderjährigenschutzbestimmungen und Normen, die ihrer Natur nach zum Recht des unlauteren Wettbewerbs gerechnet werden können.[474] Kollisionsrechtlich sieht die Fernsehrichtlinie in Art. 2 Abs. 1 die Maßgeblichkeit des Sendelandprinzips vor.[475] Danach erfolgt eine rundfunkrechtliche Kontrolle nur im Ursprungsland der Sendung nach dem dortigen Recht; eine weitere Beschränkung durch die Empfangsländer scheidet aus.[476]

d) Die Richtlinie über den elektronischen Geschäftsverkehr

Durch die Richtlinie über bestimmte rechtliche Aspekte des elektronischen Geschäftsverkehrs vom 8. Juni 2000,[477] die sich auf Art. 47 Abs. 2, 55 und 95 EGV stützt, soll sichergestellt werden, dass europäische Anbieter und Nutzer unabhängig von allen Binnengrenzen die Dienste der Informationsgesellschaft

---

474 Es handelt sich dabei zum einen um ein Gebot der Erkennbarkeit der Werbung, der Trennung von Werbung und dem Programm (Art. 10 Abs. 1), und zum anderen um das Verbot der Schleichwerbung (Art. 10 Abs. 4) und der „subliminalen Techniken" (Art. 10 Abs. 3) samt den Kautelen, mit denen das Sponsoring umgeben ist (Art. 17). Darüber hinaus stellt die Fernsehrichtlinie in Art. 12 allgemeine Regeln für die Werbung auf. Vgl. dazu: *Schricker*, GRUR Int. 1990, 771 (774).

475 Zum Sendelandprinzip vgl. unten S. 189 ff.

476 Zur Fernsehrichtlinie: *Schmitt-Vockenhausen*, ZUM 1998, 377; *Bodewig*, GRUR Int. 2000, 475; *ders.*, JZ 2000, 659; Schricker, GRUR Int. 1990, 771 (774 f.); Großkommentar/*Schricker*, Einl. UWG Rn. F 365 ff.; *Schmid*, Bericht über das 11. Ringberg-Symposium des Max-Planck-Instituts für ausländisches und internationales Patent-, Urheber- und Wettbewerbsrecht, in: GRUR Int. 1998, 475 (478 ff.); *Roth*, IPRax 1994, 165 (171 ff.); *Grandpierre*, Herkunftslandprinzip kontra Marktortanknüpfung, S. 98 ff.; *Albrecht*, WRP 1997, 926 (927); *Henning-Bodewig*, WRP 2001, 771 (774); *Greissinger*, CR 1999, 112; *Bodewig*, JZ 2000, 659 ff.; *Helberger*, ZUM 1998, 50; *Kort*, GRUR Int. 1994, 594; *Knothe/Bashayan*, AfP 1997, 849 ff.; *Höfling/Möwes/Pechstein*, Europäisches Medienrecht, S. 2 ff.; *Henning-Bodewig*, in: Neuordnung des Wettbewerbsrechts, S. 81 ff.

477 Richtlinie 2000/31/EG des Europäischen Parlamentes und des Rates v. 8. Juni 2000 über bestimmte rechtliche Aspekte der Dienste der Informationsgesellschaft, insbesondere des elektronischen Geschäftsverkehrs, im Binnenmarkt, ABl. EG Nr. L 178 v. 17. 07. 2000, S. 1.

wahrnehmen können.[478] Besondere harmonisierende Regeln sieht die ECRL nur für Teilbereiche vor. Diese Regeln betreffen die Definitionen des Niederlassungsortes von Diensteanbietern, die Transparenzpflicht der Anbieter, die Transparenz kommerzieller Kommunikation, den Abschluss und die Gültigkeit elektronischer Verträge, die Haftung von Vermittlern, die Online-Beilegung von Streitigkeiten und die Rolle der nationalen Behörden.[479] Im Übrigen baut die ECRL auf vorhandenen EU-Rechtsinstrumenten auf, die eine Harmonisierung oder die gegenseitige Anerkennung nationaler Rechtsvorschriften vorsehen. Kernstück der ECRL ist das Herkunftslandprinzip, durch das an das Recht des Herkunftslandes des im Internet Werbenden angeknüpft wird. Bedeutungsgehalt und Tragweite sowie insbesondere der kollisionsrechtliche Charakter dieses Prinzips in Art. 3 ECRL sind hingegen umstritten und werden im zweiten Teil dieser Arbeit eingehend untersucht.[480]

II. Ergebnis

Die bisherigen Ansätze, ein einheitliches europäisches Wettbewerbskollisionsrecht zu schaffen, weisen in entgegengesetzte Richtungen. So enthält der Entwurf der sogenannten Rom-II-Verordnung[481] im unlauteren Wettbewerbsrecht eine Vermutung zugunsten des Staates, in dem sich die schädigende Handlung ausgewirkt hat.[482] Diese Regelung entspricht dem Marktortprinzip, wonach Ansprüche aus unerlaubtem Wettbewerb dem Recht des Staates unterliegen, auf dessen Markt die unerlaubte Handlung ihre Wirkung entfaltet.[483] Maßgeblich ist daher der Ort der wettbewerblichen Interessenkollision.[484] Demgegenüber liegt

478 Siehe dazu die Stellungnahme Mario Montis: „*[...]Der elektronische Geschäftsverkehr eröffnet den Verbrauchern eine neue Dimension des Binnenmarktes, denn sie können leichter zwischen Waren und Dienstleistungen in besserer Qualität und zu niedrigeren Preisen auswählen. Der elektronische Geschäftsverkehr bringt neue Impulse für Handel, Innovationsgeist und Wettbewerbsfähigkeit mit sich und lässt dauerhafte Arbeitsplätze entstehen[...]*"; IP/98/999 v. 18. 11. 1998.

479 Zu den Regelungsmaterien der Richtlinie siehe unten S. 181 ff.

480 Vgl. dazu unten S. 201 ff.

481 Entwurf einer Verordnung des Rates über das auf außervertragliche Schuldverhältnisse anwendbare Recht v. 21. Juni 1999.

482 Vgl. zur Rom-II-Verordnung die Darstellung bei: *Dethloff*, JZ 2000, 179 (180); ferner: *Moritz*, CR 2000, 61 (71); *Jayme*, IPRax 1999, 298; *Reich/Nordhausen*, Verbraucher und Recht im elektronischen Geschäftsverkehr, S. 147.

483 Ausführlich zum Marktortprinzip unten S. 109 ff.

484 Staudinger/*von Hoffmann*, Art. 40 EGBGB Rn. 311; *Sack*, WRP 1994, 281.

sowohl der Kabel- und Satellitenrichtlinie[485] als auch der Fernsehrichtlinie von 1989[486] und nun auch der ECRL das gemeinschaftsrechtliche Herkunftslandprinzip zugrunde.

Da es mithin an einer umfassenden Vereinheitlichung des Wettbewerbskollisionsrechts fehlt, sind zur Bestimmung des auf eine grenzüberschreitende Wettbewerbshandlung anwendbaren Rechts die nationalen Wettbewerbskollisionsrechte der Mitgliedstaaten heranzuziehen. Im Folgenden soll daher die internationalprivatrechtliche Anknüpfung in Deutschland untersucht werden, woran sich eine knappe Darstellung der maßgeblichen Anknüpfungskriterien in den anderen europäischen Mitgliedstaaten anschließen wird.

B. Anknüpfungsmaximen des deutschen internationalen Wettbewerbsrechts

I. Bestandsaufnahme

Eine gesetzliche Normierung des internationalen Wettbewerbsrechts ist im autonomen deutschen Recht auch nach der Reform des IPR nicht vorhanden.[487] Im Unterschied zum Referentenentwurf von 1984[488] wurde im Rahmen des „Entwurf[s] eines Gesetzes zum IPR für außervertragliche Schuldverhältnisse und für Sachen vom 21. Mai 1999" auf die Einführung einer

485 Richtlinie des Rates zur Koordinierung bestimmter urheber- und leistungsschutzrechtlicher Vorschriften betreffend Satellitenrundfunk und Kabelweiterverbreitung; Richtlinie 93/83/EWG v. 27. 09. 1993, ABl. EG Nr. L 248/15.

486 Richtlinie 89/552/EWG des Rates v. 3. Oktober 1989 zur Koordinierung bestimmter Rechts- und Verwaltungsvorschriften der Mitgliedstaaten über die Ausübung der Fernsehtätigkeit, ABl. EG 1989, Nr. L 298/23; geändert durch die Richtlinie v. 30. 06. 1997, ABl. EG Nr. L 202/60 v. 30. 07. 1997.

487 Auch der 1994 aufgehobene § 28 UWG (BGBl. II 3082) war lediglich fremdenrechtlicher und nicht kollisionsrechtlicher Natur. So auch: *Kreuzer*, in: Münchener Kommentar, Art. 38 EGBGB Rn. 228; *von Bar*, IPR II, Rn. 701; *Katzenberger*, in: Neuordnung des Wettbewerbsrechts, S. 218 (220).

488 Vgl. Art. 40 II Nr. 2 des Entwurfs eines Gesetzes zur Ergänzung des internationalen Privatrechts (außervertragliche Schuldverhältnisse und Sachen) des Bundesjustizministeriums von 1984, abgedruckt bei: *Beier/Schricker/Ulmer*, Stellungnahme des Max-Planck-Instituts für ausländisches und internationales Patent-, Urheber- und Wettbewerbsrecht, in: GRUR Int. 1985, 104 (107).

Wettbewerbskollisionsnorm ausdrücklich verzichtet.[489] Die Kollisionsnormen des deutschen internationalen Wettbewerbsrechts beruhen vielmehr auf einer richterrechtlichen Entwicklung, wobei von einer Zuordnung des Wettbewerbsrechts zu dem Recht der unerlaubten Handlungen ausgegangen wurde.[490] Das internationale Deliktsrecht ist in Deutschland – wie in den meisten europäischen Rechtsordnungen[491] – vom Grundsatz der *lex loci delicti* beherrscht, der seit der Kodifikation des internationalen Deliktsrechts in Deutschland in Art. 40 Abs. 1 EGBGB gesetzlich normiert ist.

Im Gegensatz zum Recht der unerlaubten Handlungen bezweckt das Wettbewerbsrecht nicht den Schutz absoluter Rechte, sondern normiert Verhaltenspflichten. Geschützt werden nicht nur die Individualinteressen einzelner Mitbewerber, sondern auch die der anderen Marktbeteiligten, insbesondere der Verbraucher sowie die Interessen der Allgemeinheit namentlich am Schutz des Wettbewerbs als Institution.[492] Im Wettbewerbsrecht steht nicht die Opferentschädigung im Vordergrund,[493] sondern die Verhaltenssteuerung.[494] Dies stellt das Wettbewerbsrecht mit Hilfe des

---

489 Siehe dazu die Begründung zum Entwurf eines Gesetzes zum internationalen Privatrecht für außervertragliche Schuldverhältnisse und für Sachen, BT-Drs. 14/343, S. 10.

490 Dieser Ausgangspunkt ergibt sich aus der zunächst lückenhaften Kodifizierung des Lauterkeitsrechts durch das UWG von 1896 und der grundlegenden Kodifikation im UWG von 1909 (RGBl. 145; RGBl. 499), wo das Wettbewerbsrecht als deliktischer Konkurrenzschutz konzipiert war. Vgl. dazu die ausführliche Darstellung bei: *Baumbach/Hefermehl*, Einl. UWG Rn. 173 ff.; *Sack*, GRUR Int. 1988, 320; Großkommentar/*Schricker*, Einl. UWG Rn. F 155 ff.; *Kreuzer*, in: Münchener Kommentar, Art. 38 EGBGB, Rn. 226 ff.; *ders.*, in: von Caemmerer, Vorschläge und Gutachten zur Reform des deutschen internationalen Privatrechts der außervertraglichen Schuldverhältnisse, S. 232 (238); *Grandpierre*, Herkunftslandprinzip kontra Marktortanknüpfung, S. 4 ff.; *Bernhard*, Das IPR des unlauteren Wettbewerbs, S. 148 ff.; *Sack*, GRUR Int. 1988, 320 ff.; *Dethloff*, Europäisierung des Wettbewerbsrechts, S. 59 ff.

491 Vgl. dazu die Darstellung unten S. 148 f.

492 Vgl. zu den vielfältigen geschützten Interessen: *Deutsch*, Wettbewerbstatbestände, S. 13; *von Bar*, IPR II, Rn. 695; *Kropholler*, IPR, § 53 VII 1; Staudinger/*Fezer*, Int. WirtschR., Rn. 325; *Reese*, Grenzüberschreitende Werbung in der Europäischen Gemeinschaft, S. 12; vgl. ferner die Begründung des Entwurfs des internationalen Privatrechts der außervertraglichen Schuldverhältnisse der Zweiten Kommission des Deutschen Rates für IPR, abgedruckt bei: *von Caemmerer*, Vorschläge und Gutachten zur Reform des deutschen internationalen Privatrechts der außervertraglichen Schuldverhältnisse, S. 5 (19).

493 Vgl. *Baumbach/Hefermehl*, UWG Einl. Rn. 41 ff.; *von Bar*, IPR II, Rn. 695; ferner: *Troller*, Das IPR des unlauteren Wettbewerbs, S. 33.

494 Während es im Deliktsrecht um die Frage geht, ob einem Verletzten Schadensersatz zuzusprechen ist, geht es im Wettbewerbsrecht um die Frage, ob eine bestimmte

Instruments objektiver Verhaltensnormen sicher.[495] Daher bedarf es im internationalen Wettbewerbsrecht eines Anknüpfungsmoments, das Drittinteressen mit einbezieht und sowohl für Rechtssicherheit sorgt als auch die *par conditio concurrentium* sicherstellt.[496] Die Unterschiede zwischen Wettbewerbs- und Deliktsrecht haben demnach auch Auswirkungen auf die kollisionsrechtliche Anknüpfung. Den Besonderheiten des internationalen Wettbewerbsrechts wird durch eine Modifikation der allgemeinen Anknüpfungsregeln – hin zu einer wettbewerbsspezifischen Bestimmung des Begehungsortes - Rechnung getragen.[497]

II. Die Anknüpfung im deutschen internationalen Wettbewerbsrecht

1. Die Marktortregel

a) Rechtsprechungsentwicklung

In der Rechtsprechung des Reichsgerichtes wurden Wettbewerbsverletzungen zunächst – in Anlehnung an das markenrechtliche Universalitätsprinzip - als Verletzungen der Persönlichkeit angesehen. Der Universalitätsgedanke beruhte auf der Qualifizierung von Wettbewerbsverstößen als Verletzung absoluter

Wettbewerbsmaßnahme auf dem Markt, auf dem sie sich auswirkt, unter Abwägung der Interessen der Marktbeteiligten und der Allgemeinheit zu untersagen ist. Vgl. dazu *Beier/Schricker/Ulmer,* Stellungnahme des Max-Planck-Instituts für ausländisches und internationales Patent-, Urheber- und Wettbewerbsrecht zum Entwurf eines Gesetzes zur Ergänzung des internationalen Privatrechts, GRUR Int. 1985, 104 (107).

495 Prozessualer Ausdruck dieses Sachverhalts ist die Dominanz der Unterlassungsansprüche im Wettbewerbsprozess und die Verlagerung des Rechtsschutzes in das Eilverfahren. Vgl. dazu die Begründung des Entwurfs des internationalen Privatrechts der außervertraglichen Schuldverhältnisse der Zweiten Kommission des Deutschen Rates für IPR, abgedruckt bei: *von Caemmerer,* Vorschläge und Gutachten zur Reform des deutschen internationalen Privatrechts der außervertraglichen Schuldverhältnisse, S. 5 (19).

496 Staudinger/*von Hoffmann,* Art. 40 EGBGB Rn. 304; ferner: Staudinger/*Fezer*, Int. WirtschR., Rn. 325; *Baumbach/Hefermehl,* UWG Einl. Rn. 44; Begründung des Entwurfs des internationalen Privatrechts der außervertraglichen Schuldverhältnisse der Zweiten Kommission des Deutschen Rates für Internationales Privatrecht, abgedruckt bei: *von Caemmerer,* Vorschläge und Gutachten zur Reform des deutschen internationalen Privatrechts der außervertraglichen Schuldverhältnisse, S. 5 (19).

497 Dazu sogleich unten S. 109 ff.

Rechte, welche am Sitz des geschädigten Unternehmens lokalisiert wurden.[498] Am Unternehmenssitz lag nach dieser Rechtsprechung der Erfolgsort im Sinne der Ubiquitätstheorie und nicht lediglich der Schadenseintrittsort.[499] Vollständig im Ausland verwirklichte Wettbewerbshandlungen, die ein inländisches Unternehmen schädigten, unterfielen mithin dem deutschen Wettbewerbsrecht. Dies hatte zur Folge, dass die international zuständigen Gerichte auf alle Wettbewerbsmaßnahmen eines inländischen Unternehmens deutsches Wettbewerbsrecht zur Anwendung beriefen. Nach der Aufgabe des Universalitätsprinzips für das subjektive Markenrecht[500] rückte das Reichsgericht in seiner sogenannten „Mundharmonika- Entscheidung"[501] von der Auffassung ab, dass der Erfolgsort einer im Ausland vorgenommenen wettbewerblichen Handlung am inländischen Unternehmenssitz anzunehmen sei.[502] Dennoch zeigten die Entscheidungen des Reichsgerichts weiterhin Heimwärtsstreben. Nach der sogenannten „Nußbaumschen-Regel"[503] ging die Rechtsprechung fortan davon aus, dass *„alle im Inland niedergelassenen Gewerbetreibenden untereinander ihren gesamten Wettbewerb auch für das Ausland nach den inländischen Vorschriften gegen den unlauteren Wettbewerb einrichten müssen".*[504] Damit erfolgte nunmehr eine Anknüpfung an das Wettbewerbsverhalten des Schädigers und nicht mehr, wie nach der bisherigen Rechtsprechung, an den Sitz des Geschädigten. Die Folge dieser

498 Vgl. RGZ 18, 23 (31 f.); RGZ 55, 199 (200); RGZ 88, 183 (184); vgl. ferner: *Sack*, GRUR Int. 1988, 320 (321); Staudinger/*von Hoffmann*, Art. 40 EGBGB Rn. 304; Staudinger/*Fezer*, Int. WirtschR., Rn. 345; *Bernhard*, Das IPR des unlauteren Wettbewerbs, S. 148; *Kreuzer*, in: von Caemmerer, Vorschläge und Gutachten zur Reform des deutschen internationalen Privatrechts der außervertraglichen Schuldverhältnisse, S. 232 (238).

499 Vgl. RGZ 55, 199, 209; *Kreuzer*, in: Münchener Kommentar, Art. 38 EGBGB Rn. 231; *ders.*, in: von Caemmerer, Vorschläge und Gutachten zur Reform des deutschen internationalen Privatrechts der außervertraglichen Schuldverhältnisse, S. 232 (238).

500 RGZ 118, 76 (81) („Springendes Pferd").

501 RGZ 140, 25 (29) *„[...]wo das Geschäftsunternehmen des Gewerbetreibenden seinen Sitz hat, ist rechtlich für die hier zu entscheidende Frage des anzuwendenden Rechts ohne Bedeutung. Zum Vergehen gehören Handlung und Verletzung, nicht die Schadensfolge, die kein Tatbestandsmerkmal ist."*

502 *Kreuzer*, in: Münchener Kommentar, Art. 38 EGBGB Rn. 231; *ders.*, in: von Caemmerer, Vorschläge und Gutachten zur Reform des deutschen internationalen Privatrechts der außervertraglichen Schuldverhältnisse, S. 232 (239); Staudinger/*Fezer*, Int. WirtschR., Rn. 345; *Bernhard*, Das IPR des unlauteren Wettbewerbs, S. 148.

503 *Nußbaum*, Deutsches Internationales Privatrecht, S. 339 f.

504 *Nußbaum*, Deutsches Internationales Privatrecht, S. 340.

Rechtsprechung war die weltweite Geltung des UWG unter Deutschen.[505] Nach umfangreicher Kritik der Literatur[506] an der Rechtsprechung schränkte das Reichsgericht diesen Grundsatz in der Weise ein, dass nunmehr verlangt wurde, dass zumindest *„ein Stück der unlauteren Wettbewerbshandlung[...]im Inland begangen"* sein müsse.[507] Diese auf einem sehr weiten Verständnis des Handlungsortes beruhende Rechtsprechung änderte indes nichts an der grundsätzlichen Anwendung deutschen Wettbewerbsrechts durch das Reichsgericht.[508] Dies hatte für inländische Wettbewerber zur Folge, dass sie stets dem strengen deutschen Wettbewerbsrecht unterworfen waren und auf liberalen Märkten keine chancengleichen Konkurrenzbedingungen hatten. An diese Rechtsprechung knüpfte der BGH zunächst an.[509] Eine gewisse Abmilderung wurde indes dadurch erreicht, dass im Rahmen der Anwendung von § 1 UWG nun ausländische Wettbewerbsvorschriften sowie dort herrschende Anschauungen Berücksichtigung fanden.[510]

Unter dem Einfluss der anhaltenden Kritik im Schrifttum[511] gab der BGH schließlich in der sogenannten „Kindersaugflaschen-Entscheidung" vom 30.

---

505 Vgl. RGZ 140, 25 (29) („Mundharmonika"); vgl. ferner: RG GRUR 1933, 653 (654); RG GRUR 1936, 670 (674); RG GRUR 1940, 564 (567); *Kreuzer*, in: Münchener Kommentar, Art. 38 EGBGB Rn. 231; *ders.*, in: von Caemmerer, Vorschläge und Gutachten zur Reform des deutschen internationalen Privatrechts der außervertraglichen Schuldverhältnisse, S. 232 (239); *Regelmann*, Internationalprivatrechtliche Anknüpfung, S. 22; Staudinger/*Fezer*, Int. WirtschR., Rn. 345; *Troller*, Das IPR des unlauteren Wettbewerbs, S. 70 ff.

506 Vgl. dazu sogleich unten S. 113 ff.

507 RGZ 150, 265 (271) („Stecknadel"); vgl. ferner: RG GRUR 1937, 466 (470).

508 *Kreuzer*, in: von Caemmerer, Vorschläge und Gutachten zur Reform des deutschen internationalen Privatrechts der außervertraglichen Schuldverhältnisse, S. 232 (240); Staudinger/*von Hoffmann*, Art. 40 EGBGB Rn. 302; Großkommentar/*Schricker*, Einl. UWG Rn. F 181; *Kreuzer*, in: Münchener Kommentar, Art. 38 EGBGB Rn. 231; *Troller*, Das IPR des unlauteren Wettbewerbs, S. 73 ff.

509 In der „Farina-Entscheidung" führte der BGH aus, für die Anwendung deutschen Wettbewerbsrechts genüge zwar nicht schon eine bloße Vorbereitungshandlung im Inland, eine in Deutschland vorgenommene Initiativhandlung sei aber für die Maßgeblichkeit deutschen Wettbewerbsrechts hinlänglich. Auf die Möglichkeit der Anwendung ausländischen Handlungs- bzw. Erfolgsortrechts nach der Ubiquitätsregel ging der BGH in dieser und folgenden Entscheidungen nicht ein. BGHZ 14, 286 (291) („Farina"); BGHZ 21, 266 (270) („Uhrenrohwerk"); BGHZ 22, 1 (18) („Flava-Erdgold").

510 BGH GRUR 1958, 189 („Zeiß"); BGH GRUR 1960, 372 (377); BGH NJW 1968, 1572 (1574) („Bierexport").

511 Vgl. dazu: *Hoffmann*, RabelsZ 59 (1995), 377 (382); *Lindacher*, WRP 1996, 645 (647); *Jorges*, RabelsZ 36 (1972), 421 (468; 472); *Kreuzer*, in: Münchener Kommentar, Art. 38 EGBGB Rn. 232; *ders.*, in: von Caemmerer, Vorschläge und Gutachten zur Reform des

Juni 1961[512] die weite Auslegung des Handlungsortes auf zugunsten einer wettbewerbsspezifischen Bestimmung des Begehungsortes an dem Ort, an dem die wettbewerblichen Interessen der Mitbewerber aufeinanderstoßen.[513] Anders als in früheren Entscheidungen ließ es der BGH für die Anwendung deutschen Wettbewerbsrechts nicht mehr genügen, dass die Herstellung in Deutschland erfolgt war und mithin ein Teil des maßgeblichen Handlungskomplexes in Deutschland stattfand. Der BGH gelangte vielmehr zu dem Ergebnis, dass der Ort allein anknüpfungsrelevant sei, an dem *„der Nachahmer unmittelbar im Wettstreit um den Kunden in die wettbewerbliche Stellung eines Mitbewerbers eingegriffen [hat] oder dass dort bestehende Interessen der Allgemeinheit, vor Täuschung bewahrt zu bleiben, verletzt"* wird.[514] Dabei ging der BGH von der Überlegung aus, dass das Recht des unlauteren Wettbewerbs keine fest umrissenen, durch *„nahezu alle Rechtsordnungen der Kulturstaaten geschützten Rechtsgüter"* enthielte, sondern von den nationalen Gesetzgebern unterschiedliche Verhaltensregeln für den Wettbewerb festgesetzt sind. Ob eine Rechtsverletzung vorliegt, könne daher regelmäßig erst aus der Sicht der Rechtsordnung bestimmt werden, innerhalb deren Geltungsbereich sich die Wettbewerber gegenübergetreten seien und die wettbewerblichen Interessen aufeinander stießen.

Die Maßgeblichkeit des Ortes der wettbewerblichen Interessenkollision entspricht seitdem ständiger Rechtsprechung.[515] Grundsätzlich erfolgt die Anknüpfung an den Ort des Aufeinanderstoßens der wettbewerblichen Interessen der Mitbewerber unabhängig davon, ob es sich um einen Wettbewerb von Ausländern und Inländern im Ausland oder einen Auslandswettbewerb von inländischen Unternehmen handelt. Die Rechtsprechung sieht als Ort der

(241 ff.); Staudinger/*von Hoffmann,* Art. 40 EGBGB Rn. 303; Großkommentar/*Schricker,* Einl. UWG Rn. F 194; *Paefgen,* GRUR Int. 1994, 99; *Mook,* Internationale Rechtsunterschiede und nationales Wettbewerbsrecht, S. 42 ff.; *Weber,* GRUR Int. 1983, 26; *Regelmann,* Internationalprivatrechtliche Anknüpfung, S. 22 ff.; *Troller,* Das IPR des unlauteren Wettbewerbs, S. 68 ff., 139 ff.

512 BGHZ 35, 329 ff. = BGH NJW 1962, 37 ff. („Kindersaugflasche").

513 Seitdem st. Rsp.: BGHZ 40, 391 (395) („Stahlexport"); vgl. dazu auch die ausführliche Entscheidungsrezension von: Beitzke, JuS 1966, 139; BGH NJW 1971, 323 („Tampax"); BGH GRUR 1982, 495 (497); („Domgarten-Brand"); BGH NJW 1998, 1227 („Gewinnspiel im Ausland").

514 BGHZ 35, 329 ff. = BGH NJW 1962, 37 (39) („Kindersaugflasche").

515 BGHZ 40, 391 (395) („Stahlexport"); BGH NJW 1971, 323 („Tampax"); BGH NJW 1977, 2211 („Weltweit-Club"); BGH GRUR 1982, 495 („Domgarten-Brand"); BGH NJW-RR 1995, 810 („Kupplungsvorrichtungen"); BGH NJW 1998, 1227 („Gewinnspiel im Ausland").

Interessenkollision in der Regel denjenigen an, an dem die konkurrierenden Waren im Wettstreit um die Gunst der Käufer einander gegenübertreten.[516]

Von vereinzelten abweichenden Entscheidungen[517] abgesehen, knüpft die Rechtsprechung seit der „Kindersaugflaschen-Entscheidung"[518] grundsätzlich an das Recht des Ortes der wettbewerblichen Interessenkollision als dem kollisionsrechtlich relevanten Marktort an.

b) Ansätze der Literatur

Auch in der Literatur ist die wettbewerbsspezifische Bestimmung des Tatortes herrschend.[519] Die Tatortregel des internationalen Deliktsrechts kommt

[516] OLG Düsseldorf NJW 1994, 869; OLG Hamm AWD 1970, 31 (32).

[517] Nur vereinzelt findet sich die Berufung auf das Günstigkeitsprinzip des internationalen Deliktsrechts. So stellt der BGH etwa in der Entscheidung „Unternehmensberatungsgesellschaft I" (BGH NJW 1987, 1323) trotz ausdrücklichen Bekenntnisses zur wettbewerbspezifischen Bestimmung des Begehungsortes auf das günstigere deutsche Recht am Handlungsort ab (BGH NJW 1987, 1323 [1325] [„Unternehmensberatungsgesellschaft I"]). Inkonsequent angewandt wird die Marktortregel auch in der Entscheidung des OLG Hamburg v. 15. Mai 1985 (OLG Hamburg GRUR Int. 1987, 105), in der das Gericht die Frage, ob an den deutschen Verbreitungsort der Werbung anzuknüpfen sei, dahingestellt ließ und ausländisches Recht zur Anwendung berief, da es für die Klägerin *„nicht von Nachteil"* sei. Damit geht das OLG Hamburg in der Entscheidung implizit von dem Günstigkeitsprinzip aus.

[518] BGHZ 35, 329 ff = BGH NJW 1962, 37 ff. („Kindersaugflasche").

[519] Daneben werden in der Literatur weitere Ansätze zur Bestimmung des maßgeblichen Anknüpfungsmoments diskutiert. Von einem Teil der Literatur vertreten wird zunächst das sogenannte Schutzlandprinzip. Nach dieser Auffassung überlagert, ergänzt und begrenzt das Wettbewerbsrecht das Recht der gewerblichen Schutzrechte. Daher sei die im Immaterialgüterrecht geltende Anknüpfung an das Recht des Schutzlands auch für das Wettbewerbsrecht sachgerecht (*von Gamm*, Wettbewerbsrecht, Kap. 6 Rn. 3; *Sandrock*, GRUR Int. 1985, 507 [518]). Allerdings schützt das Recht des unlauteren Wettbewerbs nicht nur die Mitbewerber, sondern dient vielmehr auch dem Schutz der Abnehmer und der Allgemeinheit (Pluralität der Schutzadressaten). Im Europäischen Wirtschaftsrecht ist dieser dreifache Schutzzweck in Art. 1 der Richtlinie über irreführende Werbung festgeschrieben, Richtlinie 97/55/EG des Europäischen Parlaments und des Rates v. 6. Oktober 1997 zur Änderung der Richtlinie 84/450/EG über irreführende Werbung zwecks Einbeziehung der vergleichenden Werbung, ABl. EG Nr. L 290, S. 18 v. 23. 10. 1997. Es geht im Wettbewerbsrecht also nicht um den Schutz absoluter Rechte, sondern um die Wahrung einer Vielzahl von unterschiedlichen Interessen. Das Schutzlandprinzip beruht auf eindeutig lokalisierten, dem Rechtsträger ausschließlich zugewiesenen Rechtspositionen. Solche sind indes gerade nicht Schutzgut des Wettbewerbsrechts. In Ermangelung eines Schutzgegenstandes im Sinne eines Ausschließlichkeitsrechts ist das Schutzlandprinzip auf die Anknüpfung von Wettbewerbsverstößen nicht übertragbar

modifiziert über die wettbewerbsspezifische Bestimmung des Begehungsortes zur Anwendung.[520] Innerhalb der herrschenden Meinung werden aber unterschiedliche Ansätze hinsichtlich der Ortsbestimmung vertreten. So wird einerseits an den Ort der verletzten wettbewerblichen Interessen angeknüpft,[521] andere stellen auf den Schwerpunkt des Wettbewerbsverstoßes ab[522] oder den Ort der Einwirkung auf die Marktgegenseite[523] sowie auf den Ort der Wettbewerbshandlung.[524] Indes sind diese Konkretisierungen im Ergebnis nur

(Ebenso: *Kreuzer*, in: von Caemmerer, Vorschläge und Gutachten zur Reform des deutschen internationalen Privatrechts der außervertraglichen Schuldverhältnisse, S. 232 [269]).

Weiterhin vertreten wird die sogenannte sachnormzweckbezogene Anknüpfung (*Deutsch*, Wettbewerbstatbestände, S. 43 ff.) Mit dieser an die einzelnen Schutzrichtungen des Wettbewerbsrechts anknüpfenden Auffassung soll den jeweils materiellrechtlich geschützten Interessen kollisionsrechtlich Bedeutung verschafft werden. Es wird je nach den berührten Rechtspositionen entschieden, ob ein legitimes Rechtsanwendungsinteresse besteht. Danach sind Beeinträchtigungen von Abnehmern und der Mitbewerbergesamtheit an dem Ort anzuknüpfen, an dem der Wettbewerb stattfindet. Dagegen ist für die Beeinträchtigung von Belangen einzelner Konkurrenten grundsätzlich der Ort der Niederlassung des jeweiligen Mitbewerbers maßgeblich. Der sachnormzweckbezogene Ansatz führt allerdings nur dann zu praktikablen Ergebnissen, wenn die jeweilige Wettbewerbsnorm nur einen Adressaten schützt. Für das Wettbewerbsrecht ist aber gerade ein Ineinandergreifen von Interessen der Mitbewerber, der Verbraucher und der Allgemeinheit typisch. Wessen Interessen im konkreten Fall überwiegend beeinträchtigt sind, wird bei einer großen Zahl von Fällen kaum auszumachen sein. Zudem schützen die meisten Wettbewerbsnormen sowohl den Wettbewerber als auch den Abnehmer. Daher ist ihnen eine eindeutige Schutzrichtung nicht zu entnehmen. Die Ansicht ist praktisch nicht umzusetzen.

520 Staudinger/*von Hoffmann*, Art. 40 EGBGB Rn. 311; Großkommentar/*Schricker*, Einl. UWG Rn. F 184; *Kreuzer*, in: Münchener Kommentar, Art. 38 EGBGB Rn. 238; *Kreuzer*, in: von Caemmerer, Vorschläge und Gutachten zur Reform des deutschen internationalen Privatrechts der außervertraglichen Schuldverhältnisse, S. 232 (274 ff.); *Grandpierre*, Herkunftslandprinzip kontra Marktortanknüpfung, S. 8; Hdb. WettbewerbsR/*Wilde* § 6 Rn. 20; dazu: *Veelken*, in: Aufbruch nach Europa, S. 293 (306); *Dethloff*, Europäisierung des Wettbewerbsrechts, S. 59 ff.; *Riegl*, Streudelikte, S. 74 ff.

521 *Beitzke*, JuS 1966, 139 (143).

522 *Wirner*, Wettbewerbsrecht und IPR, S. 106 f.

523 *Sack*, GRUR Int. 1988, 320 (330).

524 *Kreuzer*, in: von Caemmerer, Vorschläge und Gutachten zur Reform des deutschen internationalen Privatrechts der außervertraglichen Schuldverhältnisse, S. 232 (274 ff.); *ders.*, in: Münchener Kommentar, Art. 38 EGBGB Rn. 234.

begrifflicher, nicht aber inhaltlicher Art. Entscheidend ist letztlich nach allen Ansichten der Marktort.[525]

Anders sieht dies eine neuerdings auch von *Fezer* vertretene Ansicht,[526] die nach dem Auswirkungsprinzip des internationalen Kartellrechts anknüpft.[527] Ausgangspunkt dieser Ansicht ist die Annahme, es gebe eine einheitliche öffentlichrechtliche Marktordnung, die auch das Wettbewerbsrecht umfasst, welche wegen des inneren Entscheidungseinklangs einheitlich anzuknüpfen sei. Im Unterschied zu der Interessenkollisionslösung des BGH wird die Anwendung deutschen Wettbewerbsrechts an die Auswirkungen auf einen nationalen Markt geknüpft, ohne dass der Frage der Einwirkung eine primäre Bedeutung zukäme. Damit erlangt der Schadenseintrittsort statutenbestimmende Bedeutung. Während das GWB aber dazu dient, den Markt von wettbewerbsverzerrenden und -beschränkenden Faktoren freizuhalten, und damit die Auswirkungen auf den Markt ein prägendes Merkmal eines jeden Marktordnungsrechts sind, erhebt das Wettbewerbsrecht die Auswirkungen von Wettbewerbsverstößen gerade nicht zum Tatbestandsmerkmal.[528] Nach dem Auswirkungsprinzip ist damit letztlich der Ort des Schadenseintritts maßgeblich, was zu Zufälligkeiten hinsichtlich der Anknüpfung führen kann.[529] Gegen diese Anknüpfung an den Schadenseintrittsort spricht ferner, dass dies einseitig einen in diesem Ausmaß nicht vorhandenen Marktordnungscharakter des Wettbewerbsrechts betont und dabei den individualschützenden Charakter des Wettbewerbsrechts vernachlässigt. Stellt man auf die Auswirkungen von Wettbewerbshandlungen ab, so erreicht man eine Anknüpfungssicherheit nur dann, wenn man eine Konkretisierung etwa dadurch vornimmt, dass man auf

---

525 *Grandpierre,* Herkunftslandprinzip kontra Marktortanknüpfung, S. 8; Staudinger/*von Hoffmann,* Art. 40 EGBGB Rn. 311; *Reese,* Grenzüberschreitende Werbung in der Europäischen Gemeinschaft, S. 12.

526 *Wengler,* RabelsZ 19 (1954), 401 (415 ff.); *Bär,* Kartellrecht, S. 371 (375 f.); *ders.,* in: Festschrift Moser, S. 143 ff.; *Weber,* GRUR Int. 1983, 26 (29); *Lichtenstein,* NJW 1964, 1208 (1213); jetzt auch: Staudinger/*Fezer,* Int. WirtschR., Rn. 394 ff.

527 Das Auswirkungsprinzip ist im internationalen Kartellrecht in § 130 Abs. 2 GWB gesetzlich verankert.

528 Staudinger/*von Hoffmann,* Art. 40 EGBGB Rn. 308; Großkommentar/*Schricker,* Einl. UWG Rn. F 215; *Kreuzer,* in: von Caemmerer, Vorschläge und Gutachten zur Reform des deutschen internationalen Privatrechts der außervertraglichen Schuldverhältnisse, S. 232 (270).

529 *Bernhard,* Das IPR des unlauteren Wettbewerbs, S. 261 ff.; *Sack,* GRUR Int. 1988, 320, 327; *Kreuzer,* in: Münchener Kommentar, Art. 38 EGBGB Rn. 234; Staudinger/*von Hoffmann,* Art. 40 EGBGB Rn. 309 f.; *Kreuzer,* in: von Caemmerer, Vorschläge und Gutachten zur Reform des deutschen internationalen Privatrechts der außervertraglichen Schuldverhältnisse, S. 232 (271).

eine unmittelbare Auswirkung abstellt.[530] Dieses sogenannte modifizierte Auswirkungsprinzip läuft aber im Ergebnis auf die Maßgeblichkeit des Ortes der wettbewerblichen Interessenkollision hinaus. Daher ist es präziser, unmittelbar auf diesen Ort abzustellen und nicht über den Umweg eines modifizierten Auswirkungsprinzips vorzugehen.[531] Für diese wettbewerbsspezifische Bestimmung spricht entscheidend, dass das Wettbewerbsrecht anders als das Kartellrecht in erster Linie dazu dient, bestimmte Verhaltensweisen zu verbieten und eben nicht auf einen Verletzungserfolg abstellt.

Maßgeblich ist daher der Ort, an dem die wettbewerblichen Interessen aufeinanderstoßen. Nur an diesem Ort kann der Erfolg der Störung der Marktverhältnisse auftreten.[532] Die Interessen der Wettbewerber kollidieren regelmäßig an dem Ort, an dem die Wettbewerbshandlung stattfindet. Anknüpfungsmoment im deutschen internationalen Wettbewerbsrecht ist mithin der Ort der wettbewerblichen Interessenkollision.

c) Rechtslage nach der EGBGB-Novelle

An der Maßgeblichkeit des Ortes der wettbewerblichen Interessenkollision für die Anknüpfung im internationalen Wettbewerbsrecht haben auch die aufgrund der EGBGB-Novelle[533] eingeführten Art. 40–42 EGBGB nichts geändert.[534] Zwar ist in dem neuen Gesetz die Marktortregel nicht normiert, allerdings kann daraus nicht geschlossen werden, dass das internationale Wettbewerbsrecht wieder den Regelungen des internationalen Deliktsrechts unterworfen werden

---

530 Ließe man jede Auswirkung genügen, so ergäbe sich im Ergebnis kein Unterschied zu der Rechtsprechung des Reichsgerichts, die kraft weiter Auslegung des Handlungsortes in allen Fällen zur Anwendung deutschen Rechts kam.

531 Ebenso: Staudinger/*von Hoffmann*, Art. 40 EGBGB Rn. 310; Großkommentar/*Schricker*, Einl. UWG Rn. F 184; *Kreuzer*, in: Münchener Kommentar, Art. 38 EGBGB Rn. 238; *ders.*, in: von Caemmerer, Vorschläge und Gutachten zur Reform des deutschen internationalen Privatrechts der außervertraglichen Schuldverhältnisse, S. 232 (272).

532 BGHZ 35, 329 (334) („Kindersaugflasche"); BGHZ 40, 391 (394) („Stahlexport").

533 Gesetz zum Internationalen Privatrecht für außervertragliche Schuldverhältnisse und Sachen v. 21. 05. 1999, BGBl. 1999 I 1026. Dazu ausführlich: *Kreuzer*, RabelsZ 65 (2001), 383 ff.

534 Siehe zur Neuregelung: Staudinger/*von Hoffmann*, Art. 40 EGBGB Rn. 301; *von Hoffmann*, IPRax 1996, 1; *Staudinger*, DB 1999, 1589; *Wagner*, IPRax 1999, 210; *Dethloff*, Europäisierung des Wettbewerbsrechts, S. 59 ff.; *Mankowski*, GRUR Int. 1999, 909; *Spickhoff*, NJW 1999, 2209; *ders.*, IPRax 2000, 1; *Kreuzer*, RabelsZ 65 (2001), 383 (417 ff.); *Huber*, JA 2000, 67; *Sack*, WRP 2000, 269.

sollte.[535] Dies hätte zumindest einer ausdrücklichen Klarstellung bedurft. Eine solche findet sich indes weder in den Materialien noch im Gesetzestext selbst. Im Gegenteil: Nach der Begründung des Gesetzesentwurfs soll die Novelle ausdrücklich die Fortführung der Rechtsprechung auf gesicherter Grundlage ermöglichen.[536]

Der Referentenentwurf von 1984[537] sah noch eine Kodifikation dieser Rechtsprechung vor.[538] Gemäß Art. 40 Abs. 2 Nr. 2 EGBGB-Entwurf sollte an die Stelle des Tatortrechts im internationalen Wettbewerbsrecht grundsätzlich das Recht des Staates treten, auf dessen Markt die Wettbewerbsmaßnahme einwirkt.[539] Aus der fehlenden Übernahme dieser Regelung in der Fassung des Referentenentwurfs von 1984 kann aber keine Abkehr von den Grundsätzen der Rechtsprechung zum internationalen Wettbewerbsrecht geschlossenen werden.[540] Ausweislich der Begründung des Gesetzesentwurfs lässt sich eine kollisionsrechtliche Anknüpfung des internationalen Wettbewerbsrechts, entsprechend den Grundsätzen der bisherigen Rechtsprechung, auch ohne die

---

535 *Kreuzer*, RabelsZ 65 (2001), 383 (417 ff.); Kropholler, IPR, § 53 VI 1; Staudinger/*von Hoffmann*, Art. 40 EGBGB Rn. 301.

536 Entwurf eines Gesetzes zum Internationalen Privatrecht für außervertragliche Schuldverhältnisse und für Sachen, BT-Drs. 14/343 v. 01. 02. 1999, S. 1.

537 Entwurf eines Gesetzes zur Ergänzung des internationalen Privatrechts (außervertragliche Schuldverhältnisse und Sachen) des Bundesjustizministeriums von 1984, abgedruckt bei: *Beier/Schricker/Ulmer*, Stellungnahme des Max-Planck-Instituts für ausländisches und internationales Patent-, Urheber- und Wettbewerbsrecht, GRUR Int. 1985, 104 (107).

538 Damit schloss er sich dem Vorschlag der Zweiten Kommission des Deutschen Rates für Internationales Privatrecht aus den Jahren 1981/1982 an. Abgedruckt bei: *von Caemmerer*, Vorschläge und Gutachten zur Reform des deutschen internationalen Privatrechts der außervertraglichen Schuldverhältnisse, S. 1 ff. Dazu: *Kreuzer*, RabelsZ 65 (2001), 383 (417 ff.).

539 Art. 40 Abs. 2 Nr. 2 EGBGB-Entwurf: „An die Stelle des nach Abs. 1 maßgebenden Rechts tritt bei Ansprüchen aus unlauterem Wettbewerb das Recht des Staates, auf dessen Markt die Wettbewerbsmaßnahme einwirkt, es sei denn, dass allein oder überwiegend die Geschäftsinteressen eines bestimmten Wettbewerbers betroffen sind."; Entwurf eines Gesetzes zur Ergänzung des internationalen Privatrechts (außervertragliche Schuldverhältnisse und Sachen) des Bundesjustizministeriums von 1984, abgedruckt bei: Beier/Schricker/Ulmer, Stellungnahme des Max-Planck-Instituts für ausländisches und internationales Patent-, Urheber- und Wettbewerbsrecht, GRUR Int. 1985, 104 (107).

540 Staudinger/*von Hoffmann*, Art. 40 EGBGB Rn. 301; *Staudinger*, DB 1999, 1589 (1591); *Wagner*, IPRax 1999, 210; *Dethloff*, Europäisierung des Wettbewerbsrechts, S. 59 ff.; Staudinger/*Fezer*, Int. WirtschR., Rn. 339; *Mankowski*, GRUR Int. 1999, 909 (910); *Kreuzer*, RabelsZ 65 (2001), 383 (417 ff.).

Einführung einer Spezialnorm erreichen,[541] und zwar „jedenfalls“[542] unter Rückgriff auf die Ausweichklausel des Art. 41 EGBGB.[543] Dieses „jedenfalls“ besagt aber, dass die Marktortregel nicht zwingend in Art. 41 EGBGB zu verorten ist. Eine generelle Lösung über die Ausweichklausel begegnet erheblichen methodischen Bedenken.[544] Ausweichklauseln dienen systematisch dazu, Funktionsverfehlungen in Einzelfällen zu korrigieren; sie sollen aber nicht eine von der Regelanknüpfung abweichende Anknüpfungsmaxime generell einführen.[545]

Methodisch vorzugswürdig ist es daher, die Marktortanknüpfung durch korrigierende Auslegung in Art. 40 Abs. 1 EGBGB zu verorten. Problematisch ist allerdings der Vorrang des Handlungsortes in Art. 40 Abs. 1 S. 1 EGBGB. Der Erfolgsort hat nach Art. 40 Abs. 1 S. 2 EGBGB nur ausnahmsweise Relevanz. Noch deutlicher wird der Vorrang des Handlungsortes in Art. 40 Abs. 1 S. 3 EGBGB, in dem das Wahlrecht des Geschädigten zugunsten der Erfolgsortanknüpfung engen Präklusionsgrenzen unterworfen wird. Das Wahlrecht ist also als echtes Optionsrecht ausgestaltet.[546] Der Marktort als der Ort der wettbewerblichen Interessenkollision ist aber der Erfolgsort des Wettbewerbsverstoßes. Der Ort, an dem die wettbewerbsrelevante Handlung ausgeführt wurde, dürfte oft der Ort der bloßen Vorbereitungshandlung sein und mithin gerade keine Berücksichtigung finden.

Abhilfe ist dadurch zu erlangen, dass man den Marktort sowohl als Handlungs- als auch als Erfolgsort begreift.[547] Handlungs- und Erfolgsort fallen also am

---

541 Entwurf eines Gesetzes zum Internationalen Privatrecht für außervertragliche Schuldverhältnisse und für Sachen, BT-Drs. 14/343 v. 01. 02. 1999, S. 10.

542 „*[...]Solche grundsätzlichen Lösungen werden sich, jedenfalls mit Hilfe von Artikel 41 EGBGB-E, ohne Spezialnorm erzielen lassen. Daher soll auf eine Sonderregel verzichtet werden. Die Fassung einer solchen Bestimmung und insbesondere die Abgrenzung der Ausnahme, die zur Grundregel des Artikel 40 Abs. 1 EGBGB-E zurückführen müsste, wären zudem streitträchtig.*“ BT-Drs. 14/343, 10.

543 Vgl. dazu: Staudinger/*von Hoffmann*, Art. 40 EGBGB Rn. 301; *von Hoffmann*, IPR, § 11 Rn. 51; *Kropholler*, IPR, § 53 VI 1; *Schaub*, RabelsZ 66 (2002), 18 (53); *Katzenberger*, in: Neuordnung des Wettbewerbsrechts, S. 218 (225); *Thünken*, IPRax 2001, 15 (16).

544 Kritisch auch: *Dethloff*, Europäisierung des Wettbewerbsrechts, S. 59 ff.; *Mankowski*, GRUR Int. 1999, 909 (910).

545 *Dethloff*, Europäisierung des Wettbewerbsrechts, S. 59 ff.; *Mankowski*, GRUR Int. 1999, 909 (910).

546 Dazu: *Mankowski*, GRUR Int. 1999, 909 (910); *Staudinger*, DB 1999, 1589 (1591).

547 Während das Institut de Droit International 1983 in seiner Resolution noch zwischen Handlungs- und Erfolgsort im Wettbewerbskollisionsrecht differenzierte (Art. II b des Regelungsvorschlags zum internationalen Wettbewerbsrechts, abgedruckt bei:

Marktort zusammen.[548] Der Handlungsort ist daher nicht der Ort, an dem die wettbewerbsrelevante Handlung ausgeführt wurde, sondern vielmehr der Ort der Einwirkung auf die Marktgegenseite. Nach der hier vertretenen Auffassung ist eine Verortung der Marktortregel in Art. 40 Abs. 1 S. 1 EGBGB daher möglich.[549]

Die IPR-Novelle hat also an den von der Rechtsprechung für das internationale Wettbewerbsrecht entwickelten Grundsätzen nichts geändert.

2. Einzelfragen

a) Lokalisierung des Wettbewerbshandlungsortes

Um festzustellen, wo der maßgebliche Marktort ist, ist auszumachen, welche Interessen wo kollidieren. Auszugehen ist insoweit von der Definition *Kreuzers*, wonach der Markt anknüpfungsrelevant ist, *„auf den die Wettbewerbsmaßnahme einwirken soll"*.[550] Dies ist grundsätzlich der Markt, auf dem die Produkte oder Dienstleistungen miteinander konkurrieren. Der Marktort ist mithin dort zu lokalisieren, wo Angebot und Nachfrage aufeinander stoßen. Dieser Anknüpfungsansatz entspricht im Wesentlichen der Bestimmung des Ortes der wettbewerblichen Interessenkollision nach der Rechtsprechung des BGH. Schon in der „Kindersaugflaschenentscheidung" hat der BGH an den Ort angeknüpft, an dem der *„Nachahmer unmittelbar im Wettstreit um den Kunden in die wettbewerbliche Stellung eines Mitbewerbers eingegriffen oder das dort bestehende Interesse der Allgemeinheit, vor Täuschungen bewahrt zu bleiben, verletzt hat."*[551] Deutlich herausgestellt hat der BGH diesen Ansatz zuletzt in der

Reese/Vischer, Annuaire de l' Institut de Droit International 60/ I [1983], 159 [161 f.]); empfahl die im Auftrag der Haager Konferenz für IPR vorgelegte Studie von *Dyer* bereits die Anknüpfung an den Marktort. Vgl.: *Dyer*, Recueil des Cours 211 (1988 IV), 373 (443).

548 Im Ergebnis ebenso: *von Bar*, IPR II, Rn. 696; *Dethloff*, Europäisierung des Wettbewerbsrechts, S. 59 ff.; *Sack*, WRP 2000, 269 (272).

549 Abweichend: *Mankowski*, GRUR Int. 1999, 909 (910); Staudinger/*von Hoffmann*, Art. 40 EGBGB Rn. 301; *von Hoffmann*, IPR, § 11 Rn. 51; *Kreuzer*, in: Münchener Kommentar, Art. 38 EGBGB Rn. 240.

550 *Kreuzer*, in: von Caemmerer, Vorschläge und Gutachten zur Reform des deutschen internationalen Privatrechts der außervertraglichen Schuldverhältnisse, S. 232 (277).

551 BGHZ 35, 329 ff = BGH NJW 1962, 37 (39) („Kindersaugflasche").

Entscheidung „Kauf im Ausland".[552] In dieser Entscheidung führte der BGH aus, als Ort der wettbewerblichen Interessenkollision sei grundsätzlich der Marktort anzusehen, *„an dem durch das Verhalten im Wettbewerb mit anderen Unternehmen auf die Entschließung des Kunden eingewirkt werden soll"*.[553] Gerade an diesem Ort besteht ein dringendes Interesse daran, dass die Wettbewerbsregeln von allen Mitbewerbern eingehalten werden, gleichgültig wo Wohnsitz und Niederlassung der Teilnehmer sind.[554] Die Chancengleichheit im Wettbewerb wird nur gewährleistet, wenn für alle Teilnehmer die gleichen Regeln gelten. Daher hat der Staat, auf dessen Gebiet sich der Wettbewerb abspielt, ein dringendes Interesse daran, dass die am Wettbewerbsort geltenden Wettbewerbsregeln von allen Marktbeteiligten eingehalten werden, gleichgültig wo sich deren Niederlassung befindet oder welche Staatsangehörigkeit sie haben.[555] Auf diese Weise werden Rechtssicherheit und *par conditio concurrentium* erreicht.

Maßgeblich ist daher auch bei Auseinanderfallen von Werbe- und Absatzmarkt der Werbemarkt. Unter dem Begriff des Absatzmarktes ist der Markt zu verstehen, an dem die Nachfrage nach der Leistung befriedigt wird.[556] Auf diesem Markt ist zwar das Absatzinteresse anderer Wettbewerber berührt, es handelt sich aber insoweit nur um Auswirkungen des zu beurteilenden Wettbewerbsverhaltens. Dies ergibt sich auch aus dem Sinn des Wettbewerbsrechts, das Verhaltensnormen enthält. Maßgeblich kann daher immer nur das Recht des Marktes sein, auf dem die Wettbewerbshandlung auf die zu beeinflussende Marktgegenseite einwirkt. Die Rechtssicherheit verbietet es mithin, bloße Auswirkungen der Wettbewerbshandlung zu berücksichtigen,

---

552 BGH NJW 1991, 1054 („Kauf im Ausland").

553 BGH NJW 1991, 1054 („Kauf im Ausland"): *„Dort soll das Wettbewerbsrecht unlauteres Konkurrenzverhalten verhindern, auf diesen Ort bezieht sich auch das durch das Wettbewerbsrecht ebenfalls geschützte – und deshalb bei der Rechtsanknüpfung ebenfalls zu beachtende – Interesse der Allgemeinheit an einem lauteren Wettbewerb bei der Gewinnung von Kunden und das Interesse der möglichen Kunden, als Marktteilnehmer vor unlauterem Verhalten bei der Werbung und dem Abschluß von Verträgen geschützt zu werden."*

554 So auch: *Sack*, GRUR Int. 1988, 320 (324); *Kreuzer*, in: von Caemmerer, Vorschläge und Gutachten zur Reform des deutschen internationalen Privatrechts der außervertraglichen Schuldverhältnisse, S. 232 (277); *ders.*, in: Münchener Kommentar, Art. 38 EGBGB Rn. 240; Staudinger/*von Hoffmann*, Art. 40 EGBGB Rn. 314; *Bernhard*, Das IPR des unlauteren Wettbewerbs in den Mitgliedstaaten der EG, S. 271 ff.

555 Siehe dazu die Darstellung bei: *Kreuzer*, in: von Caemmerer, Vorschläge und Gutachten zur Reform des deutschen internationalen Privatrechts der außervertraglichen Schuldverhältnisse, S. 275.

556 Staudinger/*Fezer*, Int. WirtschR., Rn. 411, ferner Rn. 372.

deren territoriale Reichweite nicht vorhersehbar ist.[557] Daraus ergeben sich weitere Differenzierungen im Hinblick auf die Marktortregel.

b) Gemeinsames Heimat- und Aufenthaltsrecht

In der „Stahlexport-Entscheidung“[558] hat der BGH gegenüber dem Grundsatz der „Kindersaugflaschen-Entscheidung“ eine Einschränkung im Sinne der „Nußbaumschen-Regel“ gemacht. In dieser Entscheidung führte der BGH aus, der Ort der Interessenkollision sei zwar grundsätzlich unabhängig von dem Sitz der beteiligten Unternehmen zu bestimmen; deutsches Wettbewerbsrecht sei aber anwendbar, wenn sich der Wettbewerb auf dem Auslandsmarkt ausschließlich zwischen inländischen Unternehmen abspiele oder wenn die Wettbewerbshandlung sich speziell gegen den inländischen Mitbewerber richte. Der BGH begründet diesen Standpunkt damit, es sei *„in Fällen dieser Art unter dem Gesichtspunkt ausreichender Schutzgewährung geboten und für den Verletzer nicht unbillig, Inlandsrecht anzuwenden“.*[559] Durch die unmittelbare Richtung der Wettbewerbshandlung gegen einen Inländer sei eine besondere Inlandsbeziehung gegeben. Diese Grundsätze gelten indes dann nicht, wenn zwar zwei inländische Unternehmen auf einem ausländischen Markt konkurrieren, in erster Linie aber doch die Interessen der Allgemeinheit auf dem Auslandsmarkt berührt sind.[560] Bei gemeinsamem ausländischem Personalstatut

---

557 So im Ergebnis auch: BGH NJW 1992, 1054 (1055); *Sack*, GRUR Int. 1988, 320 (323); *Kreuzer*, in: Münchener Kommentar, Art. 38 EGBGB Rn. 241; Staudinger/*von Hoffmann*, Art. 40 EGBGB Rn. 329; Großkommentar/*Schricker*, Einl. UWG, Rn. F 204; kritisch zum Begriff des Absatzmarkes: *Lindacher*, WRP 1996, 645 (648); a.A. Staudinger/*Fezer*, der sich gegen eine grundsätzliche Vorrangstellung des Werbemarktes wendet und vielmehr innerhalb der in Betracht kommenden Anknüpfungsorte nach dem Günstigkeitsprinzip entscheiden will; Staudinger/*Fezer*, Int. WirtschR., Rn. 418.

558 BGHZ 40, 391 (395) = BGH NJW 1964, 969 („Stahlexport“).

559 BGH NJW 1964, 969 (972).

560 BGH GRUR 1982, 495 („Domgarten-Brand“). In dieser Entscheidung ging es um den Vertrieb von in Deutschland etikettiertem Lagerwein britischer Importeure auf dem englischen Markt. Der Wein wurde mit einer zusätzlichen britischen Marke vertrieben, die von dem englischen Verbraucher irrig als Lagebezeichnung aufgefasst werden konnte. Aufgrund der britischen Konsumenteninteressen war britisches Recht anzuwenden, auch wenn es sich um einen Streit zwischen einem deutschen gewerblichen Verband gegen eine deutsche Weinkellerei handelte.

bleibt es nach der Rechtsprechung des BGH bei der Maßgeblichkeit des Ortes der wettbewerblichen Interessenkollision.[561]

Gegen die einseitige Anwendung des gemeinsamen deutschen Personalstatuts bestehen indes grundsätzliche Bedenken. Der BGH stellt in den fraglichen Entscheidungen darauf ab, es seien ausschließlich inländische Interessen betroffen, da sich das Wettbewerbsverhalten alleine gegen den Kläger gerichtet habe. Der BGH fügte aber selbst hinzu, *„das etwaige Interesse Dritter an der Verhinderung einer Irreführung"* trete dahinter zurück.[562] Schon aus diesen Erwägungen wird deutlich, dass bei wettbewerblichen Maßnahmen Drittinteressen typischerweise ebenfalls betroffen sind. Gegen eine Abweichung vom Marktortrecht bei überwiegendem Betroffensein von inländischen Interessen spricht schon die sich daraus zwangsläufig ergebende Rechtsunsicherheit. Das unvorhergesehene Hinzutreten eines Konkurrenten gleicher Nationalität hätte ihm gegenüber eine Änderung des Wettbewerbsstatuts zur Folge. Zudem führt dieser Ansatz zu einer Beeinträchtigung der *par conditio concurrentium.* Sowohl die Anwendung eines strengeren als auch die eines großzügigeren Wettbewerbsrechts führt demzufolge zu *„kollisionsrechtlich bedingten Wettbewerbsverzerrungen."*[563] Die Marktbezogenheit der Maßnahme löst das typische Ineinandergreifen der im Wettbewerbsrecht betroffenen Interessen aus, weshalb allein die Anwendung des Marktortrechts sachgerecht ist.[564] Daher ist bei marktbezogenen Wettbewerbsverletzungen die Anknüpfung an das gemeinsame inländische Personalstatut abzulehnen.

c) Rechtswahl

Problematisch ist auch die Zulässigkeit von Rechtswahlvereinbarungen im internationalen Wettbewerbsrecht. Die Rechtsprechung hat zu der Frage bisher

---

[561] BGH GRUR Int. 1988, 357 (358) („Ein Champagner unter den Mineralwässern"). In dem Fall erteilte der BGH der Maßgeblichkeit gemeinsamen ausländischen Personalstatuts eine ausdrückliche Absage.

[562] BGHZ 40, 391 = BGH NJW 1994, 969 (972) („Stahlexport").

[563] *Sack,* GRUR Int. 1988, 320 (326); vgl. ferner: *Dethloff,* Europäisierung des Wettbewerbsrechts, S. 70 ff.; *Kreuzer,* in: Münchener Kommentar, Art. 38 EGBGB Rn. 251; Staudinger/*von Hoffmann,* Art. 40 EGBGB Rn. 318; *Lindacher,* WRP 1996, 645 (648); *von Bar,* IPR II, § 6 Rn. 700; kritisch auch: Staudinger/*Fezer,* Int. WirtschR., Rn. 477 ff.

[564] So auch: *Beier/Schricker/Ulmer,* Stellungnahme des Max-Planck-Instituts für ausländisches und internationales Patent-, Urheber- und Wettbewerbsrecht, GRUR Int. 1985, 104 (107). Vgl. aber zu europarechtlich gebotenen Abweichungen unten S. 156 ff.

nur vereinzelt Stellung genommen.[565] Während die Zulässigkeit einer Rechtswahlvereinbarung im internationalen Deliktsrecht allgemein anerkannt ist, stößt diese Ansicht für marktbezogene Wettbewerbshandlungen auf fast einhellige Ablehnung.[566] Gegen die Zulässigkeit einer nachträglichen Rechtswahl sprechen das Rechtsanwendungsinteresse des Marktstaates und der übrigen Marktbeteiligten sowie die Chancengleichheit im internationalen Wettbewerbsrecht.

Allerdings sieht nunmehr Art. 42 S. 1 EGBGB vor, dass die Parteien noch nachträglich das Recht wählen können, dem das außervertragliche Schuldverhältnis unterliegt. Problematisch ist, inwieweit eine Rechtswahl nach Art. 42 EGBGB im internationalen Wettbewerbsrecht die Marktortanknüpfung zu verdrängen vermag. Für eine weiterhin geltende generelle Ablehnung einer Rechtswahlmöglichkeit für marktbezogene Wettbewerbsverletzungen sprechen Drittinteressen sowie die Interessen der Allgemeinheit, die durch die nur inter partes geltende Rechtswahl beeinträchtigt werden könnten. Daher spricht einiges dafür, auch weiterhin eine Rechtswahl im internationalen Wettbewerbsrecht zu untersagen. Eine Grundlage dafür bietet Art. 42 S. 2 EGBGB, wonach Rechte Dritter ausdrücklich unter Vorbehalt gestellt werden.[567] An der Ablehnung der

---

565 Siehe dazu: KG WRP 1994, 185 (187) („Wiener Block").

566 *Sack*, GRUR Int. 1988, 320 (329); *Kreuzer*, in: Münchener Kommentar, Art. 38 EGBGB Rn. 249; Staudinger/*von Hoffmann*, Art. 40 EGBGB Rn. 343; *von Bar*, IPR II, § 6 Rn. 698; *Beier/Schricker/Ulmer*, Stellungnahme des Max-Planck Instituts für ausländisches und internationales Patent-, Urheber- und Wettbewerbsrecht, GRUR Int. 1985, 104 (107); *Kreuzer*, in: von Caemmerer, Vorschläge und Gutachten zur Reform des deutschen internationalen Privatrechts der außervertraglichen Schuldverhältnisse, S. 232 (280); *Lindacher*, WRP 1996, 645 (649); *von Hoffmann*, IPR, § 11 Rn. 53; *Kropholler*, IPR § 53 VII 1; *Regelmann*, Internationalprivatrechtliche Anknüpfung, S. 128.

567 Offen bleibt bei dieser Formulierung des Gesetzestextes indes, ob nur *Rechte* Dritter unberührt bleiben oder auch geschützte *Interessen*. Art. 42 EGBGB will bei der Berührung von Rechten Dritter durch die Rechtswahl nur diese Interessen aufrechterhalten und nicht die Rechtswahl an sich ausschließen. Diese lassen sich indes im internationalen Wettbewerbsrecht nicht von der gerichtlichen Entscheidung nach dem gewählten Recht trennen. Der Zweck des Art. 42 S. 2 EGBGB geht offenbar über seinen Wortlaut hinaus. Es soll den Parteien nicht ermöglicht werden, durch die Rechtswahl die berechtigten Interessen Dritter zu berühren. Das Wettbewerbsrecht regelt aber gerade einen umfassenden Interessenschutz, der auch die Interessen der Allgemeinheit und insbesondere des Verbraucherschutzes mit einschließt und mithin nicht einen auf die Prozessparteien beschränkten Interessenkonflikt. Diese Besonderheit des internationalen Wettbewerbsrechts rechtfertigt es, die Zulässigkeit einer nachträglichen Rechtswahl auszuschließen unter jedenfalls analoger Heranziehung des Art. 42 S. 2 EGBGB.

Rechtswahlmöglichkeit im internationalen Wettbewerbsrecht ist daher auch nach der Reform festzuhalten.[568]

d) Betriebsbezogene Wettbewerbshandlungen

Die Marktortanknüpfung stößt an Grenzen, wenn sich das Wettbewerbsverhalten unmittelbar gegen einen einzelnen Mitbewerber richtet. In einem solchen Fall beeinträchtigt die wettbewerbliche Maßnahme direkt den Betrieb eines Konkurrenten, während die Interessen der anderen Marktbeteiligten und der Allgemeinheit nur am Rande berührt sind. Tragender Grund für die wettbewerbsspezifische Anknüpfung ist gerade der Umstand, dass eine Berücksichtigung der Interessen aller Marktteilnehmer und der Allgemeinheit am Schutz der Wettbewerbsordnung am Marktort zu erfolgen hat. Dieser Anknüpfungsgrund entfällt bei Wettbewerbsmaßnahmen ohne unmittelbaren Marktbezug. Die wettbewerbsrelevante Maßnahme ermöglicht zwar dem Wettbewerber, eine Leistung anzubieten, zu der er rechtmäßig nicht in der Lage wäre, wodurch es auch bei betriebsbezogenen Wettbewerbsmaßnahmen zu einer Verschiebung der Chancengleichheit am Marktort kommen kann, wenn nicht an das Marktortrecht angeknüpft wird; indes fehlt es an der für die Lokalisierung des Marktortes erforderlichen Einwirkung auf einen anderen Marktteilnehmer.[569] Daher entfällt vorliegend die Rechtfertigung für eine Sonderanknüpfung.[570] Ein Teil der Literatur knüpft aufgrund dessen in diesen Fällen an den Ort der Betriebstätigkeit des verletzten Mitbewerbers an.[571] Indes steht bei betriebsbezogenen Wettbewerbsverletzungen wie im allgemeinen Deliktsrecht der Individualschutz im Vordergrund. Ein

---

568 So auch: *Sack*, WRP 2000, 269 (285); *Mankowski*, CR 2000, 763 (766); Staudinger/*Fezer*, Int. WirtschR., Rn. 470 ff.; a.A. *von Hoffmann*, IPR, § 11 Rn. 53, der darauf verweist, dass die Rechte Dritter in Art. 42 S. 2 EGBGB ausdrücklich unter Vorbehalt gestellt würden und daher Bedenken gegen die Zulässigkeit der Rechtswahl ausgeräumt seien. Anders dagegen noch in Vorauflage: *von Hoffmann*, IPR,[6] § 11 Rn. 53.

569 Vgl. dazu insbesondere die Darstellung bei: *Dethloff*, Europäisierung des Wettbewerbsrechts, S. 70 ff.

570 *Kreuzer*, in: Münchener Kommentar, Art. 38 EGBGB Rn. 236; *ders.*, in: von Caemmerer, Vorschläge und Gutachten zur Reform des deutschen internationalen Privatrechts der außervertraglichen Schuldverhältnisse, S. 232 (282); Staudinger/*von Hoffmann*, Art. 40 EGBGB Rn. 315; *Callmann*, GRUR Int. 1962, 438 (443); kritisch: *Beier/Schricker/Ulmer*, Stellungnahme des Max-Planck-Instituts für ausländisches und internationales Patent-, Urheber- und Wettbewerbsrecht, GRUR Int. 1985, 104 (107).

571 *Callmann*, GRUR Int. 1962, 438 (443); *Deutsch*, Wettbewerbstatbestände, S. 65 f.; *Troller*, Das IPR des unlauteren Wettbewerbs, S. 139 ff.

Abweichen von der Tatortregel scheint daher nicht geboten.[572] Nach dem Ubiquitätsprinzip ist daher entweder an den Handlungsort oder an den Erfolgsort anzuknüpfen, vgl. Art. 40 Abs. 1 EGBGB. Dies entspricht auch Art. 40 Abs. 2 Nr. 2 des Referentenentwurfs von 1984, der eine Ausnahme von der Marktortregel für den Fall vorsah, dass *„allein oder überwiegend die Geschäftsinteressen eines bestimmten Mitbewerbers betroffen sind.“*[573] Dass in der Neufassung keine dementsprechende Regelung vorhanden ist, bedeutet keine Abkehr von diesen Regelungen.[574]

III. Anknüpfung bei Multistate-Wettbewerb

1. Übertragung der allgemeinen Anknüpfungsgrundsätze

Einer besonderen Betrachtung bedürfen sogenannte Multistate-Wettbewerbshandlungen, auch Streudelikte genannt. Darunter sind solche Wettbewerbsmaßnahmen zu verstehen, die mehrere Länder berühren.[575] Fraglich ist, inwieweit sich die allgemeinen Anknüpfungsgrundsätze in Fällen heranziehen lassen, in denen es nicht einen alleinigen Marktort gibt, sondern viele von einer Wettbewerbsmaßnahme berührte Märkte. Auch bei Streudelikten gilt im Grundsatz die Marktortregel.[576] Die Folge ist indes, dass bei Multistate-

---

[572] So auch: *Kreuzer*, in: Münchener Kommentar, Art. 38 EGBGB Rn. 236; *ders.*, in: von Caemmerer, Vorschläge und Gutachten zur Reform des deutschen internationalen Privatrechts der außervertraglichen Schuldverhältnisse, S. 232 (282); Staudinger/*von Hoffmann*, Art. 40 EGBGB Rn. 324 f.; a.A. Staudinger/*Fezer*, Int. WirtschR., Rn. 326 ff., der die marktordnungsspezifische Anknüpfung auch auf allgemein deliktsrechtliche Ansprüche erstrecken will.

[573] Entwurf eines Gesetzes zur Ergänzung des internationalen Privatrechts (außervertragliche Schuldverhältnisse und Sachen) des Bundesjustizministeriums von 1984, abgedruckt bei: *Beier/Schricker/Ulmer*, Stellungnahme des Max-Planck-Instituts für ausländisches und internationales Patent-, Urheber- und Wettbewerbsrecht, GRUR Int. 1985, 104 (107).

[574] Entwurf eines Gesetzes zum Internationalen Privatrecht für außervertragliche Schuldverhältnisse und für Sachen, BT-Drs. 14/343 v. 01. 02. 1999, S. 10. Vgl. ferner dazu: *von Hoffmann*, IPRax 1996, 1 (7).

[575] Siehe dazu die ausführlichen Darstellungen bei: *Sasse*, Grenzüberschreitende Werbung, S. 79 ff.; *Dethloff*, Europäisierung des Wettbewerbsrechts, S. 86 ff.; *Sack*, WRP 2000, 269 (273 ff.); *Baumbach/Hefermehl*, Einl. UWG Rn. 187 ff.; Staudinger/*von Hoffmann*, Art. 40 EGBGB Rn. 339; *Kreuzer*, in: Münchener Kommentar, Art. 38 EGBGB Rn. 248; *Hoth*, GRUR Int. 1972, 449.

[576] An der Maßgeblichkeit des Marktortprinzips hat die EGBGB-Novelle nichts geändert; vgl. dazu oben S. 116 ff.

Wettbewerbshandlungen letztlich das Recht aller Länder anwendbar ist, in denen auf die Marktgegenseite eingewirkt wurde.

Setzt ein Wettbewerber seine Waren in verschiedenen Ländern ab, dann sind, vorausgesetzt dass ein inländischer Gerichtsstand gegeben ist, mehrere Wettbewerbsordnungen nebeneinander anzuwenden, so dass das gleiche wettbewerbliche Verhalten in verschiedenen Ländern zu unterschiedlichen rechtlichen Beurteilungen führen kann. Dies führt wiederum dazu, dass bei weltweit tätigen Unternehmen die Vielzahl der relevanten Rechtsordnungen praktisch unüberschaubar ist. Der Werbetreibende muss sich im Ergebnis nach dem international strengsten Recht richten.

Diese Tatsache wirft die Frage auf, inwieweit die Marktortanknüpfung bei bestimmten Wettbewerbshandlungen präzisiert werden und unter Umständen eingeschränkt werden kann und muss.

2. Lokalisierung des Marktortes bei unterschiedlichen Wettbewerbshandlungen

Klassische Beispiele für Multistate-Wettbewerbshandlungen sind Werbeanzeigen in international verbreiteten Printmedien oder in international ausgestrahlten Rundfunk- und Fernsehsendungen. Auf diese grenzüberschreitend relevanten Wettbewerbshandlungen sind die allgemeinen Grundsätze zur kollisionsrechtlichen Anknüpfung grundsätzlich zu übertragen.[577] Die Anwendung der Marktortregel führt aber dazu, dass rechtlich nur der Teil der Wettbewerbshandlung untersagt wird, der auf den Markt des betreffenden Landes einwirkt.[578] Faktisch hat dies bei unteilbaren Wettbewerbshandlungen zur Folge, dass die gesamte wettbewerbliche Maßnahme aufgrund der Anwendung des strengsten Rechts untersagt werden kann.[579]

---

577 Vgl. die Darstellungen bei: *Sack*, GRUR Int. 1988, 320 (327 ff.); *Dethloff*, Europäisierung des Wettbewerbsrechts, S. 86 ff.; *Sack*, WRP 2000, 269 (273 ff.); *Baumbach/Hefermehl*, Einl. UWG Rn. 187 ff.; Staudinger/*von Hoffmann*, Art. 40 EGBGB Rn. 339; *Kreuzer*, in: Münchener Kommentar, Art. 38 EGBGB Rn. 248; *Hoth*, GRUR Int. 1972, 449; *Mook*, Internationale Rechtsunterschiede und nationales Wettbewerbsrecht, S. 56 ff.; *Kotthoff*, CR 1997, 676.

578 *Sack*, GRUR Int. 1988, 320 (328); *Schricker*, GRUR Int. 1982, 720 (724).

579 *Sandrock*, GRUR Int. 1985, 507 (521); *Sack*, GRUR Int. 1988, 320 (328); *ders.*, WRP 2000, 269 (274).

Es fragt sich daher, ob und inwieweit allen auch nur im entferntesten betroffenen nationalen Rechtsordnungen eine solche Ausschlagkraft zugebilligt werden darf. Ob und gegebenenfalls wo eine Einschränkung bei verschiedenen Arten von wettbewerbsmäßigen Handlungen vorgenommen werden kann, bedarf für die jeweils betroffenen Medien einer differenzierten Betrachtung.

a) Grenzüberschreitende Waren- und Dienstleistungserbringungen

Der Absatzmarkt vieler Produkte erstreckt sich heute auf das Gebiet mehrerer Staaten. Wird auf diese Weise auf unterschiedliche Märkte eingewirkt, so kommt im Grundsatz das Recht jedes Staates zur Anwendung, in den Waren exportiert werden.[580] Schwierigkeiten ergeben sich aber, wenn die Waren nicht durch den Unternehmer exportiert werden, sondern erst auf Bestellung eines Abnehmers auf den Markt des betreffenden Staates gelangen. Insoweit scheint eine Differenzierung danach angebracht, ob das Unternehmen gezielt Produkte auf dem ausländischen Markt anbietet oder ob die Initiative allein von dem Kunden ausgeht, ohne dass Marketingaktivitäten des Unternehmers zu verzeichnen wären.

Bei gezieltem grenzüberschreitendem Absatz ist es gerechtfertigt, an den Marktort anzuknüpfen. Es kann kollisionsrechtlich nicht relevant sein, von wo die Absatztätigkeit ausging; allein maßgeblich ist vielmehr der Ort der Einwirkung auf den Kunden. Andernfalls käme man wieder zu der Beachtung bloßer Initiativhandlungen, die nach der „Kindersaugflaschen-Entscheidung" zu Recht keine Berücksichtigung mehr gefunden haben. Eine generelle Anknüpfung an den Unternehmenssitz bei Absatzhandlungen auf Bestellung erscheint daher verfehlt.[581] Auch die entgegengesetzte Ansicht, die stets an den Sitz des Nachfragers anknüpft, vermag nicht zu überzeugen.[582]

Diese führt dann nicht zu sachgerechten Ergebnissen, wenn die Produkte oder Dienste nicht gezielt am Sitz des Bestellers vermarktet werden. In diesem Fall geht die Absatzhandlung also nicht vom Ausland aus, sondern wird vom Inland bestellt. Die wettbewerblichen Interessen werden am Sitz des Bestellers also nicht berührt. Bei nur minimalem Inlandsabsatz erfordern weder der Schutz des inländischen Marktes noch die Interessen der Abnehmer die Anwendung

580 Vgl. dazu: *Dethloff*, Europäisierung des Wettbewerbsrechts S. 86 ff.

581 So aber: *Sack*, GRUR Int. 1988, 320 (324).

582 So: Staudinger/*Fezer*, Int. WirtschR., Rn. 412.

inländischen Rechts.[583] Die Interessen der inländischen Mitbewerber sind in diesem Fall auch nur in geringem Maße berührt. Demgegenüber würde es aber für den Unternehmer eine nicht zu unterschätzende Beeinträchtigung bedeuten, wenn er bei jeder Bestellung aus dem Ausland seine Absatzhandlung nach dem jeweiligen Recht ausrichten müsste, um einer wettbewerblichen Haftung zu entgehen.[584] Daher erscheint es vor dem Hintergrund von Sinn und Zweck der Marktortanknüpfung nicht gerechtfertigt, bei grenzüberschreitenden Waren- und Dienstleistungserbringungen undifferenziert an den Marktort anzuknüpfen, wenn die Initiative alleine von einem Kunden in einem anderen Staat ausgeht und es an einer Marktaktivität des Unternehmers gänzlich fehlt.[585]

Es erscheint daher gerechtfertigt, das Kriterium der kollisionsrechtlichen Spürbarkeitsgrenze, das von einer im Vordringen befindlichen Ansicht[586] für grenzüberschreitende Werbung vertreten wird, auch für grenzüberschreitende Waren- und Dienstleistungen heranzuziehen.[587] Danach ist ein Marktort nur dann anknüpfungsrelevant, wenn die Wettbewerbsmaßnahme geeignet ist, das Geschehen am Marktort spürbar zu beeinflussen.[588] Einzelne Absatzhandlungen

---

583 Vergegenwärtigt man sich Sinn und Zweck der Marktortanknüpfung im internationalen Wettbewerbsrecht, so ist zu konstatieren, dass bei Fehlen jeglicher Vermarktungstätigkeit im Inland die Interessen der inländischen Marktteilnehmer, die es zum Ausgleich zu bringen gilt, nur marginal berührt sind.

584 *Dethloff*, Europäisierung des Wettbewerbsrechts, S. 86 ff.

585 Dieser Sachverhalt kann letztlich nicht anders zu beurteilen sein, als wenn der Besteller sich selbst ins Ausland begeben hätte, um die Waren am Unternehmenssitz zu erwerben. Die alleinige Tatsache, dass er nicht körperlich präsent seine Bestellung aufgibt, sondern mittels eines Mediums, kann nicht kollisionsrechtlich zu einer gänzlich unterschiedlichen Beurteilung führen. So auch: *Sack*, GRUR Int. 1988, 320 (324); *Dethloff*, Europäisierung des Wettbewerbsrechts, S. 86 ff.

586 Vgl. dazu: *Dethloff*, Europäisierung des Wettbewerbsrechts, S. 94 ff.; *Hoth*, GRUR Int. 1972, 449 (454); *Sack*, GRUR Int. 1988, 320 (328); *Regelmann*, Die internationalprivatrechtliche Anknüpfung des Gesetzes gegen unlauteren Wettbewerb, S. 150, Großkommentar/*Schricker*, Einl. UWG Rn. F 206.

587 Vgl. dazu im Einzelnen unten S. 132 ff.

588 Zwar beurteilt sich grundsätzlich die Wettbewerbsmäßigkeit einer Absatzhandlung auch bei nur geringer Absatztätigkeit nach dem Marktort, da der bloße Absatzerfolg nicht über die Anwendbarkeit eines bestimmten Rechts zu entscheiden vermag. Rechtssicherheit und Praktikabilität stehen dieser Vorgehensweise entgegen. Werden die Waren oder Dienstleistung aber gar nicht auf einem bestimmten Markt angeboten, so ist nur eine marginale Beeinflussung des Marktes denkbar, so dass die vorgetragenen Argumente in diesem Fall nicht greifen. Sinn und Zweck der Marktortanknüpfung sowie das Kriterium der kollisionsrechtlichen Spürbarkeitsgrenze ergeben daher, dass es an einer spürbaren Beeinflussung fehlt, wenn der Unternehmer keinerlei Marketingaktivitäten auf dem betreffenden Markt entfaltet.

auf individuelle Bestellung hin vermögen den Markt nicht spürbar zu beeinflussen. Der Schutz der anderen Marktteilnehmer rechtfertigt es daher nicht, in diesem Fall das Marktortrecht anzuwenden.[589]

b) Werbung in Printmedien

Auch bei Wettbewerbshandlungen in Printmedien ist vom Marktortprinzip auszugehen. Allerdings führt nicht schon jeder mehr oder weniger zufällige Verkauf im Ausland zur Anwendung des ausländischen Wettbewerbsrechts.[590] Andererseits fragt sich dann aber, wann bei grenzüberschreitender Werbung in Printmedien ein ausreichender Bezug zu einer Rechtsordnung vorliegt, so dass ausländisches Wettbewerbsrecht zur Anwendung gelangt.[591]

In der „Primeros–Entscheidung“[592] stellt das Reichsgericht bezüglich der Wettbewerbsmäßigkeit von Anzeigen in deutschsprachigen tschechischen Zeitungen, die auch im deutschen Reich verkauft wurden, fest, dass die unerlaubte Handlung nicht nur dort begangen sei, wo das Presseerzeugnis erscheine, sondern vielmehr *„überall da, wo es verbreitet wird, also ihr zur Kenntnisnahme durch Dritte bestimmter Inhalt diesen zur Kenntnis gebracht wird.“*[593] Von einem Verbreiten könne allerdings nicht gesprochen werden,

---

589 Die dargelegten Prinzipien gelten grundsätzlich auch für die grenzüberschreitende Erbringung von Dienstleistungen. Begibt sich danach der Leistende in das Land des Bestellers, so wirkt die Handlung auch dort auf den Empfänger ein. Der Marktort befindet sich demnach am Sitz des Leistungsempfängers. Anders ist es dann, wenn sich Kunden von sich aus an das ausländische Dienstleistungsunternehmen wenden; in diesem Fall ist der Marktort am Sitz des Unternehmens anknüpfungsrelevant. *Dethloff*, Europäisierung des Wettbewerbsrechts, S. 86 ff.

590 BGH GRUR 1971, 153 (154) („Tampax“); BGH GRUR 1963, 670 (676) („Primeros“).

591 Von *Deutsch* wird eine Anknüpfung an das Recht des Hauptmarktes vorgeschlagen, während Nebenmärkte grundsätzlich unberücksichtigt bleiben sollen (*Deutsch*, JZ 1971, 732 [733]). Dagegen spricht indes, dass in dem Fall, in dem ein Markt in ganz erheblichem Maße von einer Wettbewerbshandlung in einem Druckerzeugnis betroffen ist, dies aber eben nicht der Hauptmarkt ist, die Interessen der anderen Marktteilnehmer unberücksichtigt bleiben müssten. Aus diesen Gründen vermag auch die Anknüpfung an das Recht des Herausgabeortes des Druckerzeugnisses oder an das Recht des Schwerpunkts der Wettbewerbsmaßnahme nicht zu überzeugen (*Wirner*, Wettbewerbsrecht und IPR, S. 106). Die von *Rabel (Rabel*, The Conflict of Laws II, S. 322 f., 334 f.) favorisierte Anknüpfung an den Redaktionsort verleitet zu missbräuchlicher Sitzverlegung in ein Land mit niedrigem Schutzniveau und führt daher zu unvertretbaren Ergebnissen (Staudinger/*von Hoffmann*, Art. 40 EGBGB Rn. 340).

592 RG GRUR 1936, 670 („Primeros“).

593 RG JW 1936, 1291 (1292) = RG GRUR 1936, 670 (676) („Primeros“).

„wenn nur da und dort einmal durch Dritte ein Stück oder eine Mehrzahl von Stücken der ausländischen Druckerzeugnisse über die Grenze gelangt.“[594] In dem zu entscheidenden Fall wurde ein Verbreiten im Sinne der vom Reichsgericht selbst gegebenen Definition indes mit dem Hinweis bejaht, dass die Versendung durch den Verlag *„im regelmäßigen Geschäftsbetrieb“* erfolgte. Mit einer derartigen Verbreitung in das gleichsprachige Nachbarland müsse *„ein Aufgeber von Anzeigen jedenfalls bei hauptstädtischen Zeitungen, die in der Sprache einer starken örtlichen Minderheit des angrenzenden Stammlandes geschrieben sind, jederzeit rechnen.“*[595]

Diese Argumentation übernahm der BGH in seiner bisher einzigen Entscheidung zur Werbung in Printmedien, der sogenannten „Tampax-Entscheidung“.[596] Der Fall betraf die wettbewerbliche Beurteilung von Werbeanzeigen eines englischen Unternehmens für die von ihr in der Schweiz vertriebenen Hygieneartikel. Die Werbung erschien in deutschsprachigen Schweizer Zeitungen, die zum Teil im Vertriebsweg nach Deutschland gelangten. Angesichts des Vertriebs in erheblichem Umfang im Inland ging der BGH in dieser Entscheidung von einer wettbewerblichen Interessenkollision im Inland aus.[597] Als entscheidungserheblich sah der BGH[598] dabei die

---

594 RG JW 1936, 1291 (1292) = RG GRUR 1936, 670 (676) („Primeros“).

595 RG GRUR 1936, 670 (676) („Primeros“).

596 BGH GRUR 1971, 153 („Tampax“).

597 Dabei führte der BGH, sich berufend auf die Entscheidung „Primeros“ des Reichsgerichts, wiederum das Kriterium des Vertriebs im *„regelmäßigen Geschäftsbetrieb“* als entscheidungsrelevant an. In der „Tampax–Entscheidung“ fehlt es indes an einer rechtlichen Einordnung zur Begründung der Maßgeblichkeit des Verbreitens im regelmäßigen Geschäftsbetrieb. Der BGH bezieht sich vielmehr auf die „Primeros-Entscheidung“ des Reichsgerichts, der allerdings ebenfalls keine Begründung des Kriteriums zu entnehmen ist. Das RG bezieht sich vielmehr zur Begründung auf eine frühere Entscheidung, RG v. 15. 5. 1891, RGZ 27, 418. Aus dieser Entscheidung kann indes die Voraussetzung eines regelmäßigen Geschäftsbetriebs nicht hergeleitet werden; vgl. dazu die eingehende Darstellung bei: *Sasse*, Grenzüberschreitende Werbung, S. 82 ff. Auch dogmatisch vermag die Maßgeblichkeit des Vertriebs im regelmäßigen Geschäftsverkehr nicht zu überzeugen. Grund für die Anknüpfung an den Marktort ist die Tatsache, dass hier die betroffenen Interessen aufeinander treffen und der Wettbewerb durch die wettbewerbsrechtliche Maßnahme beeinflusst wird. Eine solche Beeinflussung kann in ganz erheblichem Maße auch dann geschehen, wenn Druckerzeugnisse anders als im Rahmen des regelmäßigen Geschäftsbetriebs in den betreffenden Staat gelangen. Das Kriterium des Vertriebs im regelmäßigen Geschäftsbetrieb vermag daher keine sachgerechte Anknüpfung zu vermitteln. Ablehnend auch: *Sasse*, Grenzüberschreitende Werbung, S. 82 ff.; *Sack*, GRUR Int. 1988, 320 (328); anders jedoch: *Dethloff*, Europäisierung des Wettbewerbsrechts, S. 88 ff.

Voraussehbarkeit der grenzüberschreitenden Verbreitung für den Werbetreibenden an.[599] Allerdings kann es dabei nicht auf die subjektive Vorhersehbarkeit oder gar die Absicht des Werbetreibenden ankommen, sonst würde Missbrauch Tür und Tor geöffnet; eine erhebliche Rechtsunsicherheit wäre die Folge.[600] Vielmehr sind objektive Faktoren, wie die Sprache der Anzeigen, die Grenznähe, Indizien für die Vorhersehbarkeit der grenzüberschreitenden Verbreitung.[601]

Weitere Beschränkungen der maßgeblichen Marktorte deuten die Entscheidungen dadurch an, dass sie ausdrücklich eine Verbreitung in nicht unerheblichem Umfang verlangen. Dies wird durch den Hinweis klargestellt, das betreffende Ortsrecht könne nicht zur Anwendung gelangen, wenn *„nur da und dort einmal"* ein Presseerzeugnis über die Grenze gelange. Dieses Kriterium des Umfangs der Verbreitung des Druckerzeugnisses präzisierte und erläuterte der BGH in der „Tampax-Entscheidung", in der er nicht allein auf die Anzahl der Zeitungen abstellte, sondern vielmehr auf die Wirkung der Werbung auf den ausländischen Markt. Er kam zu der Schlussfolgerung, im zu entscheidenden Fall sei die deutsche Wettbewerbsrechtsordnung *„nicht nur am Rande oder in einem Nebenpunkt berührt"*.[602]

Diese Argumentation ist vor dem Hintergrund von Sinn und Zweck der Marktortanknüpfung überzeugend. Das Wettbewerbsrecht eines Staates ist dann anzuwenden, wenn die jeweilige Wettbewerbsmaßnahme auch geeignet ist, den Wettbewerb auf dem Markt *„nicht nur am Rande oder in einem Nebenpunkt"* zu beeinflussen. Der Sache nach entspricht dieses Kriterium der Lehre von der

598 Dies entspricht auch der Rechtsprechung des RG, vgl.: RG GRUR 1936, 670 (676) („Primeros").

599 Der Vorhersehbarkeit wird auch in der Resolution des Instituts de Droit International maßgebliche Bedeutung beigemessen. Nach Art. 2 d) des Regelungsvorschlages soll das Recht des Erfolgsortes bei grenzüberschreitenden Wettbewerbsverstößen grundsätzlich nur dann zur Anwendung gelangen, wenn die Verletzung in dem betreffenden anderen Staat vorhersehbar war. Art. 2 d) des Regelungsvorschlages, abgedruckt bei: *Reese/Vischer*, Annuaire de l'Institut de Droit International, 60/I (1983), 159 (162).

600 *Dethloff*, Europäisierung des Wettbewerbsrechts, S. 88 ff.

601 Bei vielen Presseerzeugnissen ist inzwischen für jeden Werbetreibenden objektiv vorhersehbar, dass sie nahezu weltweit Verbreitung finden. Er muss daher grundsätzlich mit der Geltung fremden Wettbewerbsrechts rechnen.

602 Für den zu entscheidenen Fall bedeutete dies, dass der Schwerpunkt der Wettbewerbsmaßnahme zwar in der Schweiz lag, die Nebenwirkung im Inland aber zumindest zu einer nicht unerheblichen Förderung der Ware eines inländischen Mitbewerbers führte. Dies rechtfertigte die Anwendung deutschen Wettbewerbsrechts. BGH GRUR 1971, 153 („Tampax").

kollisionsrechtlichen Spürbarkeitsgrenze, die auf die spürbare Beeinflussung des Marktes durch die betreffende Maßnahme abstellt.[603] Zur genaueren Präzisierung dieser Spürbarkeit wird maßgeblich auf die Quantität des sogenannten „Spillover" abgestellt.[604] Gelangen nur wenige Exemplare eines Druckerzeugnisses auf einen bestimmten Markt, so fehlt es in der Regel an einer spürbaren Beeinflussung.[605] Ein nur sporadischer Streuvertrieb auf dem Binnenmarkt vermag ein sachrechtliches Ordnungsbedürfnis auf dem Binnenmarkt nicht zu begründen.[606] Dabei ist grundsätzlich auf die Umstände des Einzelfalls abzustellen, um den Grad der Spürbarkeit im Inland zu ermitteln.[607] Auch wenn die beworbene Ware am Ort gar nicht angeboten wird,[608] kann eine spürbare Marktbeeinflussung vorliegen, wenn durch die Werbung Abnehmer spürbar für das beworbene Produkt gewonnen werden können.[609] Dabei genügt es bereits, wenn ein Substitutionsdruck auf im Inland

603 Zum kollisionsrechtlichen Spürbarkeitskriterium: *Dethloff,* Europäisierung des Wettbewerbsrechts, S. 94 ff.; *Hoth,* GRUR Int. 1972, 449 (454); *Sack,* GRUR Int. 1988, 320 (328); *Regelmann,* Die internationalprivatrechtliche Anknüpfung des Gesetzes gegen unlauteren Wettbewerb, S. 150; Großkommentar/*Schricker,* Einl. UWG Rn. F 206.

604 Bei nur minimaler, nicht spürbarer Beeinflussung gilt daher der Grundsatz *„minima non curat praetor"*.

605 BGH GRUR 1971, 153 (154) („Tampax"); RG GRUR 1963, 670 (676) („Primeros"); *Sack,* GRUR Int. 1988, 320 (328); *ders.,* WRP 2000, 269 (274); *Droste,* GRUR 1971, 155 (156); *Hoth,* GRUR Int. 1972, 449 (454); *Regelmann,* Die internationalprivatrechtliche Anknüpfung des Gesetzes gegen unlauteren Wettbewerb, S. 150; Sch*nyder,* Wirtschaftskollisionsrecht, Rn. 526.

606 Anders kann der Fall einer nur geringen Verbreitung im Inland aber dann beurteilet werden, wenn die beworbenen Waren nur in kleinen Stückzahlen abgesetzt werden. Diese Werbung wendet sich dann im Inland zwar nur an einen kleinen Abnehmerkreis, der aber, gemessen an dem gesamten Umsatz, höchst bedeutsam sein kann. Vgl. dazu: *Hoth,* GRUR Int. 1972, 449 (454); *Sack,* GRUR Int. 1988, 320 (328).

607 Ein wichtiges Kriterium, das für die Spürbarkeit auf dem inländischen Markt entscheidend sein kann, ist die Sprache der Werbung. Dabei kann allerdings nicht grundsätzlich von einer fehlenden Spürbarkeit bei Werbung in einer Fremdsprache ausgegangen werden; es ist vielmehr darauf abzustellen, wie groß die Zahl derer ist, die die Werbung im Inland zur Kenntnis nehmen. *Hoth,* GRUR Int. 1972, 449 (453 f.); *Schricker,* GRUR Int. 1982, 720 (724); *Sack,* GRUR Int. 1988, 320 (328); *ders.,* WRP 2000, 269 (274); Großkommentar/*Schricker,* Einl. UWG Rn. F 206; vgl. dazu auch: Staudinger/*Fezer,* Int. WirtschR., Rn. 503.

608 Bei Überschreiten der so festgesetzten kollisionsrechtlichen Spürbarkeitsgrenze ist es für die Anwendbarkeit des Marktortrechts unerheblich, ob die betreffenden Waren von Werbenden oder von einem Dritten angeboten werden. So die Konstellation in der „Tampax-Entscheidung": BGH GRUR 1971, 153 (154); vgl. auch: *Hoth,* GRUR Int. 1972, 449 (454).

609 BGH GRUR 1971, 153 (154) („Tampax"); vgl. auch: *Hoth,* GRUR Int. 1972, 449 (454); *Sack,* GRUR Int. 1988, 320 (329).

Erhältliches entsteht.[610] Dogmatisch fehlt es bei einem nicht spürbaren "Spillover" im Inland nicht an einem Begehungsort, sondern an dem erforderlichen Rechtsanwendungsinteresse.[611]

Im Ergebnis ist jedenfalls festzuhalten, dass, ausgehend von einer kollisionsrechtlichen Spürbarkeitsgrenze, die Lokalisierung der Marktorte in grenzüberschreitenden Printmedien eine Analyse des Einzelfalls erfordert.

c) Werbung in Rundfunk und Fernsehen

Werbung in Funk und Fernsehen wirkt noch häufiger als solche in Druckerzeugnissen auf eine Vielzahl von Märkten ein.[612] Inwieweit die für grenzüberschreitende Wettbewerbsmaßnahmen in Printmedien entwickelten Anknüpfungsgrundsätze auf die Werbung in Funk und Fernsehen übertragen werden können, ist bisher nicht abschließend geklärt. Bei der Bestimmung des anknüpfungsrelevanten Marktortes ist den Besonderheiten der Verbreitung von Funk und Fernsehen Rechnung zu tragen.[613] Nach den für die grenzüberschreitende Werbung in Printmedien entwickelten Grundsätzen ist deutsches Wettbewerbsrecht auf Werbung in Rundfunk und Fernsehen, die in Deutschland zu empfangen ist, dann anwendbar, wenn der Ort der wettbewerblichen Interessenkollision im Inland liegt. Eine spürbare Beeinflussung im Sinne der kollisionsrechtlichen Spürbarkeitsschwelle liegt dann vor, wenn die Übertragung per Fernmeldesatellit und Einspeisung in inländische Kabelnetze geschieht. Diese Werbung ist gezielt für das Inland bestimmt und mithin wie inländische zu behandeln.[614] Ausgangspunkt für die Anknüpfung stellt daher die bestimmungsgemäße Verbreitung dar. Eine solche

---

610 *Schricker*, GRUR Int. 1982, 720 (724); *Dethloff*, Europäisierung des Wettbewerbsrechts, S. 94 ff.

611 So auch: *Sack*, GRUR Int. 1988, 320 (329); anders aber: BGH GRUR 1971, 153 (154) („Tampax").

612 Schon bei der traditionellen terrestrischen Ausstrahlung, bei der Sendungen innerhalb der technisch möglichen Reichweite durch eine Sendestation abgestrahlt und über eine Empfangsantenne empfangen werden, gibt es vermehrt grenzüberschreitende Sendungen. Vor allem aber durch die zunehmende Verbreitung von Satelliten- und Kabelfernsehen werden Sendungen in mehreren Ländern ausgestrahlt.

613 Im Gegensatz zu der Ansicht von *Hoth* ist die Tatsache, dass die Verbreitung mittels eines anderen Mediums stattfindet, sehr wohl ein Anlass, die gefundenen Anknüpfungsgrundsätze zu überdenken; *Hoth*, GRUR Int. 1972, 449 (454).

614 Hdb. WettbewerbsR/Jacobs/*Schulte-Beckhausen*, § 28 Rn. 12; *Schricker*, GRUR Int. 1982, 720 (724).

Werbung wird regelmäßig geeignet sein, den Wettbewerb in dem Empfangsland spürbar zu beeinflussen. Anders ist aber dann zu entscheiden, wenn die Fernseh- und Rundfunkwerbung nur in Randbereichen des Landes empfangbar ist, weil etwa der „Footprint", das heißt das Bestrahlungsgebiet, bis dorthin reicht.[615] Neben der Zielrichtung einer Sendung kommt dem Kriterium des Umfangs der Verbreitung kollisionsrechtliche Bedeutung zu. Bei nur geringer Verbreitung einer Sendung wird die Wettbewerbsmaßnahme in der Regel nicht dazu geeignet sein,[616] den Wettbewerb spürbar zu beeinflussen.[617] Das Kriterium der spürbaren Beeinflussung ist wie im Rahmen der grenzüberschreitenden Werbung in Printmedien rein objektiv zu bestimmen. Neben dem Umfang der Verbreitung ist die verwendete Sprache als weiteres Spürbarkeitskriterium heranzuziehen.[618] Allerdings ist zu berücksichtigen, dass aufgrund der wachsenden Mobilität und Internationalität generell keine eindeutigen Aussagen mehr darüber getroffen werden können, welche Sprache verständlich ist und welche zur Unanwendbarkeit einer Rechtsordnung führen kann.[619] Dies gilt insbesondere bei Werbesendungen in englischer Sprache. Insgesamt führt wie im Bereich der Printmedien eine Betrachtung des Einzelfalls zu sachgerechten Ergebnissen. Bei Heranziehung der kollisionsrechtlichen Spürbarkeitsgrenze, die durch Kriterien präzisiert wird, kann auch eine ausreichende Rechtssicherheit erzielt werden.

d) Internetwerbung

(1) Problemstellung

Wettbewerbsmaßnahmen im World Wide Web berühren grundsätzlich eine große Zahl von ausländischen Staaten. Werbung im Netz richtet sich in der Regel an Abnehmer in unterschiedlichen Ländern. Hinzu kommt, dass Werbung

---

615 Hdb. WettbewerbsR/Jacobs/*Schulte-Beckhausen*, § 28 Rn. 12 f.; *Kort*, GRUR Int. 1994, 594 (597); Staudinger/*Fezer*, Int. WirtschR., Rn. 502.

616 Anders ist dies dann, wenn ein nennenswerter Anteil der potentiellen Abnehmer die Werbung im Inland empfängt, unabhängig davon, ob der „Overspill“ beabsichtigt ist oder nicht, ob man ihn verhindern oder auch nur vorhersehen konnte. *Schricker*, GRUR Int. 1982, 720 (724).

617 *Schricker*, GRUR Int. 1982, 720 (724); *Dethloff*, Europäisierung des Wettbewerbsrechts, S. 102 ff.; *Kort*, GRUR Int. 1994, 594 (598).

618 Gerade bei Fernsehwerbung geht die neuere Entwicklung dahin, dass Werbung nicht so sehr über Sprache als vielmehr zunehmend rein optisch oder musikalisch ausgedrückt wird. So auch: *Kort*, GRUR Int. 1994, 594 (599).

619 Anders sieht dies: *Dethloff*, Europäisierung des Wettbewerbsrechts, S. 102 ff.

im Internet letztlich in allen Staaten abgerufen werden kann, die Zugang zum Internet haben. Das World Wide Web ist damit ein genuin internationales Medium. Problematischer als bei grenzüberschreitenden Wettbewerbsmaßnahmen in anderen Medien erscheint hier daher die Frage nach der Anwendung eines nationalen Wettbewerbsrechts.[620] Die Werbung im Internet bedeutet aber nichts anderes als den Extremfall der Multistate-Werbung. Sachgerecht erscheint es daher, grundsätzlich an den allgemeinen Rechtsanwendungsgrundsätzen auch bei Rechtsverletzungen im Internet festzuhalten.[621] Allerdings bereitet es bei Wettbewerbshandlungen im Internet ganz erhebliche Schwierigkeiten, den Marktort zu bestimmen.[622] Nach den allgemeinen Regeln ist deutsches Wettbewerbsrecht dann anzuwenden, wenn der Ort der wettbewerblichen Einwirkung auf die Marktgegenseite im Inland

---

620 Vor diesem Hintergrund wird teilweise die Einführung eines „Cyberlaw" propagiert, das als lex mercatoria neben den staatlichen Rechten Anwendung finden solle. Vgl. dazu die ausführliche, aber ablehnende Stellungnahme von: *Mankowski*, AfP 1999, 138; gleichfalls ablehnend: *Ernst*, JuS 1997, 776 (782); *Schack*, JZ 1998, 761; *ders.*, MMR 2000, 59. Zum Teil wird das Internet als eine losgelöst von Staatsgrenzen existierende Umgebung zum Informationsaustausch angesehen. *Ebbing*, NJW CoR 1996, 242 (245); *Mayer*, NJW 1996, 1782 (1790); *Bechtold*, GRUR 1998, 18 (23). Grundlage für das propagierte „Cyberlaw" sei der „Cyberspace", der sich als gleichsam unabhängiger Souverän regulieren solle (dazu: *Mankowski*, AfP 1999, 138 [139]). Grund für diese Bestrebungen ist die Ansicht, dass Rechtsverletzungen im Netz keinem Territorium zugeordnet werden können. Sachgerecht sei es daher, den „Cyberspace" als eigenständigen Rechtsraum zu begreifen. *Mayer*, NJW 1996, 1782 (1790); *Bechtold*, GRUR 1998, 18 (23).

Zuzugeben ist dieser Ansicht, dass die Definierung national abgrenzbarer Märkte zunehmend schwerer wird und sich daraus Probleme bei der Anerkennung und Durchsetzung national definierter Verhaltenspflichten ergeben. Recht bedarf indes stets der staatlichen Legitimation und Durchsetzung. *Schack*, JZ 1998, 753 (761); vgl. auch: *Mankowski*, AfP 1999, 138 (139); *Sonnenberger*, in: Münchener Kommentar, Einl. IPR, Rn. 230 ff. Virtuelles Recht ist keines (so auch: *Schack*, MMR 2000, 59). Weltweite Rechtsverletzungen lassen sich nicht auf einer virtuellen Ebene sanktionieren. Eine umfassende „Lex Internet" als internationales Einheitsrecht hat allein aufgrund des enormen Umfangs der zu vereinheitlichenden Rechtsgebiete keine Erfolgsaussichten. Soll das Recht nicht beliebigen Interessengruppen preisgegeben werden, kann auf eine staatliche Legitimation des Rechts nicht verzichtet werden.

621 So im Ergebnis auch: *Dethloff*, Europäisierung des Wettbewerbsrechts, S. 108 ff.; *Mankowski*, AfP 1999, 138 (139); *Boehme-Neßler*, ZUM 2001, 547 ff.; *Hoeren*, PHi 1999, 86 (95); *Ernst*, JuS 1997, 776 (782); *Schack*, JZ 1998, 753, (761); *ders.*, MMR 2000, 59.

622 *Spindler*, ZUM 1996, 533 (561); *Rüßmann*, K&R 1998, 422 (425); *Lurger*, in: Aufbruch nach Europa, S. 479 (490 ff.); *Schwarze*, in: Rechtsschutz gegen Urheberrechtsverletzungen und Wettbewerbsverstöße in grenzüberschreitenden Medien, S. 9 (11 ff.); *Boehme-Neßler*, ZUM 2001, 547 ff.; *Kiethe*, WRP 2000, 616 (618 f.); *Kotthoff*, CR 1997, 676 (681).

liegt. Um festzustellen, wo auf die Marktgegenseite eingewirkt wird, bedarf es der näheren Betrachtung der unterschiedlichen Wettbewerbsmaßnahmen im Internet.

(2) Werbung im Netz

Stellt ein Unternehmer eine Homepage in das World Wide Web oder wirbt er auf fremden Seiten für seine Produkte, so richtet sich die Wettbewerbsmaßnahme ebenso wie die Werbung in Printmedien oder in Funk und Fernsehen an die Allgemeinheit. Daher könnten die zuvor entwickelten Grundsätze auch auf den vorliegenden Fall Anwendung finden. In der „Tampax-Entscheidung" stellt der BGH, wie dargestellt, maßgeblich auf das Gebiet der bestimmungsgemäßen Verbreitung des Druckerzeugnisses ab.[623] Dort sei der Ort der wettbewerblichen Interessenkollision zu lokalisieren. An das Verbreitungsgebiet anzuknüpfen, stößt bei Wettbewerbsverletzungen im Internet aber schon deswegen auf Schwierigkeiten, weil es an einer Verkörperung fehlt.[624] Virtueller Marktort ist aber auch nicht ohne weiteres jeder Ort, an dem die Seite abgerufen werden kann, an dem also Zugang zum Netz besteht. Maßgeblicher Unterschied zu Werbung in Funk und Fernsehen ist der, dass dort eine unidirektionale Kommunikationsmethode herrscht, so dass sachgerechterweise an das Verbreitungsgebiet angeknüpft werden kann.[625] Im Internet muss die fragliche Seite indes erst von einem Nutzer aufgerufen werden. Es besteht nur die Möglichkeit zu individueller Kenntnisnahme. Zwar besteht bei Funk und Fernsehen ebenfalls nur die Möglichkeit der Kenntnisnahme und damit der Einwirkung;[626] indes kann man bei einer nicht nur in Randgebieten ausgestrahlten Sendung davon ausgehen, dass diese innerhalb des Empfangsgebietes auch tatsächlich wahrgenommen wird.

Im Internet ist ein solcher Rückschluss von dem Empfang auf die tatsächliche Einwirkung aber nicht möglich. Es ist durchaus wahrscheinlich, dass viele Seiten in Datennetzen überhaupt nicht abgerufen werden.[627] Das Verbreitungsgebiet alleine ist als Anknüpfungskriterium daher nicht tauglich.[628]

---

623 Vgl. dazu oben S. 130 ff.

624 *Dethloff*, Europäisierung des Wettbewerbsrechts, S. 108 ff.; *dies.*, NJW 1998, 1596 (1599).

625 *Dethloff*, Europäisierung des Wettbewerbsrechts, S. 108 ff.; *dies.*, NJW 1998, 1596 (1599).

626 *Dethloff*, NJW 1998, 1596 (1599).

627 *Dethloff*, NJW 1998, 1596 (1599).

628 *Dethloff*, NJW 1998, 1596 (1599); *Blaurock*, in: Recht und Internet, S. 31 (40).

Allein die Abrufbarkeit von fast jedem Staat der Welt aus kann nicht zur Folge haben, dass eine beliebige Internetseite allen Rechtsordnungen der Welt entsprechen muss.[629] Um eine solche gänzlich unpraktikable Lösung zu verhindern, wird zum Teil vorgeschlagen, an den Standort des Servers anzuknüpfen. Maßgeblich wäre damit das Recht des Staates, in dem die Dienstleistung ihren Ursprung hatte. Dafür wird angeführt, dass auf den Server Daten von verschiedenen Orten aus eingespeist werden können, die oft nicht nachzuvollziehen sind, wohingegen der Standort des Servers einfach und eindeutig zu lokalisieren sei.[630]

Der Vorteil dieser Ansicht liegt in der Rechtsklarheit. Indes ist der Standort des Servers oftmals zufällig und vermag daher kein geeignetes Kriterium zu bieten. Auch nach Ansicht der EG-Kommission verbietet sich eine solche Lösung, solange keine Harmonisierung des materiellen Rechts erreicht worden ist.[631] Insbesondere muss der Standort des Servers auch nicht identisch sein mit dem Sitz des werbenden Unternehmens.[632] Folge der Anknüpfung an den Standort des Servers könnte zudem die Bildung virtueller Rechtsoasen sein. Mag die Sitzverlegung des Unternehmens noch mit einem gewissen Aufwand verbunden sein, so ist es für im Internet Werbung treibende Unternehmen ohne größeren Einsatz sachlicher oder finanzieller Mittel möglich, Internetseiten auf wechselnden Servern in verschiedenen Staaten zu plazieren. Eine grundsätzliche Anknüpfung an die Rechtsordnung des Serverstandortes führte daher zu willkürlichen Ergebnissen und ist folgerichtig abzulehnen.[633]

Vorzugswürdig erscheint daher, ebenso wie bei Werbung in anderen Medien an die zuvor erarbeiteten Kriterien[634] einer spürbaren Marktbeeinflussung

629 Die bloße Tatsache, dass jede Homepage im Inland aufgerufen werden kann und damit auch im Inland verbreitet wird, kann die Anwendung deutschen Wettbewerbsrechts indes nicht rechtfertigen; andernfalls wäre auf jede Seite des Internets ohne weiteres deutsches Recht anwendbar.

630 Siehe zu der Darstellung dieser Ansicht: *Schack*, JZ 1998, 753 (761); vgl. ferner: *Kothhoff*, CR 1997, 676 (679).

631 So die EG-Kommission in ihrem Grünbuch über Urheberrecht und verwandte Schutzrechte in der Informationsgesellschaft v. 19. 07. 1995, KOM (95) 382 endg., S. 41; deutlich auch in KOM (97) 628 endg., S. 11. Dazu: *Köster*, in: Multimedia, Internet und Urheberrecht, S. 153 (162 ff.).

632 *Dethloff*, Europäisierung des Wettbewerbsrechts, S. 108 ff.

633 So auch: *Hoeren*, WRP 1997, 993 (998); *Dethloff*, NJW 1998, 1596 (1599); *dies.*, Europäisierung des Wettbewerbsrechts, S. 108 ff.; *Bornkamm*, in: Neues Recht für neue Medien, S. 99 (114); *Baumbach/Hefermehl*, Einl. UWG Rn. 189; *Boehme-Neßler*, ZUM 2001, 547 (548); *Schack*, JZ 1998, 753 (761); *Kotthoff*, CR 1997, 676 (679).

634 Vgl. dazu oben S. 132 ff.

anzuknüpfen. Die Quantität[635] der Verbreitung ist im Internetrecht aber nicht aussagekräftig. Die Verbreitung der Werbemaßnahme über das Internet ist stets weltweit in gleichbleibender Qualität. Aufgrund der Besonderheiten des Mediums Internet müssen daher zur Feststellung einer spürbaren Marktbeeinflussung andere Kriterien in den Vordergrund treten.[636]

Von einer Eignung zu spürbarer Marktbeeinflussung ist im Internetrecht insbesondere dann auszugehen, wenn sich die Wettbewerbsmaßnahme gezielt auch an Kunden auf den jeweiligen ausländischen Märkten richtet.[637] Eine solche Zielrichtung kann sich aus unterschiedlichen Kriterien ergeben. Dabei muss die subjektive Intention des Werbetreibenden, auf einen bestimmten Markt einzuwirken, außer Betracht bleiben.[638] Indizien für eine objektive Zielrichtung sind zum einen die verwendete Sprache.[639] Wird eine Sprache praktisch ausschließlich in einem bestimmten Land gesprochen, so wird eine in der Sprache abgefasste Seite in der Regel nur den inländischen Markt spürbar beeinflussen. Je verbreiteter die Sprache indes ist, desto schwerer lässt sie sich eindeutig einem bestimmten Werbemarkt zuordnen. Insbesondere bei der Verwendung der englischen Sprache, die die Sprache des Internets ist, lassen sich kaum Rückschlüsse auf den Zielort der Werbung ziehen.[640] Ein weiteres mögliches Indiz sind die angegebenen Telefonnummern oder die erwähnten Zahlungsmittel. Schließlich kann das Absatzgebiet für bestimmte Waren oder

---

[635] Zur Untauglichkeit des Kriteriums des regelmäßigen Geschäftsvertriebs vgl. die obigen Ausführungen S. 130.

[636] *Kotthoff,* CR 1997, 676 (679); *Rüßmann,* K&R 1998, 422 (426); anders demgegenüber aber: *Dethloff,* NJW 1998, 1596 (1599); *dies.*, in: Europäisierung des Wettbewerbsrechts, S. 108 ff.

[637] *Hoeren,* WRP 1997, 993 (998); *Dethloff,* NJW 1998, 1596 (1599); *dies.*, Europäisierung des Wettbewerbsrechts, S. 108 ff.; *Blaurock,* in: Recht und Internet, S. 31 (41); entscheidend abstellend auf den Ort, an dem die Homepage *bestimmungsgemäß* abgerufen werden kann: OLG Frankfurt a.M., NJW-CoR 1999, 302.

[638] Entsprechend den seit der „Tampax-Entscheidung" des BGH überwiegend anerkannten Grundsätzen muss auch im Bereich des Internet die Werbeintention des Anbieters ohne Berücksichtigung bleiben. Schutzbehauptungen wären sonst Tür und Tor geöffnet. Zudem kann der Rechtssicherheit auf diese Weise nicht genügt werden. Allein anknüpfungsrelevant ist daher die objektive Zielrichtung der Werbung. Vgl. dazu die Ausführungen oben S. 130 ff.

[639] Dazu: *Hoeren,* WRP 1997, 993 (998); *Dethloff,* NJW 1998, 1596 (1599); *Sack,* WRP 2000, 269 (278); ausführlich: *Dethloff,* Europäisierung des Wettbewerbsrechts, S. 108 ff.; *Blaurock,* in: Recht und Internet, S. 31 (41); ferner: *Ernst,* NJW–CoR 1999, 502 (503); *Dieselhorst,* ZUM 1998, 299.

[640] *Hoeren,* WRP 1997, 993 (998); *Dieselhorst,* ZUM 1998, 293 (295); vgl. ferner: Staudinger/*Fezer,* Int. WirtschR., Rn. 503.

Dienstleistungen auf verschiedene Länder beschränkt werden. Eine solche Beschränkung kann sich schon aus der Eigenart der angebotenen Ware oder Dienstleistung ergeben. Eine spürbare Beeinflussung eines ausländischen Marktes wird insbesondere bei nur geringer räumlicher Ausdehnung des Marktes fehlen.[641] Bei Werbung für Produkte, die online geliefert werden können, erstreckt sich demgegenüber der Markt praktisch auf alle Staaten mit Zugang zum Internet. In diesen Fällen kann der Markt in einer Vielzahl von Ländern nicht unerheblich beeinflusst werden.

Die tatsächlichen Marktanteile sind für die Eignung zur Marktbeeinflussung indes unerheblich.[642] Auch Hinweise auf Verkaufs- oder Lieferbeschränkungen können als Indiz für den Ausschluss der Anwendung eines bestimmten Rechts herangezogen werden. Der Hinweis allein reicht indes noch nicht für den Ausschluss eines Rechts aus. Dies würde nämlich im Ergebnis doch auf die Maßgeblichkeit von subjektiven Faktoren hinauslaufen. Entscheidend ist aber hier wiederum rein objektiv, wie der Online-Anbieter sich tatsächlich verhält. Beschränkt sich sein Angebot auf bestimmte Staaten, so wird die Werbung den Markt anderer Länder grundsätzlich nicht spürbar beeinflussen.

Bei Werbung auf fremden Seiten ist maßgeblich, an welchen Adressatenkreis sich diese Seite richtet. Gleiches gilt grundsätzlich, wenn die eigenen Seiten über Hyperlinks auf fremden Seiten aufgerufen werden können. Problematisch kann in diesem Zusammenhang freilich sein, dass Hyperlinks auch ohne Wissen des Werbetreibenden unbefugt plaziert werden können.[643] Weist eine Wettbewerbsmaßnahme eine solche Zielrichtung auf, so wirkt sie dort auf den Nutzer ein, wo dieser sie bestimmungsgemäß abrufen kann. Ob die Seite dann tatsächlich von einer nicht unerheblichen Zahl von Nutzern abgerufen wird oder eventuell überhaupt nicht, ist für die Anwendung des betreffenden Marktrechts unerheblich. Andernfalls würde eine unerträgliche Rechtsunsicherheit erzeugt. Es genügt eine objektive Eignung zur Beeinflussung des betreffenden Marktes. Bei Werbung im Netz lässt sich daher festhalten, dass sich durch Kriterien ermitteln lässt, wann eine spürbare Beeinflussung eines bestimmten Marktes vorliegt.

---

641 So werden etwa Werbeanzeigen für Pizzadienste oder Ärzte im Regelfall nicht geeignet sein, den Wettbewerb in anderen Ländern spürbar zu beeinflussen. Zur Werbung eines Zahnarztes im Internet vgl. OLG Koblenz, NJW 1997, 1932; anders indes bei Werbung für Zahnhygieneartikel: LG Trier, WRP 1996, 1231.

642 *Dethloff*, NJW 1998, 1596 (1600).

643 Vgl. *Dethloff*, NJW 1998, 1596 (1600).

(3) E-Mail-Werbung

Bei E-Mail-Werbung richtet sich die wettbewerbliche Handlung nicht an die Allgemeinheit, sondern gezielt an einzelne Nutzer. Daher finden auf diese Art der Werbung die gleichen Grundsätze Anwendung, die auch für andere Formen individueller Werbung gelten. Solche Wettbewerbsmaßnahmen wirken in der Regel[644] dort auf den Adressaten ein, wo er sie empfängt.[645] Anders kann aber dann zu entscheiden sein, wenn der Empfänger der E-Mail-Werbung seinerseits dergestalt an den Werbetreibenden herangetreten ist, dass er etwa um Zusendung von Informationsmaterial gebeten hat oder dass er sich auf eine „Mailing List" hat setzen lassen.[646] Ob sich das betreffende Unternehmen in einem solchen Fall virtuell auf den Markt des Empfängers begibt, hängt davon ab, ob er seine Absatzbemühungen auf diesen Markt erstreckt hat. Richtet sich seine Homepage im Internet erkennbar nicht auf den Absatz an ausländischen Märkten, wofür die oben genannten Kriterien heranzuziehen sind, so wird allein das Wettbewerbsrecht am Sitz des fraglichen Unternehmens zur Anwendung gelangen. Ist die Website indes objektiv auf den Absatz auch an ausländischen Märkten gerichtet, so unterliegt die wettbewerbsrechtliche Maßnahme dem Recht am Sitz des Empfängers.

(4) Online-Absatzhandlungen

Grundsätzlich findet auf Absatzhandlungen das Recht des jeweiligen Absatzmarktes Anwendung als dem Ort der Einwirkung auf die Marktgegenseite.[647] Die Bestimmung dieses Ortes bereitet aber bei online erbrachten Absatzhandlungen Schwierigkeiten. Ähnlich wie bei grenzüberschreitenden Leistungen auf Bestellung kann sowohl am Sitz des Unternehmens als auch am Sitz des Abnehmers angeknüpft werden, je nachdem, ob die vorangegangenen Marketingaktivitäten geeignet sind, den Wettbewerb spürbar zu beeinflussen oder nicht. Bzgl. der Spürbarkeit der Beeinflussung ist auf die oben genannten Kriterien zu rekurrieren.[648]

---

[644] Eine E-Mail ist zwar bis zum Abruf auf dem Server gespeichert, auf dessen Standort kommt es aber aus den oben genannten Gründen auch hier nicht an. *Dieselhorst,* ZUM 1998, 293 (294); *Dethloff,* Europäisierung des Wettbewerbsrechts, S. 108 ff.

[645] *Hoeren,* PHi 1999, 86 (95); *Dethloff,* Europäisierung des Wettbewerbsrechts, S. 108 ff.

[646] Vgl. dazu im Einzelnen: *Dethloff,* NJW 1998, 1596 (1601); ferner: Staudinger/*Fezer,* Int. WirtschR., Rn. 515.

[647] Vgl. dazu die Ausführungen oben S. 127 ff.

[648] Vgl. dazu die obigen Ausführungen S. 130 ff.

3. Rechtsfolgen bei der Berufung mehrerer Marktrechte

Die Konsequenz der obigen Ausführungen ist die grundsätzliche Anwendbarkeit einer Vielzahl von Rechtsordnungen. Aufgrund der weltweiten Abrufbarkeit einer Seite im Internet ist die Zahl der potentiell berührten Märkte auch nach Anwendung der einschränkenden Kriterien noch weit größer als bei Werbung in anderen Medien. Folge der Maßgeblichkeit mehrerer Rechtsordnungen ist, dass sich die Zulässigkeit einer wettbewerblichen Maßnahme für jeden Staat gesondert nach dessen Recht beurteilt.

a) Rechtsfolgen bei Unterlassungsansprüchen

Bei einem Unterlassungsanspruch bedeutet die Maßgeblichkeit mehrerer Rechtsordnungen, dass Unterlassung nur auf dem Gebiet des Staates verlangt werden kann, dessen Wettbewerbsrecht die Maßnahme widerspricht. Setzt sich eine Marketingmaßnahme aus mehreren natürlichen Handlungen zusammen, wie dies bei Absatzhandlungen oder Direktmarketing der Fall ist, so muss der Unternehmer seine wettbewerbliche Maßnahme entweder individuell anpassen oder dem strengsten Wettbewerbsrecht entsprechend gestalten.[649] Da angesichts der Vielzahl der durch das Internet berührten Rechte eine individuelle Anpassung an die Wettbewerbsvorschriften einzelner Länder kaum in Betracht kommt, wird der Online-Anbieter seine Website in der Regel nach dem strengsten berührten Recht ausrichten müssen. Noch problematischer ist es, wenn die wettbewerbsrelevante Maßnahme nur aus einer natürlichen Handlung besteht. Auf solche Maßnahmen finden die betreffenden Marktrechte nebeneinander Anwendung. Aufgrund dieser kumulativen Anknüpfung mehrerer Rechtsordnungen findet eine territoriale Aufspaltung statt, so dass sich die Wettbewerbsmäßigkeit einer Maßnahme für jeden Staat nach dessen jeweiligem Wettbewerbsrecht beurteilt. Rechtlich ist die Maßnahme dann unter Umständen in fast allen Ländern zulässig, faktisch bedeutet dies aber wegen der Unteilbarkeit, dass die Handlung insgesamt unterlassen werden muss.

Dies hat zur Folge, dass für die wettbewerbliche Handlung das international strengste Recht maßgeblich ist. Der Anspruchsteller kann daher sein Unterlassungsbegehren auf das Recht des strengsten Staates stützen, um die wettbewerbliche Maßnahme so tatsächlich auch auf dem eigenen Markt zu verhindern.[650] Diese Vorgehensweise ist auch nicht per se

[649] Zu dieser Problematik ausführlich: *Dethloff*, NJW 1998, 1596 (1601); ferner: *Köhler/Arndt*, Recht des Internet, VIII 3 c).

[650] Staudinger/*von Hoffmann*, Art. 40 EGBGB Rn. 341; *Sack*, GRUR Int. 1988, 320 (329); *Köhler/Arndt*, Recht des Internet, VIII 3 c).

rechtsmissbräuchlich.[651] Nach der Rechtsprechung des BGH kann grundsätzlich kein Missbrauch darin gesehen werden, wenn eine Wettbewerbsmaßnahme in dem Land bekämpft wird, dessen Wettbewerbsrecht die größten Erfolgsaussichten aufweist.[652] Nach einer anderen restriktiveren Ansicht soll sich der Anspruchsteller nur dann auf mehrere Rechtsordnungen stützen dürfen, wenn er auf den jeweiligen Märkten als Marktteilnehmer auftritt.[653] Andernfalls fehle es an einem berechtigten Interesse an der Anwendung des Wettbewerbsrechts. Denn im Hinblick auf den Anspruchsteller wirke sich die wettbewerbliche Maßnahme auf diesem Markt lediglich aus, ohne dass wettbewerbliche Interessen an diesem Marktort verletzt wären.[654]

Diese Begründung erscheint vor dem Hintergrund von Sinn und Zweck der Maßgeblichkeit der Marktrechtsordnung[655] überzeugend. Hinzu kommt, dass zwar die Geltendmachung der Wettbewerbswidrigkeit einer wettbewerblichen Handlung auch sonst nicht voraussetzt, dass ein Wettbewerbsverhältnis zwischen Kläger und Beklagten besteht oder es gerade zwischen den Parteien zu einer wettbewerblichen Interessenkollision kommt. Allerdings spricht der Schutz vor missbräuchlicher Inanspruchnahme ausländischen Rechts für eine einschränkende Anwendung der unter Umständen zahlreichen ausländischen Rechtsordnungen.

b) Rechtsfolgen bei Schadensersatzansprüchen

Bei Schadensersatzansprüchen führt die territoriale Aufspaltung zu einer Parzellierung des Schadensersatzes. Bei unteilbaren Wettbewerbshandlungen kommt danach eine Gesamtschadensliquidation nicht in Betracht. Der nach einem Wettbewerbsstatut zu beschränkende Schadensersatz ist jeweils auf den Schaden zu beschränken, der im Geltungsbereich des Statuts entstanden ist. Eine solche Mosaikbeurteilung bereitet aber erhebliche Schwierigkeiten. Das Charakteristische des wettbewerblichen Schadens liegt gerade darin, dass dieser nur schwer in Zahlen festzumachen ist. Daher unterscheiden sich die Art der Berechnung und die Höhe des Schadens in den einzelnen Rechtsordnungen

---

651 So auch: *Sack*, GRUR Int. 1988, 320 (329); *Kort*, GRUR Int. 1994, 594 (600); ferner: *Köhler/Arndt*, Recht des Internet, VIII 3 c).

652 BGH GRUR 1971, 153 (155); vgl. ferner: *Reuter*, BB 1989, 2265 (2266); *Sack*, GRUR Int. 1988, 320 (329); *Kort*, GRUR Int. 1994, 594 (600).

653 Staudinger/*von Hoffmann*, Art. 40 EGBGB Rn. 341.

654 Staudinger/*von Hoffmann*, Art. 40 EGBGB Rn. 341; ferner: *Deutsch*, Wettbewerbstatbestände S. 55; *Wirner*, Wettbewerbsrecht und IPR, S. 120 f.

655 Zu Sinn und Zweck der Anknüpfung an den Marktort vgl. oben S. 108.

erheblich. Eine eigene Schadensberechnung für das Gebiet jedes Marktstaates anzustellen, bedeutet daher einen hohen zeitlichen und finanziellen Aufwand.

Zum Teil wird daher eine kumulative Anwendung der einschlägigen Rechte insgesamt befürwortet, was im Ergebnis auf die Maßgeblichkeit des für den Geschädigten günstigsten Rechts hinausliefe.[656] Bei einer solchen kumulativen Anknüpfung der Rechtsordnungen müssen jedenfalls eine ungerechtfertigte Bereicherung des Schädigers und eine Überkompensation vermieden werden, die Strafcharakter annehmen würde.[657] Außerdem darf der im Inland angewandten ausländischen Rechtsnorm kein größerer Anwendungsbereich zugesprochen werden, als ihr im Ursprungsland zukommt.[658] Trotz dieser berechtigten Einschränkungen vermag die Ansicht dennoch nicht zu überzeugen. Sie berücksichtigt zu einseitig die Belange des Geschädigten. Für das Wettbewerbsrecht ist es sind aber gerade typisch, dass unterschiedliche Interessen geschützt sind.[659]

c) Zwischenergebnis

Sowohl bei Unterlassungs- als auch bei Schadensersatzansprüchen führt die Anwendung einer Vielzahl von Rechtsordnungen zu Schwierigkeiten. Diese Probleme versuchen einzelne Stimmen im Schrifttum durch abweichende Anknüpfungen zu lösen.

4. Lösungen im Schrifttum

Bedenken hinsichtlich der Praktikabilität einer territorialen Aufspaltung klingen bereits in der Resolution des Institut de Droit International an. Nach Art. II c) des Regelungsvorschlages des Instituts soll zwar grundsätzlich auf Wettbewerbshandlungen das Recht des jeweiligen Erfolgsortes Anwendung finden. Für den Fall allerdings, dass aufgrund der großen Anzahl von berührten Staaten diese Vorgehensweise unpraktikabel ist, soll nur das Recht des

656 *Schnyder*, Wirtschaftskollisionsrecht, Rn. 543.

657 *Kort*, GRUR Int. 1994, 594 (600); *Schnyder*, Wirtschaftskollisionsrecht, Rn. 543; *Riegl*, Streudelikte, S. 245.

658 *Kort*, GRUR Int. 1994, 594 (600); *Wengler*, RabelsZ 19 (1954), 401 (423 f.).

659 Vgl. dazu die Ausführungen oben S. 108.

Schwerpunktes der Rechtsverletzung oder das Recht des Sitzstaates des Betroffenen zur Anwendung kommen.[660]

Im neueren Schrifttum wird weiterhin die Ansicht vertreten, die Marktortanknüpfung werde den für das Internet international bedeutsamen Anknüpfungsmaximen nicht gerecht.[661] Vorhersehbarkeit und Praktikabilität der Anknüpfung seien nicht gewährleistet; zudem sei es bedenklich, dass die Marktortanknüpfung im Internetrecht zur Maßgeblichkeit des strengsten Rechts führe und zu einem Verstoß gegen die *par conditio concurrentium*. Ausländische Konkurrenten, die nicht auf dem inländischen Markt tätig seien, könnten die fragliche Wettbewerbsmaßnahme fortführen, während sie dem im Inland tätigen Unternehmer generell untersagt sei.[662] Daher erfordere die Situation die Schaffung einer eigenen Kollisionsnorm für Multistate-Wettbewerb, welche die Anknüpfung an das Herkunftsland des Werbetreibenden vorsehe.[663]

5. Stellungnahme

Gegen die Argumentation zugunsten einer Grundanknüpfung an das Herkunftslandrecht spricht, dass der Ausschluss der Anwendbarkeit der inländischen Rechtsordnung trotz erheblicher Auswirkungen der wettbewerblichen Maßnahme auf den inländischen Markt die *par conditio concurrentium* gerade auf dem inländischen Markt nicht gewährleistet. Ebenso wenig kann in diesem Fall der Verbraucherschutz sichergestellt werden. Weiterhin ist zu berücksichtigen, dass der Prüfungsaufwand der unterschiedlichen berufenen Rechtsordnungen nach den oben aufgeführten Kriterien begrenzt ist durch die vom Unternehmer ausgesuchten Zielmärkte. Darüber hinaus erscheint ein gewisser Aufwand des Werbetreibenden auf dem ausländischen Markt auch nicht unbillig; schließlich stehen den dadurch verursachten Ausgaben die Erwerbschancen gegenüber, die sich einem Anbieter auf einem ausländischen Markt eröffnen. Zu dem mit einem Auftreten auf einem ausländischen Markt verbundenen Aufwand gehört notwendigerweise auch die rechtliche Prüfung, ob die wettbewerbliche Maßnahme mit der dortigen

660 Abgedruckt bei: *Reese/Vischer*, Annuaire de l'Institut des Droit International Vol. 60, Tome I (1983), 159 (162).

661 *Dethloff*, NJW 1998, 1596 (1602, 1603); *dies.*, Europäisierung des Wettbewerbsrechts, S. 108 ff.

662 Vgl. zu dieser Kritik: *Dethloff*, Europäisierung des Wettbewerbsrechts, S. 122 ff.

663 *Dethloff*, NJW 1998, 1596 (1603).

Rechtsordnung im Einklang steht. Daher stellt diese Anknüpfung auch keine unzumutbare Handelsbarriere dar.[664]

Gegen die Lösung zugunsten der alleinigen Anwendung des schwerpunktmäßig betroffenen Marktortrechts spricht bereits die Zielsetzung des Wettbewerbsrechts, dem es um einen Ausgleich der betroffenen Interessen der unterschiedlichen Marktbeteiligten geht. So sind einerseits die Verbraucherinteressen, andererseits die der Mitbewerber und der Allgemeinheit zu berücksichtigen.[665] Diese Interessen treffen an den einzelnen Marktorten aufeinander. Dort ist daher ein Ausgleich möglich. Die Lösung kann mithin nicht darin liegen, die Anwendbarkeit der Rechtsordnungen zu beschränken. Vor diesem Hintergrund sind die Schwierigkeiten, die sich aus der Anwendung ausländischer Rechtsordnungen ergeben, als notwendig hinzunehmen.[666] Die Rechtsfindung wird aufgrund der Maßgeblichkeit des Marktortprinzips zwar erschwert, unlösbare Probleme bereitet dies indes nicht. Die generelle Anknüpfung an den Herkunftsmarkt verbietet sich aufgrund der sich daraus ergebenden Gefahr der Bildung von Rechtsoasen.[667]

Aus gemeinschaftsrechtlicher Sicht spricht für eine solche Anknüpfung, dass sie den gemeinschaftsrechtlichen Zielen, insbesondere dem Schutz der Wettbewerbsgleichheit innerhalb des Binnenmarktes (Art. 3 lit. g) EGV) und dem Verbraucherschutz (Art. 3 lit. t) EGV), am ehesten gerecht wird.[668] Die Anknüpfung an den Ort, an dem das Regelungsbedürfnis vorrangig auftritt, ist auch interessengerecht. An dem Marktort können die unterschiedlichen betroffenen Interessen zum Ausgleich gebracht werden. Für die Anknüpfung an den Markt spricht daher die Schutzrichtung des Wettbewerbsrechts.[669]

---

664 *Rüßmann*, K&R 1998, 422 (426).

665 Vgl. zu den vielfältigen geschützten Interessen: *Deutsch*, Wettbewerbstatbestände, S. 43; *von Bar*, IPR II, Rn. 695; ferner die Begründung des Entwurfs des internationalen Privatrechts der außervertraglichen Schuldverhältnisse der Zweiten Kommission des Deutschen Rates für IPR, abgedruckt bei: *von Caemmerer*, Vorschläge und Gutachten zur Reform des deutschen internationalen Privatrechts der außervertraglichen Schuldverhältnisse, S. 5 (19). Siehe dazu ferner bereits oben S. 108.

666 *Rüßmann*, K&R 1998, 422 (426).

667 *Ernst*, NJW-CoR 1999, 302 (303); *Kotthoff*, CR 1997, 676 (678 f.); *Rüßmann*, K&R 1998, 422 (426); *Sack*, WRP 2000, 269 (278); *Regelmann*, Internationalprivatrechtliche Anknüpfung, S. 152 f.; Hdb. WettbewerbsR/Jacobs/*Schulte-Beckhausen*, § 27 Rn. 55.

668 Staudinger/*Fezer*, Int. WirtschR., Rn. 434; *Mankowski*, GRUR Int. 2000, 657; *von Hoffmann*, IPR, § 1 Rn. 107 ff.

669 Dazu oben S. 108.

Die Vereinbarkeit der Anknüpfung an das Marktortrecht bei Multistate-Wettbewerb mit den gemeinschaftsrechtlichen Vorgaben soll unten eine detaillierte Auseinandersetzung erfahren.[670] Im Grundsatz ist aber bei Multistate-Wettbewerb trotz unter Umständen erheblicher Rechtsermittlungskosten an den allgemeinen Grundsätzen festzuhalten.

IV. Ergebnis

Die Anknüpfung im deutschen internationalen Wettbewerbsrecht erfolgt nach dem Marktortprinzip. Danach ist die Rechtsordnung des Ortes anknüpfungsrelevant, auf dem die wettbewerblichen Interessen aufeinander treffen. Die Marktortregel hat ganz erhebliche Vorzüge. Sie gewährleistet einheitliche Wettbewerbsbedingungen auf einem bestimmten Markt, schützt die *par conditio concurrentium* und gibt einen klaren Orientierungspunkt für alle Marktteilnehmer. Für die Anknüpfung an den Markt spricht die Möglichkeit zur Erreichung möglichst unverfälschter Wettbewerbsverhältnisse.[671]

Das Marktortprinzip führt bei Multistate-Wettbewerb zu erheblichen Rechtsunsicherheiten. Dabei erweist sich die Bestimmung der anknüpfungsrelevanten Marktorte als umso schwieriger, je größer die Zahl der durch die fragliche wettbewerbliche Maßnahme berührten Länder ist. Insbesondere, wenn es wie im Internet an einer Verkörperung der Wettbewerbshandlung fehlt, lässt sich ein einer bestimmten Rechtsordnung zuzuordnender Marktort nur schwer ausmachen. Dies führt gerade in diesem Bereich zu großen Rechtsunsicherheiten. Selbst bei einer gebotenen, auf den Einzelfall abgestimmten Einschränkung der Marktortregel führt diese dennoch insbesondere bei Wettbewerbshandlungen in internationalen Datennetzen zu der Maßgeblichkeit einer größeren Zahl von Rechtsordnungen. Das Phänomen Internet zwingt dazu, herkömmliche Rechtsauffassungen zu überdenken. Die obigen Ausführungen zeigen indes, dass sich internationalprivatrechtliche Fragestellungen des Internet durchaus mit Hilfe des bewährten rechtlichen Instrumentariums sachgerecht lösen lassen. Durch dessen Weiterentwicklung kann auch im Internetbereich das Spannungsfeld aufgelöst werden, das sich daraus ergibt, dass Werbung im Internet zwar weltweit abrufbar ist, aber nicht auch tatsächlich überall auf die Marktverhältnisse einwirkt. Eine Einschränkung kann durch die Spürbarkeitsgrenze erfolgen, so dass die Zahl der durch die

---

670 Zu einer ausführlichen Auseinandersetzung mit den Konsequenzen der primärgemeinschaftlichen Vorgaben für die Anknüpfung bei Mulitstate-Wettbewerb siehe unten S. 160 ff.

671 Dazu oben S. 108.

wettbewerbliche Maßnahme betroffenen Marktorte nicht unüberschaubar wird. Insgesamt ist daher im Grundsatz an der Marktortregel als maßgeblichem Anknüpfungsmoment im deutschen internationalen Wettbewerbsrecht festzuhalten.

Nach dieser eingehenden Untersuchung des deutschen Wettbewerbskollisionsrechts stellt sich die Frage, welche Auswirkungen die oben erarbeiteten gemeinschaftsrechtlichen Vorgaben auf die geltenden Anknüpfungsmaximen haben. Dieser Problematik soll im Folgenden nachgegangen werden.

C. Europarechtliche Bewertung der kollisionsrechtlichen Anknüpfung

I. Vorüberlegungen

1. Die Marktortregel im internationalen Wettbewerbsrecht

a) Bestandsaufnahme

Wie oben gezeigt, gilt im deutschen Kollisionsrecht grundsätzlich die Marktortanknüpfung.[672] Diese Anknüpfung hat ganz erhebliche Vorzüge. Sie gewährleistet einheitliche Wettbewerbsbedingungen für alle Teilnehmer auf einem bestimmten Markt und schützt die *par conditio concurrentium.*[673] Im Folgenden soll überblickartig dargestellt werden, welches Anknüpfungsmoment in den Wettbewerbskollisionsrechten der anderen Mitgliedstaaten der Europäischen Gemeinschaft maßgeblich ist.

b) Überblick über das Wettbewerbskollisionsrecht in den anderen europäischen Mitgliedstaaten

Ein Überblick über die Regelungen im internationalen Wettbewerbsrecht der Mitgliedstaaten der Europäischen Gemeinschaft ergibt das folgende Bild:

Im *belgischen* Recht gibt es nur wenige Entscheidungen zu der Anknüpfung im internationalen Wettbewerbsrecht. Diese lassen zudem nur in sehr begrenztem Umfang Rückschlüsse auf eventuelle verallgemeinerungsfähige Anknüpfungsregeln zu. Man kann aber wohl resümieren, dass die Rechtsprechung eine unausgesprochene alternative Anknüpfung an Handlungs- und Erfolgsort zugrunde legt, welche die Maßgeblichkeit der lex fori bezweckt.[674]

---

[672] Vgl. dazu oben S. 146.

[673] Dazu oben S. 108.

[674] Vgl. dazu im Einzelnen: *Bernhard,* Das IPR des unlauteren Wettbewerbs in den Mitgliedstaaten der EG, S. 140 ff.; sowie: Großkommentar/*Schricker,* Einl. UWG F. 224; *Schmid,* Freier Dienstleistungsverkehr und Recht des unlauteren Wettbewerbs, S. 99; Ulmer/Schricker/*Wunderlich,* Das Recht des unlauteren Wettbewerbs in den Mitgliedstaaten der EWG II/1, Rn. 173 ff.; *Riegl,* Streudelikte, S. 143 f.

Die *dänische* Rechtsprechung folgt bei grenzüberschreitenden Wettbewerbsverstößen der Marktortregel.[675]

In *Frankreich* wird grundsätzlich im internationalen Wettbewerbsrecht ebenso wie im Deliktskollisionsrecht von der lex-loci-Regel ausgegangen.[676] Zunehmend wird aber vermutet, dass die Rechtsprechung unausgesprochen die Geltung des Marktortprinzips zugrunde legt.[677] Dennoch geht die Cour de Cassation in einem jüngeren Urteil im unlauteren Wettbewerbsrecht von dem Ubiquitätsprinzip des internationalen Deliktsrechts aus.[678]

Auch in *Griechenland* ist die Geltung der Marktortregel unsicher, wird aber vermutet.[679]

In *Großbritannien* galt die „double-rule" des allgemeinen Deliktsrechts seit der Entscheidung „John Walker v Ost"[680] auch für das internationale Wettbewerbsrecht. Nach dieser Regel fand englisches Recht für Inlandstaten wie auch für Auslandstaten Anwendung, sofern das Delikt klagbar wäre, wenn es im Inland begangen worden und nicht nach dem Recht des Tatortes gerechtfertigt wäre.[681]

---

675 *Bernhard,* Das IPR des unlauteren Wettbewerbs in den Mitgliedstaaten der EG, S. 175 f.; *Reinel,* WRP 1990, 92 (97); *Schmid,* Freier Dienstleistungsverkehr und Recht des unlauteren Wettbewerbs, S. 98; sowie: Großkommentar/*Schricker,* Einl. UWG F. 225; vgl. ferner die Nachweise bei: *Drasch,* Das Herkunftslandprinzip im IPR, S. 340.

676 Ulmer/*Krasser,* Das Recht des unlauteren Wettbewerbs in den Mitgliedstaaten der EWG IV, Rn. 183 ff.; *Riegl,* Steudelikte, S. 142; eingehend zum französischen Recht: *Batiffol/Lagarde,* Droit International Privé II, Rn. 554 ff.; *Zweigert/Kötz,* Einführung in die Rechtsvergleichung, S. 619 ff.; *Schricker,* GRUR Int. 1973, 453 (457); *Troller,* Das IPR des unlauteren Wettbewerbs, S. 84 ff.; *Wirner*, Wettbewerbsrecht und IPR, S. 73; *Schmid,* Freier Dienstleistungsverkehr und Recht des unlauteren Wettbewerbs, S. 98.

677 *Bernhard,* Das IPR des unlauteren Wettbewerbs in den Mitgliedstaaten der EG, S. 177; *Riegl,* Steudelikte, S. 142; *Troller,* Das IPR des unlauteren Wettbewerbs, S. 85.

678 Cour de Cassation, Rev. crit. d. i.p. 1997, 504 (505); dazu : *Schmid,* Freier Dienstleistungsverkehr und Recht des unlauteren Wettbewerbs, S. 98;

679 *Bernhard,* Das IPR des unlauteren Wettbewerbs in den Mitgliedstaaten der EG, S. 192.

680 John Walker & Sons Ltd and others v Henry Ost & Co Ltd and another, All ER (1970) 2, 106.

681 John Walker & Sons Ltd and others v Henry Ost & Co Ltd and another, All ER (1970) 2, 106 (120): „*Rule 158. An act done in a foreign country is a tort and actionable as such in England, only if it is both (1) actionable as a tort, according to English law, or in other words, is an act which, if done in England, would be a tort; and (2) not justifiable, according to the law of the foreign country where it was done.*"; vgl. ferner: Ulmer/von Westerholt, Das Recht des unlauteren Wettbewerbs in den Mitgliedstaaten der EWG VI, Rn. 183 ff.; Großkommentar/Schricker, Einl. UWG F. 233.

Mit Wirkung vom 1. Mai 1996 wurde das internationale Deliktsrecht durch den Private International Law Act 1995 erstmals umfassend kodifiziert.[682] Damit sind weitreichende Änderungen eingetreten. Gemäß Clause 11 Abs. 1 ist grundsätzlich an den Tatort anzuknüpfen.[683] Bei grenzüberschreitenden Delikten wird ausweislich Clause 11 Abs. 2 je nach der Art der Rechtsverletzung unterschieden. Bei Körperverletzungen, Tötungen oder Eigentumsverletzungen findet das Recht des Staates Anwendung, in dem sich das Opfer, bzw. die Sache, zum Zeitpunkt der Tat befand.[684] In den übrigen Fällen wird an die Rechtsordnung des Staates angeknüpft, in dem die maßgeblichen Tatbestandsmerkmale verwirklicht wurden.[685] Diese Vorschrift dürfte auch im internationalen Wettbewerbsrecht anzuwenden sein.[686]

In *Irland* gilt, entsprechend der alten Rechtslage in Großbritannien, die „double-rule" des allgemeinen Deliktsrechts.[687]

In *Italien* wird grundsätzlich ebenfalls die Tatortregel zugrunde gelegt.[688] Dies galt schon nach der alten Rechtslage.[689] Seit der seit dem 1.9.1995 geltenden Neuregelung[690] ist nunmehr gemäß Art. 62 I S. 1 IPRG grundsätzlich auf den

---

682 Allgemein zur Neuregelung: *Kaye*, IPRax 1995, 406 (408 f.); Staudinger/*von Hoffmann*,[13] Art. 38 Rn. 50; *Schmid*, Freier Dienstleistungsverkehr und Recht des unlauteren Wettbewerbs, S. 101 f.

683 *„The general rule is that the applicable law is the law of the country in which the events constituting the tort or delict in question occur"*; abgedruckt bei: Staudinger/von Hoffmann,[13] Art. 38 Rn. 50.

684 Von Clause 11 kann gemäß Clause 12 abgewichen werden, wenn es wesentlich angemessener ist, an das Recht eines anderen Staates anzuknüpfen.

685 *„The law of the country in which the most significant element or elements of those events occurred."*

686 *Schmid*, Freier Dienstleistungsverkehr und Recht des unlauteren Wettbewerbs, S. 101 f.

687 Großkommentar/*Schricker*, Einl. UWG F. 233; *Bernhard*, Das IPR des unlauteren Wettbewerbs in den Mitgliedstaaten der EG, S. 209.

688 *Schmid*, Freier Dienstleistungsverkehr und Recht des unlauteren Wettbewerbs, S. 99 f.; *Riegl*, Streudelikte, S. 142; Troller, Das IPR des unlauteren Wettbewerbs, S. 91 ff.; *Wirner*, Wettbewerbsrecht und IPR, S. 71.

689 Dazu: *Riegl*, Streudelikte, S. 142; Troller, Das IPR des unlauteren Wettbewerbs, S. 91 ff.; *Wirner*, Wettbewerbsrecht und IPR, S. 71.

690 Gesetz Nr. 218 v. 31. Mai 1995. Die Art. 62 und 63 des Gesetzes sind abgedruckt bei: Staudinger/*von Hoffmann*,[13] Art. 38 Rn. 40.

Erfolgsort abzustellen.[691] Dieser gilt auch für das internationale Wettbewerbsrecht.[692]

Der Gesetzgeber *Liechtensteins* hat in Art. 52 Abs. 2 IPRG für das internationale Wettbewerbsrecht das Auswirkungsprinzip in ausdrücklicher Anlehnung an dessen Geltung im österreichischen Recht[693] normiert.[694]

In *Luxemburg* fehlen einschlägige Entscheidungen. *Bernhard* hält es für wahrscheinlich, dass sich die Rechtsprechung wie im materiellen Wettbewerbsrecht an die belgische Rechtsprechung anlehnt und demnach über eine Erfolgsortanknüpfung das Recht des Marktortes maßgeblich wäre.[695]

Die *niederländische* Rechtsprechung legt, soweit ersichtlich, ebenfalls unausgesprochen die Marktortregel zugrunde.[696] Allerdings ist dies nicht ganz unzweifelhaft.[697] Ausgangspunkt ist wie im internationalen Deliktsrecht die lex-loci-delicti-Regel.[698]

§ 48 Abs. 2 des *österreichischen* IPR-Gesetzes sieht vor, dass Wettbewerbsverstöße nach dem Recht des Staates zu beurteilen sind, auf dessen Markt sie sich auswirken. Damit folgt das österreichische internationale

691 Zur Neuregelung vgl.: *Moglio/Thorn*, ZVglRWiss 96 (1997), 347 (376 ff.); *Kindler*, RabelsZ 61 (1997), 227 (280 f.).

692 *Moglio/Thorn*, ZVglRWiss 96 (1997), 347 (376 ff.); *Schmid*, Freier Dienstleistungsverkehr und Recht des unlauteren Wettbewerbs, S. 99 f.

693 Beschluss des Fürstlichen Liechtensteinischen Obersten Gerichtshofs v. 14. September 1987, abgedruckt in: GRUR Int. 1988, 69 („Jil Sander II"): „*Der FL OGH hat schon zu wiederholten Malen zum Ausdruck gebracht, dass er keine Bedenken hegt, die Regelungen des öIPRG zur Ausfüllung von Lücken im liechtensteinischen Kollisionsrecht per analogiam heranzuziehen[...].*"

694 Text abgedruckt in: IPRax 1997, 364 ff.; vgl. *Kreuzer*, RabelsZ 65 (2001), 383 (417 ff.).

695 *Bernhard*, Das IPR des unlauteren Wettbewerbs in den Mitgliedstaaten der EG, S. 222.

696 *Bernhard*, Das IPR des unlauteren Wettbewerbs in den Mitgliedstaaten der EG, S. 223 ff.; vgl. ferner: Ulmer/*Baeumer*, Das Recht des unlauteren Wettbewerbs in den Mitgliedstaaten der EWG II, Rn. 132; *Riegl*, Streudelikte, S. 144; *Drasch*, Das Herkunftslandprinzip im IPR, S. 340.

697 Vgl. dazu: *Mehring*, WRP 1990, 477 (482); *Schmid*, Freier Dienstleistungsverkehr und Recht des unlauteren Wettbewerbs, S. 100.

698 *Bernhard*, Das IPR des unlauteren Wettbewerbs in den Mitgliedstaaten der EG, S. 223; *Schmid*, Freier Dienstleistungsverkehr und Recht des unlauteren Wettbewerbs, S. 100.

Wettbewerbsrecht dem Auswirkungsprinzip.[699] Das österreichische Schrifttum, das § 48 Abs. 2 des österreichischen IPR-Gesetzes als Ausdruck des kartellrechtlichen Auswirkungsprinzips auffasst, sieht darin ein Argument für die Bedeutung von Kartellrecht und Wettbewerbsrecht als einem *„Gesamtsystem zur Funktionssicherung ein und desselben Ordnungsprinzips"*.[700]

In *Portugal* ist keine Rechtsprechung zum grenzüberschreitenden Wettbewerb ersichtlich. Im Ergebnis wird man aber wohl über die allgemeine Anknüpfungsregel des Art. 45 código civil zu einer Geltung des Marktortrechts kommen. Allerdings geht gemäß Art. 45 Abs. 2 código civil das strengere Recht des Handlungsortes der Erfolgsortanknüpfung an den Marktort vor.[701]

In *Schweden* ist bei Wettbewerbsverstößen das Recht des Staates maßgeblich, auf dessen Markt sich der Verstoß auswirkt.[702]

Das *spanische* Gesetz zum unlauteren Wettbewerb ist 1991 neu kodifiziert worden. Seitdem enthält Art. 4 des Ley de Competencia Desleal eine ausdrückliche kollisionsrechtliche Bestimmung, wonach spanisches Wettbewerbsrecht dann Anwendung findet, wenn die fraglichen Wettbewerbshandlungen *„wesentliche Wirkungen auf den spanischen Markt haben oder haben können"*.[703] Diese auf die wesentlichen Auswirkungen auf

---

[699] Vgl. OGH ÖBl 1987, 44 („Media-Markt-Rosenheim"); ausführlich zum Auswirkungsprinzip im österreichischen internationalen Wettbewerbsrecht: *Koppensteiner*, Österreichisches und europäisches Wettbewerbsrecht, § 21 Rn. 13 ff.; *Wiltschek*, GRUR Int. 1988, 299; *Briem*, Internationales und Europäisches Wettbewerbsrecht und Kennzeichenrecht, S. 45 ff.; *Riegl*, Streudelikte, S. 139 f.; *Weber*, Die kollisionsrechtliche Behandlung von Wettbewerbsverletzungen mit Auslandsbezug, S. 82 ff.; *Kreuzer*, in: von Caemmerer, Vorschläge und Gutachten zur Reform des deutschen internationalen Privatrechts der außervertraglichen Schuldverhältnisse, S. 232 (254); *Schmid*, Freier Dienstleistungsverkehr und Recht des unlauteren Wettbewerbs, S. 100 f.; *Kreuzer*, RabelsZ 65 (2001), 383 (417 ff.); Staudinger/*Fezer*, Int. WirtschR., Rn. 382, 384 ff.

[700] *Koppensteiner*, Österreichisches und europäisches Wettbewerbsrecht, § 21 Rn. 16; vgl. ferner: *Wiltschek*, GRUR Int. 1988, 299 (300 f.).

[701] *Bernhard*, Das IPR des unlauteren Wettbewerbs in den Mitgliedstaaten der EG, S. 233 f.

[702] *Bogdan*, Consumer Law Journal 1998, 369 (373 f.); *Schmid*, Freier Dienstleistungsverkehr und Recht des unlauteren Wettbewerbs, S. 101.

[703] Das Zitat entspricht der deutschen Übersetzung, abgedruckt in: GRUR Int. 1991, 551 (553).

den spanischen Markt abstellende Bestimmung entspricht dem kartellrechtlichen Auswirkungsprinzip.[704]

c) Ergebnis

Als Ergebnis lässt sich mithin ausmachen, dass in den europäischen Mitgliedstaaten weitgehend die Geltung der Marktortregel anerkannt ist.[705] Insbesondere in neueren Kodifikationen, wie in Österreich und Spanien - und im Übrigen auch in der Schweiz[706] -, wird sie grundsätzlich in Gestalt des Auswirkungsprinzips zugrunde gelegt.[707] Im Übrigen wird zumeist auf die allgemeine deliktsrechtliche Anknüpfung rekurriert, was, vereinfacht ausgedrückt, der Anknüpfung an den Erfolgsort der Marktortregel gleichkommt. Eine ausdrückliche Normierung des Wettbewerbskollisionsrechts gibt es in nur wenigen europäischen Mitgliedstaaten. In den anderen Ländern stellt das allgemeine Deliktsstatut den Ausgangspunkt der Anknüpfung für den unlauteren Wettbewerb dar.[708] Dieses ist in den meisten europäischen Staaten vom Grundsatz der *lex loci delicti commissi* beherrscht. Die neuen Kodifikationen des IPR enthalten Regelungen, wie sie sich nun auch in Art. 40 EGBGB für das deutsche Recht finden.[709] Im Übrigen ist die Tatortregel gewohnheitsrechtlich

704 Vgl. im Einzelnen: *Bernhard,* Das IPR des unlauteren Wettbewerbs in den Mitgliedstaaten der EG, S. 235 ff.; ferner: *Schwappach/Koblitz,* EU-Rechtshandbuch für die Wirtschaft, § 26 Rn. 18; zum neuen spanischen Gesetz gegen unlauteren Wettbewerb vgl. ferner: Hdb. WettbewerbsR/Jacobs/*Schulte-Beckhausen,* § 26 Rn. 27; zur alten Rechtslage sowie ausführlich zu den Grundsätzen des spanischen IPR: *von Hoffmann/Oritz-Arce,* RabelsZ 39 (1975), 647 ff.

705 *Koblitz* geht sogar von einer grundsätzlichen Geltung des Marktortrechts in den Mitgliedstaaten aus: *Schwappach/Koblitz,* EU-Rechtshandbuch für die Wirtschaft, § 26 Rn. 18; so auch: *Riegl*, Streudelikte, S. 146.

706 Art. 136 Abs. 1 IPRG: „*Ansprüche aus unlauterem Wettbewerb unterstehen dem Recht des Staates, auf dessen Markt die unerlaubte Handlung ihre Wirkung entfaltet.*" Zum Auswirkungsprinzip im Schweizerischen internationalen Wettbewerbsrecht: Baudenbacher, GRUR Int. 1988, 310; Katzenberger, in: Neuordnung des Wettbewerbsrechts, S. 218 (226); ferner: Glöckner, ZVglRWiss 99 (2000), 278 (279 ff.); Staudinger/Fezer, Int. WirtschR., Rn. 382 f.

707 Vgl. dazu: Großkommentar/*Schricker,* Einl. UWG F. 231, 233.

708 Vgl. dazu: *Dethloff,* Europäisierung des Wettbewerbsrechts, S. 59 ff.

709 Art. 45 portugiesischer código civil, Art. 26 griechisches ZGB, Art. 62 Abs. 1 italienisches IPR.

anerkannt. Die Ausgestaltung der Tatortregel differiert indes in den unterschiedlichen Rechtsordnungen.[710]

Eine Anknüpfung an das Herkunftslandrecht des wettbewerblich Handelnden findet sich demgegenüber in keiner der mitgliedstaatlichen Wettbewerbskollisionsrechtsordnungen.

2. Vorrang des Gemeinschaftsrechts

Aufgrund des Vorrangprinzips[711] unterliegen die nationalen Kollisionsnormen der Kontrolle des Gemeinschaftsrechts.[712] Als Teil der mitgliedstaatlichen Rechtsordnung unterliegt auch das IPR dem Anwendungsvorrang.[713] Widersprechen mitgliedstaatliche Regelungen gemeinschaftsrechtlichen Vorgaben, so setzt sich das Gemeinschaftsrecht durch. Bei dem Vorrang des Gemeinschaftsrechts handelt es sich aber lediglich um einen Anwendungsvorrang, das heißt, die fragliche nationale Bestimmung ist nicht unwirksam,[714] sie findet lediglich in Sachverhalten mit Gemeinschaftsbezug keine Anwendung.[715] Die

[710] Vgl. die grundlegende Darstellung zur Entstehung der Tatortregel aus rechtsvergleichender Sicht: *Hohloch*, Das Deliktstatut, S. 53 ff.

[711] Dazu bereits oben S. 7 f.

[712] EuGH 15. 07. 1964 – Rs. 6/64 -, Slg. 1964, 1251 (1270) („Costa/E.N.E.L"); EuGH 17. 12. 1970 - Rs. 11/70 -, Slg. 1970, 1125 (1153) Rn. 3 („Internationale Handelsgesellschaft/Einfuhr- und Vorratsstelle für Getreide und Futtermittel"); EuGH 9. 03. 1978- Rs. 106/77 -, Slg. 1978, 629 (643 f.) („Simmenthal"); EuGH 19. 06. 1990 – Rs. C-213/89 -, Slg. 1990, I-2466 (2473 f.) Rn. 18 („The Queen/Factorame Ltd."). Vgl. dazu ferner oben S. 8.

[713] *Brödermann*, in: Brödermann/Iversen, Europäisches Gemeinschaftsrecht und IPR, Rn. 6, 419 ff. Der ablehnenden Meinung, die davon ausgeht, dass das Gemeinschaftsrecht nur Sachnormen überprüfe, auf internationalprivatrechtliche Bestimmungen aber keinen Einfluss habe, kann nicht gefolgt werden. *Tebbens*, Rev. crit. d. i. p. 83 (1994) 451 (476 ff.). Dazu bereits oben S. 8.

[714] Für einen Geltungsvorrang des Gemeinschaftsrechts gegenüber mitgliedstaatlichen Vorschriften möglicherweise: EuGH 09. 03. 1978 - Rs. 106/77 -, Slg. 1978, 629 (644) („Simmenthal").

[715] *Ipsen*, Europäisches Gemeinschaftsrecht, S. 287 ff.; *Oppermann*, Europarecht, Rn. 540; *Streinz*, Europarecht, Rn. 200 f.; *Schweitzer*, Staatsrecht, Völkerrecht, Europarecht, Rn. 49; *Schwemer*, Die Bindung des Gemeinschaftsgesetzgebers an die Grundfreiheiten, S. 18 ff.; *Freitag*, Der Einfluss des Europäischen Gemeinschaftsrechts auf das internationale Produkthaftungsrecht, S. 252; *Sonnenberger*, ZVglRWiss 95 (1996), 2 (14).

mitgliedstaatliche Vorschrift wird verdrängt und kommt bei rein innerstaatlichen Sachverhalten weiterhin zur Anwendung.[716]
Nach Art. 10 Abs. 1 S. 1 EGV[717] sind die Mitgliedstaaten verpflichtet, *„alle geeigneten Maßnahmen allgemeiner oder besonderer Art"* zur Erfüllung der sich aus dem EGV ergebenden Verpflichtungen zu treffen. Verstößt eine nationale Kollisionsnorm gegen europarechtliche Vorgaben, so widerspricht das dieser mitgliedstaatlichen Pflicht. In diesem Fall ist die fragliche Norm nach Möglichkeit gemeinschaftsrechtskonform auszulegen.[718] Dies folgt bereits aus der Pflicht zu vertragstreuem Verhalten. Diese Pflicht ergibt sich sowohl aus dem Abschluss der Gemeinschaftsverträge selbst, als auch aus dem völkerrechtlichen bona-fides-Grundsatz[719], und ist in Art. 10 EGV und in Art. 86 Abs. 1-3 EGKS[720] zusätzlich festgeschrieben.[721]

Die Antwort auf die Frage, ob eine gemeinschaftskonforme Auslegung möglich ist, richtet sich danach, ob der Wortlaut der Norm noch eine solche Auslegung zulässt. Ist eine solche Auslegung nicht möglich, handelt es sich um eine europarechtswidrige Norm, die auf Sachverhalte mit Gemeinschaftsbezug keine

716 EuGH 07. 02. 1984 – Rs. 237/82 -, Slg. 1984, 483 (500) Rn. 6 („Kaas/Niederlande").

717 Art. 10 EGV: *„Die Mitgliedstaaten treffen alle geeigneten Maßnahmen allgemeiner oder besonderer Art zur Erfüllung der Verpflichtungen, die sich aus diesem Vertrag oder aus Handlungen der Organe der Gemeinschaft ergeben. Sie erleichtern dieser die Erfüllung ihrer Aufgaben.*

Sie unterlassen alle Maßnahmen, welche die Verwirklichung der Ziele dieses Vertrags gefährden könnten."

718 Zur gemeinschaftsrechtskonformen Auslegung nationalen Rechts: EuGH 15. 05. 1986 - Rs. 222/84 -, Slg. 1986, 1663 (1690) Rn. 53 („Johnston/Royal Ulster Constabulary"); EuGH 24. 10. 1978 – Rs. 15/78 -, Slg. 1978, 1981 (1987) („Koestler"); *Samtleben*, RabelsZ 45 (1981), 218 (248 f.).

719 *Nicolaysen*, Europarecht I, S. 70; *Brödermann*, in: Brödermann/Iversen, Europäisches Gemeinschaftsrecht und IPR, Rn. 419.

720 Art. 86 Abs. 1-3 EGKS: *„Die Mitgliedstaaten verpflichten sich, alle geeigneten allgemeinen oder besonderen Maßnahmen zu ergreifen, um die Erfüllung der Verpflichtungen zu sichern, die sich aus den Entscheidungen und Empfehlungen der Organe der Gemeinschaft ergeben und der Gemeinschaft die Erfüllung ihrer Aufgaben zu erleichtern.*

Die Mitgliedstaaten verpflichten sich, jede Maßnahme zu unterlassen, die mit dem Bestehen des gemeinsamen Marktes gemäß Artikel 1 und 4 unvereinbar ist.

Sie erlassen im Rahmen der Zuständigkeit alle geeigneten Vorschriften, um die internationalen Regelungen für den Austausch von Kohle und Stahl innerhalb des gemeinsamen Marktes sicherzustellen, und unterstützen sich gegenseitig, um die Durchführung dieser Regelungen zu erleichtern."

721 *Samtleben*, RabelsZ 45 (1981), 218 (248).

Anwendung findet.[722] Die Auslegung des nationalen Rechts muss sich an den gemeinschaftsrechtlichen Vorgaben und Zielen orientieren. Im Zweifel ist der gemeinschaftskonformen Auslegung der Vorrang vor der Nichtanwendung der Norm zu geben. Dem Gebot der Gemeinschaftsrechtskonformität wird bereits durch Auslegung genügt, eine Nichtanwendung ist dann nicht mehr erforderlich.[723]

II. Gemeinschaftsrechtskonformität der Marktortregel

1. Vorgaben des primären Gemeinschaftsrechts

Die Marktortregel ist vorliegend an den Vorgaben von Warenverkehrs- und Dienstleistungsfreiheit zu messen. Die kollisionsrechtliche Anknüpfung an das Marktortrecht kann die grundfreiheitlichen Gewährleistungen beschränken. Daher erscheint die Anwendung des Marktortprinzips bedenklich, wenn keine Rechtfertigungsgründe vorliegen.[724] Andererseits sprechen aber auch gewichtige Gründe für die Marktortregel.[725]

Maßgeblich für die kollisionsrechtliche Anknüpfung sind indes in erster Linie aufgrund des Vorrangs des Gemeinschaftsrechts die primärrechtlichen Vorgaben. Die Grundfreiheiten enthalten eine kollisionsrechtliche Vorbehaltsklausel zugunsten des Rechts des Herkunftslandes des Diensteanbieters. Demnach enthält der EGV selbst unmittelbar internationalprivatrechtliche Vorgaben.[726] Diese sind gegenüber dem nationalen IPR vorrangig und entfalten unmittelbare kollisionsrechtliche Auswirkungen auf

---

722 *Schaub,* RabelsZ 66 (2002), 18 (24); ausführlich: *Brödermann,* in: Brödermann/Iversen, Europäisches Gemeinschaftsrecht und IPR, Rn. 422 ff.; *Sonnenberger,* ZVglRWiss 95 (1996), 2 (14).

723 Die Nichtanwendung der Norm belegt den Verstoß gegen Gemeinschaftsrecht des nationalen Gesetzgebers. Es wird aber vermutet, dass dies nicht dem gesetzgeberischen Willen des nationalen Gesetzgebers entspricht. Dazu: *Brödermann,* in: Brödermann/Iversen, Europäisches Gemeinschaftsrecht und IPR, Rn. 424.

724 So auch: *Schaub,* RabelsZ 66 (2002), 18 (56). Maßgeblich ist mithin, ob eine nicht rechtfertigungsfähige Behinderung des freien Produktverkehrs vorliegt. Vgl. dazu die ausführliche Auseinandersetzung bei: *Grandpierre,* Herkunftslandprinzip kontra Marktortanknüpfung, S. 116 ff.

725 Vgl. oben S. 108. Siehe dazu ferner: *Grandpierre,* Herkunftslandprinzip kontra Marktortanknüpfung, S. 116 ff.

726 Siehe dazu die Ausführungen oben S. 7.

die Anknüpfung im nationalen internationalen Wettbewerbsrecht. Die Konsequenzen dieser gemeinschaftlichen Vorgaben für die Kollisionsnormen des deutschen IPR sollen im Folgenden eine eingehende Untersuchung erfahren.

2. Konsequenzen für die internationalprivatrechtliche Anknüpfung im Bereich des Wettbewerbskollisionsrechts

Die Anknüpfung nach der Marktortregel ist – wie gezeigt – nur teilweise mit den europarechtlichen Vorgaben vereinbar.[727] Um die Konsequenzen für die kollisionsrechtliche Anknüpfung im internationalen Wettbewerbsrecht ausloten zu können, sind die gemeinschaftsrechtlichen Vorgaben im Einzelnen zu rekapitulieren. Wie oben gezeigt, gebieten die Warenverkehrs- und die Dienstleistungsfreiheit die Anwendung des Herkunftslandrechts nur unter bestimmten Bedingungen:

a) Es muss sich um einen gemeinschaftsrechtlichen Sachverhalt handeln.
b) Die wettbewerbliche Maßnahme muss im Herkunftsland rechtmäßig sein.
c) Es darf nicht eine nach der „Keck-Rechtsprechung“ dem Anwendungsbereich der Warenverkehrsfreiheit entzogene Regelung bloßer Verkaufsmodalitäten vorliegen.
d) Eine Rechtfertigung der wettbewerblichen Maßnahme aufgrund zwingender Erfordernisse des Allgemeinwohls, bzw. nach Art. 30 EGV, darf nicht möglich sein.

Bei Vorliegen einer dieser Konstellationen ändert sich an der beschriebenen internationalprivatrechtlichen Anknüpfung nichts. Im internationalen Wettbewerbsrecht ist folglich an die Marktortregel anzuknüpfen, wenn die fragliche Maßnahme keinen Bezug zu einem anderen Mitgliedstaat aufweist oder nur eine Regelung bestimmter Verkaufsmodalitäten vorliegt. Ferner ist vor der Anwendung der Marktortregel zu prüfen, ob die Maßnahme im Herkunftsland rechtmäßig wäre. Diese inzidente Prüfung ist mithin der Anwendung des materiellen Wettbewerbsrechts des Bestimmungslandes vorgeschaltet. Ist dies der Fall, so sind die Rechtfertigungsmöglichkeiten des Art. 30 EGV zu überprüfen sowie die zwingenden Erfordernisse im Sinne der „Cassis-de-Dijon-Formel.“ Darüber hinaus greift die Vorbehaltsklausel auch dann nicht ein, wenn die wettbewerbliche Maßnahme sowohl nach dem Herkunftslandrecht als auch nach dem Bestimmungslandrecht rechtmäßig oder sowohl nach dem Herkunftslandrecht als auch nach dem Bestimmungslandrecht rechtswidrig ist. Der einzige Fall, in dem das Gemeinschaftsrecht die

---

727 Vgl. dazu im Einzelnen oben S. 95 ff.

Maßgeblichkeit des Herkunftslandrechts fordert, ist der, dass die wettbewerbliche Maßnahme nach dem Bestimmungslandrecht rechtswidrig, nach dem Herkunftslandrecht aber rechtmäßig ist. In diesem letzten Fall erfordert das primäre Gemeinschaftsrecht die Anwendung des Herkunftslandrechts. Dies schlägt unmittelbar auf die internationalprivatrechtlichen Regelungen der Mitgliedstaaten durch. Die Marktortanknüpfung ist hier europarechtswidrig und kann daher bei gemeinschaftsrechtlichen Sachverhalten nicht zur Anwendung kommen. Die in den Grundfreiheiten enthaltene besondere Vorbehaltsklausel war oben folgendermaßen formuliert worden: *Bei Binnenmarktsachverhalten ist eine produktbezogene oder diskriminierende vermarktungsbezogene wettbewerbliche Maßnahme dann nach dem Recht des Herkunftslandes des Anbieters dieser Maßnahme zu beurteilen, wenn sie dort rechtmäßig ist, nach dem Recht des Marktortes aber rechtswidrig wäre, es sei denn die Maßnahme ist nach Art. 30 EGV, bzw. zwingenden Erfordernissen des Allgemeinwohls, gerechtfertigt.*

Diese gemeinschaftsrechtliche Vorbehaltsklausel ist also Teil der Anknüpfung im internationalen Wettbewerbsrecht. In der beschriebenen Konstellation ist, abweichend von der Marktortregel, im Ergebnis das Recht des Herkunftslandes des Anbieters maßgeblich. Es fragt sich mithin, ob diese Vorbehaltsklausel in den Normen des EGBGB enthalten ist.

3. Verortung der gemeinschaftsrechtlichen Vorgaben in den Normen des deutschen IPR

a) Gemeinschaftskonformität der Marktortregel

Die besondere gemeinschaftsrechtliche Vorbehaltsklausel findet sich nicht ausdrücklich im nationalen Wettbewerbskollisionsrecht. Im deutschen internationalen Wettbewerbsrecht wird vielmehr an das Marktortrecht angeknüpft.[728] Nach obigen Ausführungen ist dies aber bei Vorliegen der Voraussetzungen für das Eingreifen der gemeinschaftsrechtlichen Vorbehaltsklausel nicht gemeinschaftskonform. Auf Binnenmarktsachverhalte findet die Marktortregel nach Art. 40 Abs. 1 S. 1 EGBGB[729] bei Eingreifen der Vorbehaltsklausel folglich keine Anwendung. Fraglich ist daher, ob sich durch gemeinschaftskonforme Auslegung die Anwendung des Herkunftslandrechts im Einzelfall ergibt. Eine gemeinschaftskonforme Auslegung ist indes dann nicht

---

[728] Vgl. dazu oben S. 109 ff.

[729] Vgl. zu der Verortung des Marktortprinzips in Art. 40 Abs. 1 S. 1 EGBGB oben S. 118.

möglich, wenn der Wortlaut der Norm eine solche Auslegung nicht zulässt. Aus Art. 40 Abs. 1 S. 1 EGBGB ergeben sich keine Möglichkeiten, im Einzellfall von der Anwendung des Marktortprinzips abzusehen und stattdessen zu einer Anwendung des Herkunftslandprinzips zu gelangen.

Dem Gebot der Gemeinschaftskonformität des nationalen Kollisionsrechts[730] könnte indes unter Rückgriff auf die Ausweichklausel des Art. 41 EGBGB genügt werden. Mit der Ausweichklausel ermächtigt der Gesetzgeber die Rechtsprechung, soweit erforderlich, von allgemeinen Anknüpfungsregeln abweichende Sonderanknüpfungen vorzunehmen.[731]

Abweichend von den Grundregeln des Art. 40 Abs. 1, 2 EGBGB, werden nach Art. 41 EGBGB außervertragliche Ansprüche an das Recht der *„engsten Verbindung"* angeknüpft.[732] Die Ausweichklausel gestattet eine Abweichung von der grundsätzlichen Anknüpfung, wenn der Sachverhalt eine wesentlich engere Verbindung zu einer anderen als der berufenen Rechtsordnung aufweist. Nach Art. 41 Abs. 2 Nr. 1 EGBGB ist, soweit zwischen den Parteien eine tatsächliche oder rechtliche Beziehung besteht, das diese Verbindung beherrschende Recht auch für außervertragliche Ansprüche maßgeblich. Art. 41 Abs. 2 Nr. 2 EGBGBG sieht eine Auflockerung bei gemeinsamem gewöhnlichem Aufenthalt der Beteiligten vor.

Beide Fälle sind vorliegend nicht einschlägig. Allerdings handelt es sich bei den Regelbeispielen in Art. 41 Abs. 2 EGBGB nicht um einen abschließenden Katalog.[733] Dies ergibt sich bereits aus dem Wortlaut „insbesondere". Die Generalklausel des Art. 41 Abs. 1 EGBGB erfasst vielmehr auch andere Fälle einer wesentlich engeren Verbindung.[734] Eine solche wesentlich engere Verbindung folgt hier aus dem primären Gemeinschaftsrecht. Dieses verlangt im Einzelfall die Anwendung des Herkunftslandrechts. In diesem Fall ergibt sich mithin eine engere Verbindung des Sachverhalts zum Recht des Herkunftslandes als zu dem des Marktortes. Insoweit kann auf die Ausweichklausel des Art. 41 EGBGB zurückgegriffen werden.

---

730 *Brödermann,* in: Brödermann/Iversen, Europäisches Gemeinschaftsrecht und IPR, Rn. 424.

731 *Kreuzer,* RabelsZ 65 (2000), 383 (432).

732 Dazu: Staudinger/*von Hoffmann*, Art. 41 EGBGB Rn. 1 ff.; Palandt/*Heldrich,* Art. 41 EGBGB Rn. 3 ff.; *Kreuzer,* RabelsZ 65 (2000), 383 (430 ff.).

733 BT-Drs. 14/343, 13.

734 Vgl. dazu: *Kropholler,* IPR, § 53 II 4; *Kreuzer,* RabelsZ 65 (2000), 383 (430 ff.).

b) Gemeinschaftskonformität der Anknüpfung bei Multistate-Wettbewerb

Möglicherweise erfordern die Besonderheiten des Multistate-Wettbewerbs eine über die dargestellten Konstellationen hinausgehende Anknüpfung nach dem Herkunftslandprinzip.[735] Wie oben gezeigt, handelt es sich bei diesen Maßnahmen um Handlungen, die gleichzeitig auf mehrere Märkte einwirken und folglich dazu führen, dass der Anbieter seine Maßnahme einer Vielzahl von Rechtsordnungen anpassen muss.[736]

Dies gilt insbesondere für Werbung in internationalen Datennetzen. Diese Maßnahmen sind unteilbare Wettbewerbshandlungen, da sie zwangsläufig auf mehrere Märkte einwirken. Anders ist dies bei wettbewerblichen Maßnahmen in Printmedien oder bei Direktmarketingmaßnahmen. Bei dieser Art von wettbewerblichen Handlungen ist es möglich, für verschiedene Mitgliedstaaten unterschiedliche Systeme zu verwenden. Es muss nicht das gesamte Werbekonzept geändert werden, sondern es sind lediglich für bestimmte Einfuhrländer Anpassungsmaßnahmen zu treffen. Diese Anpassungskosten können aber bereits durch abweichende Verbrauchergewohnheiten, bzw. eine fremde Sprache, bedingt sein, so dass sie in diesem Fall nicht auf unterschiedlichen wettbewerblichen Regelungen beruhen.

Allerdings ist der Aufwand ein anderer, wenn es nicht ausreicht, die Seite lediglich zu übersetzen, sondern es vielmehr erforderlich ist, eine neue Werbekonzeption zu erarbeiten. Dies führt zu einer Benachteiligung ausländischer Erzeugnisse.

Diese ist bei unteilbaren Wettbewerbshandlungen noch um ein Vielfaches höher, da sie zwangsläufig zu einer Anpassung der Werbekonzeption an die Rechtsordnungen der anderen Mitgliedstaaten führt. Ein einheitliches Euromarketing ist in diesem Fall nicht möglich. Da unteilbare Wettbewerbshandlungen nur einheitlich gestaltet werden können, muss das im Herkunftsland verwendete Konzept aufgegeben werden.[737] Dies führt zu einer besonders starken Behinderung der Warenverkehrsfreiheit. Es bedeutet für den grenzüberschreitend tätigen Anbieter eine erhebliche Beschränkung seiner Warenverkehrs- bzw. Dienstleistungsfreiheit, wenn er sein im Herkunftsland rechtmäßiges Werbekonzept den unterschiedlichen Anforderungen der einzelnen von der wettbewerblichen Maßnahme berührten Rechtsordnungen anpassen

---

735 Dazu die ausführliche Auseinandersetzung bei: *Dethloff*, Europäisierung des Wettbewerbsrechts, S. 128 f.

736 Zu Multistate-Wettbewerb vgl. oben S. 125 ff.

737 Vgl. dazu: *Dethloff*, Europäisierung des Wettbewerbsrechts, S. 128 f.

muss. Insbesondere bei Werbemaßnahmen im Internet ist eine Vielzahl von Rechtsordnungen durch die Maßnahme des Anbieters berührt, so dass ein einheitliches Werbekonzept jedenfalls mit erheblichen zusätzlichen Aufwendungen verbunden ist.[738]

Andererseits wurden aber auch Kriterien zur Einschränkung des Marktortprinzips entwickelt, die es ermöglichen, den Kreis der betroffenen Rechtsordnungen einzuschränken und damit die zusätzlichen Aufwendungen geringer zu halten. Aufgrund dieser Möglichkeiten der Beschränkung der Marktortregel über Spürbarkeits- und Finalitätskriterien[739] bedeutet es für den Anbieter keine unzumutbaren Belastungen, wenn er grenzüberschreitend in einer Mehrzahl von Staaten wirbt. Es ist nämlich umgekehrt auch zu berücksichtigen, dass das einheitliche Marketing für den Anbieter auch zu ganz erheblichen Vorteilen führt. Diese Vorteile wiegen die Nachteile, die durch die Anpassung der Maßnahme an den einzelnen Markt entstehen, auf.

Die Anknüpfung im IPR ergibt sich aus der Lösung des Spannungsverhältnisses von kollisionsrechtlichen Maximen und Gemeinschaftsrecht. Eine solche Lösung kann aber nicht allein unter Berücksichtigung eines der Rechtsgebiete erfolgen. Die Anknüpfung nach dem Herkunftslandprinzip bedeutet immer einen weitergehenden Eingriff in die Souveränität der Mitgliedstaaten. Der einzige Fall, in dem die primärrechtlichen Vorgaben diesen Eingriff verlangen, ist der durch die besondere gemeinschaftsrechtliche Vorbehaltsklausel beschriebene. Nur in diesem konkret umschriebenen Fall ist eine Abweichung von dem Grundsatz der Marktortregel grundfreiheitlich geboten.[740]

Eine einheitliche Anknüpfung an das Herkunftslandrecht bedeutet die Maßgeblichkeit wettbewerblicher Regelungen eines ausländischen Staates, um damit die Rechtmäßigkeit einer wettbewerblichen Maßnahme im Inland zu bestimmen. Aufgrund des größeren Eingriffs in die Kompetenzsphäre eines Mitgliedstaates reicht es daher für die Anwendung des Herkunftslandprinzips nicht aus, wenn dies zu einer besseren, respektive praktikableren, Lösung führen würde. Eine Anknüpfung an das Herkunftslandrecht des Werbetreibenden bei Multistate-Wettbewerb verlangen die Grundfreiheiten nur in dem Umfang, der für die Erreichung des Binnenmarktziels *erforderlich* ist. Ein darüber hinausgehendes Rekurrieren auf die Anknüpfung nach dem Herkunftslandprinzip ist aufgrund der nur begrenzten Öffnung der Kompetenzsphäre der Mitgliedstaaten gegenüber der Gemeinschaft nicht

738 Vgl. dazu oben S. 141 ff.

739 Dazu oben S. 132 ff.

740 Siehe dazu die ausführliche Darstellung S. 33 ff.

primärrechtlich verlangt. Die Grundfreiheiten erfordern auch bei Multistate-Wettbewerb keine Grundanknüpfung an das Herkunftslandprinzip. Es bleibt mithin auch bei Multistate-Wettbewerb bei der Anknüpfung nach der Marktortregel und der oben beschriebenen besonderen Vorbehaltsklausel.

c) Sachnormverweisung

Es handelt sich bei der Verweisung auf das Herkunftslandrecht des Diensteanbieters um eine Sachnormverweisung. Bei einer besonderen Vorbehaltsklausel ergibt sich das schon aus dem Sinn der Verweisung, Art. 4 Abs. 1 S. 1 a.E. EGBGB. Eine Anknüpfung an ein anderes als das Recht des Herkunftslandes widerspricht dem Sinn der besonderen Vorbehaltsklausel, die nicht irgendeinem Recht zur Anwendung verhelfen will, sondern ausschließlich dem Recht des Herkunftslandes des Diensteanbieters.[741]

d) Zwischenergebnis

Bei Vorliegen der sich aus der besonderen Vorbehaltsklausel ergebenden Voraussetzungen ist im internationalen Wettbewerbsrecht, abweichend von der Marktortregel, das Recht des Herkunftslandes des Anbieters berufen. Diese gilt unabhängig davon, ob es sich um einen Fall von Multistate-Wettbewerb handelt oder nicht.

Die besondere Vorbehaltsklausel kraft europarechtlichen Gebotes lässt sich in der Ausweichklausel des Art. 41 EGBGB verorten. Sie spricht eine Sachnormverweisung aus. Für die internationalprivatrechtliche Anknüpfung im Wettbewerbsrecht ergeben sich mithin in Zukunft Besonderheiten, die im Folgenden anhand eines Prüfungsschemas veranschaulicht werden sollen.

---

[741] Vgl. dazu bereits oben S. 97.

4. Prüfungsschema

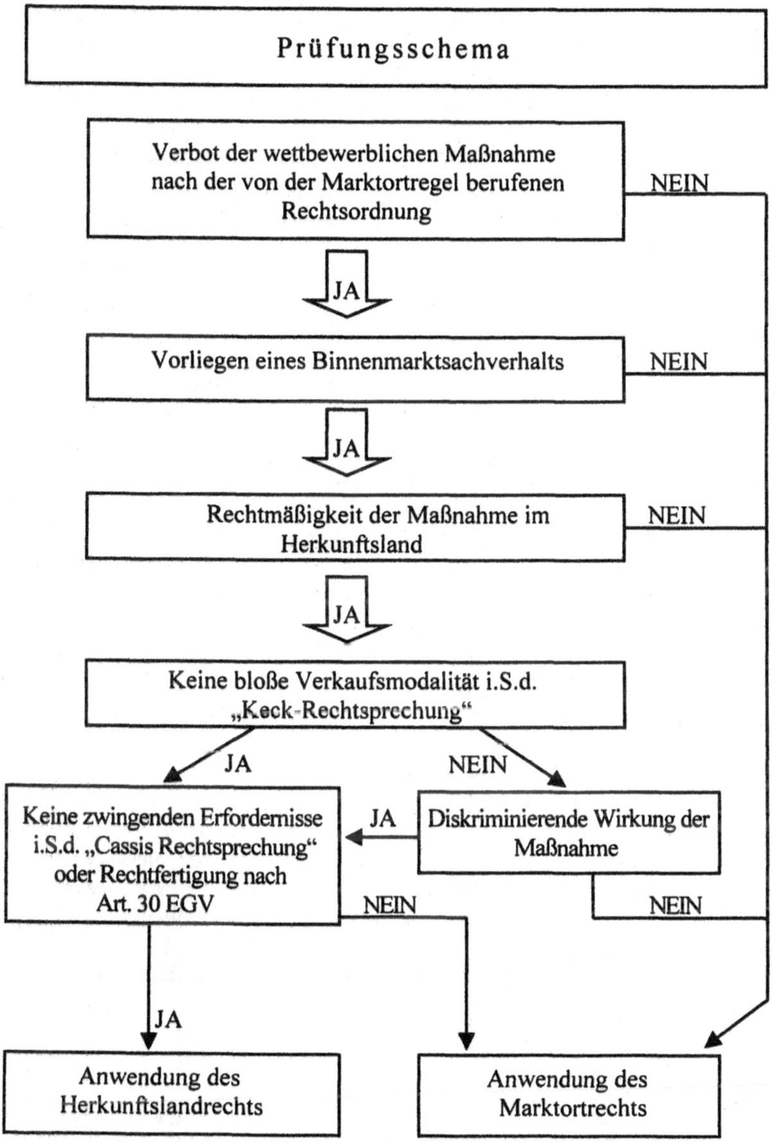

III. Ergebnis

Im deutschen Kollisionsrecht kann an der Regelanknüpfung an das Recht des Marktortes zwar grundsätzlich festgehalten werden; indes ergeben sich bei Binnenmarktsachverhalten im Einzelfall Besonderheiten. Ist die wettbewerbliche Maßnahme im Herkunftsland zulässig, im Bestimmungsland hingegen nicht, ohne dass eine Rechtfertigung der Beschränkung vorläge oder die „Keck-Grundsätze" eingriffen, ergibt sich aus dem Gemeinschaftsrecht, dass eine besondere Vorbehaltsklausel auf das Recht des Herkunftslandes des Diensteanbieters kollisionsrechtlich verweist. Die Grundsätze des nationalen IPR sind daher bei gemeinschaftsrechtlichen Sachverhalten um diese besondere Vorbehaltsklausel zu ergänzen.

Die Markortregel ist in Art. 40 Abs. 1 S. 1 EGBGB zu verorten.[742] Der gemeinschaftsrechtlichen besonderen Vorbehaltsklausel kann durch Anwendung von Art. 41 EGBGB genügt werden. Ergibt sich nach erarbeitetem Prüfungsschema die Maßgeblichkeit des Herkunftslandrechts, so besteht im Sinne des Art. 41 EGBGB eine „wesentlich engere Verbindung" zu dem Recht dieses Staates. Demgemäß genügen die Normen des EGBGB bei gemeinschaftsrechtskonformer Auslegung den Vorgaben des Gemeinschaftsrechts. Durch die Regelanknüpfungen ist eine Rechtssicherheit erreicht, die durch die Möglichkeit der Auflockerung gefährdet ist.[743] Zur Klarstellung und um Rechtsunsicherheiten zu vermeiden, wäre es wünschenswert, wenn die beschriebene besondere Vorbehaltsklausel ausdrücklich in das EGBGB aufgenommen würde. Die Auflockerung des Art. 41 EGBGB hat den Nachteil, dass sie unbestimmt ist. Eine ausdrückliche Klarstellung, wann sich aus den Vorgaben des Primärrechts eine Anknüpfung an das Herkunftslandrecht ergibt, ist daher zu befürworten. Aus Sicht des Kollisionsrechtlers sei zudem angemerkt, dass es durch die nur binnenmarktweite Geltung der besonderen Vorbehaltsklausel zugunsten des Herkunftslandprinzips zu einer Spaltung des Kollisionsrechts kommt je nachdem, ob es sich um einen Binnenmarkt- oder einen Drittstaatensachverhalt handelt. Dies führt zu einer erhöhten Komplexität des IPR, das unverständlich zu werden droht. Lösen lässt sich dieses Problem, indem man die Vorbehaltsklausel nicht auf Binnenmarktsachverhalte beschränkt, sondern allseitig ausgestaltet, das heißt ohne weitere Differenzierung Drittstaaten-sachverhalte mit einbezieht. Da diese abweichende Anknüpfung zwingend aus dem primären Gemeinschaftsrecht folgt,[744] muss das

742 Vgl. dazu oben S. 118.

743 Staudinger/*von Hoffmann*, Art. 41 EGBGB Rn. 1 ff.; *Kropholler*, IPR, § 53 II 4.

744 Vgl. zur Herleitung der Vorbehaltsklausel oben S. 93 ff.

Gesagte auch für das Wettbewerbskollisionsrecht anderer Mitgliedstaaten gelten, die an die Marktortregel anknüpfen.

In dem sich anschließenden zweiten Teil der Arbeit wird detailliert das Herkunftslandprinzip in der Richtlinie über bestimmte rechtliche Aspekte des elektronischen Geschäftsverkehrs[745] dargestellt, in der möglicherweise ein kollisionsrechtliches Herkunftslandprinzip verankert ist. Das in Art. 3 Abs. 1, 2 der E-Commerce-Richtlinie enthaltene Herkunftslandprinzip ist insbesondere im Hinblick auf sein Verhältnis zum IPR und zu den Grundfreiheiten eine der umstrittensten Regelungen der ECRL. Obwohl bereits in der Fernsehrichtlinie und im Übrigen auch in der Kabel- und Satellitenrichtlinie ein Herkunftslandprinzip enthalten ist, stellt es doch, so wie es in der ECRL angestrebt ist, einen völlig neuen Ansatz der Kommission dar. Wie dieses angesichts der primärrechtlichen Vorgaben für die kollisionsrechtliche Anknüpfung zu deuten ist, wird im Folgenden untersucht werden.

745 Richtlinie 2000/31/EG des Europäischen Parlamentes und des Rates v. 8. Juni 2000 über bestimmte rechtliche Aspekte der Dienste der Informationsgesellschaft, insbesondere des elektronischen Geschäftsverkehrs, im Binnenmarkt, ABl. EG Nr. L 178 v. 17. 07. 2000, S. 1.

3. Kapitel: Zusammenfassung der Ergebnisse des 1. Teils

Zentrales Ziel der Europäischen Gemeinschaft ist nach Art. 2, 3 Abs. 1 lit. c) EGV die Errichtung eines Binnenmarktes. Dieses in Art. 14 EGV normierte Binnenmarktziel erfordert keine vollständige Rechtsvereinheitlichung. Dem EGV liegt vielmehr das Bekenntnis zu einem unvollkommenen Binnenmarkt zugrunde, das heißt zu einem Binnenmarkt, der gerade durch den Fortbestand von Rechtsunterschieden und bestimmten rechtlichen Einschränkungen der wirtschaftlichen Handlungsfreiheit gekennzeichnet ist. Es reicht daher aus, dass Waren im gesamten Markt frei zirkulieren können, soweit sie den Anforderungen ihres Herkunftslandes entsprechen. Dem entspricht das Herkunftslandprinzip im Sinne eines umfassenden Beschränkungsverbots. Aufgrund der kompetenzrechtlichen Grenzen der Gemeinschaft gilt dieses aber nur in dem Umfang, der für das Erreichen des Binnenmarktziels erforderlich ist. Bei binnenmarktneutralen Regelungen greift nur das Diskriminierungsverbot im Sinne des Bestimmungslandprinzips.

Die Grundfreiheiten können den Handlungsspielraum der Mitgliedstaaten in gleichem Maße einschränken, wie diese ihre Souveränität beschränkt haben. Das Herkunftslandprinzip reicht nur so weit, wie es für die Herstellung von Binnenmarktverhältnissen erforderlich ist. Das allgemeine Beschränkungsverbot liegt der Warenverkehrsfreiheit demnach nur bei Marktzugangshemmnissen zugrunde. Vermarktungsregelungen sind demgegenüber lediglich dem Diskriminierungsverbot unterworfen. Warenverkehrs- und Dienstleistungsfreiheit enthalten daher ein eingeschränktes Herkunftslandprinzip.

Eine Übersicht über die Rechtsprechung des EuGH im Bereich der Warenverkehrs- und Dienstleistungsfreiheit ergibt, dass dieses Ergebnis mit der Rechtsprechung des Gerichtshofs übereinstimmt. Nach anfänglich weitem Verständnis des Herkunftslandprinzips in den Entscheidungen „Dassonville" und „Cassis de Dijon" hat der EuGH in der Entscheidung „Keck" das Herkunftslandprinzip eingeschränkt und dem Diskriminierungsverbot wieder mehr an Bedeutung zugebilligt. Damit hat er den Anwendungsbereich des Diskriminierungsverbots zu Lasten des Beschränkungsverbots verschoben. Der Gerichtshof übt folglich eine größere Zurückhaltung gegenüber mitgliedstaatlichen Regelungen, was eine Stärkung der föderalen Struktur der Europäischen Gemeinschaft bedeutet.

Das primäre Gemeinschaftsrecht hat sowohl als Rechtsquelle als auch als Schranke Einfluss auf das IPR. Als Teil des nationalen Rechts unterliegt das deutsche IPR genauso wie das nationale Sachrecht den Vorschriften des Gemeinschaftsrechts. Der Anwendungsvorrang des Gemeinschaftsrechts erfasst auch die mitgliedstaatlichen internationalprivatrechtlichen Regelungen, da es sich bei diesen um einen Teil der Rechtsordnung der Mitgliedstaaten handelt. Auf die Regelungen der Mitgliedstaaten kommt es hingegen dort nicht an, wo bereits eine Vereinheitlichung des Kollisionsrechts stattgefunden hat. Da es aber an einer umfassenden Vereinheitlichung des Wettbewerbskollisionsrechts fehlt, sind zur Bestimmung des auf eine grenzüberschreitende Wettbewerbshandlung anwendbaren Rechts die nationalen Wettbewerbskollisionsrechte der Mitgliedstaaten heranzuziehen.

Die Anknüpfung im deutschen internationalen Wettbewerbsrecht erfolgt nach dem Marktortprinzip. Danach ist die Rechtsordnung des Ortes anknüpfungsrelevant, an dem die wettbewerblichen Interessen aufeinander treffen. Die Regelanknüpfung nach dem Marktortprinzip entspricht auch den im ersten Kapitel herausgearbeiteten gemeinschaftsrechtlichen Vorgaben. Bei Multistate-Wettbewerb führt die Marktortregel zu der Maßgeblichkeit einer Vielzahl unterschiedlicher Rechtsordnungen. Eine Einschränkung kann allerdings durch die Spürbarkeitsgrenze erfolgen. Auch in den europäischen Mitgliedstaaten ist weitgehend die Geltung der Marktortregel anerkannt.

Aufgrund der gemeinschaftsrechtlichen Vorgaben ergeben sich aber nach den Ergebnissen des ersten Kapitels bei Binnenmarktsachverhalten Besonderheiten. Kollisionsrechtlich ist das primärrechtliche Herkunftslandprinzip als besondere gemeinschaftsrechtliche Vorbehaltsklausel zu begreifen. Ist die wettbewerbliche Maßnahme im Herkunftsland zulässig, im Bestimmungsland hingegen nicht, ohne dass eine Rechtfertigung der Beschränkung vorliegt oder die „Keck-Grundsätze" eingriffen, ergibt sich aus dem primären Gemeinschaftsrecht eine besondere Vorbehaltsklausel zugunsten des Herkunftslandes des Diensteanbieters. Die Grundsätze des nationalen IPR sind daher bei gemeinschaftsrechtlichen Sachverhalten um die folgende besondere Vorbehaltsklausel zu ergänzen: *Bei Binnenmarktsachverhalten ist eine produktbezogene oder diskriminierende vermarktungsbezogene wettbewerbliche Maßnahme dann nach dem Recht des Herkunftslandes des Anbieters dieser Maßnahme zu beurteilen, wenn sie dort rechtmäßig ist, nach dem Recht des Marktortes aber rechtswidrig wäre, es sei denn die Maßnahme ist nach Art. 30 EGV, bzw. zwingenden Erfordernissen des Allgemeinwohls, gerechtfertigt.*

Das Marktortprinzip führt gegenüber dem Herkunftslandrecht nur zu einem geringeren Eingriff in die Kompetenzsphäre der Mitgliedstaaten. Daher bleibt es, soweit es nicht erforderlich ist, bei der Anknüpfung nach dem Marktortprinzip. Fordern die Grundfreiheiten unter bestimmten Voraussetzungen die Maßgeblichkeit des Herkunftslandrechts, so greift die besondere Vorbehaltsklausel zugunsten des Herkunftslandrechts ein.

Eine Veränderung der kollisionsrechtlichen Grundanknüpfung der Mitgliedstaaten geht damit nicht einher, vielmehr ergibt sich aus der gemeinschaftsrechtlichen Vorbehaltsklausel die Anwendung des Herkunftslandrechts lediglich dann, wenn die mitgliedstaatliche kollisionsrechtliche Anknüpfung zu gemeinschaftsrechtswidrigen Ergebnissen führt.

2. Teil: Auswirkungen der gemeinschaftsrechtlichen Vorbehaltsklausel auf das Herkunftslandprinzip in der E-Commerce-Richtlinie

1. Kapitel: Das Herkunftslandprinzip in der E-Commerce-Richtlinie

Die Richtlinie über den elektronischen Geschäftsverkehr enthält ein Herkunftslandprinzip, welches im Folgenden auf seinen Bedeutungsgehalt und seine Reichweite hin untersucht werden soll. Die Untersuchung wird ergeben, dass das in der E-Commerce-Richtlinie verankerte Herkunftslandprinzip weite Bereiche des Wettbewerbsrechts betrifft und daher im Vergleich zu in anderen Richtlinien verankerten Anknüpfungen an das Recht des Herkunftslandes einen ungleich größeren Anwendungsbereich hat. Daher wird sich die vorliegende Untersuchung der Richtlinie über den elektronischen Geschäftsverkehr widmen. Vor dem Hintergrund der Ergebnisse des ersten Teils soll die sich anschließende Analyse ergeben, inwieweit das sekundärrechtliche Herkunftslandprinzip dem primärrechtlichen entspricht, welche Auswirkungen ein Abweichen hat und wie gegebenenfalls eine primärrechtskonforme Lösung aussehen kann.

A. Die Richtlinie über den elektronischen Geschäftsverkehr (ECRL)

I. Anwendungsbereich und Regelungsmaterien der ECRL

Um eine Aussage über den Bedeutungsgehalt des Herkunftslandprinzips in der Richtlinie über den elektronischen Geschäftsverkehr treffen zu können, wird im Folgenden zunächst die Richtlinie selbst dargestellt in ihrer Gesetzgebungsgeschichte, ihrem Anwendungsbereich und den erfassten Regelungsmaterien.

1. Zustandekommen der ECRL

Bereits im April 1997 kündigte die Kommission den Entwurf einer Richtlinie in ihrer Mitteilung „Eine europäische Initiative zum elektronischen Geschäftsverkehr“[746] an. Darin formulierte die Kommission das Ziel, einen kohärenten Rechtsrahmen für die Entwicklung des elektronischen

[746] KOM (1997) 157 v. 16. 4. 1997.

Geschäftsverkehrs auf der Grundlage des Herkunftslandprinzips zu schaffen.[747] Das Konzept zeichnet sich insbesondere durch das Bestreben aus, Überreglementierungen zu vermeiden, sich auf die Grundfreiheiten des Binnenmarktes zu stützen und einen wirksamen und zuverlässigen Schutz für die Allgemeininteressen zu gewährleisten.[748]

Zu der Mitteilung der Kommission nahm der Wirtschafts- und Sozialausschuss am 29. Oktober 1997 Stellung.[749] Darin begrüßte der Ausschuss die Mitteilung und betonte insbesondere die Notwendigkeit eines globalen Konsenses. Positiv stand der Mitteilung der Kommission auch das Europäische Parlament in seiner Entschließung vom 14. Mai 1998 gegenüber.[750] Es betonte ausdrücklich, dass es für die Wettbewerbsfähigkeit der europäischen Unternehmen unerlässlich sei, die Vorteile des Binnenmarktes in vollem Umfang nutzen zu können.[751]

747 Diese, auf eine Initiative der für Informationstechnologien und Telekommunikation, den Binnenmarkt sowie kleine und mittlere Unternehmen zuständigen Kommissionsmitglieder *Martin Bangemann*, *Mario Monti* und *Christos Papoutsis* zurückgehende Mitteilung, zeigt auf, in welchen vier Schlüsselbereichen bis zum Jahre 2000 gehandelt werden müsse, wenn Europa sich einen Platz in diesem neuen, sich rasant entwickelnden Bereich sichern wolle. Erforderlich sind danach sichere und nutzerfreundliche Technologien, zuverlässige Telekommunikationsnetzwerke, eine angemessene Ausbildung, bessere Informationen sowie ein zusammenhängender, weltweiter Rechtsrahmen. Daher sei ein kohärenter Regelungsrahmen entscheidend, der auf den Binnenmarktprinzipien der EU beruhen solle, wie dem freien Dienstleistungs-, Personen-, Waren- und Kapitalverkehr und der Niederlassungsfreiheit, KOM (1997) 157 v. 16. 4. 1997.

748 Zu der Mitteilung der Kommission „Eine europäische Initiative zum elektronischen Handel", vgl.: *Hamann*, ZUM 2000, 290; *Pichler*, ELR 1999, 74; *Maennel*, MMR 1999, 187.

749 Stellungnahme des Wirtschafts- und Sozialausschusses zu der „Mitteilung der Kommission an den Rat, das Europäische Parlament, den Wirtschafts- und Sozialausschuss und den Ausschuss der Regionen: „Europäische Initiative für den elektronischen Geschäftsverkehr", v. 29. 10. 1997, ABl. EG Nr. C 19 v. 21. 01. 1998 S. 72.

750 Entschließung zu der Mitteilung der Kommission an den Rat, das Europäische Parlament, den Wirtschafts- und Sozialausschuss und den Ausschuss der Regionen über eine europäische Initiative für den elektronischen Geschäftsverkehr, A4-0173/1998.

751 Das Europäische Parlament forderte eine Koordinierung auf der Ebene der EU, um einer Zersplitterung des Binnenmarktes vorzubeugen, und die Schaffung eines geeigneten ordnungspolitischen Rahmens auf europäischer Ebene sowie die Ausarbeitung einer gemeinsamen und starken Verhandlungsposition. Um dieses Ziel zu erreichen, betonte das Parlament die Bedeutung eines einfachen und vorhersehbaren Rechtsrahmens für den elektronischen Geschäftsverkehr. Dieser solle die volle Dienstleistungsfreiheit für europäische Unternehmen gewähren und insbesondere sicherstellen, dass Unternehmen, die den rechtlichen Anforderungen in ihrem Herkunftsland entsprechen, grundsätzlich

Daraufhin legt die Kommission am 18. November 1998 einen Vorschlag für eine „Richtlinie des Europäischen Parlaments und des Rates über bestimmte rechtliche Aspekte des elektronischen Geschäftsverkehrs im Binnenmarkt"[752] vor.[753] Mit diesem Vorschlag sollte ein kohärenter Rechtsrahmen für die Entwicklung des elektronischen Geschäftsverkehrs im Binnenmarkt erreicht werden.[754] Kern des Vorschlags ist das Herkunftslandprinzip, welches ein Verbot an die Mitgliedstaaten enthält, die von einem Anbieter bereitgestellten Dienste zu beschränken, wenn dieser in einem anderen Mitgliedstaat

überall in Europa frei verkehren können. Darüber hinaus unterstrich das Parlament die große Bedeutung des elektronischen Geschäftsverkehrs insbesondere für kleinere und mittlere Unternehmen, die die Möglichkeit erhalten, neue und entlegene Märkte zu erreichen. Auch die Generaldirektion III drückte ihre Unterstützung des vorgeschlagenen Richtlinienvorschlags der Generaldirektion XV in einer Stellungnahme v. 21. Oktober 1998 aus, worin sie besonders die Einführung des Herkunftslandprinzips befürwortete. Note for the Attention of *M. Mogg*, Director General DB XV, v. 21. 10. 1998.

752 Vorschlag für eine Richtlinie des Europäischen Parlaments und des Rates über bestimmte rechtliche Aspekte des elektronischen Geschäftsverkehrs im Binnenmarkt, KOM (1998) 586 endg. v. 18. 11. 1998.

753 Grundlage des Richtlinienvorschlags waren die Leitlinien, die die Kommission in ihrer Mitteilung von 1997 formuliert hatte. Handlungsbedarf sah man namentlich aufgrund der geltenden oder sich in Beratung befindenden Vorschriften der einzelnen Mitgliedstaaten, die zum Teil deutlich voneinander abweichen, wodurch sich eine erhebliche Rechtsunsicherheit ergab. Vgl. die Begründung des Vorschlags für eine Richtlinie des Europäischen Parlaments und des Rates über bestimmte rechtliche Aspekte des elektronischen Geschäftsverkehrs im Binnenmarkt, KOM (1998) 586 endg. v. 18. 11. 1998.

754 Der Richtlinienvorschlag bezweckte daher, die durch diese Divergenzen bedingten Hindernisse zu beseitigen, indem für fünf zentrale Bereiche Lösungen gefunden wurden. Es handelt sich dabei zunächst um die Niederlassung von Anbietern von Diensten der Informationsgesellschaft. Der Ort der Niederlassung wird dabei gemäß den im EGV und der Rechtsprechung des Gerichtshofes niedergelegten Grundsätzen definiert. Weiterhin wurde der Bereich der kommerziellen Kommunikation geregelt; so wird zunächst definiert, worin diese besteht, um sie bestimmten Transparenzerfordernissen zu unterwerfen. Der dritte Bereich enthielt Bestimmungen bezüglich elektronisch geschlossenen Verträgen. In dem Richtlinienvorschlag ist die Verpflichtung der Mitgliedstaaten enthalten, den Abschluss elektronischer Verträge grundsätzlich zu ermöglichen. Zum Zweck des reibungslosen Funktionierens des elektronischen Geschäftsverkehrs wurde weiterhin klargestellt, inwieweit Online-Dienstleister für die Übertragung und Speicherung von Informationen Dritter verantwortlich sind. Die Kommission erstrebte ferner eine effektive Rechtsdurchsetzung durch Einführung von Verhaltenskodizes auf Gemeinschaftsebene sowie Erleichterung von Amtshilfe zwischen den Mitgliedstaaten und sah ferner alternative Systeme zur effektiven Beilegung grenzüberschreitender Rechtsstreitigkeiten vor.

niedergelassen und damit bereits der Aufsicht dieses Mitgliedstaates unterworfen ist.[755]

Die Reaktion auf den Richtlinienvorschlag war gemischt.[756] Uneingeschränkte Zustimmung fand der Ausgangspunkt der Kommission, dass unterschiedliche Anforderungen in der EU die Tätigkeit eines Internetanbieters in einer dem Binnenmarktprinzip nicht entsprechenden Weise behindern könnten und daher Handlungsbedarf bestehe.[757] Die Kritik war zum Teil darauf zurückzuführen, dass der Richtlinienvorschlag zwar auf der sogenannten „Transparenzrichtlinie“[758] und der „Richtlinie über den rechtlichen Schutz von zugangskontrollierten Diensten und von Zugangskontrolldiensten“[759] aufbaue, aber ohne die sonst übliche Vorbereitung erfolgt war.[760] Im Gegensatz zu anderen Richtlinienentwürfen, die meist durch ein spezielles Grünbuch mit Folgedokument vorbereitet werden, gab es bei der E-Commerce-Richtlinie keine derartigen schriftlichen Vorüberlegungen,[761] sieht man einmal von dem Grünbuch zur kommerziellen Kommunikation[762] ab.[763] Inhaltlich wurde in der

755 Vgl. die Begründung des Vorschlags für eine Richtlinie des Europäischen Parlaments und des Rates über bestimmte rechtliche Aspekte des elektronischen Geschäftsverkehrs im Binnenmarkt, KOM (1998) 586 endg. v. 18. 11. 1998.

756 Vgl. dazu: *Pichler*, ELR 1999, 74; *Maennel*, MMR 1999, 187; *Hoeren*, MMR 1999, 192; *Hamann*, ZUM 2000, 290; *Spindler*, ZUM 1999, 775; *Hupperts*, MMR 2000, 329 (333); *Tettenborn*, K&R 1999, 252; *Apel/Grapperhaus*, WRP 1999, 1247; *Dethloff*, JZ 2000, 179; *Brisch*, CR 1999, 235; *Brenn*, 1999, 481.

757 *Bodewig*, GRUR Int. 2000, 475; *Dethloff*, JZ 2000, 179; *Maennel*, MMR 1999, 187.

758 Richtlinie 98/34/EG des Europäischen Parlamentes und des Rates v. 22. 06. 1998 über ein Informationsverfahren auf dem Gebiet der Normen und technischen Vorschriften, ABl. EG Nr. L 204 v. 21. 07. 1998, 37 – 48, i.d.F. der Richtlinie 98/48/EG, ABl. EG Nr. L 217 v. 05. 08. 1998, 18 – 26.

759 Richtlinie 98/84/EG, ABl. EG Nr. L 320 v. 28. 11. 1998, 54 – 57.

760 Zur Vorgeschichte der Richtlinie vgl.: *Bodewig*, GRUR Int. 2000, 475; *Bender/Sommer*, RIW 2000, 260; *Schauer*, Electronic Commerce in der EU, S. 173 ff.

761 Grund für die fehlende Vorgeschichte ist wohl, dass eine Vorabdiskussion zu der Frage hätte führen können, ob die Generaldirektion XV (Binnenmarkt) für alle behandelten Themen auch tatsächlich zuständig ist oder ob andere Generaldirektionen, wie etwa die Generaldirektion XXIV (Verbraucherschutz), zumindest auch hätten hinzugezogen werden müssen. Vgl. hierzu im Einzelnen: *Hoeren*, MMR 1999, 192 (193).

762 Grünbuch über kommerzielle Kommunikation im Binnenmarkt, KOM (1996) 192 endg.; dazu: *Henning-Bodewig*, GRUR Int. 1999, 233 (239); *dies.*, WRP 2001, 771 (772); *Nacken*, WRP 1997, 929 ff.; *Lehmann*, in: Rechtsfragen im Netz – Electronic commerce, S. 169 (173 f.).

763 Statt einer Problemanalyse, der meist eine präzisere Mitteilung folgt, die die Grundlage für eine öffentliche Diskussion darstellt, ging dem E-Commerce-Richtlinienvorschlag

Literatur hauptsächlich das Herkunftslandprinzip kritisiert,[764] das, so wie es die E-Commerce-Richtlinie anstrebt, einen völlig neuen Ansatz der Kommission darstellt. Geäußert wurde daher immer wieder die Befürchtung, dass sich die Auswirkungen, insbesondere die faktischen, auf die nationalen Rechtsordnungen nur schwer abschätzen ließen.[765] Auch der Bundesrat gab am 19. März 1999 eine überwiegend kritische Stellungnahme ab.[766] Er befürwortete zwar grundsätzlich, dass die Kommission eine gemeinschaftsweite Regelung des elektronischen Geschäftsverkehrs in Angriff genommen habe.[767] Gleichzeitig formulierte er indes die Befürchtung, die Richtlinie könne *„massiv in die Medienordnung der Mitgliedstaaten eingreifen"*.[768] Die Einführung des Herkunftslandprinzips fand demgegenüber die Zustimmung des Bundesrates, der darauf hinwies, dass sich die Chancen für die kleineren und mittleren Unternehmen zur Teilnahme am elektronischen Geschäftsverkehr erhöhten, da diese bei Anwendung des Bestimmungslandprinzips kaum in der Lage wären, die unterschiedlichen nationalen Rechtsordnungen der Bestimmungsländer differenziert zu berücksichtigen.[769]

Am 29. April 1999 nahm der Wirtschafts- und Sozialausschuss zu dem Richtlinienvorschlag Stellung,[770] wobei er die Initiative der Kommission und

lediglich die sehr allgemein gehaltene, grundlegende Mitteilung zum Electronic Commerce in KOM 97/157 voraus. Die übliche Entwicklung von Richtlinienvorschlägen durch „Green Papers" und „Follow-ups", die Grundlage für eine breite öffentliche Diskussion hätten sein können, fehlt hier gänzlich. *Schauer*, Electronic Commerce in der EU, S. 175.

764 *Hoeren*, MMR 1999, 192; *Apel/Grapperhaus*, WRP 1999, 1247.

765 Siehe statt aller: *Bodewig*, GRUR Int. 2000, 475 (476).

766 BR-Drs. 29/1/99 (Beschluss) v. 19. 03. 1999.

767 Angesichts weltweit offener Netze sei es von großer Bedeutung, dass zunächst innerhalb der Gemeinschaft ein einheitlicher rechtlicher Rahmen geschaffen werde, um in diesem Bereich die Ziele des Binnenmarktes zu verwirklichen. Nr. 3 der Empfehlungen des Bundesrates, BR-Drs. 29/1/99 (Beschluss) v. 19. 03. 1999.

768 Nach Ansicht des Bundesrates sollten wesentliche Änderungen, insbesondere zu den elektronischen Verträgen, zum Verbraucherschutz und zur Rechtsdurchsetzung erfolgen.

769 Für erforderlich hielt der Bundesrat aber eine Präzisierung der maßgeblichen Niederlassung bei mehrfachen Niederlassungen eines Anbieters. Um Unklarheiten zu vermeiden, welchem innerstaatlichen Recht ein Diensteanbieter unterliegt, empfahl der Bundesrat „trennscharfe Kriterien". Nr. 20 der Empfehlungen des Bundesrates, BR-Drs. 29/1/99 (Beschluss) v. 19. 03. 1999.

770 Stellungnahme des Wirtschafts- und Sozialausschusses zu dem „Vorschlag für eine Richtlinie des Europäischen Parlaments und des Rates über bestimmte rechtliche Aspekte des elektronischen Geschäftsverkehrs im Binnenmarkt", v. 29. 04. 1999; ABl. EG Nr. C 169 S. 36 v. 16. 06. 1999.

den Gedanken des Herkunftslandprinzips grundsätzlich positiv bewertete.[771] Nach Ansicht des Ausschusses verringern sich für Anbieter von Diensten der Informationsgesellschaft Rechtskosten; auch ein besserer Vollzug von Schutzvorschriften werde durch die Verantwortung der Behörden des Herkunftslandes erreicht.[772] Kritik wurde dagegen von dem Europäischen Parlament geäußert, das in erster Lesung am 6. Mai 1999 insgesamt 60 Änderungen verlangte, von denen 37 von der Kommission in einem geänderten Richtlinienvorschlag[773] wörtlich oder sinngemäß übernommen wurden.[774] Nach Prüfung der Stellungnahmen der Ausschüsse verabschiedete der Rechtsausschuss am 22. April 1999 einstimmig seinen Bericht. Das Parlament nahm dessen Stellungnahme auf der Plenartagung vom 6. Mai 1999 an, billigte den Kommissionsvorschlag, vorbehaltlich der vorgeschlagenen Änderungen des Parlaments, und forderte die Kommission auf, die Vorlage gemäß Art. 250 Abs. 3 EGV dementsprechend abzuändern.[775]

771 Allerdings wurde die Einführung des Herkunftslandprinzips in den nicht harmonisierten Bereich als problematisch angesehen. Er sah durch ein „Forum Shopping“ Gefahren für den Nutzer und empfahl daher, Prinzipien zu erarbeiten für die Festlegung der Bereiche, in denen das Herkunftslandprinzip nicht gelten könne. Die im Anhang des Richtlinienvorschlags aufgezählten Bereiche, in denen das Herkunftslandprinzip nicht gelten soll, sollten nach Ansicht des Wirtschafts- und Sozialausschusses auch auf gesetzliche Verpflichtungen für Verbraucherverträge ausgedehnt werden, wie etwa Aufklärungs- und Sorgfaltspflichten.

772 Vgl. dazu die Auseinandersetzung unten S. 193 f.

773 Geänderter Vorschlag für eine Richtlinie des Europäischen Parlaments und des Rates über bestimmte rechtliche Aspekte des elektronischen Geschäftsverkehrs im Binnenmarkt, KOM (1999) 427 endg. v. 17. 08. 1999.

774 Das Europäische Parlament prüfte den Richtlinienvorschlag in dem für den Bericht zuständigen Ausschuss für Recht und Bürgerrechte sowie den stellungnehmenden Ausschüssen für Wirtschaft, Währung und Industriepolitik, für Umwelt, Volksgesundheit und Verbraucherschutz und für Kultur, Jugend, Bildung und Medien.

775 Die Änderungen betrafen insbesondere die Einführung einer Definition des Verbrauchers, die Frage der Verbindung zwischen dem Richtlinienvorschlag und bestehendem Verbraucherschutz und der Datenschutzrichtlinie, die Definition der „Dienste der Informationsgesellschaft“, die Kriterien für den Zeitpunkt, ab dem bestimmte Online-Verträge als abgeschlossen gelten, sowie die Probleme unerbetener kommerzieller Kommunikation. Insoweit wurden die Mitgliedstaaten verpflichtet zu gewährleisten, dass sich die Verbraucher in ein „Opt-out“-Register eintragen lassen können, welches der Diensteanbieter regelmäßig zu konsultieren verpflichtet ist. Vgl. die Änderungsvorschläge S. 1 ff. des Geänderten Vorschlags für eine Richtlinie des Europäischen Parlaments und des Rates über bestimmte rechtliche Aspekte des elektronischen Geschäftsverkehrs im Binnenmarkt, KOM (1999) 427 endg. v. 17. 08. 1999.

Am 7. Dezember 1999 einigte sich schließlich der Ministerrat auf einen Gemeinsamen Standpunkt[776] zu der geplanten E-Commerce-Richtlinie.[777] In dem Gemeinsamen Standpunkt des Rates vom 8. Februar 2000,[778] der von einem Kommentar von 64 Begründungserwägungen begleitet wurde, erfolgten erneut Änderungen.[779]

Am 4. Mai 2000 schließlich beschloss das Europäische Parlament den Gemeinsamen Standpunkt des Rates zur Richtlinie über den elektronischen Geschäftsverkehr ohne Änderung. Die ECRL ist am 17. Juli 2000, dem Tag ihrer Veröffentlichung im Amtsblatt, in Kraft getreten[780] und musste nach spätestens 18 Monaten in nationales Recht umgesetzt werden.[781]

2. Zielsetzung der ECRL

Mit der E-Commerce-Richtlinie will die Kommission nach Maßgabe des Herkunftslandprinzips die Grundfreiheiten des Binnenmarktes stützen, den „*Realitäten des Geschäftslebens Rechnung tragen und einen wirksamen und zuverlässigen Schutz für die Ziele des Allgemeininteresses gewährleisten.*“[782] Damit sollen ein ungehindertes Funktionieren des Binnenmarktes bei Geschäften im Netz sichergestellt und Unterschiede zwischen den nationalen Rechtsnormen durch eine Angleichung der innerstaatlichen Regelungen

---

[776] Die Beratungen zum Richtlinienvorschlag waren unter deutscher Ratspräsidentschaft bereits am 15. Januar 1999 im Rahmen einer Ratsgruppe aufgenommen worden. Vgl. dazu die Erklärung des für Binnenmarktfragen zuständigen Kommissar Bolkestein, Press Release IP/99/952 v. 08. 12. 1999, S. 3; abrufbar unter: http://europa.eu.int/comm/internal_market/de/media/eleccomm/99-952.htm.

[777] Vgl. dazu die Erklärung des für Binnenmarktfragen zuständigen Kommissar Bolkestein, Press Release IP/99/952 v. 08. 12. 1999, S. 3; abrufbar unter: http://europa.eu.int/comm/internal_market/de/media/ eleccomm/99-952.htm.

[778] Gemeinsamer Standpunkt (EG) Nr. 22/2000, v. Rat festgelegt am 28. Februar 2000, ABl. EG Nr. C 128/32 v. 08. 05. 2000.

[779] Die Orientierungsrunde wurde im März 1998 abgeschlossen, so dass ab Mitte April konkret zu den einzelnen Artikeln verhandelt werden konnte.

[780] Richtlinie 2000/31/EG des Europäischen Parlamentes und des Rates v. 8. Juni 2000, ABl. EG Nr. L 178 v. 17. 7. 2000, S. 1.

[781] Nach Art. 22 der Richtlinie musste die Umsetzung vor dem 17. Januar 2002 erfolgen.

[782] Begründung des Vorschlags für eine Richtlinie des Europäischen Parlaments und des Rates über bestimmte rechtliche Aspekte des elektronischen Geschäftsverkehrs im Binnenmarkt, KOM (1998) 586 endg., S. 7.

abgebaut werden.[783] Art. 1 ECRL enthält den Programmsatz, dass die Richtlinie das Ziel verfolge, zu einem *„einwandfreien Funktionieren des Binnenmarktes"* beizutragen. Um einer Zersplitterung des Binnenmarktes durch eine Vielzahl unterschiedlicher nationaler Regelungen zu begegnen, die die Ziele des Binnenmarktes, die Grundsätze der Niederlassungs- und Dienstleistungsfreiheit gefährden, will die Kommission einen leicht handhabbaren, entwicklungsfähigen und flexiblen Rechtsrahmen schaffen, der den Besonderheiten des Internets und der Rolle der Beteiligten gerecht werden soll.[784] Dazu enthält die Richtlinie einerseits ein weit gefasstes Herkunftslandprinzip und andererseits Harmonisierungsvorschriften für bestimmte Bereiche der Dienste der Informationsgesellschaft, der Haftung der Provider sowie für mittels elektronischer Medien geschlossene Verträge.[785] Um das Wachstum und die Wettbewerbsfähigkeit der europäischen Wirtschaft zu fördern und neue Investitionen und die Schaffung von Arbeitsplätzen in innovativen Bereichen anzuregen,[786] soll die Richtlinie über den elektronischen Geschäftsverkehr die rechtlichen Hindernisse beseitigen,[787] die der Online-

---

[783] Begründung des Vorschlags für eine Richtlinie des Europäischen Parlaments und des Rates über bestimmte rechtliche Aspekte des elektronischen Geschäftsverkehrs im Binnenmarkt, KOM (1998) 586 endg., S. 7 f.; siehe dazu ferner: *Brisch*, CR 1999, 235; *Crabit*, Revue du Droit de l'Union Européenne 2000, 749 (757 ff.).

[784] Begründung des Vorschlags für eine Richtlinie des Europäischen Parlaments und des Rates über bestimmte rechtliche Aspekte des elektronischen Geschäftsverkehrs im Binnenmarkt, KOM (1998) 586 endg., S. 3, 19; zu den Zielen der Richtlinie vgl. ferner die Darstellungen bei: *Brisch*, CR 1999, 235; *Apel/Grapperhaus*, WRP 1999, 1247; *Maennel*, MMR 1999, 187; *Pichler*, ELR 1999, 74; *Tettenborn*, K&R 1999, 252 (253); *Hamann*, ZUM 2000, 290 (291); *Schauer*, Electronic Commerce in der EU, S. 173 ff.; *Wildemann*, Vertragsschluß im Netz, S. 87 ff.

[785] Die Richtlinie soll zu wesentlichen Verbesserungen der Rahmenbedingungen des elektronischen Geschäftsverkehrs führen und die Stellung der Diensteanbieter europaweit fördern. Begründung des Vorschlags für eine Richtlinie des Europäischen Parlaments und des Rates über bestimmte rechtliche Aspekte des elektronischen Geschäftsverkehrs im Binnenmarkt, KOM (1998) 586 endg., S. 6.

[786] Begründung des Vorschlags für eine Richtlinie des Europäischen Parlaments und des Rates über bestimmte rechtliche Aspekte des elektronischen Geschäftsverkehrs im Binnenmarkt, KOM (1998) 586 endg., S. 3; vgl. ferner die ausführliche Darstellung bei: *Schauer*, Electronic Commerce in der EU, S. 173 ff.; ferner: *Reich*, in: Europäische Rechtsangleichung und nationale Privatrechte, S. 79 (81 f.); *Schwab*, EuZW 1999, 737; *Ernst*, VuR 1999, 397.

[787] Darüber hinaus soll auch das Vertrauen der Verbraucher gestärkt und für ein hohes Verbraucherschutzniveau gesorgt werden. Begründung des Vorschlags für eine Richtlinie des Europäischen Parlaments und des Rates über bestimmte rechtliche Aspekte des elektronischen Geschäftsverkehrs im Binnenmarkt, KOM (1998) 586 endg., S. 3.

Erbringung von Dienstleistungen entgegenstehen und die Entwicklung des elektronischen Geschäftsverkehrs in der Gemeinschaft hemmen.[788]

3. Anwendungsbereich der ECRL

a) Eröffnung des Anwendungsbereichs

Der Anwendungsbereich der ECRL erstreckt sich auf geschäftliche Aktivitäten, die online über das Internet erfolgen. Insoweit maßgeblich ist der Begriff der *„Dienste der Informationsgesellschaft"*. Dieser Begriff ist der „Transparentrichtlinie"[789] entnommen und wurde auch der „Richtlinie über den rechtlichen Schutz von zugangskontrollierten Diensten und Zugangskontrollstellen"[790] zugrunde gelegt. Der Verweis auf bestehendes Gemeinschaftsrecht bedeutet inhaltlich keine Änderung gegenüber dem Richtlinienvorschlag, der eine Definition in Art. 2 lit. a) ECRL-Entwurf enthielt, wonach Dienste der Informationsgesellschaft diejenigen Dienstleistungen sind, die *„in der Regel gegen Entgelt elektronisch im Fernabsatz und auf individuellen Abruf eines Empfängers"* erbracht werden.[791] Im Fernabsatz erfolgt eine Dienstleistung danach dann, wenn sie ohne die gleichzeitige physische Anwesenheit der Vertragsparteien erbracht wird.[792] Auf elektronischem Wege geschieht dies, gemäß Art. 2 lit. a) Spiegelstrich 2 ECRL-Vorschlag, wenn die Dienstleistung *„mittels Geräten für die elektronische Speicherung von Daten am Ausgangspunkt gesendet und am Endpunkt*

[788] Es soll ermöglicht werden, dass europäische Bürger, Unternehmen und sonstige Wirtschaftsakteure unabhängig von allen Binnengrenzen innerhalb der Gemeinschaft Dienste der Informationsgesellschaft anbieten und nutzen können. Begründung des Vorschlags für eine Richtlinie des Europäischen Parlaments und des Rates über bestimmte rechtliche Aspekte des elektronischen Geschäftsverkehrs im Binnenmarkt, KOM (1998) 586 endg., S. 6.

[789] Richtlinie 98/34/EG des Europäischen Parlamentes und des Rates v. 22. 06. 1998 über ein Informationsverfahren auf dem Gebiet der Normen und technischen Vorschriften, ABl. EG Nr. L 204 v. 21. 07. 1998, 37 – 48, i.d.F. der Richtlinie 98/48/EG, ABl. EG Nr. L 217 v. 05. 08. 1998, 18 – 26.

[790] Richtlinie 98/84/EG, ABl. EG Nr. L 320 v. 28. 11. 1998, 54 – 57.

[791] Art. 2 lit. a) des Vorschlags für eine Richtlinie des Europäischen Parlaments und des Rates über bestimmte rechtliche Aspekte des elektronischen Geschäftsverkehrs im Binnenmarkt, KOM (1998) 586 endg.

[792] Art. 2 lit. a Spiegelstrich 1 des Vorschlags für eine Richtlinie des Europäischen Parlaments und des Rates über bestimmte rechtliche Aspekte des elektronischen Geschäftsverkehrs im Binnenmarkt, KOM (1998) 586 endg.

empfangen wird und vollständig über Draht, über Funk, auf optischem oder anderem elektromagnetischen Wege gesendet, weitergeleitet und empfangen wird".[793] Erfasst werden ferner auch interaktives Teleshopping und Online-Einkaufszentren; der Umstand, dass die Ware nicht über das Netz geliefert werden kann, hindert – ausweislich der Begründung der Kommission[794] - nicht das Vorliegen eines Dienstes der Informationsgesellschaft. Online-Verkäufe werden folglich unabhängig von ihrer offline Erfüllung erfasst.[795] Ausschlusskriterium für das Vorliegen einer elektronischen Dienstleistung ist die Übertragung zu Echtzeitbedingungen ohne Speicherung und Verarbeitung der Daten.[796] Voraussetzung für die Eröffnung des Anwendungsbereichs ist demzufolge die fehlende physische Präsenz der Vertragsparteien sowie die Übertragung mittels *„Geräten für die elektronische Verarbeitung und Speicherung von Daten am Ausgangspunkt."* Im Unterschied zur Fernsehrichtlinie ist aber weiter Voraussetzung, dass die Dienstleistung auf individuellen Abruf eines Empfängers erbracht wird. Dies ist nach Art. 2 lit. a) Spiegelstrich 3 ECRL-Vorschlag dann der Fall, wenn der Nutzer die Dienstleistung individuell angefordert hat.[797] Ferner erfordert die ECRL, dass die Dienstleistung *„in der Regel gegen Entgelt"* erbracht wird.[798] Insoweit verdeutlicht Erwägungsgrund Nr. 18, dass es sich nicht zwingend um solche Dienste handeln muss, die ein Nutzer erbringt, sondern dass auch sogenannte drittfinanzierte Angebote[799] erfasst sind.[800] Dabei handelt es sich mithin um eine

---

[793] Siehe dazu: *Maennel*, MMR 1999, 187 (188).

[794] Siehe: IV 2) der Begründung des Vorschlags für eine Richtlinie des Europäischen Parlaments und des Rates über bestimmte rechtliche Aspekte des elektronischen Geschäftsverkehrs im Binnenmarkt, KOM (1998) 586 endg.

[795] Grund für die Einbeziehung dieser Dienste ist, dass der Binnenmarkt ihnen ohne Ausnahme zugute kommen soll.

[796] Nicht ganz eindeutig erscheint, ob Telekommunikationsdienste wie ISDN, Internettelefon und Internetfax diesen Anforderungen entsprechen. Bei ISDN erfolgt eine kurze Zwischenspeicherung, weshalb von einer elektronischen Erbringung ausgegangen werden könnte; allerdings ist diese nur sehr kurz und uncharakteristisch (*Hoeren*, MMR 1999, 192 [194] *Wildemann*, Vertragsschluß im Netz, S. 94 f.). Da aber eine Datenverarbeitung bei den genannten Internetdiensten erfolgt, ist wohl eine elektronische Erbringung zu bejahen. Dazu: *Wildemann*, Vertragsschluß im Netz, S. 95.

[797] Art. 2 lit. a) Spiegelstrich 3 ECRL a. F.; vgl. ferner: *Waldenberger*, EuZW 1999, 296; *Wildemann*, Vertragsschluß im Netz, S. 95.

[798] Das Element der Entgeltlichkeit wurde aus der Dienstleistungsdefinition des Art. 50 EGV übernommen.

[799] Ein Beispiel für solche Angebote sind etwa Werbebanner.

[800] Siehe auch: *Thünken*, IPRax 2001, 15 (17); *Tettenborn*, K&R 2000, 59 (60); *Spindler*, ZUM 1999, 775 (777 ff.); *Wildemann*, Vertragsschluß im Netz, S. 93 f.

Vielzahl von unterschiedlichen Wirtschaftstätigkeiten, die über das Netz abgewickelt werden können. Von der ECRL behandelt werden nicht nur der Abschluss von elektronischen Verträgen, sondern weiterhin auch solche Dienste, die nicht von ihren Empfängern vergütet werden, wie etwa Suchmaschinen oder Informationsdienste.[801] Das Erfordernis der Entgeltlichkeit betont nur den kommerziellen Charakter der Dienstleistung.[802]

Für die Bestimmung des Anwendungsbereichs ist weiter die Definition des koordinierten Bereichs in Art. 2 h) ECRL maßgeblich. Danach werden nicht nur die Regelungsbereiche erfasst, in denen nach den inhaltlichen Bestimmungen der Richtlinie eine Harmonisierung stattfinden soll, sondern grundsätzlich sämtliche Vorschriften für den Zugang zu den Diensten der Informationsgesellschaft sowie für die Erbringung solcher Dienste.[803]

b) Beschränkungen des Anwendungsbereichs

Beschränkungen ergeben sich zunächst aus den Erwägungsgründen Nr. 17 und Nr. 18 der ECRL,[804] wonach durch Bezugnahme auf Anhang V der Richtlinie 98/48/EG Telefon- und Telexdienst ausgenommen werden.[805] Vom Anwendungsbereich ausgeschlossen sind weiterhin Fernseh- und Radiosendungen, da diese nicht auf individuellen Abruf hin erfolgen.[806] Demgegenüber sollen Dienste, die *„von Punkt zu Punkt erbracht werden"*, wie

801 Dies stellt nunmehr Erwägungsgrund 18 klar.

802 Die Europäische Kommission und der Ministerrat haben sich trotz entsprechender Kritik und vorgelegten Änderungsanträgen nicht dazu entschließen können, ein einheitliches Regime bezüglich der Haftungsprivilegierungen zu schaffen. Dies ergibt sich aus Erwägungsgrund Nr. 18, in dem ausdrücklich die elektronische Post sowie entsprechende individuelle Kommunikation außerhalb der gewerblichen oder beruflichen Tätigkeit ausgenommen werden. Siehe insoweit Änderungsantrag Nr. 30 des Berichts über den Vorschlag für eine Richtlinie des Europäischen Parlaments und des Rates über bestimmte rechtliche Aspekte des elektronischen Geschäftsverkehrs im Binnenmarkt (KOM (98) 0586 – C4 – 0020/99 – 98/0325 (COD)), Ausschuss für Recht und Bürgerrechte, v. 23. April 1999.

803 Vgl. dazu unten S. 188.

804 Zur Kritik gegenüber dieser Einschränkung des Anwendungsbereichs der Richtlinie: *Spindler*, MMR-Beilage 7/2000, 4 (5).

805 Diese Ausnahme des gesamten Bereiches von Telefon- und Telefaxdienstleistungen wird durch die Begriffsdefinition in Art. 1 Abs. 2 der Richtlinie 98/48/EG bestätigt, wonach auf beiden Seiten der Einsatz von Speicherungs- und Datenverarbeitungssystemen verlangt wird.

806 Erwägungsgrund Nr. 18.

etwa Video auf Abruf oder die Verbreitung kommerzieller Kommunikation, mittels elektronischer Post, Dienste der Informationsgesellschaft im Sinne der Begriffsdefinition nach Art. 2 a) ECRL sein.[807] Andere von der Begriffsdefinition grundsätzlich erfasste Bereiche werden demgegenüber gemäß Art. 1 Abs. 5 ECRL ausdrücklich vom Anwendungsbereich der ECRL ausgenommen. So soll nach Art. 1 Abs. 5 lit. a) ECRL das Steuerwesen einer eigenen Regelung vorbehalten bleiben.[808] Auch die datenschutzrechtlichen Fragen, die in den Richtlinien zum Schutz natürlicher Personen bei der Verarbeitung personenbezogener Daten[809] und in der Richtlinie über die Verarbeitung personenbezogener Daten und den Schutz der Privatsphäre im Bereich der Telekommunikation[810] geregelt sind, fallen nicht in den Anwendungsbereich der ECRL.

Weiterhin wurde auf deutschen Wunsch[811] das Kartellrecht gemäß Art. 1 Abs. 5 lit. c) ECRL vom Anwendungsbereich ausgenommen.[812] Schließlich werden die Tätigkeit von Notaren oder vergleichbaren Berufen sowie die Vertretung von Mandanten vor Gericht und Gewinnspiele mit einem geldwerten Einsatz generell vom Anwendungsbereich der Richtlinie ausgenommen, vgl. Art. 1 Abs. 5 lit. d) ECRL.[813]

---

807 Erwägungsgrund Nr. 18.

808 Erwägungsgrund Nr. 12, 13.

809 Richtlinie 95/46/EG; Richtlinie des Europäischen Parlaments und des Rates v. 24. 10. 1995 zum Schutz natürlicher Personen bei der Verarbeitung personenbezogener Daten und zum freien Datenverkehr, ABl. EG Nr. L 281 v. 23. 11. 1995, S. 31.

810 Richtlinie 95/46/EG; Richtlinie des Europäischen Parlaments und des Rates v. 15. 12. 1997 über die Verarbeitung personenbezogener Daten und zum Schutz der Privatsphäre im Bereich der Telekommunikation, ABl. EG Nr. L 24 v. 30. 01. 1998, S. 1.

811 *Köhler*, ZVersWiss 89 (2000), 487 (494).

812 Diese Ausnahme ist indes nicht ganz unproblematisch. So erscheint fraglich, ob Vereinbarungen, die nur in bestimmten Bestandteilen dem Kartellverbot unterfallen, wie etwa Wettbewerbsverbotsklauseln, gänzlich von der Richtlinie unberührt bleiben oder nur hinsichtlich des kartellrechtlichen Bereichs. Vor dem Hintergrund des Zwecks der Ausnahmeregelung, nämlich der Anwendung des nationalen Kartellrechts, wird die Ausnahme sich nur auf das Kartellrecht beziehen und nicht auf die gesamte Vereinbarung. Da das Vertragsrecht zwischen Unternehmen dem Anwendungsbereich der ECRL unterfällt, bleibt wohl nur die Frage der Zulässigkeit der getroffenen Vereinbarung nach dem Herkunftslandprinzip der ECRL dem nationalen Kartellrecht unterstellt, während dies für die originären zivilrechtlichen Fragen nicht gelten dürfte. Siehe zu dieser Problematik: *Spindler*, MMR-Beilage 7/2000, 4 (6).

813 Art. 1 Abs. 6 ECRL enthält eine Kulturklausel, wonach Maßnahmen auf Gemeinschafts- und einzelstaatlicher Ebene, die unter Wahrung des Gemeinschaftsrechts der Förderung der kulturellen und sprachlichen Vielfalt und dem Schutz des Pluralismus dienen, unberührt bleiben. Durch die Einführung der Kulturklausel wird deutlich gemacht, dass

Ausnahmen nur hinsichtlich des Binnenmarktprinzips in Art. 3 Abs. 1, 2 ECRL ergeben sich aus Art. 3 Abs. 3 ECRL in Verbindung mit dem Anhang der ECRL. Darauf soll im Einzelnen unten in Zusammenhang mit Bedeutung und Reichweite des Herkunftslandprinzips eingegangen werden.[814]

4. Regelungsmaterien der ECRL

a) Kommerzielle Kommunikation

Die ECRL zeichnet sich dadurch aus, dass sie nur einzelne Bereiche harmonisiert, im Übrigen aber auf das Herkunftslandprinzip rekurriert. Die ECRL regelt fünf Hauptbereiche. Dazu gehört zunächst die kommerzielle Kommunikation. Dieser Begriff ist im Grünbuch zur kommerziellen Kommunikation näher beschrieben[815] und wird in Art. 2 f) ECRL legaldefiniert als *„alle Formen der Kommunikation, die der unmittelbaren oder mittelbaren Förderung des Absatzes von Waren und Dienstleistungen oder des Erscheinungsbildes eines Unternehmens, einer Organisation oder einer natürlichen Person dienen, die eine Tätigkeit in Handel, Gewerbe oder Handwerk oder einen reglementierten Beruf ausübt"*.

Mit dieser weiten Definition will die Kommission jede Art der Werbung erfassen, die mit einer wirtschaftlichen Aktivität verbunden ist. Keine kommerzielle Kommunikation sind demgegenüber Angaben, die den direkten Zugang zur Tätigkeit des Unternehmens oder Person ermöglichen, wie beispielsweise ein Domain-Name oder eine E-Mail-Adresse sowie verkaufsunabhängige Angaben, die ohne finanzielle Gegenleistung erfolgen.[816]

---

die Regelungshoheit der Bundesländer im Rundfunkbereich grundsätzlich unangetastet bleibt.

814 Vgl. dazu unten S. 186 ff.

815 Grünbuch über kommerzielle Kommunikation im Binnenmarkt, KOM (1996) 192 endg. Dazu: *Henning-Bodewig*, GRUR Int. 1999, 233 (239); *dies.*, WRP 2001, 771 (772); *Nacken*, WRP 1997, 929 ff.; *Lehmann*, in: Rechtsfragen im Netz – Electronic commerce, S. 169 (173 f.).

816 Näher zum Begriff der kommerziellen Kommunikation: *Brisch*, CR 1999, 235 (239); *Brenn*, ÖJZ 1999, 481 (485 f.); *Bender/Sommer*, RIW 2000, 260 (262); *Pichler*, ELR 1999, 74 (77); *Tettenborn*, K&R 1999, 252 (256); *Hoeren*, MMR 1999, 192 (196 ff.); *Nacken*, WRP 1997, 929 (929 f.); *Spindler*, ZUM 1999, 774 (790); *ders.*, MMR-Beilage 7/2000, 4 (13 ff.); *Drijber*, SEW 2001, 122 (135); *Maennel*, MMR 1999, 187 (189).

Die ECRL geht - ähnlich wie Art. 4 der Fernabsatzrichtlinie[817] - von dem Konzept der Informationspflichten aus. So enthält bereits Art. 5 ECRL für Diensteanbieter eine allgemeine Informationspflicht, die in Art. 6 ECRL für den Bereich der kommerziellen Kommunikation erweitert wird. Kommerzielle Kommunikationen sollen danach als solche erkennbar sein und ihren Auftraggeber nennen. Soweit Angebote zur Verkaufsförderung in dem Mitgliedstaat, in dem der Anbieter niedergelassen ist, zulässig sind, müssen die jeweiligen Bedingungen transparent sein. Durch diese Bezugnahme auf die Zulässigkeit in dem Niederlassungsstaat des Diensteanbieters beinhaltet Art. 6 lit. c) ECRL eine Ausformulierung des Herkunftslandprinzips.

Art. 7 ECRL enthält ein Kennzeichnungsgebot für unerbetene E-Mail-Werbung, wodurch ein Ausfiltern von Werbung ermöglicht werden soll.[818] Dem Nutzer soll dadurch ein Instrument an die Hand gegeben werden, das es ihm ermöglicht, unaufgeforderte E-Mails ohne weiteres zu erkennen und sie, ohne sie erst öffnen zu müssen, löschen zu können, um so einen Kosten- und Zeitaufwand zu verhindern.[819] Solche E-Mails sind durch die Bestimmungen im Anhang von dem Herkunftslandprinzip in Art. 3 ECRL ausgenommen mit der Folge, dass abweichende nationale Regelungen nach wie vor zulässig sind.[820] Diese Ausnahme von dem Herkunftslandprinzip steht indes gemäß Art. 21 Abs. 2 ECRL unter dem Vorbehalt einer späteren Nachprüfung, ob nicht die *„Grundsätze des Binnenmarktes"* auch insoweit angewendet werden können. Die endgültige Fassung der Richtlinie sieht in Art. 7 ECRL eine Verpflichtung der Mitgliedstaaten vor, Maßnahmen zu treffen, um sicherzustellen, dass die Diensteanbieter regelmäßig sogenannte „Opt-out"-Register (Robinson-Liste) konsultieren, in die sich natürliche Personen eintragen können, um einer Zusendung von unerbetenen E-Mails zu entgehen.

817 Richtlinie 97/7/EG des Europäischen Parlaments und des Rates v. 20. 05. 1997 über den Verbraucherschutz bei Vertragsabschlüssen im Fernabsatz v. 20. 05. 1997, ABl. EG Nr. L 144, S. 19 v. 04. 06. 1997.

818 Siehe die ausführliche Darstellung der Regelungsbereiche bei: *Brenn*, ÖJZ 1999, 481 (486); vgl. ferner: *Dethloff*, Europäisierung des Wettbewerbsrechts, S. 28 ff.; *Brisch*, CR 1999, 235 (239); *Spindler*, ZUM 1999, 774 (787); *ders.*, MMR-Beilage 7/2000, 4 (10 ff.).

819 Schon in dem Richtlinienentwurf hat die Kommission deutlich gemacht, dass die ECRL keine Aussage über die Zulässigkeit der unerwünschten E-Mail selbst treffen soll, sondern nur für ihre Erkennbarkeit sorgen will. Dies stellt nunmehr Erwägungsgrund Nr. 30 der ECRL deutlich heraus.

820 *Spindler*, MMR-Beilage 7/2000, 4 (14 f.).

b) Reglementierte Berufe

Die Mitgliedstaaten werden darüber hinaus in Art. 8 ECRL aufgefordert, Dienstleistungen via Internet auch für sogenannte reglementierte Berufe grundsätzlich zuzulassen, soweit dies den berufsrechtlichen Regeln zur Gewährleistung von Unabhängigkeit, Würde und Ehre des Berufs, Berufsgeheimnis und lauterem Verhalten gegenüber Kunden und Berufskollegen entspricht. Der Begriff der reglementierten Berufe selbst wird in der Richtlinie nicht näher definiert.[821] Im Kern bezieht sich die Regelung aber wohl auf Ärzte, Apotheker,[822] Rechtsanwälte und Steuerberater.[823]

c) Elektronische Verträge

Die vertragsrechtlichen Vorschriften der ECRL haben im Laufe der Beratungen die weitreichendsten Veränderungen erfahren.[824] Im Einzelnen geht es bei diesen Vorschriften um die Nichtdiskriminierung von elektronisch geschlossenen Verträgen, Schutzvorschriften bei Vertragsabschluss sowie Informationspflichten. Die Richtlinie sieht in Art. 9 ECRL die Verpflichtung der Mitgliedstaaten vor, den wirksamen Abschluss elektronischer Verträge zu ermöglichen.[825] In Art. 10 ECRL sind im Zusammenhang mit dem Abschluss

---

821 Zur Begrifflichkeit siehe Richtlinie 89/48/EWG des Rates v. 21. 12. 1988 über eine allgemeine Regelung zur Anerkennung der Hochschuldiplome, die eine mindestens dreijährige Berufsausbildung abschließen, ABl. EG Nr. L 019 v. 24. 01. 1989.

822 Dazu: *Eichler*, K&R 2001, 144 (148).

823 Aufgrund des Herkunftslandprinzips bedeutet die Zulässigkeit der kommerziellen Kommunikation für Freiberufler im Internet, dass Werbung ausländischer Rechtsanwälte oder Ärzte im Inland nicht unterbunden werden kann, sofern diese in dem Niederlassungsstaat zulässig ist. Als Korrektiv für die Konsequenzen des Herkunftslandprinzips erhält die Kommission den Auftrag, die Berufsverbände zu ermutigen, Verhaltenscodices für die Werbung aufzustellen, um eine Harmonisierung des standesbezogenen Werberechts zu ermöglichen.

824 Siehe dazu: *Tettenborn*, K&R 2000, 59 (62).

825 Die Mitgliedstaaten haben dafür zu sorgen, dass die für den Vertragsschluss geltenden Rechtsvorschriften weder die tatsächliche Verwendung elektronischer Verträge verhindern noch dazu führen, dass solche Verträge keine Rechtswirksamkeit entfalten. Ein auf elektronischem Wege geschlossener Vertrag muss grundsätzlich die gleiche Gültigkeit und Rechtskraft besitzen wie ein Vertrag, der auf konventionellem Weg abgeschlossen wurde. Eine Ausnahme steht den Mitgliedstaaten aber offen für solche Vertragstypen, die sich durch besondere Formerfordernisse auszeichnen, wie etwa unter notarieller Beteiligung abzuschließende Verträge oder solche, die einer behördlichen oder gerichtlichen Mitwirkung bedürfen. Vgl. dazu die Darstellung bei: *Wildemann*,

elektronischer Verträge Informationspflichten der Diensteanbieter vorgesehen. Nach Art. 10 Abs. 1 ECRL muss der Diensteanbieter das Verfahren des Zustandekommens des elektronisch geschlossenen Vertrages klar, verständlich und unzweideutig erläutern. Art. 10 Abs. 2 ECRL bestimmt, dass die Verhaltenskodizes, denen sich der Diensteanbieter unterworfen hat, dem Vertragspartner auf elektronischem Wege zugänglich sein müssen; ferner sind nach Art. 10 Abs. 3 ECRL dem Nutzer die Vertragsbestimmungen und die dem Vertrag zugrunde liegenden Allgemeinen Geschäftsbedingungen so zur Verfügung zu stellen, dass er sie speichern und reproduzieren kann.[826] Die Anforderungen entsprechen dem Ansatz des europäischen Verbraucherschutzrechts.[827] Zwischen den Parteien können diese Pflichten abbedungen werden; für Verbraucherverträge sind sie allerdings zwingend.[828]

Art. 11 Abs. 1 ECRL enthält eine Regelung über den Zeitpunkt des Vertragsschlusses. Der Zugang einer Erklärung soll dabei mit dem Zeitpunkt angenommen werden, in dem diese von der jeweils anderen Partei abgerufen werden kann.[829] Die ECRL geht dabei davon aus, dass die Offerte von Waren oder Dienstleistungen auf einer Website rechtlich als Angebot zu bewerten ist. Der Vertrag kommt demnach dann zustande, wenn der Nutzer das Angebot des Diensteanbieters angenommen[830] und von diesem eine Empfangsbestätigung

---

Vertragsschluß im Netz, S. 101 ff.; ferner: *Jansen*, DSWR 2000, 125 (126); *Spindler*, ZUM 1999, 775 (787 ff.); *Ernst*, VuR 1999, 397 (403 ff.).

826 Vgl. dazu eingehend: *Wildemann*, Vertragsschluß im Netz, S. 104 ff.; *Ernst*, VuR 1999, 397 (404).

827 EuGH ZLR 1998, 459 – „6 Korn – 10 frische Eier"; *Bleckmann*, Europarecht, Rn. 2716 ff.; *Sack*, WRP 1999, 399 (400 f.); *Roth*, JZ 1999, 529 (531).

828 Siehe dazu: *Ernst*, VuR 1999, 397 (403); *Bender/Sommer*, RIW 2000, 260 (263); *Spindler*, MMR-Beilage 7/2000, 4 (11 f.).

829 Eine ausführliche Darstellung findet sich bei: *Maennel*, MMR 1999, 187 (191); vgl. ferner: *Waldenberger*, EuZW 1999, 296 (300 f.); sowie: *Spindler*, MMR-Beilage 7/2000, 4 (11); *Kilches*, Medien und Recht 1999, 3 (5); *Glatt*, ZUM 2001, 390 (392); *Wildemann*, Vertragsschluß im Netz, S. 104 ff.

830 Damit reagierte die Kommission auf die zum Teil harsche Kritik, die Art. 11 Abs. 1 ECRL-Vorschlag entgegengebracht worden war. Siehe den Änderungsantrag Nr. 42 und die entsprechende Begründung des Europäischen Parlaments; KOM (98) 0586 – C4 – 0020/99 – 98/0325 (COD); vgl. ferner: *Waldenberger*, EuZW 1999, 296 (300); *Hoeren*, MMR 1999, 192 (198). Demgemäß wird nun nicht mehr auf ein Angebot des Diensteanbieters Bezug genommen; es wird überhaupt gänzlich auf eine Bezugnahme verzichtet, wann und wie ein elektronischer Vertrag zustande kommt. Es ist nur mehr von einer „*Abgabe der Bestellung*" die Rede, ohne dass die zivilrechtlichen Konsequenzen geregelt werden.

erhalten hat.[831] Art. 11 Abs. 2 ECRL fordert die Mitgliedstaaten zusätzlich auf, die Diensteanbieter zu verpflichten, einen Mechanismus zur Korrektur von Bedienungs- und Eingabefehlern vorzusehen. Nach Art. 11 Abs. 3 ECRL gelten die Empfangsbestätigung des Anbieters und die Korrekturmittel nicht für den Vertrag, der durch den Austausch von E-Mails oder vergleichbare individuelle Kommunikation zustande kommt.

d) Verantwortlichkeit von Vermittlern

Um Rechtsunsicherheiten zu beseitigen und einer uneinheitlichen Praxis der Mitgliedstaaten vorzubeugen, ist in der Richtlinie vorgesehen, dass Vermittler nicht für die Informationen verantwortlich sind, wenn sie eine rein passive Rolle spielen, die in der bloßen Weiterleitung von Informationen Dritter besteht. Art. 12 ECRL sieht demzufolge vor, dass im Falle der reinen Durchleitung von Informationen die Service-Provider für diese Informationen nicht verantwortlich sind, sofern die Initiative zur Datenübertragung nicht von ihnen ausgeht und sie weder Adressaten noch Informationen beeinflussen.[832] Unter reiner Durchleitung werden sowohl die Zugangsvermittlung zu einem Kommunikationsnetz als auch die bloße Datenübermittlung sowie, gemäß Art. 13 ECRL, kurzzeitige Zwischenspeicherungen erfasst, die entweder bei der Datenübermittlung üblicherweise erfolgen oder zur Steigerung der Effizienz der Verbreitung automatisch vorgenommen werden, sogenanntes „Caching." Beim sogenannten „Hosting", worunter die Zurverfügungstellung von Speicherplatz für fremde Inhalte verstanden wird, soll eine Haftung grundsätzlich nur bei tatsächlicher Kenntnis des Providers vom rechtswidrigen Inhalt bestehen. Schließlich wird in Art. 15 ECRL ausdrücklich angeordnet, dass für die Service-Provider keine allgemeine Überwachungspflicht hinsichtlich der übermittelten oder gespeicherten Produkte besteht.[833]

---

831 Nach deutschem Recht ist die Darbietung auf einer Internetseite lediglich als „invitatio ad offerendum" zu werten. Daher geht das Angebot vom Nutzer aus. Der Vertrag kommt dann durch die Annahme des Anbieters zustande, weshalb es einer Empfangsbestätigung nicht bedarf; vgl. dazu: *Jansen*, DSWR 2000, 125 (126); *Ernst*, VuR 1999, 397 (404).

832 Dazu: *Spindler*, MMR-Beilage 7/2000, 4 (16); *Holznagel/Holznagel*, K&R 1999, 103; *Bender/Sommer*, RIW 2000, 260 (263).

833 Ausführlich zum Ganzen: *Brenn*, ÖJZ 1999, 481 (486) sowie: *Dethloff*, Europäisierung des Wettbewerbsrechts, S. 28 ff.; *Drijber*, SEW 2001, 122 (137); *Brisch*, CR 1998, 783 f.; *Waldenberger*, EuZW 1999, 296 (300); *Landfermann*, ZUM 1999, 795 (800 ff.); *Spindler*, MMR-Beilage 7/2000, 4 (16 ff.).

e) Effektive Rechtsdurchsetzung

Nach Art. 16 ECRL sollen die Mitgliedstaaten darauf hinwirken, dass Handels- und Berufsverbände sowie Standesorganisationen Verhaltenkodizes auf Gemeinschaftsebene ausarbeiten; ferner sollen bei Streitigkeiten zwischen Diensteanbietern und Nutzern außergerichtliche Streitbeilegungs- bzw. Vermittlungsverfahren in Anspruch genommen werden und auch online durchgesetzt werden können.[834] Darüber hinaus sollen die Mitgliedstaaten nach Art. 18 ECRL für eine effektive Rechtsdurchsetzung sorgen.[835]

II. Das Herkunftslandprinzip als Kernstück der ECRL

1. Bedeutung und Reichweite des Herkunftslandprinzips

Kernstück der E-Commerce-Richtlinie ist die in Art. 3 Abs. 1, 2 ECRL enthaltene Binnenmarktregelung, die wie folgt lautet:

„(1) Jeder Mitgliedstaat trägt dafür Sorge, dass die Dienste der Informationsgesellschaft, die von einem in seinem Hoheitsgebiet niedergelassenen Diensteanbieter erbracht werden, den in diesem Mitgliedstaat geltenden innerstaatlichen Vorschriften entsprechen, die in den koordinierten Bereich fallen.

(2) Die Mitgliedstaaten dürfen den freien Verkehr von Diensten der Informationsgesellschaft aus einem anderen Mitgliedstaat nicht aus Gründen einschränken, die in den koordinierten Bereich fallen.“

Art. 3 ECRL legt also fest, welcher Mitgliedstaat für die Überwachung von Tätigkeiten im Rahmen von Diensten der Informationsgesellschaft zuständig ist, und ordnet an, dass ein Dienst der Informationsgesellschaft, der in einem Mitgliedstaat rechtmäßig erbracht wurde, beim Zugang zum Binnenmarkt nicht behindert werden darf.[836] Danach ist folglich *der* Mitgliedstaat zur

---

[834] Vgl. dazu: *Ernst*, VuR 1999, 397 (404); siehe ferner zu Online-Schiedsvereinbarungen und Schiedsgerichtsbarkeit: *Mankowski*, RabelsZ 1999, 203 (213 ff.).

[835] Siehe dazu: *Jayme/Kohler*, IPRax 2000, 454 (457).

[836] Eingehend zur Bedeutung des Herkunftslandprinzips: *Bullinger/Mestmäcker*, Multimediadienste, S. 100 ff.; siehe ferner: *Tettenborn*, K&R 1999, 252 (255); *Karenfort/Weißgerber*, MMR-Beilage 7/2000, 38 (39 f.); *Bernreuther*, WRP 2001, 513 ff.; *Apel/Grapperhaus*, WRP 1999, 1247 (1251); *Lurger/Vallant*, RIW 2001, 188 ff.; *Spindler*, ZHR 165 (2001), 325 (332 ff.); *Strowel/Ide/Verhoestraete*, J.Trib. 2001, 133

ausschließlichen Überwachung anhand europarechtlicher und nationaler Maßstäbe verpflichtet, in dem der Diensteanbieter seine Niederlassung hat.[837] Maßgeblich ist zudem auch das Recht des Mitgliedstaates, in dem der Diensteanbieter niedergelassen ist. Der Begriff der Niederlassung ist untrennbar mit der Anwendung des Herkunftslandprinzips verbunden. Art. 2 c) ECRL knüpft diesbezüglich an eine feste Einrichtung an, in der ein Anbieter auf unbestimmte Zeit eine Wirtschaftstätigkeit tatsächlich ausübt.[838] In Übereinstimmung mit der Rechtsprechung des EuGH[839] kommt es dabei ausschließlich auf den Schwerpunkt der tatsächlich ausgeübten wirtschaftlichen Tätigkeit an.[840] Irrelevant sind demgegenüber rein formale Kriterien,[841] wie etwa der Briefkasten oder technologische Kriterien, wie der Standort des Servers.[842]

Das Herkunftslandprinzip hat für den Diensteanbieter den Vorteil, dass er seine Tätigkeit nur nach einer Rechtsordnung ausrichten muss.[843] Die Mitgliedstaaten erkennen die Regelungen und Standards der anderen Mitgliedstaaten an, vermeiden aber gleichzeitig eine Vollharmonisierung, so dass ihnen die

(135 f.); *van Haersolte-van Hof*, Nederlands tijdschrift voor Europees recht 2000, 325 ff.; *Crabit*, Revue du Droit de l'Union Européenne 2000, 749 (759 ff.).

837 Das Herkunftslandprinzip wird daher zum Teil auch als „Niederlassungsprinzip" bezeichnet, so: *Berger*, NJW 2001, 1530 (1531).

838 Dies entspricht der Regelung der Fernsehrichtlinie, wonach ein Diensteanbieter dann in einem Mitgliedstaat niedergelassen ist, wenn er mittels einer festen Einrichtung auf unbestimmte Zeit eine Wirtschaftstätigkeit tatsächlich ausübt; siehe Erwägungsgrund Nr. 11 der Fernsehrichtlinie 97/36/EG.

839 Vgl. EuGH 27. 05. 1991 - Rs C-221/89 –, Slg. 1991, I-3905 („Factorame").

840 Kommentar der Kommission zu Art. 2 c) ECRL, KOM (1998) 586 endg. S. 23, 61; ferner: *Spindler*, MMR 1999, 199 (206); *Thünken*, IPRax 2001, 15 (17); *Wildemann*, Vertragsschluß im Netz, S. 99; *Hanika*, MedR 2000, 205 (206).

841 Daraus ergibt sich, dass der Standort der benutzten technischen Mittel keine Niederlassung begründet. So ausdrücklich die Begründung des Vorschlags für eine Richtlinie des Europäischen Parlaments und des Rates über bestimmte rechtliche Aspekte des elektronischen Geschäftsverkehrs im Binnenmarkt, KOM (1998) 586 endg. v. 18. 11. 1998, S. 22.

842 Kommentar der Kommission zu Art. 2 c), KOM (1998) 586 endg. S. 23/61; ferner: *Maennel*, MMR 1999, 187 (189); *Brenn*, ÖJZ 1999, 481 (482); *Wildemann*, Vertragsschluß im Netz, S. 99; *Jansen*, DSWR 2000, 125 (126); *Hanika*, MedR 2000, 205 (206).

843 Zu den Vorteilen der Herkunftslandkontrolle und der Verwirklichung dieses Prinzips auch in anderen Bereichen vgl.: *Rittner*, ZHR 165 (2001), 403 ff.

Möglichkeit verbleibt, abweichende Regelungen zu treffen.[844] Als Grund für die Einführung des Herkunftslandprinzips in die ECRL gibt die Kommission an,[845] dass im Bereich des elektronischen Geschäftsverkehrs die Bestimmung des Mitgliedstaates, der für die Aufsicht zuständig ist, mit Unsicherheiten behaftet ist.[846] Diese Unsicherheit, „wer wen überwacht", gefährdet nach Einschätzung der Kommission den freien Verkehr von Diensten der Informationsgesellschaft.[847]

2. Reichweite des Herkunftslandprinzips

a) Der koordinierte Bereich

Insbesondere aufgrund seiner Reichweite hat das Herkunftslandprinzip in der E-Commerce-Richtlinie für Aufsehen gesorgt. Ein Herkunftslandprinzip liegt auch anderen europäischen Richtlinien zugrunde.[848] Die eigentliche Brisanz erhält das Herkunftslandprinzip in Art. 3 Abs. 1 ECRL erst im Zusammenhang mit Art. 3 Abs. 2 ECRL und der Begriffsbestimmung des koordinierten Bereichs in Art. 2 lit. h) ECRL.[849]

844 Im Kern bringt das Herkunftslandprinzip damit nur eine Selbstverständlichkeit zum Ausdruck, dass nämlich der einzelne Mitgliedstaat sein innerstaatliches Recht anwenden und vollziehen muss.

845 Begründung des Vorschlags für eine Richtlinie des Europäischen Parlaments und des Rates über bestimmte rechtliche Aspekte des elektronischen Geschäftsverkehrs im Binnenmarkt, KOM (1998) 586 endg. v. 18. 11. 1998, S. 15.

846 Die Kommission beabsichtigt demgemäß, durch Einführung des Herkunftslandprinzips einen einheitlichen Rechtsrahmen für den Bereich des elektronischen Geschäftsverkehrs zu schaffen. Diese Vorgehensweise entspricht dem, was die Kommission schon in dem Grünbuch über kommerzielle Kommunikation im Binnenmarkt als Anliegen formuliert hatte. Grünbuch über kommerzielle Kommunikation im Binnenmarkt, KOM (1996) 192 endg.; vgl. hierzu näher: *Henning-Bodewig*, GRUR Int. 1999, 233 (239); *dies.*, WRP 2001, 771 (772); *Nacken*, WRP 1997, 929 ff.; *Lehmann*, in: Rechtsfragen im Netz – Electronic commerce, S. 169 (173 f.).

847 Gerade kleinere und mittlere Unternehmen sind bei grenzüberschreitend verbreiteten Online-Angeboten nicht in der Lage, 15 unterschiedliche nationale Rechtsordnungen zu beachten. Um dieses Ziel zu erreichen, bietet das Herkunftslandprinzip den Vorteil, dass es eine Verpflichtung zur gegenseitigen Anerkennung der mitgliedstaatlichen Regelungen enthält und damit den Mitgliedstaaten Raum für abweichende Regelungen lässt.

848 Vgl. dazu oben S. 103 ff.

849 Hierzu: *Spindler*, ZUM 1999, 775 (781).

Der koordinierte Bereich ist sehr weit gefasst. Nach Art. 2 lit. h) ECRL handelt es sich dabei um *„die für die Anbieter von Diensten der Informationsgesellschaft und die Dienste der Informationsgesellschaft in den Rechtssystemen der Mitgliedstaaten festgelegten Anforderungen, ungeachtet der Frage, ob sie allgemeiner Art oder speziell für sie bestimmt sind.“* Im Ergebnis besteht der durch die Richtlinie koordinierte Bereich daher aus sämtlichen Rechtsnormen, die Online-Aktivitäten berühren können. Diese Radikalität, mit der weite Bereiche einer Rechtsordnung dem Herkunftslandprinzip unterstellt werden, ist so in anderen Richtlinien nicht vorhanden. Eine solche „horizontale Anknüpfung“ ist bisher – ansatzweise - allein in der Fernsehrichtlinie zu finden.[850] Zur Bestimmung von Reichweite und Bedeutungsgehalt des Herkunftslandprinzips in der ECRL könnten sich daher Rückschlüsse aus dem Herkunftslandprinzip in der Fernsehrichtlinie ergeben, dem das der ECRL nachgebildet wurde.[851]

Fraglich ist allerdings, inwieweit dieser Rückschluss zulässig ist, ob also das Herkunftslandprinzip in der ECRL tatsächlich in Voraussetzungen und Konsequenzen dem entspricht, was letztlich unter dem Herkunftslandprinzip in der Fernsehrichtlinie verstanden wird. In diesem Zusammenhang ist vor allem von Interesse, dass sich der EuGH zu letzterem bereits geäußert hat. Insoweit könnten dadurch auch Leitlinien für die neue Richtlinie bereits bestehen.

(1) Reichweite des Herkunftslandprinzips in der Fernsehrichtlinie

Für das Medium Fernsehen hat die Europäische Gemeinschaft eine harmonisierende Richtlinie erlassen. Diese sogenannte Fernsehrichtlinie wurde 1989 erlassen und 1997 novelliert.[852] Sie wird im Grundsatz von zwei Prinzipien beherrscht, dem Mindeststandard und dem Sendelandprinzip.[853]

---

850 *Hoeren,* MMR 1999, 192 (195); *Spindler,* ZUM 1999, 775 (781).

851 Das gemeinschaftsrechtliche Herkunftslandprinzip wurde erstmalig im Folgedokument zum Grünbuch kommerziellen Kommunikation im Binnenmarkt entwickelt. Im Grünbuch selbst kommt es demgegenüber nur am Rande vor; siehe dazu die Darstellungen bei: *Henning-Bodewig,* WRP 2000, 886 (887), *Bodewig,* GRUR Int. 2000, 475 (476).

852 Richtlinie 89/552/EWG des Rates v. 3. Oktober 1989 zur Koordinierung bestimmter Rechts- und Verwaltungsvorschriften der Mitgliedstaaten über die Ausübung der Fernsehtätigkeit, ABl. EG 1989 Nr. L 298/23; geändert durch die Richtlinie v. 30. 6. 1997, ABl. EG Nr. L 202/60 v. 30. 07. 1997.

853 Zur Fernsehrichtlinie vgl. die Darstellung bei: Staudinger/*von Hoffmann,* Art. 40 EGBGB Rn. 300; *Kreuzer,* in: Münchener Kommentar, Art. 38 EGBGB Rn. 227 a; *Höfling/Möwes/Pechstein,* Europäisches Medienrecht; *Kort,* GRUR Int. 1994, 594 (601);

Der Mindeststandard wird durch das von der Richtlinie selbst geregelte Recht bestimmt. Diese Regelungen haben alle Mitgliedstaaten in ihr nationales Recht aufzunehmen; sie setzen den Mindeststandard. Allerdings dürfen die Mitgliedstaaten für die der eigenen Rechtshoheit unterworfenen Fernsehveranstalter strengere Vorschriften erlassen. Grenzüberschreitend dürfen aber solche Fernsehsendungen nicht behindert werden, die besagtem Mindeststandard entsprechen.[854]

Nach dem sogenannten Sendelandprinzip ist derjenige Mitgliedstaat für die Regulierung zuständig, aus dem die einzelne Fernsehsendung kommt. Eine aus einem anderen Mitgliedstaat stammende Fernsehsendung darf vom Empfangsstaat im Grundsatz in ihrer Weiterverbreitung nicht behindert werden. Damit ist nur der Sendestaat berechtigt und gleichzeitig auch verpflichtet, die Einhaltung des durch die Richtlinie koordinierten nationalen Rechts durch die seiner Rechtshoheit unterliegenden Fernsehveranstalter sicherzustellen.[855] Die Richtlinie sieht in Art. 2 Abs. 1 eine Anknüpfung an das Recht des Ausstrahlungsortes der Werbung vor. Danach hat die Rechtshoheit über einen Veranstalter der Mitgliedstaat, in dem der Veranstalter niedergelassen ist.[856] Maßgeblich ist insofern der Ort der Hauptverwaltung[857] sowie der Ort, an dem gewöhnlich die Entscheidungen über die Programmgestaltung getroffen werden, ferner der Ort, an dem ein wesentlicher Teil des Sendepersonals tätig ist.[858] Das

Schmitt-Vockenhausen, ZUM 1998, 377 ff.; *Schricker,* GRUR Int. 1990, 771 (774 f.); *Knothe/Bashayan,* AfP 1997, 849 ff.; *Greissinger,* CR 1999, 112 ff.; *Albrecht,* WRP 1997, 926 (927 f.); *Sack,* WRP 2000, 269 (284); *Helberger,* ZUM 1998, 50 ff.; *Schmid,* GRUR Int. 1998, 475 (480); *Reich,* Europäisches Verbraucherrecht, S. 140 ff.; *Henning-Bodewig,* in: Neuordnung des Wettbewerbsrechts, S. 81 ff.; *Halfmeier,* ZEuP 2001, 837 (855 ff.); *Bodewig,* GRUR Int. 2000, 475 (478 f.).

854 Vgl. dazu: *Höfling/Möwes/Pechstein,* Europäisches Medienrecht, S. 8; *Schmid,* GRUR Int. 1998, 475 (480); *Greissinger,* CR 1999, 112 (118); *Henning-Bodewig,* in: Neuordnung des Wettbewerbsrechts, S. 81 (83); *Bodewig,* GRUR Int. 2000, 475 (478).

855 So die Erwägungsgründe, ABl. EG Nr. L 298 v. 17. 10. 1989, S. 24.

856 Danach unterliegt der Veranstalter dem Recht des Mitgliedstaates, in dem er niedergelassen ist. So: Art. 2 Abs. 2 der Richtlinie. Zur genauen Bestimmung, wann eine Niederlassung in diesem Sinne gegeben ist vgl. Art. 2 Abs. 3 der Neufassung der Fernsehrichtlinie v. 30. Juni 1997.

857 Siehe dazu: *Kort,* GRUR Int. 1994, 594 (601); *Schmitt-Vockenhausen,* ZUM 1998, 377 (378); *Roth,* IPRax 1994, 165 (171); *Halfmeier,* ZEuP 2001, 837 (855 ff.); *Schricker,* GRUR Int. 1990, 771 (774); *Greissinger,* CR 1999, 112 (114); *Helberger,* ZUM 1998, 50.

858 Um Umgehungen zu verhindern, sollen diese Kriterien gemäß Erwägungsgrund 14 dann nicht gelten, wenn ein Veranstalter seine Tätigkeit ganz oder jedenfalls vorwiegend auf das Gebiet eines Mitgliedstaates ausrichtet und sich in dem anderen Mitgliedstaat in der Absicht niedergelassen hat, sich den Regelungen des anderen Staates zu entziehen. Diese

Prinzip der Sendelandkontrolle bedeutet im Einzelnen das Gebot an den Sendestaat, die Rechtmäßigkeit der Sendungen zu kontrollieren, für die er zuständig ist, und ein an den Empfangsstaat gerichtetes Verbot, eine zusätzliche Kontrolle durchzuführen. Angesichts des Regelungsbereichs der Fernsehrichtlinie gilt das Sendelandprinzip zwar in erster Linie für öffentlichrechtliche Vorschriften; ihm kommt aber darüber hinaus auch kollisionsrechtlich Bedeutung zu. Wenn Fernsehprogramme dem Recht des Sendelandes zu entsprechen haben, bedeutet das internationalprivatrechtlich die Maßgeblichkeit des Rechts des Ursprungsstaates.[859] Das Sendelandprinzip der Fernsehrichtlinie ist als Kollisionsnorm anerkannt.[860] Der Empfangsstaat hat grundsätzlich keine Prüfungskompetenz; eine Doppelkontrolle findet im Grundsatz nicht statt. Ausnahmen werden nur in sehr engen Grenzen zugelassen, nämlich dann, wenn die eingestrahlte Sendung in *„offensichtlicher ernster und schwerwiegender Weise“* gegen Art. 22 oder Art. 22 a) der Fernsehrichtlinie verstößt.[861]

Unklar war lange Zeit, wie weit das Sendelandprinzip reicht. Diese Fragestellung lag auch der „De-Agostini-Entscheidung“ zugrunde, einer der Leitentscheidungen des Fernsehrechts.[862] In der Entscheidung hatte ein in England niedergelassener Fernsehveranstalter per Satellit nach Schweden

Einschränkung entspricht der st. Rsp. des EuGH: EuGH 03. 12. 1974 - Rs. 33/74 -, Slg. 1974, 1299 („van Binsbergen“); EuGH 03. 02. 1993 – Rs. C-148/91 -, Slg. 1993 I-487 („Veronica“); EuGH 09. 02. 1995 – Rs. C-412/93 -, Slg. 1995, I-179 („Leclerc-Siplec“); EuGH 10. 09. 1996 – Rs. C-222/94 -, Slg. 1996, I-4025 („Kommission/Vereinigtes Königreich“); EuGH 10. 09. 1996, Rs. C-11/95 -, Slg. 1996, I-4114 („Kommission/Belgien“).

859 *Roth,* IPRax 1994, 165 (171); *Kort,* GRUR Int. 1994, 594 (601); *Dethloff,* Die Europäisierung des Wettbewerbsrechts, S. 51; *Schmid,* Bericht über das 11. Ringberg-Symposium des Max-Planck-Instituts für ausländisches und internationales Patent-, Urheber- und Wettbewerbsrecht in: GRUR Int. 1998, 475 (480 f.); *Schricker,* GRUR Int. 1990, 771 (775); *Grandpierre,* Herkunftslandprinzip kontra Marktortanknüpfung, S. 99 f.

860 *Schricker,* GRUR Int. 1990, 771 (775); *Roth,* IPRax 1994, 165 (171); *Bernhard,* EuZW 1992, 437 (440); *Kort,* GRUR Int. 1994, 594 (601); *Knothe/Bashayan,* AfP 1997, 849 (853); *Schmitt-Vockenhausen,* ZUM 1998, 377 (378); *Dethloff,* Die Europäisierung des Wettbewerbsrechts, S. 51; *dies.,* JZ 2000, 179 (180); *Schmid,* Bericht über das 11. Ringberg-Symposium des Max-Planck-Instituts für ausländisches und internationales Patent-, Urheber- und Wettbewerbsrecht in: GRUR Int. 1998, 475 (480 f.); *Grandpierre,* Herkunftslandprinzip kontra Marktortanknüpfung, S. 99 f.; *Henning-Bodewig,* WRP 2001, 771 (772).

861 Damit sind Verstöße gegen den Minderjährigenschutz vor Pornographie oder grundlosen Gewalttätigkeiten gemeint.

862 EuGH 09. 07. 1997 - verb. Rs. C-34, 35 und 36/95 -, Slg. 1997, I-3843 = EuGH GRUR Int. 1997, 913 („De Agostini“).

England niedergelassener Fernsehveranstalter per Satellit nach Schweden Fernsehwerbespots in schwedischer Sprache ausgestrahlt. Einer dieser Werbespots wurde von Schweden als unzulässige Werbung für Kinder, ein anderer als irreführende Werbung beanstandet. Der EuGH entschied, dass bezüglich der Werbung vor Kindern die schwedischen Gerichte keine zweite Kontrolle ausüben dürften, da Art. 16 der Fernsehrichtlinie diesen Bereich koordiniert habe.[863] Etwas anderes galt nach Ansicht des EuGH für die wegen Irreführung beanstandete Werbung. Dieser Bereich gehört nicht zu dem durch die Richtlinie koordinierten Regelungsbereich, vielmehr war insoweit auf die „Irreführungsrichtlinie“[864] zurückzugreifen. Nach der „De-Agostini-Entscheidung“ des EuGH gilt das Herkunftslandprinzip der Fernsehrichtlinie also nur für den expressis verbis in der Richtlinie selbst koordinierten Bereich.[865] Der Geltungsanspruch des in der Fernsehrichtlinie enthaltenen Herkunftslandprinzips reicht daher nicht weiter als ihr sachlicher Anwendungsbereich.[866] Das Verbot, den freien Empfang und die Weiterverbreitung von Sendungen aus einem der Mitgliedstaaten zu behindern, ist auf solche Gründe beschränkt, die in den koordinierten Bereich fallen. Daher fordert das Sendelandprinzip auch keine allgemeine Anknüpfung an den Niederlassungsstaat; es müssen vielmehr nur diejenigen Regelungen dem Herkunftslandrecht entsprechen, die von der Richtlinie sachlich erfasst sind.[867]

Folglich beurteilt sich das Bestehen wettbewerblicher Ansprüche im Grundsatz nach dem vom jeweiligen nationalen Kollisionsrecht berufenen Sachrecht, es sei denn, es handelt sich um solche Bestimmungen, die in der Richtlinie selbst geregelt sind. In diesem Fall kommt dem Sendelandprinzip in der Fernsehrichtlinie auch kollisionsrechtliche Bedeutung zu, so dass sich

---

863 Dem Argument, dass die Sendungen in schwedischer Sprache gezielt auf den schwedischen Markt zugeschnitten waren, maß der EuGH keine Bedeutung bei.

864 Richtlinie 84/405/EWG des Rates v. 10. 09. 1990 über irreführende und vergleichende Werbung; ABl. EG Nr. L 250 v. 19. 09. 1998, S. 17. Richtlinie geändert durch die Richtlinie 97/55/EG des Europäischen Parlaments und des Rates, ABl. EG Nr. L 290 v. 23. 10. 1997, S. 18.

865 Vgl. dazu: *Henning-Bodewig*, in: Neuordnung des Wettbewerbsrechts, S. 81 (89 ff.); *Halfmeier*, ZEuP 2001, 837 (855 ff.).

866 Staudinger/*von Hoffmann*, Art. 40 EGBGB Rn. 300; siehe ferner die Darstellung bei: *Bodewig*, GRUR Int. 2000, 475 (478); *Halfmeier*, ZEuP 2001, 837 (855 ff.).

867 Dazu: *Dethloff*, Europäisierung des Wettbewerbsrechts, S. 72; *Schricker*, GRUR Int. 1990, 771 (775); *Sack*, WRP 2000, 269 (284); *Henning-Bodewig*, WRP 2001, 771 (772); *Halfmeier*, ZEuP 2001, 837 (855 ff.); *Kort*, GRUR Int. 1994, 594 (601); a.A. *Reich*, RabelsZ 56 (1992), 444 (494 f.).

internationalprivatrechtlich eine Anknüpfung an das materielle Recht des Herkunftslandes ergibt.[868]

(2) Ergebnis

Das Sendelandprinzip der Fernsehrichtlinie bedeutet das an den Sendestaat gerichtete Gebot, Sendungen, für die er zuständig ist, einer Rechtmäßigkeitskontrolle zu unterziehen;[869] ferner beinhaltet es ein Verbot für den Empfangsstaat, beschränkende Maßnahmen zu ergreifen, die Materien des koordinierten Bereichs betreffen. Nach Art. 2 Abs. 1 der Fernsehrichtlinie hat jeder Mitgliedstaat dafür zu sorgen, dass alle Fernsehsendungen, die von seiner Rechtshoheit unterworfenen Fernsehveranstaltern gesendet werden, den Vorschriften des Rechtssystems entsprechen, die auf für die Allgemeinheit bestimmte Sendungen in diesem Mitgliedstaat anwendbar sind. Das Sendelandprinzip entspricht daher dem sachlichen Anwendungsbereich der Fernsehrichtlinie. Nach der „De-Agostini-Entscheidung" des EuGH[870] gilt das Herkunftslandprinzip der Fernsehrichtlinie aber nur für den expressis verbis in der Richtlinie selbst koordinierten Bereich. Demgemäß müssen Fernsehsendungen nicht generell dem Recht des Sendelandes entsprechen, sondern nur den Vorschriften des Herkunftslandes, die von der Richtlinie selbst erfasst sind. Daraus ergibt sich hinsichtlich der durch die Richtlinie angeglichenen Regelungen die Maßgeblichkeit des Rechts des Sendelandes, wohingegen das Bestehen anderer wettbewerblicher Ansprüche nach dem Sachrecht zu beurteilen ist, das von dem jeweiligen nationalen Kollisionsrecht berufen wird.[871]

Das in der ECRL enthaltene Herkunftslandprinzip geht aber – wie oben gezeigt – sehr viel weiter. Nach Art. 3 Abs. 2 ECRL soll das Herkunftslandprinzip im

[868] Vgl. dazu die Darstellung bei: *Dethloff*, Europäisierung des Wettbewerbsrechts, S. 50 ff.; ferner: *Schricker*, GRUR Int. 1990, 771 (775).

[869] Vgl. die Begründungserwägungen der Richtlinie 89/552/EWG des Rates v. 3. Oktober 1989 zur Koordinierung bestimmter Rechts- und Verwaltungsvorschriften der Mitgliedstaaten über die Ausübung der Fernsehtätigkeit, ABl. EG 1989 Nr. L 298/23, S. 24.

[870] EuGH 09. 07. 1997 - verb. Rs. C-34, 35 und 36/95 -, Slg. 1997, I-3843 = EuGH GRUR Int. 1997, 913 („De Agostini").

[871] Zur Fernsehrichtlinie vgl. die Darstellungen bei: *Dethloff*, Europäisierung des Wettbewerbsrechts, S. 50 ff.; *Schricker*, GRUR Int. 1990, 771; *Bodewig*, GRUR Int. 2000, 475 (478); *ders.*, JZ 2000, 659; *Greissinger*, CR 1999, 112; *Helberger*, ZUM 1998, 50; *Kort*, GRUR Int. 1994, 594; *Roth*, IPRax 1994, 165 (171); *Schmitt-Vockenhausen*, ZUM 1998, 377; *Höfling/Möwes/Pechstein*, Europäisches Medienrecht.

Grundsatz für sämtliche Anforderungen an kommerzielle Kommunikation gelten.[872] Daraus folgt, dass trotz übereinstimmender Terminologie das Herkunftslandprinzip in der Fernsehrichtlinie etwas anderes besagt als das in der E-Commerce-Richtlinie. Während es nämlich in der Fernsehrichtlinie nur den harmonisierten Bereich betrifft, gilt es in der ECRL gerade auch für den nicht harmonisierten Bereich.

b) Einschränkungen der Reichweite des Herkunftslandprinzips in der ECRL

Außer den Bereichen, die per se nicht in den koordinierten Bereich fallen, wie beispielsweise Anforderungen an die Ware selbst und ihre Lieferung und für Dienste, die nicht auf elektronischem Wege erbracht werden,[873] nimmt die Richtlinie bestimmte Aspekte und Bereiche generell vom Herkunftslandprinzip aus. Die ECRL selbst normiert einige in ihren Auswirkungen unterschiedliche Einschränkungen, durch die das Herkunftslandprinzip in Bedeutungsgehalt und Reichweite beschränkt wird.[874]

Zunächst ist festzuhalten, dass die Richtlinie und damit auch das Herkunftslandprinzip nur innerhalb der Europäischen Gemeinschaft gelten soll und damit keine Relevanz im Verhältnis zu Drittstaaten entfaltet.[875] Weiterhin gilt das Herkunftslandprinzip selbstverständlich auch nicht für die vom Anwendungsbereich der Richtlinie ausgeschlossenen Bereiche.[876] Damit entfällt eine Relevanz für die Gebiete des Steuer- und des Datenschutzrechts und die anderen nach Art. 1 Abs. 5 ECRL vollständig von dem Anwendungsbereich ausgeschlossenen Bereiche.[877]

---

872 *Henning-Bodewig*, WRP 2001, 771 (772).

873 Vgl. dazu im Einzelnen oben S. 177 ff.; ferner: *Arndt/Köhler*, EWS 2001, 102 (103 f.); *Tettenborn*, K&R 2000, 59 (61); *Schauer*, Electronic Commerce in der EU, S. 179; *Bodewig*, GRUR Int. 2000, 475 (480).

874 Zur Einschränkung des Anwendungsbereichs der Richtlinie vgl. bereits oben S. 179; ferner: *Bodewig*, GRUR Int. 2000, 475 (480 f.); *de Bottini*, Revue du Marché commun et de l'Union européenne 2001, 368 (370); *Spindler*, MMR-Beilage 7/2000, 4 (6 f.); *ders.*, ZUM 1999, 775 (782 ff.).

875 Dies stellt Erwägungsgrund Nr. 59 ausdrücklich klar.

876 Vgl. zu den Beschränkungen des Anwendungsbereichs der ECRL oben S. 179.

877 Hintergrund für den Ausschluss dieser Rechtsgebiete ist, dass nach Meinung der Kommission keine ausreichende Harmonisierung besteht: Begründung des Vorschlags für eine Richtlinie des Europäischen Parlaments und des Rates über bestimmte rechtliche Aspekte des elektronischen Geschäftsverkehrs im Binnenmarkt, KOM (1998) 586 endg. v. 18. 11. 1998, zu Art. 22 Abs. 1, S. 35.

Darüber hinaus enthält die Richtlinie aber auch einzelne Gebiete, die zwar nicht gänzlich vom Anwendungsbereich ausgeschlossen sind, für die dennoch das Herkunftslandprinzip nicht gelten soll. Für diese Materien bleibt die Richtlinie im Übrigen in vollem Umfang anwendbar. Darunter fallen die in Art. 3 Abs. 3 ECRL in Verbindung mit dem Anhang der Richtlinie genannten Gebiete. Diese Bereiche, auf die Art. 3 Abs. 1, 2 ECRL keine Anwendung findet, sind namentlich das Urheberrecht, Rechte im Sinne der Richtlinie 87/54/EWG[878] und 96/9/EG[879] sowie gewerbliche Schutzrechte, wozu nach TRIPS, das dem europäischen Recht vorgeht, auch das Markenrecht zählt. Für das Patentrecht, das Gebrauchs- und Geschmacksmusterrecht und das Markenrecht gilt daher kollisionsrechtlich nach h. M. das Territorialitätsprinzip.[880] Ausgenommen ist ferner die Ausgabe elektronischen Geldes wie auch der Versicherungsmarkt. Dieser ist bereits durch verschiedene Richtlinien der Europäischen Gemeinschaft reguliert.[881]

Weitere Ausnahmen betreffen die freie Rechtswahl, die vertraglichen Schuldverhältnisse in Bezug auf Verbraucherverträge, die formale Gültigkeit von auf Immobilien und verwandte Rechte bezogene Verträge. Da der vertragsbezogene Verbraucherschutz mithin nicht dem Herkunftslandprinzip unterliegt, bleibt es kollisionsrechtlich bei der Maßgeblichkeit des Art. 29 EGBGB.[882] Durch den ergänzenden Erwägungsgrund Nr. 11 zu Art. 1 Abs. 3 ECRL mit der Aufzählung von Richtlinien zum Verbraucherschutz[883] und zur öffentlichen Gesundheit[884] stellt die ECRL klar, dass das bestehende

---

878 Richtlinie des Rates v. 16. 12. 1986 über den Rechtsschutz der Topographien von Halbleitererzeugnissen, ABl. EG Nr. L 24/36 v. 27. 01. 1987.

879 Richtlinie 96/9/EG des Europäischen Parlamentes und des Rates v. 11. 03. 1996 über den rechtlichen Schutz von Datenbanken, ABl. EG Nr. L 77/20 v. 27. 03. 1996.

880 *Spindler*, MMR-Beilage 7/2000, 4 (8); *Schack*, MMR 2000, 59 (62); *Lurger/Vallant*, RIW 2002, 188 (190); *Ahrens*, CR 2000, 835 (839); insoweit unzutreffend vom Marktortrecht ausgehend: *Leupold/Bräutigam/Pfeiffer*, WRP, 2000, 575 (583).

881 Vgl. zur Anknüpfung im internationalen Versicherungsvertragsrecht: *Mankowski*, VersR 1999, 923 ff.

882 Vgl. dazu: *Spindler*, ZUM 1999, 775 (783); *ders.*, ZVglRWiss 100 (2001), 137 (154); *Ahrens*, CR 2000, 835 (839).

883 In Erwägungsgrund Nr. 11 ausdrücklich genannt sind unter anderem die Richtlinie 93/13/EWG des Rates v. 5. April 1993 über missbräuchliche Klauseln in Verbraucherverträgen, die Richtlinie 84/450/EWG des Rates v. 10. September 1984 über irreführende und vergleichende Werbung, die Richtlinie 87/102/EWG des Rates v. 22. Dezember 1986 zur Angleichung der Rechts- und Verwaltungsvorschriften der Mitgliedstaaten über den Verbraucherkredit.

884 Insoweit wird die Richtlinie 92/28/EWG des Rates v. 31. Mai 1992 über die Werbung für Humanarzneimittel genannt.

Schutzniveau auf Gemeinschaftsebene unberührt bleiben soll und die Informationserfordernisse, insbesondere durch die Fernabsatzrichtlinie,[885] lediglich ergänzt werden. Es werden demgemäß vertragliche Schuldverhältnisse in Bezug auf Verbraucherverträge von den Regelungen der ECRL nicht berührt. Für die Anknüpfung von Verbraucherverträgen im Online-Bereich ist daher allein Art. 29 EGBGB,[886] bzw. der auf der Fernabsatzrichtlinie beruhende Art. 29 a EGBGB,[887] maßgeblich. Nach Erwägungsgrund Nr. 55 S. 2 der ECRL soll die Richtlinie insbesondere nicht dazu führen, dass dem Verbraucher der Schutz entzogen wird, der ihm durch die zwingenden Vorschriften für vertragliche Verpflichtungen des Landes seines gewöhnlichen Aufenthaltes gewährt wird.[888] Die Anknüpfung an das Herkunftslandrecht des Anbieters wäre im internationalen Verbrauchervertragsrecht ein fundamentaler Prinzipienwechsel,[889] berücksichtigt dies doch einseitig die Belange des Anbieters und stünde auch im Widerspruch zum Verbraucherschutzprogramm der EU.[890] Die Ausnahme für Rechtswahlvereinbarungen ist sachgerecht,[891] da privatautonom getroffene Rechtswahlvereinbarungen von vorneherein ein bestimmtes Sachrecht zum Gegenstand haben und daher einer kollisionsrechtlichen Prüfung nicht bedürfen, Art. 4 Abs. 2 EGBGB, Art. 15 EVÜ.[892] Grundsätzlich gilt das Herkunftsland-prinzip zwar nach Art. 3 ECRL auch für die in Art. 9-11 ECRL geregelten vertragsrechtlichen Anforderungen. Allerdings ist aufgrund der Herausnahme von Verbraucherverträgen der tatsächliche Anwendungsbereich

885 Richtlinie 97/7/EG des Europäischen Parlamentes und des Rates v. 20. Mai 1997 über den Verbraucherschutz bei Vertragsabschlüssen im Fernabsatz; ABl. EG Nr. L 144 v. 4. Juni 1997, S. 19.

886 Vgl. zu der Anwendbarkeit des Art. 29 EGBGB auf Verbraucherverträge im Internet: *von Hoffmann*, IPR, § 10 Rn. 73 a; *Thorn*, IPRax 1999, 1 (4 f.); *Borges*, ZIP 1999, 565 (568).

887 Vgl. dazu: *Kronke*, RIW 1996, 985 ff.; *Staudinger*, IPRax 1999, 414 ff.

888 Obwohl die Richtlinie von dem „*gewöhnlichen Wohnsitz*" spricht, ist hier wohl der „*gewöhnliche Aufenthalt*" gemeint. Den Rechtsterminus „*gewöhnlicher Wohnsitz*" gibt es nicht. In Art. 5 Abs. 3 EVÜ, Art. 29 Abs. 2 EGBGB wird vielmehr von dem „*gewöhnlichen Aufenthalt*" gesprochen. An anderer Stelle wird an den „*Wohnsitz*" angeknüpft, vgl. Art. 2, 14 EuGVÜ. Hier ist aufgrund der sachlichen Verortung der Materien im internationalen Verbraucherschutzrecht der „*gewöhnliche Aufenthalt*" gemeint.

889 So auch: *Mankowski*, ZVglRWiss 100 (2001), 137 (155).

890 Erwägungsgrund Nr. 10 der Entschließung des Rates v. 19. 01. 1999 über die Verbraucherdimension der Informationsgesellschaft, ABl. EG Nr. C 23/1.

891 Vgl. *Ahrens*, CR 2000, 835 (839).

892 Römisches Übereinkommens von 1980 über das auf vertragliche Schuldverhältnisse anwendbare Recht, v. 19. 06. 1980, ABl. EG 1998, Nr. C 27, S. 34 ff. (EVÜ-Wiederverlautbarung).

des Herkunftslandprinzips auf diesem Gebiet sehr gering. Nach Art. 28 Abs. 2 EGBGB[893] findet auf den Vertrag ohnehin regelmäßig das Recht des Niederlassungsstaates des Anbieters der charakteristischen Leistung Anwendung. Die Hauptfälle, in denen Art. 28 Abs. 2 EGBGB nicht greift, nämlich die Rechtswahl und die Verbraucherverträge, sind vom Anwendungsbereich des Herkunftslandprinzips ausgenommen. Im Einzelnen bedeutet das, dass auch Ansprüche aus Culpa in contrahendo bei Verbraucherverträgen dem Herkunftslandprinzip entzogen sind. Demgegenüber dürften allerdings Vorfragen, wie die nach der Geschäftsfähigkeit der Vertragsparteien, nicht ausgeschlossen sein.[894] Im Übrigen unterfällt aber wohl der gesamte vertragsbezogene Verbraucherschutz nicht dem Herkunftslandprinzip, so dass grundsätzlich die nationalen Regelungen des Marktortes Anwendung finden, sofern sich kollisionsrechtlich nicht etwas anderes ergibt.[895] Da auch die Freiheit der Rechtswahl sowie die Formerfordernisse bei immobilienbezogenen Verträgen von Art. 3 ECRL ausgenommen sind, bleibt für das Herkunftslandprinzip im Vertragsrecht nur der enge Anwendungsbereich der Business-to-Business-Verträge, bei denen keine Rechtswahl getroffen wurde. Und selbst auf diesem Gebiet wird sich in der Regel ein Gleichlauf zwischen der ECRL und dem nationalen Kollisionsrecht ergeben, soweit nämlich nach Art. 28 Abs. 2 S. 2 EGBGB die Niederlassung des Anbieters maßgeblicher Anknüpfungspunkt ist.[896]

Ausgenommen vom Herkunftslandprinzip sind ferner Regelungen betreffend unerbetene kommerzielle Kommunikation, das sogenannte „Spamming“. Insoweit ist es daher jedem Empfangsstaat erlaubt, sein eigenes Recht anzuwenden und möglicherweise Verbotsnormen zu erlassen. Die strengere deutsche Rechtsprechung,[897] die, auf § 1 UWG gestützt, die Zusendung auch

893 Entspricht Art. 4 Abs. 2 EVÜ, Römisches Übereinkommen über das auf vertragliche Schuldverhältnisse anzuwendende Recht v. 19. 06. 1980, ABl. EG 1998, Nr. C 27, S. 34 ff. (EVÜ-Wiederverlautbarung).

894 *Spindler*, MMR-Beilage 7/2000, 4 (12).

895 Eine vom Marktortprinzip abweichende Anknüpfung kommt etwa dann in Betracht, wenn Art. 29 EGBGB nicht eingreift und stattdessen Art. 28 EGBGB das maßgebliche Recht bestimmt; vgl. die ausführliche Darstellung zum Kollisionsrecht des Verbraucherschutzes im Internet: *Mankowski*, RabelsZ 63 (1999), 203 (231 ff.); siehe ferner: *Spindler*, MMR-Beilage 7/2000, 4 (12 f.).

896 Dazu: *Spindler*, MMR-Beilage 7/2000, 1 (13); *ders.*, in: Recht und Internet, S. 9 (15 ff.); *Lurger/Vallant*, RIW 2002, 188 (190).

897 Zur Unzulässigkeit von „Spamming“: LG Berlin, MMR 1998, 491; LG Berlin, CR 1998, 499; LG Traunstein, MMR 1998, 53; 109; LG Berlin, MMR 1999, 43.

dann untersagt, wenn sich der in Deutschland niedergelassene Empfänger nicht in eine sogenannte „Robinson-Liste“ hat eintragen lassen, hat daher Bestand.[898]

Zusätzlich zu diesen Ausnahmen vom Herkunftslandprinzip sieht Art. 3 Abs. 4 - 6 ECRL eine Art Schutzklauselverfahren für bestimmte Bereiche für den Fall vor, dass ein Mitgliedstaat Normen erlassen oder beibehalten will, die dem Schutz der öffentlichen Ordnung, Gesundheit und Sicherheit sowie dem Schutz der Menschenwürde oder von Verbrauchern und Anlegern dienen. Diese Maßnahmen stehen allerdings unter dem Vorbehalt einer Verhältnismäßigkeitsprüfung durch die Kommission. Diese Bereiche unterfallen daher grundsätzlich dem Herkunftslandprinzip. Eine Ausnahme besteht nur dann, wenn der Rechtsbereich vom Mitgliedstaat der Kommission als beizubehaltendes Schutzgut mitgeteilt wurde.[899] Art. 3 Abs. 4 ECRL bestimmt insoweit, dass jeweils eine Einzelfallprüfung durchzuführen ist, die aufgeführten Gründe mithin keinesfalls per se eine Abweichung vom Herkunftslandprinzip rechtfertigen.[900]

Fraglich ist, ob es über diese expliziten in der Richtlinie selbst genannten Ausnahmen hinaus weitere Einschränkungen des Herkunftslandprinzips gibt. Unklar erscheint namentlich, ob auch der Bereich der irreführenden und vergleichenden Werbung vom Herkunftslandprinzip der Richtlinie ausgenommen ist. Ein Vergleich mit der Fernsehrichtlinie und der maßgeblichen „De-Agostini-Entscheidung“[901] legt einen derartigen Ausschluss nahe. In der Entscheidung hatte der EuGH nämlich angeführt, die Irreführungsrichtlinie verlöre *„ihren Sinn, wenn der Empfangsstaat gegenüber einem Werbetreibenden keine Maßnahmen mehr treffen könnte“.*[902] Dies aber sei vom europäischen Gesetzgeber nicht gewollt.

Die ECRL enthält eine der Fernsehrichtlinie ähnliche vom EuGH für maßgeblich gehaltene Formulierung, dass nämlich *„die Richtlinie das durch Gemeinschaftsrechtsakte eingeführte Schutzniveau, insbesondere für öffentliche Gesundheit, und den Verbraucherschutz unberührt“* lasse. In Erwägungsgrund Nr. 11 der ECRL wird weiter ausgeführt, dass zu dem Rechtsstand auf Gemeinschaftsebene, der uneingeschränkt für die Dienste der Informationsgesellschaft gelte, insbesondere die Richtlinie über irreführende

[898] *Ahrens*, CR 2000, 835 (839); *Hoeren*, MMR 1999, 192 (197); kritisch zu dieser Ausnahme vom Herkunftslandprinzip: *Arndt/Köhler*, EWS 2001, 102 (112).

[899] Vgl. dazu: *Spindler*, MMR- Beilage 7/2000, 1 (8).

[900] Kritisch zu diesem Verfahren: *Spindler*, MMR- Beilage 7/2000, 1 (9).

[901] Vgl. dazu oben S. 191.

[902] EuGH 09. 07. 1997 - verb. Rs. C-34, 35 und 36/95 -, Slg. 1997, I-3843 („De Agostini“).

und vergleichende Werbung zähle.[903] Daraus wird teilweise geschlossen, dass das Herkunftslandprinzip auf die in der Irreführungsrichtlinie geregelten Materien keine Anwendung finde.[904] Im Unterschied zu der Formulierung in der Fernsehrichtlinie, in der es heißt, diese lasse *„bestehende oder künftige Rechtsangleichungsmaßnahmen der Gemeinschaft unberührt, mit denen insbesondere zwingenden Erfordernissen zum Schutz der Verbraucher, der Lauterkeit des Handelsverkehrs und des Wettbewerbs entsprochen werden"* solle,[905] stellt Erwägungsgrund Nr. 11 der ECRL entscheidend auf das „Schutzniveau" ab. Daraus könnte geschlossen werden, dass die Einschränkung anders als in der Fernsehrichtlinie zu interpretieren ist.[906] Aus dem Wortlaut, der sich ebenso in der Richtlinie selbst, nämlich in Art. 1 Abs. 3 ECRL, findet, könnte zu folgern sein, dass nur das Schutzniveau unberührt bleiben soll, wie es sich aus den Gemeinschaftsrechtsakten ergibt und auch dies nur, *„soweit die Freiheit, Dienste der Informationsgesellschaft anzubieten, dadurch nicht eingeschränkt wird"*. Deutet man diese Einschränkung als absoluten Vorrang der ECRL vor allen anderen Regelungen auf dem Gebiet des Verbraucherschutzrechts, so wäre dies ein Widerspruch zu dem in Erwägungsgrund Nr. 10 der ECRL ausdrücklich betonten Ziel, ein hohes Verbraucherschutzniveau zu gewährleisten. Nach *Bodewig* kann dies von der Kommission nicht gewollt sein.[907]

Andererseits ist das Herkunftslandprinzip das tragende Prinzip in der Richtlinie. Es hat zur Konsequenz, die Interessen der Anbieter, zwangsläufig auf Kosten der Verbraucher, zu unterstützen. Daher kann aus der mangelnden Verbraucherfreundlichkeit dieser Regelung nicht auf ein anderes Verständnis des Erwägungsgrundes geschlossen werden. Mithin erscheint es wohl aufgrund der Formulierung und auch der Zielsetzung der Richtlinie, nämlich einheitliche Wettbewerbsbedingungen zu erreichen, in den nicht ausdrücklich durch die ECRL selbst ausgeschlossenen Bereichen bei der Maßgeblichkeit des Herkunftslandprinzips zu bleiben. Dass dies zu einem anderen Verständnis führt als dem des EuGH bezüglich der Fernsehrichtlinie, spricht nicht gegen die

---

903 Richtlinie des Europäischen Parlaments und des Rates v. 06. 10. 1997 zur Änderung der Richtlinie 84/450/EWG über irreführende Werbung zwecks Einbeziehung der vergleichenden Werbung, Abl. EG 1997, Nr. L 290 S. 18 v. 17. 10. 1997.

904 So wohl: *Schauer,* Electronic Commerce in der EU, S. 179; ferner: *Leupold/Bräutigam/Pfeiffer,* WRP 2000, 575 (583).

905 Richtlinie 89/552/EWG des Rates v. 3. Oktober 1989 zur Koordinierung bestimmter Rechts- und Verwaltungsvorschriften der Mitgliedstaaten über die Ausübung der Fernsehtätigkeit, ABl. EG 1989 Nr. L 298/23 (25).

906 So: *Bodewig,* GRUR Int. 2000, 475 (481).

907 *Bodewig,* GRUR Int. 2000, 475 (481).

genannte Interpretation. Im Gegensatz zur Fernsehrichtlinie greift die ECRL weit über den koordinierten Bereich hinaus, so dass gerade hinsichtlich des Anwendungsbereichs keine zwingenden Rückschlüsse von der Fernsehrichtlinie auf die ECRL zu ziehen sind.[908]

Ausnahmen von dem Herkunftslandprinzip bestehen in der Richtlinie mithin nur dort, wo dies ausdrücklich normiert ist. Darüber hinaus sind keine Beschränkungen vorzunehmen. Dies entspricht auch der ratio legis, einheitliche Bedingungen zu schaffen. Ein teleologisch begründeter Ausnahmekatalog würde über die bereits bestehenden Unsicherheiten hinaus zusätzliche Verkomplizierungen schaffen und lässt sich mit dem Richtlinientext auch nicht begründen.

3. Ergebnis

Trotz der zahlreichen Einschränkungen des Herkunftslandprinzips in der ECRL kommt diesem ein weiter Anwendungsbereich zu. Anders als in der Fernsehrichtlinie gilt das Herkunftslandprinzip in der ECRL nicht nur für den durch die Richtlinie selbst koordinierten Bereich. Da es auch auf weitere Teile des privatrechtlichen Sektors ausstrahlt, ist fraglich, ob ihm ein kollisionsrechtlicher Gehalt zukommt. Dies würde eine Abweichung zu der grundsätzlich im internationalen Wettbewerbsrecht geltenden Marktortregel bedeuten und mithin zu einem grundlegenden Prinzipienwechsel in den Wettbewerbskollisionsrechten der Mitgliedstaaten der Europäischen Gemeinschaft führen.[909]

Ob und inwieweit dem Herkunftslandprinzip in Art. 3 Abs. 1, 2 ECRL tatsächlich ein solcher kollisionsrechtlicher Gehalt zugesprochen werden kann, ist insbesondere im Hinblick auf den Vorbehalt in Art. 1 Abs. 4 ECRL problematisch. Dieser Fragestellung soll im Folgenden nachgegangen werden.

---

[908] Vgl. dazu die Ausführungen oben S. 193. Aufgrund der deutlichen Unterschiede der beiden Richtlinien hinsichtlich des Anwendungsbereiches ist hier entgegen *Bodewig* auch nicht eine Begründung für die Abweichung von der Fernsehrichtlinie in der E-Commerce-Richtlinie zu fordern. Zu der gesamten Problematik vgl.: *Bodewig*, GRUR Int. 2000, 475 (481).

[909] Vgl. zu der Anknüpfung der Mitgliedstaaten im internationalen Wettbewerbsrecht oben S. 148 ff.

III. Kollisionsrechtlicher Gehalt des Herkunftslandprinzips

1. Problemstellung

Vorbild für das Herkunftslandprinzip in der E-Commerce-Richtlinie war das Sendelandprinzip der Fernsehrichtlinie.[910] Letzteres ist als Kollisionsnorm anerkannt,[911] so dass ein Vergleich mit der Fernsehrichtlinie es nahelegt, das Herkunftslandprinzip genauso wie im Rahmen dieser Richtlinie kollisionsrechtlich zu deuten.[912] Anstelle des vom nationalen Kollisionsrecht berufenen Sachrechts wäre gemeinschaftsweit das jeweilige Herkunftslandrecht anzuwenden.[913] Dem zu widersprechen scheint aber der aufgrund des Gemeinsamen Standpunktes des Rates[914] eingefügte Art. 1 Abs. 4 ECRL, wonach ausdrücklich keine weiteren internationalprivatrechtlichen Regelungen geschaffen werden sollen. Nach Art. 3 Abs. 1, 2 ECRL trägt jeder Mitgliedstaat dafür Sorge, dass die Dienste der Informationsgesellschaft, die von in seinem Hoheitsgebiet niedergelassenen Diensteanbietern erbracht werden, den in diesem Mitgliedstaat geltenden innerstaatlichen Normen entsprechen. Der Verweis auf das Herkunftslandrecht ist, betrachtet man ihn unvoreingenommen, kollisionsrechtlicher Natur: Eine bestimmte Rechtsordnung wird zur Anwendung berufen.[915]

Gegen dieses Verständnis der Norm spricht indes Art. 1 Abs. 4 ECRL, nach dessen Wortlaut keine *„zusätzlichen Regeln im Bereich des IPR“* geschaffen

---

910 Siehe dazu: *Maennel*, 1999, 187 (188 f.); *Hoeren*, MMR 1999, 192 (195); *Spindler*, ZUM 1999, 775 (781); *Hamann*: ZUM 2000, 290 (291); *Bodewig*, GRUR Int. 2000, 475 (478).

911 *Schricker*, GRUR Int. 1990, 771 (775); *Roth*, IPRax 1994, 165 (171); *Bernhard*, EuZW 1992, 437 (440); *Kort*, GRUR Int. 1994, 594 (601); *Knothe/Bashayan*, AfP 1997, 849 (853); *Schmitt-Vockenhausen*, ZUM 1998, 377 (378); *Dethloff*, Die Europäisierung des Wettbewerbsrechts, S. 51; *dies.*, JZ 2000, 179 (180); *Schmid*, Bericht über das 11. Ringberg-Symposium des Max-Planck-Instituts für ausländisches und internationales Patent-, Urheber- und Wettbewerbsrecht, in: GRUR Int. 1998, 475 (480 f.); *Grandpierre*, Herkunftslandprinzip kontra Marktortanknüpfung, S. 99 f.; *Henning-Bodewig*, WRP 2001, 771 (772); vgl. ferner die Darstellung oben S. 191.

912 Dazu: *Dethloff*, Europäisierung des Wettbewerbsrechts, S. 53 ff.; *Mankowski*, EWS 2002, 401 ff.

913 Vgl. dazu insbesondere die Darstellung bei: *Dethloff*, Europäisierung des Wettbewerbsrechts, S. 53 ff.

914 Gemeinsamer Standpunkt (EG) Nr. 22/2000 v. Rat festgelegt am 28. Februar 2000, ABl. EG Nr. C 128/32 v. 08. 05. 2000.

915 Vgl. oben zu Begriff und Charakteristika einer Kollisionsnorm S. 58 f.

werden sollen. Dahinter steht wohl das Motiv, bestehende Staatsverträge zu respektieren.[916]

Art. 1 Abs. 4 ECRL wurde erst in der Schlussphase der Beratungen in die Richtlinie aufgenommen. Der Richtlinienvorschlag enthielt zunächst nur in Erwägungsgrund Nr. 7 die Aussage, die Richtlinie ziele nicht drauf ab, *„spezifische Regeln des IPR betreffend das anwendbare Recht oder die Zuständigkeit der Gerichte einzuführen[...]“*[917] Der geänderte Richtlinienvorschlag[918] stimmte in diesem Punkt noch mit der ursprünglichen Fassung überein. Erst im Gemeinsamen Standpunkt[919] ist der das IPR betreffende Vorbehalt in dem Richtlinientext selbst enthalten. Grund für die Aufnahme des Vorbehaltes in den Text selbst war unter anderem der Druck der deutschen Delegation, welche die Beibehaltung des Marktortprinzips im internationalen Wettbewerbsrecht zu erreichen suchte.[920] Erwägungsgrund Nr. 7 ist als neuer Erwägungsgrund Nr. 23 mit nur geringfügig verändertem Wortlaut in der Richtlinie verblieben. Ergänzt wurde der Erwägungsgrund aber durch einen zweiten Halbsatz: *„[...]Vorschriften des anwendbaren Rechts, die durch Regeln des IPR bestimmt sind, dürfen die Freiheit zur Erbringung von Diensten der Informationsgesellschaft im Sinne dieser Richtlinie nicht einschränken“*.

Demgegenüber sollen nach Erwägungsgrund Nr. 22 S. 4 der ECRL die Dienste der Informationsgesellschaft grundsätzlich dem Rechtssystem desjenigen Mitgliedstaates unterworfen werden, in dem der Anbieter niedergelassen ist.[921] Die Unterwerfung unter ein bestimmtes Rechtssystem ist aber nichts anderes als die kollisionsrechtliche Berufung einer Rechtsordnung. Daher erscheinen die

---

916 In die bestehenden Staatsverträge EuGVÜ und EVÜ sollte nicht eingegriffen werden. Dazu: *Freytag*, MMR 12/1998, V; *Dethloff*, JZ 2000, 179 (180 f.); *Bender/Sommer*, RIW 2000, 260 (261).

917 Vorschlag für eine Richtlinie des Europäischen Parlaments und des Rates über bestimmte rechtliche Aspekte des elektronischen Geschäftsverkehrs im Binnenmarkt, KOM (1998) 586 endg. v. 18. 11. 1998. Siehe dazu oben S. 171.

918 Geänderter Vorschlag für eine Richtlinie des Europäischen Parlaments und des Rates über bestimmte rechtliche Aspekte des elektronischen Geschäftsverkehrs im Binnenmarkt, KOM (1999) 427 endg. v. 17. 08. 1999. Siehe dazu oben S. 174 f.

919 Gemeinsamer Standpunkt (EG) Nr. 22/2000 vom Rat, festgelegt am 28. Februar 2000, ABl. EG Nr. C 128/32 v. 08. 05. 2000.

920 Dazu: *Landfermann*, in: Aufbruch nach Europa, S. 503 (508); *Bröhl*, MMR 2001, 67 (70).

921 Erwägungsgrund Nr. 22 S. 4 ECRL: *„Um den freien Dienstleistungsverkehr und die Rechtssicherheit für Anbieter und Nutzer wirksam zu gewährleisten, sollten die Dienste der Informationsgesellschaft zudem grundsätzlich dem Rechtssystem desjenigen Mitgliedstaates unterworfen werden, in dem der Anbieter niedergelassen ist.“*

Erwägungsgründe Nr. 22 S. 4 der ECRL einerseits und Nr. 23 der ECRL andererseits sowie die Richtlinienbestimmungen in Art. 1 Abs. 4 ECRL und Art. 3 Abs. 1, 2 ECRL in sich widersprüchlich.

Weiter verkompliziert wird das Verhältnis der Binnenmarktklausel in Art. 3 Abs. 1, 2 ECRL zum Kollisionsrecht durch den Ausschluss der Freiheit der Rechtswahl vom Anwendungsbereich des Herkunftslandprinzips. Da die Rechtswahlfreiheit zum Kollisionsrecht gehört, müsste sie eigentlich von vornherein gemäß Art. 1 Abs. 4 ECRL vom Herkunftslandprinzip ausgeschlossen sein. Die explizite Ausnahme im Anhang kann daher, will man sie nicht für überflüssig erklären, rechtslogisch nur heißen, dass das Herkunftslandprinzip grundsätzlich eben doch auf das IPR einwirkt und aufgrund der Regelung im Anhang lediglich die Rechtswahl ausgeschlossen wurde.

Das Verhältnis des Herkunftslandprinzips zum IPR ist als *„eine der dunkelsten Stellen"* des Richtlinienvorschlags bezeichnet worden.[922] Die Frage, wie das Verhältnis von Art. 1 Abs. 4 zu Art. 3 Abs. 1, 2 ECRL zu sehen ist, wurde in der Literatur vielfach aufgeworfen, aber uneinheitlich gelöst. Ob Art. 3 Abs. 1 ECRL einen internationalprivatrechtlichen Grundsatz normiert und wie das Binnenmarktprinzip vor dem Hintergrund von Art. 1 Abs. 4 ECRL zu verstehen ist, soll im Folgenden untersucht werden.

2. In der Literatur vertretene Lösungsansätze

a) Beschränkung der Geltung des Herkunftslandprinzips auf das öffentliche Recht

Eine mögliche Lösung des Spannungsverhältnisses von Art. 1 Abs. 4 ECRL einerseits und Art. 3 Abs. 1, 2 ECRL auf der anderen Seite könnte eine Beschränkung des Herkunftslandprinzips allein auf öffentlich-rechtliche Regelungen sein.[923] Das IPR bliebe bei dieser Deutung unberührt, womit Art. 1 Abs. 4 ECRL Rechnung getragen würde. Für diese Interpretation spricht, dass das Herkunftslandprinzip aus dem aufsichtsrechtlichen Bereich stammt.[924]

[922] *Hoeren,* MMR 1999, 192 (195).

[923] *Lurger,* VR 2001, 14 (23).

[924] *Spindler,* ZUM 1999, 775 (785); *ders.,* MMR-Beilage 7/2000, 4 (9); *Roth,* RabelsZ 55 (1991), 623 (664 ff.); *Mankowski,* GRUR Int. 1999, 909 (913); *Schaub,* RabelsZ 66 (2002), 18 (32).

Allerdings war es Ziel der Richtlinie, der Zersplitterung des Binnenmarktes durch unterschiedliche nationale Regelungen zu begegnen. Dazu gehören aber auch privatrechtliche Vorschriften. Die von der deutschen Delegation gewünschte Ausnahme des Wettbewerbsrechts aus dem Anwendungsbereich des Herkunftslandprinzips ist nicht angenommen worden.[925] Eine unterschiedliche Behandlung von Vorschriften des öffentlichen Rechts und solchen des Privatrechts hätte zudem einer ausdrücklichen Kennzeichnung bedurft.

Eine Beschränkung auf öffentlich-rechtliche Regelungen entspricht weder Wortlaut noch Sinn und Zweck des Herkunftslandprinzips. Diese Interpretation ist daher insgesamt abzulehnen.

b) Sachrechtliche Deutungsversuche des Herkunftslandprinzips

Trotz eindeutig kollisionsrechtlicher Hinweise wird dem Herkunftslandprinzip in der Literatur überwiegend eine kollisionsrechtliche Bedeutung abgesprochen.[926] Gegen ein kollisionsrechtliches Verständnis des Herkunftslandprinzips wird in erster Linie der Wortlaut der Richtlinie in Art. 1 Abs. 4 ECRL angeführt, zu der eine solche Deutung im Widerspruch stünde.[927] Streitig ist dann aber weiterhin, ob es sich um einen europarechtlichen Grundsatz handelt, der immer gegenüber dem vom IPR berufenen Recht zur Anwendung kommt mit der Folge, dass auch das IPR des Niederlassungsstaates ausgeschaltet würde,[928] oder ob ein sachrechtliches Prinzip vorliegt, das zur

925 Siehe: *Landfermann*, in: Aufbruch nach Europa, S. 503 (509).

926 *Spindler*, ZUM 1999, 775 (785 ff.); *ders.*, MMR 1999, 199 (206); *ders.*, in: Recht und Internet, S. 9 (16); *ders.*, MMR-Beilage 7/2000, 4 (9 f.); *ders.*, ZHR 165 (2001), 324 (334 ff.); *ders.*, in: Systemwechsel im europäischen Kollisionsrecht, S. 107 (110); *Mayer/Winkler*, NJW-CoR 2000, 310; *Muennel*, in: Rechtsfragen des Electronic Commerce, S. 29 (41); *Schack*, MMR 2000, 59 (61); *Fezer/Koos*, IPRax 2000, 349 (352); Staudinger/*Fezer*, Int. WirtschR., Rn. 447 ff.; *Apel/Grapperhaus*, WRP 2000, 1247 (1252); *Sonnenberger*, ZVglRWiss 100 (2001), 107 (126 ff.); *Gruber*, in: Internet und e-commerce, S. 109 (115); *Schauer*, Electronic commerce in der EU, S. 184 f.; *Glöckner*, ZVglRWiss 99 (2000), 278 (305 f.); *Säcker*, MMR-Beilage 9/2001, 2 (4); *Sack*, WRP 2001, 1408 (1409); *ders.*, WRP 2002, 271 (274).

927 Dies betont insbesondere *Sack*, der einen Vorrang von Art. 1 Abs. 4 ECRL vor dem Herkunftslandprinzip in Art. 3 Abs. 1, 2 ECRL annimmt: *Sack*, WRP 2002, 271 (273, 282); ferner: *Spindler*, in: Systemwechsel im europäischen Kollisionsrecht, S. 107 (110); *Fezer/Koos*, IPRax 2000, 349 (352); *Ahrens*, CR 2000, 835 (837).

928 So wohl: *Apel/Grapperhaus*, WRP 2000, 1247 (1252); *Spindler*, ZHR 165 (2001), 324 (334 ff.).

Anwendung des gesamten nationalen Rechts des Herkunftslandes des Anbieters einschließlich dessen IPR führt.[929]

Bei Deutung des Herkunftslandprinzips als einem europarechtlichen Grundsatz, der stets gegenüber dem kollisionsrechtlich berufenen Recht zur Anwendung kommt, wird im Ergebnis eine gegenüber dem Herkunftslandrecht abweichende Anknüpfung vorgenommen. Das Kollisionsrecht wird ausgeschaltet, so dass eben doch kollisionsrechtliche Regelungen geschaffen würden. Das kollisionsrechtlich berufene Recht ist nach dieser Ansicht nur insoweit anzuwenden, als es nicht dem Recht des Herkunftslandes widerspricht.[930] Bei einer solchen materiellrechtlichen Überlagerung des vom Kollisionsrecht zur Anwendung berufenen Rechts wird dieses Recht letztlich doch ausgeschaltet, so dass man aufgrund der Wirkungsweise der Regelung zu einem kollisionsrechtlichen Verständnis kommen müsste. Damit ergäbe sich eine kollisionsrechtliche Regelung, was Art. 1 Abs. 4 ECRL widerspräche.[931] Durch das materiellrechtliche Verständnis sollte aber gerade Art. 1 Abs. 4 ECRL Rechnung getragen werden.

Konsequenterweise wird das Herkunftslandprinzip von einer anderen Ansicht daher rein sachrechtlich verstanden, und zwar dergestalt, dass es auf das gesamte nationale Recht des Niederlassungsstaates verweist, so dass auch dessen nationales IPR zur Anwendung käme.[932] Zum Teil wird davon ausgegangen, dass es sich bei dem Herkunftslandprinzip in der ECRL um ein Korrektiv auf der Ebene des Sachrechts handelt.[933] Ein kollisionsrechtliches Herkunftslandprinzip sei in Art. 3 Abs. 1, 2 ECRL nicht enthalten, was sich daraus ergebe, dass es bei dem vom Kollisionsrecht berufenen nationalen Recht bleibe, wenn es den gleichen oder einen milderen Schutzstandard aufweise.[934] Diese Begründung ist aber zirkulär. Dass es bei dem Empfangslandrecht bleibe, wenn das Herkunftslandrecht größere Restriktionen für den Anbieter enthält,

---

929 So: *Spindler,* ZUM 1999, 775 (785 ff.); *ders.,* MMR-Beilage 7/2000, 4 (9 f.); *Hoeren,* MMR 1999, 199 (206); im Ergebnis wohl auch: *Sonnenberger,* ZVglRWiss 100 (2001), 107 (126 ff.).

930 So: *Apel/Grapperhaus,* WRP 1999, 1247 (1252).

931 *Spindler,* MMR-Beilage 7/2000, 4 (9).

932 So: *Spindler,* ZUM 1999, 775 (785 ff.); *ders.,* MMR-Beilage 7/2000, 4 (9 f.); *ders.,* ZHR 165 (2001), 324 (334 ff.).

933 *Spindler,* ZUM 1999, 775 (785 ff.); *ders.,* MMR-Beilage 7/2000, 4 (9 f.); *ders.,* ZHR 165 (2001), 324 (334 ff.); *ders.,* in: Systemwechsel im europäischen Kollisionsrecht, S. 107 (110).

934 *Spindler,* ZHR 165 (2001), 324 (336); *ders.,* in: Systemwechsel im europäischen Kollisionsrecht, S. 107 (110).

ergibt sich nicht zweifelsfrei aus der Richtlinie selbst, sondern ist bereits eine Interpretation von Art. 3 Abs. 2 ECRL, die aber keinesfalls zwingend ist.

Nach Ansicht *Spindlers* bestimmt sich das anwendbare Recht nach den allgemeinen kollisionsrechtlichen Grundsätzen. Erst in einem zweiten Schritt sei nach Art. 3 Abs. 2 ECRL zu ermitteln, ob die berufenen Normen den freien Dienstleistungsverkehr einschränkten. Auf der Ebene des Sachrechts werde dann der Verweisungsbefehl des Kollisionsrechts durch einen Verweis auf das Recht des Niederlassungsstaates des Anbieters ersetzt.[935] Für dieses Verständnis des Herkunftslandprinzips der Richtlinie gibt *Spindler* indes keine schlüssige Begründung an; er gesteht im Gegenteil zu, dass Art. 3 Abs. 1, 2 ECRL „*in seiner Technik*" einer kollisionsrechtlichen Norm entspreche.[936] Folgerichtig will er Art. 3 Abs. 1, 2 ECRL als kollisionsrechtliche Regelung begreifen, allerdings nicht mit den diesem Verständnis notwendig folgenden Konsequenzen,[937] sondern dergestalt, dass nur ein Maßstab gegeben werde für die Prüfung des eigenen Sachrechts.[938] Einerseits erkennt *Spindler* folglich an, dass es sich der Technik nach bei Art. 3 Abs. 1, 2 ECRL um eine kollisionsrechtliche Norm handelt; andererseits versteht er den Gehalt des Art. 3 ECRL aber sachrechtlich als Prüfung des materiellen Rechts. Allerdings sei dann aber wiederum die Füllung der Lücke, die entstehe, wenn das nationale Sachrecht sich als strenger erweise als das des Niederlassungsstaates, kollisionsrechtlich zu interpretieren.[939]

---

935 *Spindler*, ZHR 165 (2001), 324 (335).

936 *Spindler*, ZHR 165 (2001), 324 (336).

937 Gegen ein kollisionsrechtliches Verständnis führt *Spindler* ferner an, ein Herkunftslandprinzip werde den unterschiedlichen in der Richtlinie geregelten Rechtsgebieten nicht gerecht, da diese unterschiedlichen Anknüpfungskriterien folgten, *Spindler*, ZUM 1999, 775 (785). Bei diesem Einwand handelt es sich indes um einen Zirkelschluss. Durch die Unterwerfung unter ein kollisionsrechtliches Herkunftslandprinzip folgten diese Rechtsgebiete eben nicht mehr unterschiedlichen Anknüpfungskriterien, sondern wären internationalprivatrechtlich einem einheitlichen Regime unterworfen. Dass dies von der Kommission auch gesehen und intendiert wurde, ergibt sich aus der Herausnahme anderer Rechtsgebiete aus der Herkunftslandanknüpfung. Bei Fehlen einer ausreichenden Harmonisierung in bestimmten Rechtsgebieten wurde von der Kommission auf die Einführung des Herkunftslandprinzips verzichtet. Vgl. die Begründung des Vorschlags für eine Richtlinie des Europäischen Parlaments und des Rates über bestimmte rechtliche Aspekte des elektronischen Geschäftsverkehrs im Binnenmarkt, KOM (1998) 586 endg. v. 18. 11. 1998, Kommentar zu den einzelnen Artikeln, zu Art. 22 Abs. 2, S. 36.

938 *Spindler*, ZHR 165 (2001), 324 (336).

939 *Spindler*, ZHR 165 (2001), 324 (336).

Damit entsehe eine *„eigenartige, hybride Konstruktion zwischen Kollisionsrecht und sachrechtlichem Korrektiv"*, wie *Spindler* selbst resümiert.[940] Er nennt das Herkunftslandprinzip in der ECRL daher ein *„compositum mixtum"*, das seiner Struktur und Technik nach einer kollisionsrechtlichen Norm entspreche, allerdings nur in dem Sinne eines *„europarechtlich inspiriertem Maßstab"* zur Prüfung des eigenen Sachrechts.[941] Dieses europarechtliche Korrektiv sei weder rein kollisionsrechtlicher noch eindeutig europarechtlicher Natur. Kollisionsrechtlich sei aber jedenfalls die Ausfüllung der Lücke, die entstehe, wenn das kollisionsrechtlich berufene Sachrecht den europarechtlichen Maßstäben nicht genüge. Art. 3 Abs. 1, 2 ECRL berufe in diesem Fall das Herkunftslandrecht zur Anwendung.[942]

Dieses – zumindest teilweise – kollisionsrechtliche Verständnis des Herkunftslandprinzips steht allerdings im Widerspruch zu dem Wortlaut des Art. 1 Abs. 4 ECRL. Dem Ziel der Konstruktion, den Widerspruch zwischen Art. 1 Abs. 4 ECRL und Art. 3 Abs. 1, 2 ECRL aufzulösen, wird folglich nicht genügt. Zudem ergibt sich diese *„eigenartige hybride Konstruktion"* nicht aus dem Normtext der Richtlinie. Der Ansatz missachtet darüber hinaus das strenge Alternativitätsverhältnis zwischen Sach- und Kollisionsrecht.[943] Ein *„Tertium neben Kollisions- und Sachnormen"* gibt es aber nicht.[944] Zusätzliche Folge dieser systemfremden Deutung der Norm wäre, dass die Ziele der Richtlinie, nämlich eine einheitliche Anknüpfung zu schaffen, so dass Rechtsermittlungskosten wegfallen und eine erhöhte Rechtssicherheit eintritt, nicht erreicht würden.[945] Das Herkunftslandprinzip spielte danach materiellrechtlich infolge der unterschiedlichen kollisionsrechtlichen Anknüpfungen am Ort der Niederlassung keine Rolle mehr.[946] Überwiegend würde dann nach den nationalen Kollisionsrechtsordnungen im internationalen Wettbewerbsrecht an den Marktort angeknüpft. Damit wäre der Anbieter im Ergebnis doch gezwungen, eine Vielzahl von Rechtsordnungen zu beachten. Das Herkunfts-

940 *Spindler*, in: Systemwechsel im europäischen Kollisionsrecht, S. 107 (112); *ders.*, IPRax 2001, 400 (401).

941 *Spindler*, in: Systemwechsel im europäischen Kollisionsrecht, S. 107 (112).

942 *Spindler*, in: Systemwechsel im europäischen Kollisionsrecht, S. 107 (112), der sich insoweit auf *Mankowski* bezieht, welcher allerdings von einer eindeutigen kollisionsrechtlichen Interpretation ausgeht: *Mankowski*, ZVglRWiss 100 (2001), 137 ff.

943 *Neuhaus*, Die Grundbegriffe des IPR, § 11 V; *Mankowski*, IPRax 2002, 257 (263).

944 *Neuhaus*, Die Grundbegriffe des IPR, § 11 V.

945 Dies moniert: *Mankowski*, GRUR Int. 1999, 909 (913).

946 *Hoeren*, MMR 1999, 192 (195); *Spindler*, ZUM 1999, 775 (785).

landprinzip in Art. 3 Abs. 1, 2 ECRL verlöre weitgehend seinen Sinn.[947] *Spindler* selbst weist darauf hin, der Schlüssel zur Richtlinie liege bei dem Herkunftslandprinzip.[948] Ihm dann nur eine Bedeutung für einzelne Randgebiete der Richtlinie zuzumessen, erscheint in sich nicht schlüssig.[949]

Im Ergebnis ist auch diese Interpretation eine kollisionsrechtliche. Abweichend von der kollisionsrechtlich berufenen Rechtsordnung wird eine andere für maßgeblich erklärt. Ob dies nun im ersten Schritt oder *„erst in einem zweiten Schritt"*[950] geschieht, vermag an der Qualifikation als kollisionsrechtlicher Norm nichts zu ändern. Es wird, abweichend von der Anknüpfung nach der lex fori, an den Niederlassungsstaat des Anbieters angeknüpft. Damit wurde eine von der internationalprivatrechtlichen Anknüpfung abweichende Regelung geschaffen. Im Ergebnis kommt eine andere Rechtsordnung zur Anwendung als die kollisionsrechtlich berufene, wodurch *„zusätzliche Regeln im Bereich des IPR"* im Sinne des Art. 1 Abs. 4 ECRL geschaffen werden. Demzufolge gelingt durch die systemfremde Konstruktion des Überlagerns der internationalprivatrechtlichen Anknüpfung keine Auflösung des Widerspruchs zu Art. 1 Abs. 4

[947] Diese Sichtweise verengt zwar die Bedeutung des Herkunftslandprinzips auf den privatrechtlichen Sektor, was eventuell dem weiten Anwendungsbereich der Richtlinie nicht gerecht würde; allerdings ist gegen diesen Einwand *Spindlers* (*Spindler*, ZUM 1999, 775 [785]) anzumerken, dass die wesentliche Bedeutung des Herkunftslandprinzips aufgrund der zahlreichen Ausnahmen von der Binnenmarktklausel im Wettbewerbsrecht liegt. Vgl. zu den Ausnahmen von der Binnenmarktregel oben S. 194 ff.

[948] *Spindler*, ZUM 1999, 775 (781); *ders.*, MMR-Beilage 7/2000, 4 (7).

[949] Nach Ansicht *Spindlers* würde die Rechtsanwendung immerhin erleichtert, da kollisionsrechtlich nicht auf eine Vielzahl von Kollisionsrechtsordnungen, sondern lediglich auf die des Niederlassungsstaates abzustellen sei. Mit dem Herkunftslandprinzip sei daher nur ein erster Filter geschaffen. Es werde zunächst an das Kollisionsrecht des Herkunftslands des Anbieters angeknüpft, Weiterverweisungen sollten damit aber nicht unterbunden werden. Abweichend von der herkömmlichen Anknüpfung an die lex fori solle daher von dem Niederlassungskollisionsrecht ausgegangen werden. Dies erleichtere für den Anbieter zwar die Rechtsermittlung; allerdings werden Weiterverweisungen nicht ausgeschlossen. *Spindler*, ZUM 1999, 775 (785); *ders.*, MMR-Beilage 7/2000, 4 (10).

Gegen diese Deutung spricht indes bereits Art. 3 Abs. 1 i.V.m. Art. 2 lit. h) ECRL. Danach sollen die im Niederlassungsstaat des Anbieters geltenden innerstaatlichen Regelungen für den koordinierten Bereich maßgeblich sein, worunter nach Erwägungsgrund Nr. 21 der ECRL auch die die Werbung betreffenden Anforderungen fallen. Der Kostenersparniseffekt wird durch die von *Spindler* vertretene Lösung minimiert. Im konkreten Einzelfall würde fast immer das Wettbewerbsrecht des Bestimmungslands zur Anwendung berufen. Rechtssicherheit und Erleichterung der Rechtsanwendung würden nicht erreicht; die Ziele der Richtlinie würden zu bloßen Leerformeln.

[950] *Spindler*, ZHR (165) 2001, 324 (335).

ECRL. Eine weitere Verkomplizierung der Rechtsanwendung wäre hingegen die Folge, der durch die Richtlinie nach deren Sinn und Zweck gerade begegnet werden sollte.[951]

Für eine sachrechtliche Qualifikation des Herkunftslandprinzips könnte ferner sprechen, dass Art. 3 Abs. 2 ECRL nicht wie eine Kollisionsnorm formuliert ist.[952] Nach dem Wortlaut der Bestimmung wird keine Verweisung auf eine bestimmte Rechtsordnung ausgesprochen.[953] Allerdings ist Art. 3 Abs. 2 ECRL in Zusammenhang mit Art. 3 Abs. 1 ECRL und den diesen Regelungen zugrunde liegenden Zielsetzungen zu sehen.[954] Durch die von *Spindler* vorgetragene Interpretation wird weder Sinn und Zweck des Herkunftslandprinzips, eine einheitliche Anknüpfung zu erreichen und damit die Rechtsanwendung zu vereinfachen, erreicht, noch wird dem Vorbehalt in Art. 1 Abs. 4 ECRL genügt, um dessentwillen diese weitgehend den Zweck der Regelung verfehlende Interpretation bemüht wurde.[955]

---

951 *Spindler* führt demgegenüber gerade an, durch eine kollisionsrechtliche Anknüpfung an das Herkunftslandrecht würde eine höhere Kostenersparnis erzielt, als wenn allein das eigene nationale Recht Anwendung fände. Zum nationalen Recht zähle schließlich auch das Kollisionsrecht. Werde dies nun ausgeschaltet, komme es zu einer weitergehenden Vereinfachung der Rechtsanwendung, als dies bei Anwendung nur des nationalen Rechts der Fall sei. *Spindler*, ZUM 1999, 775 (785).

Dieser Einwand erscheint nicht ganz nachvollziehbar. Bei Anwendung nur des nationalen Rechts kommt es lediglich dann zur Anwendung der kollisionsrechtlichen Regelungen, wenn ein entsprechender Auslandsbezug gegeben ist. Liegt erst gar keine grenzüberschreitende Aktivität vor, so kommt selbstredend das eigene nationale Recht zur Anwendung; eine kollisionsrechtliche Verweisung auf ein anderes mitgliedstaatliches Recht wird nicht erfolgen, so dass die Kostenersparnis nicht kleiner ist, als wenn die Regelungen des nationalen IPR *„ausgeschaltet"* würden. Aber auch dieses angebliche Ausschalten der internationalprivatrechtlichen Normen des Herkunftslandes charakterisiert den gegebenen Sachverhalt nicht zutreffend. Es muss wohl eher die Rede sein von einem Ersetzen der bestehenden kollisionsrechtlichen Anknüpfungsmomente durch ein anderes. Die Einführung des Herkunftslandprinzips ist also keinesfalls gleichbedeutend mit dem Wegfall einer kollisionsrechtlichen Anwendung einer bestimmten Rechtsordnung. Die Kostenersparnis ist keineswegs größer als bei Geltung nur des eigenen nationalen Rechts.

952 *Halfmeier*, ZEuP 2001, 837 (864); *Ohly*, GRUR Int. 2001, 889 (902); *Spindler*, RIW 2002, 183 (185).

953 Es handelt sich daher nach der Formulierung der Bestimmung nicht um ein Rechtsanwendungsgebot, sondern um ein Beschränkungsgebot.

954 Dazu: *Mankowski*, IPRax 2002, 257 (262). Zu den Zielen der Richtlinie vgl. ferner oben S. 175.

955 Ein anderer Einwand, den *Spindler* gegen die kollisionsrechtliche Bedeutung des Herkunftslandprinzips in der Richtlinie vorbringt, ist der, dass das Herkunftslandprinzip als kollisionsrechtlicher Grundsatz den verschiedenen horizontal erfassten Rechtsgebieten

Rein sachrechtlich interpretieren das Herkunftslandprinzip auch *Fezer/Koos*.[956] Das sachrechtliche Verständnis des Herkunftslandprinzips in der ECRL begründen die Autoren mit dem Verweis auf das primärrechtliche Herkunftslandprinzip. Das sekundärgemeinschaftsrechtliche Herkunftslandprinzip berühre ebenso wenig die kollisionsrechtliche Anknüpfung nach dem nationalen IPR wie die Grundfreiheiten des EGV.[957] Nach der Ansicht von *Fezer/Koos* ergibt sich aus dem Verständnis des Primärrechts ein zwingender Rückschluss auf die Deutung des Herkunftslandprinzips im sekundären Gemeinschaftsrecht.[958] Berühre jenes nicht die eigentliche kollisionsrechtliche Entscheidung, so sei dies erst recht für das Herkunftslandprinzip im sekundären Gemeinschaftsrecht ausgeschlossen.

Dieser Schluss ist aber keineswegs zwingend. Eine Regelung im sekundären Gemeinschaftsrecht kann durchaus anders ausgestaltet werden als im Primärrecht.[959] Zudem ergibt schon der Verweis auf die Fernsehrichtlinie, in der das Herkunftslandprinzip kollisionsrechtlich zu verstehen ist,[960] dass dieser Schluss nicht zulässig ist. Ferner muss nach dem hier vertretenen Verständnis des primärrechtlichen Herkunftslandprinzips schon die Prämisse angezweifelt werden. Das primäre Gemeinschaftsrecht begründet im nationalen IPR eine Vorbehaltsklausel zugunsten des Herkunftslandprinzips[961] und weist damit kollisionsrechtliche Implikationen auf. Als weiteren Grund für das sachrechtliche Verständnis führen die Autoren Art. 3 Abs. 2 ECRL an, wonach die Mitgliedstaaten den freien Dienstleistungsverkehr nicht aus Gründen einschränken dürfen, die in den koordinierten Bereich fallen. Wenn bereits nach Art. 3 Abs. 1 ECRL die ausschließliche kollisionsrechtliche Maßgeblichkeit des Herkunftslandrechts des Anbieters normiert wäre, so wäre die Regel in Art. 3 Abs. 2 ECRL entbehrlich, wonach die Bestimmungslandstaaten nicht die Dienste eines in einem anderen Mitgliedstaat niedergelassenen Anbieters

nicht gerecht würde. Diese Frage ist hingegen eine nach der rechtspolitischen Richtigkeit der Einführung des Herkunftslandprinzips. Über die kollisionsrechtliche Bedeutung der Regelung in Art. 3 ECRL wird dadurch nichts ausgesagt. *Spindler*, ZUM 1999, 775 (785).

956 *Fezer/Koos*, IPRax 2000, 349 (352 ff.); Staudinger/*Fezer*, Int. WirtschR., Rn. 447 ff.

957 *Fezer/Koos*, IPRax 2000, 349 (352); Staudinger/*Fezer*, Int. WirtschR., Rn. 449.

958 *Fezer/Koos*, IPRax 2000, 349 (353); Staudinger/*Fezer*, Int. WirtschR., Rn. 449.

959 Vgl. dazu: *Mankowski*, ZVglRWiss 100 (2001), 137 (139); *Thünken*, IPRax 2001, 15 (19); *Leible*, in: Neue Entwicklungen in der Dienstleistungs- und Warenverkehrsfreiheit, S. 71 (78).

960 Vgl. dazu oben S. 191.

961 Vgl. dazu oben S. 89 ff.

einschränken dürfen. Ein solches Verbot sei nur dann sinnvoll, wenn es nicht bereits kollisionsrechtlich allein auf das Recht des Herkunftslandes ankomme.[962]

Allerdings bezieht sich Art. 3 Abs. 2 ECRL auf Eingriffsnormen, so dass die Einschränkung durchaus einen eigenen Regelungsgehalt aufweist. Art. 3 Abs. 3, 4 ECRL ist als Ausnahme von Art. 3 Abs. 2 ECRL konzipiert. Aus dem Zusammenspiel mit Art. 3 Abs. 3, 4 ECRL ergibt sich, dass sich Art. 3 Abs. 2 ECRL maßgeblich auf den Bereich des Eingriffsrechts bezieht.[963] Es sollen ausdrücklich Kontrollverdopplungen vermieden werden. Art. 3 Abs. 1, 2 ECRL bewirkt nach der von *Fezer/Koos* vertretenen Ansicht, dass diejenigen durch das nationale Kollisionsrecht berufenen Sachnormen nicht angewandt werden, die als gemeinschaftsrechtswidrig zu beurteilen sind. Dies ist indes keine Folge des Herkunftslandprinzips in der ECRL. Dass europarechtswidrige Normen auf mitgliedstaatliche Sachverhalte nicht angewandt werden dürfen, ergibt sich bereits aus allgemeinen europarechtlichen Grundsätzen.[964]

Eine weitere mögliche Interpretation des Herkunftslandprinzips sehen *Fezer/Koos* in dem Verweis ausschließlich auf das Kollisionsrecht des Niederlassungslandes des Anbieters.[965] Demnach könne in hergebrachter Weise eine Anknüpfung nach dem nationalen Kollisionsrecht vorgenommen werden, was in aller Regel dazu führen wird, den Sachverhalt nach einem anderen Statut zu beurteilen.[966] Sie wenden aber selbst gegen diese Sichtweise ein, dass damit der Normzweck der Richtlinie, Mehrfachanknüpfungen zu unterbinden, um ein einheitliches Euro-Marketing zu ermöglichen, nicht erreicht würde. Zur Begründung ihrer Ansicht stellen *Fezer/Koos* maßgeblich auf Erwägungsgrund Nr. 23 der ECRL ab; in dessen zweitem Halbsatz die Kommission deutlich macht, dass die kollisionsrechtlich berufenen Normen die Freiheit zur Erbringung von Diensten der Informationsgesellschaft nicht einschränken dürfen. Diese Aussage bedeutet nach *Fezer/Koos* ein sachrechtlich zu verstehendes Verbot an die Mitgliedstaaten, niedrigere Eingriffsschranken zu schaffen, als sie im Niederlassungsstaat des Anbieters herrschen.[967]

---

962 Staudinger/*Fezer*, Int. WirtschR., Rn. 449.

963 *Mankowski*, ZVglRWiss 100 (2001), 137 (143).

964 Zum Anwendungsvorrang vgl. bereits oben S. 7.

965 *Fezer/Koos*, IPRax 2000, 349 (353); Staudinger/*Fezer*, Int. WirtschR., Rn. 448.

966 Zu der kollisionsrechtlichen Anknüpfung im internationalen Wettbewerbsrecht in den Mitgliedstaaten der Gemeinschaft vgl. oben S. 153.

967 *Fezer/Koos*, IPRax 2000, 349 (353).

Insgesamt kommen aber auch *Fezer/Koos* zu dem Ergebnis, dass durch das Herkunftslandprinzip in der ECRL ein Widerspruch zu der Marktortanknüpfung geschaffen werde. Auch das von ihnen vorgetragene Verständnis des sekundärrechtlichen Herkunftslandprinzips führt zu dem Ergebnis, dass eine konkrete Norm des Marktortes nicht zur Anwendung gelangt, was zur Maßgeblichkeit des Herkunftslandrechts führt. Damit wird nach ihrer Ansicht das Ergebnis der kollisionsrechtlich berufenen Normen durch das Herkunftslandprinzip überlagert.[968]

Diese von *Fezer/Koos* beschriebene Konstruktion bedeutet aber im Ergebnis eine kollisionsrechtliche Deutung der Regelung. Eine nach kollisionsrechtlichen Grundsätzen ermittelte Norm findet keine Anwendung; stattdessen wird eine andere für maßgeblich erklärt. Eine Norm einer anderen Rechtsordnung wird berufen, was eine kollisionsrechtliche Methode bedeutet. Es geht dabei nicht um die Berücksichtigung des Herkunftslandrechts im Rahmen der Anwendung des internationalprivatrechtlich berufenen Sachrechts; es wird vielmehr das Herkunftslandrecht generell angewandt, so dass die Rechtsfolge ebenfalls dem Recht des Niederlassungsortes entnommen wird.[969] Die lex causae muss diese Rechtsfolge hinnehmen. Es erfolgt mithin keine Ausrichtung lediglich auf einen europarechtskonformen Verantwortlichkeitsstandard, sondern eine Anwendung des Rechts der Niederlassung des Anbieters.

Ähnlich wie *Fezer/Koos* interpretiert *Glöckner* das Herkunftslandprinzip in der ECRL.[970] Art. 3 Abs. 1, 2 ECRL sei rein materiellrechtlich zu verstehen im Sinne der „Cassis-de Dijon-Rechtsprechung" des EuGH. Das europäische Sekundärrecht lasse die nationalen Kollisionsrechte unberührt. Die kollisionsrechtlich berufenen Rechtsordnungen würden aber insoweit durch das Herkunftslandprinzip beschränkt, als die Eingriffsschranken gegenüber dem Recht des Herkunftslandes nicht gesenkt werden dürften. Diesem Ansatz ist aber gleichfalls vorzuwerfen, dass er nicht konsequent ist. Sind die Eingriffsschranken nicht weiter zu senken, als dies das Herkunftslandrecht vorsieht, so ist dieses Recht das für den Sachverhalt implizit maßgebliche. Damit wird auf eine Rechtsordnung verwiesen, so dass ein kollisionsrechtlicher Ansatz vorliegt.

Eine andere Lösung schlägt *Ahrens* vor. Nach seiner Interpretation des Herkunftslandprinzips wird die geltende internationalprivatrechtliche Anknüpfung nicht durch das Herkunftslandprinzip als abweichendem

---

968 Staudinger/*Fezer*, Int. WirtschR., Rn. 450.

969 So zu Recht auch: *Mankowski*, ZVglRWiss 100 (2001), 137 (145).

970 *Glöckner*, ZVglRWiss 99 (2000), 278 (305 f.).

Anknüpfungsmoment verdrängt.[971] Das Herkunftslandprinzip beziehe sich vielmehr nur auf das Sachrecht des Herkunftslandes, nicht aber auf dessen Kollisionsrecht. Bezöge es sich auf das IPR des Niederlassungsstaates des Anbieters, so würde dies die Möglichkeit einer Rück- bzw. Weiterverweisung einschließen, was den Zielen der Richtlinie widerspräche. Daher geht *Ahrens* von der Fortgeltung der Regeln des IPR aus. Das berufene Sachrecht unterliege allerdings einer gezielten Einzelfallkorrektur durch das Herkunftslandrecht.

Die Konsequenz dieser Lösung ist, dass im Prozess von der geltenden internationalprivatrechtlichen Anknüpfung auszugehen ist, das Recht des Herkunftslandes aber zur beweisbedürftigen Ausnahme wird. Der Beklagte kann daher einen niedrigeren Schutzstandard im Niederlassungsstaat einwenden. Eine solche Konstruktion ist aber systemfremd und führt im Ergebnis zu nichts anderem als einer abweichenden kollisionsrechtlichen Beurteilung. Die „beweisbedürftige Ausnahme“ hat den gleichen Charakter wie die Regel.[972] Da das Herkunftslandprinzip als Ausnahme von der kollisionsrechtlichen Marktortanknüpfung ebenfalls kollisionsrechtlicher Natur sein muss, ist auch nach der Lösung von *Ahrens* eine kollisionsrechtliche Interpretation des Herkunftslandprinzips vorgegeben. Es erscheint auch nicht stichhaltig, warum diese Interpretation aus der Richtlinie hervorgehen sollte. Eine vereinfachte Rechtsanwendung wird ebenfalls nicht erreicht, da nach dem Marktortprinzip angeknüpft wird, so dass doch eine Vielzahl von Rechtsordnungen zur Anwendung gelangt. Auch Rück- bzw. Weiterverweisungen werden nicht ausgeschaltet. Es wird im Gegenteil noch eine zusätzliche Prüfung nötig, nämlich die nach den sachrechtlichen Konsequenzen des Herkunftslandrechts. Nur wenn das Ergebnis dieser Prüfung günstiger ist als das berufene Recht, kann es vom Beklagten eingewandt werden. Für den Kläger wird die Situation daher undurchsichtiger, so dass ein wesentliches Anliegen der ECRL nicht erreicht wird, nämlich die Rechtsanwendung zu verbessern und dadurch die Rechtssicherheit zu erhöhen.[973]

Sonnenberger geht ebenfalls davon aus, dass Art. 3 Abs. 1, 2 ECRL keine kollisionsrechtliche Komponente aufweise.[974] Das Herkunftslandprinzip in der Richtlinie beziehe sich nur auf Art und Gestaltung der elektronischen Dienstleistungen; die vertragsrechtliche Ausprägung, in der die Dienste angeboten werden, sei demgegenüber nicht erfasst.[975] Nur der ordnungspolitische

971 *Ahrens*, CR 2000, 835 (837 f.).

972 Darauf weist zu Recht *Mankowski* hin: *Mankowski*, ZVglRWiss 100 (2001), 137 (138).

973 Vgl. zu den Zielen der Richtlinie im Einzelnen oben S. 175 ff.

974 *Sonnenberger*, ZVglRWiss 100 (2001), 107 (126 ff.).

975 *Sonnenberger*, ZVglRWiss 100 (2001), 107 (127).

Rahmen, in dem private Tätigkeiten angeboten werden dürften, sei der Herkunftslandanknüpfung unterworfen. Mit Art. 3 Abs. 1 ECRL werde die ausschließliche Zuständigkeit des Niederlassungsstaates begründet. Art. 3 Abs. 2 ECRL verbiete ergänzend, den durch das Herkunftsland gesetzten Rahmen mittels eigener ordnungspolitischer Regelungen zu beschränken und verpflichte zugleich die anderen Mitgliedstaaten, diesen Rahmen als ausreichend zu akzeptieren.[976] Damit wirke sich Art. 3 Abs. 2 ECRL dahingehend aus, dass bei der Beurteilung der vertraglichen und außervertraglichen Haftung des Diensteanbieters, die weiterhin nach dem vom IPR berufenen nationalen Recht vorgenommen werde, die Regelungen des Herkunftslandes als tatsächlicher Sachumstand bei der Beurteilung der ausländischem Recht unterworfenen Vorgänge berücksichtigt würden.[977] Nach seiner Ansicht sind der Richtlinie mithin keine Regelungen, das internationale Vertragsrecht und außervertragliche Haftungsrecht betreffend, zu entnehmen; demzufolge bestünde auch kein Widerspruch zu Art. 1 Abs. 4 ECRL.[978]

Diese Interpretation wird Sinn und Zweck der Richtlinie nicht gerecht. Nach dem Willen der Kommission sollte gerade die Rechtsanwendung erleichtert werden, um eine größere Rechtssicherheit zu erreichen. Wendete man das Herkunftslandprinzip dagegen nur auf Eingriffsnormen an, würde man dieser Zielsetzung nicht gerecht. Hinzu kommt, dass auch der Wortlaut der Richtlinie keine Stütze für diese Auffassung enthält. Es erscheint daher nicht sachgerecht, der Interpretation *Sonnenbergers* zu folgen, auch wenn man gleichwohl zugeben muss, dass die Deutung insoweit etwas für sich hat, als sie es ermöglicht, den Widerspruch zwischen Art. 3 Abs. 1, 2 ECRL und Art. 1 Abs. 4 ECRL aufzulösen. Allerdings bleibt weiterhin fraglich, wie die Ausnahme der Rechtswahl im Anhang zu verstehen sein kann. Hätte das Herkunftslandprinzip nur in dem beschriebenen begrenzten Rahmen Bedeutung, so ergäbe sich die Nichtanwendbarkeit auf die Rechtswahlfreiheit bereits von selbst.

Insgesamt ergibt sich nach dem oben Gesagten, dass ein sachrechtliches Verständnis nicht möglich ist. Die aufgezeigten Meinungen haben letztlich doch kollisionsrechtlichen Charakter und vermögen daher nicht zu überzeugen. Hinter einem sachrechtlichen Verständnis könnte sich allerdings ein anerkennungsrechtlicher Grundsatz verbergen.

---

976 *Sonnenberger*, ZVglRWiss 100 (2001), 107 (128).

977 *Sonnenberger*, ZVglRWiss 100 (2001), 107 (128); zur Berücksichtigung ausländischen Rechts als tatsächlichem Sachumstand; ferner: *ders.*, in: Münchener Kommentar, Einl. IPR Rn. 65.

978 *Sonnenberger*, ZVglRWiss 100 (2001), 107 (128 f.).

c) Rein anerkennungsrechtliche Deutung des Herkunftslandprinzips

Pichler geht davon aus, dass sich das Herkunftslandprinzip in seinem Anwendungsbereich auf behördliche Kontroll- und Eingriffsbefugnisse im koordinierten Bereich beschränke.[979] Regulierungsmaßnahmen des Herkunftslandes würden demgemäß anerkannt. Über die Tatbestandswirkung der Anerkennung fließe diese in die sachrechtliche Beurteilung nach der internationalprivatrechtlich berufenen Rechtsordnung ein.[980]

Ein Mechanismus des internationalen Verfahrensrechts verdrängt und ersetzt danach das IPR.[981] Dass das Herkunftslandprinzip in der ECRL durchaus in Zusammenhang mit dem Anerkennungsgedanken gesehen wird, zeigt insbesondere die Pressemitteilung zum Politischen Standpunkt,[982] in der das Herkunftslandprinzip unter der Überschrift „Gegenseitige Anerkennung" dargestellt wird. Andererseits reduziert diese Sichtweise Bedeutung und Tragweite des Herkunftslandprinzips erheblich. *Pichler* selbst schlussfolgert, dass bei der von ihm vorgenommenen Interpretation des Herkunftslandprinzips, einem Kernstück des Richtlinienvorschlags, kaum ein Anwendungsbereich verbleibe.[983] Sofern es an einem Anerkennungsobjekt fehle, wie einem behördlichen oder gerichtlichen Akt, liefe der Anerkennungsgrundsatz ins Leere. Die Folge wäre, dass gesetzliche Gestattungen im Niederlassungsstaat des Anbieters unbeachtet blieben.[984] Dies wäre aber mit Sinn und Zweck des Herkunftslandprinzips in der ECRL kaum in Einklang zu bringen.[985] Die EG-Kommission verfolgte mit der Einführung des Herkunftslandprinzips im Wesentlichen das Ziel, privatrechtliche Beschränkungen im Bereich des Werberechts zu beseitigen.[986] Für dieses Anliegen spricht maßgeblich, dass der Versuch der deutschen Delegation, das Wettbewerbsrecht von der Geltung des Herkunftslandprinzips auszuschließen, in der Endphase der Verhandlungen

---

979 *Pichler*, ELR 1999, 74 (79).

980 Zur Annerkennung im Gemeinschaftsrecht vgl.: *Steindorff*, in: Festschrift Lorenz, S. 561 ff.

981 Vgl. zu dieser Analyse: *Mankowski*, ZVglRWiss 100 (2001), 137 (146).

982 Kommissar Bolkestein begrüßt politische Einigung über Richtlinie zum elektronischen Geschäftsverkehr, Press Release IP/99/952 v. 08. 12. 1999 S. 3; abrufbar unter: http://europa.eu.int/comm/internal_market/de/media/eleccomm/99-952.htm.

983 *Pichler*, ELR 1999, 74 (79).

984 Vgl. dazu im Einzelnen: *Mankowski*, ZVglRWiss 100 (2001), 137 (147).

985 *Mankowski*, EWS 2002, 401 (403).

986 Dazu: *Landfermann*, in: Aufbruch nach Europa, S. 503 (509); *Mankowski*, EWS 2002, 401 (403).

scheiterte.[987] Bei einem derartigen auf den eingriffsrechtlichen Bereich beschränkten Verständnis des Herkunftslandprinzips verbliebe zudem dem Kernstück der Richtlinie so gut wie kein Anwendungsbereich. Die anerkennungsrechtliche Deutung ergibt sich damit weder aus dem Wortlaut des Art. 3 Abs. 1, 2 ECRL noch aus der Zielsetzung der Norm.

Zudem fragt sich, was mit einer solchen anerkennungsrechtlichen Deutung der Norm ausgesagt werden sollte. Anerkennungsmechanismen sind dem IPR fremd, vielmehr vollzieht sich die „Anerkennung" abstrakt dadurch, dass Normen einer fremden Rechtsordnung zur Anwendung berufen werden. Über Gegenseitigkeitsgedanken ist man im IPR seit Ende des 19. Jahrhunderts hinaus.[988] Die Anerkennung des kollisionsrechtlich berufenen Rechts ist nichts von der Anwendung dieses Rechts Verschiedenes, sondern schlicht die Folge ihrer Geltung.[989] Im IPR wird ausländisches Recht anerkannt, indem man es anwendet. Wenn man in dem Herkunftslandprinzip mithin einen Anerkennungsgedanken für das IPR verkörpert sieht, so verwechselt man den eingriffsrechtlichen Bereich mit dem klassischen kollisionsrechtlichen Bereich.[990] Das Herkunftslandprinzip kann auch nicht als Eingriffsnorm angesehen werden, die über Art. 34 EGBGB einer Sonderanknüpfung bedürfte. Ein Anknüpfungsprinzip setzt allenfalls die Maßstäbe für die Sonderanknüpfung oder bestimmt das maßgebliche Anknüpfungsmoment. Selbst kann es indes kein Gegenstand einer solchen Sonderanknüpfung sein.[991]

Eine Deutung des Herkunftslandprinzips in der ECRL als eingriffsrechtliches oder anerkennungsrechtliches Prinzip ist daher nicht möglich.

d) Möglichkeiten einer kollisionsrechtlichen Deutung des Herkunftslandprinzips

Aufgrund des eindeutigen Wortlauts von Art. 1 Abs. 4 ECRL scheint eine kollisionsrechtliche Lösung von Anfang an auszuscheiden.[992] Allerdings geht die Bundesregierung offenbar von einer kollisionsrechtlichen Interpretation aus, wenn die Aufhebung von Rabattgesetz und Zugabeverordnung in den

---

987 Siehe dazu: *Landfermann*, in: Aufbruch nach Europa, S. 503 (509 f.).

988 Dazu: *von Bar*, IPR I, Rn. 356 ff.; *Raape/Sturm*, IPR, § 1 III 1; ferner: *Mankowski*, ZVglRWiss 100 (2001), 137 (148 f.).

989 *Raape/Sturm*, IPR, § 1 III 1.

990 *Mankowski*, ZVglRWiss 100 (2001), 137 (151); *ders.*, Molengrafica 1999/2000, 97 (134).

991 *Mankowski*, ZVglRWiss 100 (2001), 137 (151), Fn. 95.

992 So: *Ahrens*, CR 2000, 835 (837); *Fezer/Koos*, IPRax 2000, 349 (352).

entsprechenden Gesetzentwürfen wie folgt begründet wird: „*Das in Artikel 3 der Richtlinie geregelte Herkunftslandprinzip sieht vor, dass ausländische, über das Internet in Deutschland agierende Anbieter von Waren und Dienstleistungen grundsätzlich nur den rechtlichen Anforderungen unterliegen, die für sie nach dem Recht ihres Herkunftslandes maßgeblich sind.[...]Das Herkunftslandprinzip[...]führt dazu, dass ausländische Internet-Anbieter Rabatte in Deutschland in weitem Umfang als Vertriebs- und Marketinginstrumente einsetzen können. Hingegen bleiben ihre deutschen Wettbewerber an die restriktiven Regelungen des Rabattgesetzes gebunden. Dieser sachlich nicht zu rechtfertigenden Ungleichbehandlung deutscher Unternehmen (Inländerdiskriminierung) kann nur durch die Aufhebung des Rabattgesetzes begegnet werden.*"[993]

Obwohl hier eine kollisionsrechtliche Geltung ohne weitere Diskussion oder Differenzierung angenommen wird, enthält die deutsche Umsetzung der Richtlinie eine fast wörtliche Entsprechung von Art. 1 Abs. 4 ECRL (§ 1 Abs. 6 TDG).[994] Dazu führt die Bundesregierung in ihrem Gesetzesentwurf zur Umsetzung des Art. 3 Abs. 1, 2 ECRL aus: „*Dieser Grundsatz (des Herkunftslandprinzips) wird insoweit eingeschränkt, als sich aus den Regeln des internationalen Privatrechts etwas anderes ergibt.*“[995]

Eindeutig kollisionsrechtlich deutet *Thünken* das Herkunftslandprinzip,[996] da die ausdrückliche Festschreibung des Herkunftslandprinzips in Art. 3 Abs. 1, 2 ECRL dagegen spräche, es als bloße Leerformel abzutun. Dafür spricht auch Erwägungsgrund Nr. 22 S. 4 der ECRL, der die Unterwerfung unter das Rechtssystem des Niederlassungsstaates als Ziel vorgibt. Darüber hinaus spielt auch in den Gesetzesmaterialien die Einführung des Herkunftslandprinzips in die Richtlinie eine tragende Rolle.[997] Von einer rein deklaratorischen Bedeutung des Art. 3 Abs. 1, 2 ECRL ist vor diesem Hintergrund daher nicht auszugehen.

---

993 BR-Drs. 21/01, S. 5, zur Aufhebung des Rabattgesetzes. Die Begründung zur Aufhebung der Zugabeverordnung stimmt fast wörtlich mit dieser Formulierung überein: BR-Drs. 13/01, S. 6.

994 Dazu im Einzelnen unten S. 228.

995 BT-Drs. 14/6098, S. 17.

996 *Thünken*, IPRax 2001, 15 (19 f.); *ders.*, Das kollisionsrechtliche Herkunftslandprinzip, S. 83; vgl. ferner auch: *Gierschmann*, DB 2000, 1315 (1316).

997 Vgl. die Begründung des Vorschlags für eine Richtlinie des Europäischen Parlaments und des Rates über bestimmte rechtliche Aspekte des elektronischen Geschäftsverkehrs im Binnenmarkt, KOM (1998) 586 endg. v. 18. 11. 1998, S. 15; siehe ferner zu der Gesetzgebungsgeschichte und den Zielen der Richtlinie die Darstellung oben S. 169 ff.

Für eine kollisionsrechtliche Qualifizierung des Herkunftslandprinzips in der Richtlinie tritt auch *Dethloff* ein.[998] Wenn sich die Regelung des Art. 3 Abs. 3 ECRL nicht darin erschöpfen wolle, rein deklaratorisch den Vorrang des primären Gemeinschaftsrechts zu normieren, so könne sie nur kollisionsrechtlich zu verstehen sein. Zur Unterstützung dieser Deutung weist *Dethloff* auf den Ausnahmekatalog vom Anwendungsbereich des Herkunftslandprinzips in Art. 3 Abs. 4 ECRL hin, der vorsieht, dass die Empfangsstaaten Maßnahmen ergreifen können, sofern diese im Allgemeininteresse erforderlich sind.[999] Dieser Vorbehalt wäre nach *Dethloff* gegenstandslos, wenn das IPR im Anwendungsbereich der Richtlinie unberührt bliebe.[1000]

Mankowski geht ebenfalls von einem kollisionsrechtlichen Verständnis des Herkunftslandprinzips in Art. 3 Abs. 1, 2 ECRL aus.[1001] Der Wortlaut der Bestimmung sei eindeutig formuliert und beziehe sich in seinem Anwendungsbereich auch auf den privatrechtlichen Sektor. Dass auch das Wettbewerbsrecht erfasst sei, belege die ausdrückliche Ausnahme für „Spamming" im Anhang der Richtlinie. Der Ausnahme dieses werberechtlichen Segmentes hätte es nicht bedurft, wenn dieser Bereich generell nicht erfasst wäre. Es stelle sich überhaupt die Frage nach dem Sinn des Herkunftslandprinzips, wenn es nicht internationalprivatrechtlich verstanden werden könne. Der Anbieter solle nach dem Ziel der Richtlinie nur einem einzigen Recht unterworfen sein.[1002] Dies könne aber nur mittels eines kollisionsrechtlichen Herkunftslandprinzips ermöglicht werden.[1003]

Zweifelnd äußert sich insofern *Marly*, der von einer *„ergebnisorientierten Korrekturvorschrift"* spricht, für die es *„keinen unmittelbaren Vorläufer"* gebe.[1004] Er nimmt an, dass Art. 3 Abs. 1, 2 ECRL nur dann in das IPR eingreife, wenn die Marktortvorschriften zu einer größeren Beschränkung des Diensteanbieters führten, als dies bei Anwendung der Regelungen dessen

---

998 *Dethloff*, Europäisierung des Wettbewerbsrechts, S. 53 ff.; *dies.*, JZ 2000, 179 (180 f.).

999 Vgl. zu Art. 3 Abs. 4 ECRL im Einzelnen oben S. 198 f.

1000 *Dethloff*, Europäisierung des Wettbewerbsrechts, S. 53 ff.

1001 *Mankowski*, GRUR Int. 1999, 909 (912 f.); *ders.*, CR 2000, 763 (767); *ders.*, ZVglRWiss 100 (2001), 137 ff.; *ders.*, Molengrafica 1999/2000, 97 (131 f.); *ders.*, IPRax 2002, 257 (258 ff.).

1002 *Mankowski*, GRUR Int. 1999, 909 (912); *ders.*, Molengrafica 1999/2000, 97 (131 f.); *ders.*, IPRax 2002, 257 (258 f.).

1003 Ausführlich zu einer kollisionsrechtlichen Deutung des Herkunftslandprinzips unten S. 228 ff.

1004 Grabitz/Hilf/*Marly*, A 4 Rn. 20.

Niederlassungsstaates der Fall wäre. Dieser Eingriff sei möglicherweise kollisionsrechtlicher Natur.

Bei dieser Art der Auslegung des Herkunftslandprinzips klingt bereits eine Günstigkeitsbewertung an, die von einer anderen Ansicht befürwortet wird.

e) Kollisionsrechtliches Günstigkeitsprinzip

Möglicherweise könnte man aus Art. 3 Abs. 1, 2 ECRL ein kollisionsrechtliches Günstigkeitsprinzip herauslesen.[1005] Dieses Verständnis lag insbesondere § 4 Abs. 1 TDG-Entwurf[1006] zugrunde,[1007] welcher allerdings im Rahmen des Gesetzgebungsverfahrens aufgegeben wurde.[1008] Ein kollisionsrechtliches Günstigkeitsprinzip würde bedeuten, dass trotz Geltung des Herkunftslandrechts des Diensteanbieters ein anderes kollisionsrechtlich berufenes mitgliedstaatliches Recht zur Anwendung käme, sofern es für den Anbieter günstiger als das Herkunftslandrecht wäre. Es würde also ein Günstigkeitsvergleich zwischen den Regeln des Herkunftslandrechts und der von den traditionellen internationalprivatrechtlichen Bestimmungen berufenen lex causae durchgeführt.[1009]

[1005] So: *Leible*, in: Neue Entwicklungen in der Dienstleistungs- und Warenverkehrsfreiheit, S. 71 (83 f.). Vgl. dazu ferner die Darstellungen bei: *Spindler*, in: Systemwechsel im europäischen Kollisionsrecht, S. 107 (112). Ferner: *Sack*, WRP 2002, 271 (275 f.).

[1006] Gesetzesentwurf der Bundesregierung – Entwurf eines Gesetzes über rechtliche Rahmenbedingungen für den elektronischen Geschäftsverkehr (Elektronischer Geschäftsverkehr-Gesetz –EGG) BT-Drs. 14/6098 v. 17. 05. 2001.

[1007] Vgl. zur Umsetzung des Herkunftslandprinzips der ECRL in das deutsche Recht unten S. 228.

[1008] Ein Günstigkeitsvergleich war auch in der österreichischen Umsetzung vorgesehen. § 20 ECG der Regierungsvorlage berief ähnlich wie § 4 Abs. 1, 2 TDG-Entwurf das nach herkömmlichen internationalprivatrechtlichen Grundsätzen ermittelte Recht nur dann zur Anwendung, wenn es den freien Verkehr der Dienste der Informationsgesellschaft nicht einschränkt. § 20 ECG der Regierungsvorlage lautete wie folgt:

„*(1) Im koordinierten Bereich (§ 3 Z 8) richten sich die rechtlichen Anforderungen an einen in einem Mitgliedstaat niedergelassenen Diensteanbieter nach dem Recht dieses Staates.*

(2) Der freie Verkehr der Dienste der Informationsgesellschaft aus einem anderen Mitgliedstaat darf vorbehaltlich der §§ 21 bis 23 nicht auf Grund inländischer Rechtsvorschriften eingeschränkt werden, die in den koordinierten Bereich fallen."

[1009] Für einen Günstigkeitsvergleich: *Sack*, WRP 2002, 271 (275 f.). Ferner bezüglich § 4 Abs. 1 TDG-Entwurf: *ders.*, WRP 20011408 (1411); *Nickels*, DB 2001, 1919 (1922).

Für dieses Verständnis wird der Wortlaut des Art. 3 Abs. 2 ECRL angeführt, der es nahe lege, dass das Recht des Herkunftslandes nur dann zur Anwendung kommt, wenn es einen niedrigeren Schutzstandard gewährt als das Recht des Marktortes. Problematisch ist diese Deutung allerdings angesichts des Wortlauts in Art. 3 Abs. 1 ECRL, wonach die innerstaatlichen Vorschriften des Niederlassungsstaates ohne Einschränkung gelten sollen. Gegen ein solches kollisionsrechtliches Günstigkeitsprinzip spricht ferner, dass es die nachfragergünstige Wirkung des Herkunftslandprinzips in einer Weise erhöht, die zu einem Zielkonflikt mit den verbraucherschutz- und wettbewerbsrechtlichen Standards der Gemeinschaft zu führen droht.[1010] Ferner erscheint die Lösung vor dem Hintergrund der Zielsetzung der Richtlinie, die Rechtsanwendung zu erleichtern und dadurch eine höhere Rechtssicherheit zu erreichen, nicht sachgerecht. Ein Günstigkeitsprinzip würde dazu führen, dass der Diensteanbieter sich zunächst nach dem Recht der Zielstaaten zu erkundigen hätte, um auf diese Weise das für seine Dienste maßgebliche Recht zu ermitteln.[1011] Damit würden gerade höhere Rechtsermittlungskosten geschaffen und die Rechtsanwendung erschwert.[1012] Die Unternehmer würden gerade mit denjenigen Rechtsermittlungskosten belastet, die durch das Herkunftslandprinzip ausgeschaltet werden sollten. Auch Klagen gegen deutsche Unternehmen im Ausland würden durch ein kollisionsrechtliches Günstigkeitsprinzip an Attraktivität gewinnen, was zu einer Belastung der inländischen Unternehmen führen würde.[1013]

f) Ergebnis

Die Darstellung der im Schrifttum vertretenen Lösungsansätze ergibt ein sehr uneinheitliches Bild. Während nach einem Großteil der in der Literatur entwickelten Ansichten das Herkunftslandprinzip in Art. 3 Abs. 1, 2 ECRL keinen kollisionsrechtlichen Charakter aufweist, ist nach anderen Auffassungen ein solches Verständnis entgegen dem Wortlaut von Art. 1 Abs. 4 ECRL zu befürworten. Vermittelnde Lösungen vermögen einer kritischen Untersuchung nicht standzuhalten. So ist weder die Annahme einer Beschränkung des Herkunftslandprinzips auf das öffentliche Recht noch eine rein anerkennungsrechtliche Deutung mit den Zielen der Richtlinie zu vereinbaren.

[1010] *Lurger/Vallant*, MMR 2002, 203 (206 f.); *Mankowski*, EWS 2002, 401 f.

[1011] *Thünken*, IPRax 2001, 15 (20).

[1012] Dazu: *Lurger/Vallant*, MMR 2002, 203 (207); *Mankowski*, CR 2001, 630 (636); *ders.*, EWS 2002, 401 (402).

[1013] *Mankowski*, CR 2001, 630 (637); *ders.*, EWS 2002, 401 (402).

Der folgende Abschnitt soll der Erarbeitung eines eigenen Ansatzes dienen. Es soll versucht werden, sowohl den Zielen der Richtlinie als auch dem Wortlaut von Art. 1 Abs. 4 ECRL gerecht zu werden.

B. Eigener Ansatz

I. Kollisionsrechtlicher Gehalt des Art. 3 Abs. 1, 2 ECRL

Nach Art. 3 Abs. 2 ECRL dürfen die Mitgliedstaaten *„den freien Verkehr von Diensten der Informationsgesellschaft aus einem anderen Mitgliedstaat nicht aus Gründen einschränken, die in den koordinierten Bereich fallen"*. Gleichzeitig sollen durch die Richtlinie nach Art. 1 Abs. 4 ECRL keine zusätzlichen Regeln im Bereich des IPR geschaffen werden. Diese beiden Normen gilt es zum Ausgleich zu bringen.

Zunächst ergibt sich in Bezug auf Art. 3 Abs. 2 ECRL, dass dieser das grundsätzlich im internationalen Wettbewerbsrecht maßgebliche Anknüpfungsmoment „Markt" durch die Anknüpfung an den Niederlassungsort ersetzt.[1014] Dies bedeutet eine Abkehr von den bisher maßgeblichen internationalprivatrechtlichen Regeln für Wettbewerbsdelikte. Der Wortlaut der Regelung spricht demnach für eine kollisionsrechtliche Deutung des Herkunftslandprinzips. Auch die Wirkungsweise der Norm entspricht der einer internationalprivatrechtlichen Bestimmung. Entsprechen die Dienste eines Anbieters dem Recht seines Herkunftslandes, so sollen die Bestimmungsländer nach Art. 3 Abs. 1, 2 ECRL ihn grundsätzlich nicht an der Verbreitung seiner Leistungen auch auf ihrem Hoheitsgebiet hindern können, selbst wenn dies ihren Regelungen entgegensteht. Dies bedeutet aber, dass die Normen des Herkunftslandes Anwendung finden und die kollisionsrechtlich berufenen Regelungen mithin gerade nicht maßgeblich sind. Die Anwendung einer anderen Rechtsordnung als der des Herkunftslandes führt zu einer Behinderung des freien Warenverkehrs. Die wettbewerbliche Maßnahme entspricht bereits einer Rechtsordnung der Gemeinschaft; eine Heranziehung weiterer Rechtsordnungen hätte behindernde Wirkung. Obwohl die ausländischen Rechtsordnungen nicht als solche behindernde Wirkung haben, wird es dennoch faktisch zu einer Beschränkung des freien Dienstleistungsverkehrs kommen, da die Regelungen der Mitgliedstaaten beträchtlich voneinander abweichen. Unterstützend sei hier auf Erwägungsgrund Nr. 22 der E-Commerce-Richtlinie verwiesen, worin es

[1014] Zum Begriff der Kollisionsnorm oben S. 58 f.

heißt, dass die Diensteanbieter grundsätzlich dem Recht des Mitgliedstaates unterworfen werden sollen, in dem der Anbieter niedergelassen ist. Was kann dies aber anderes bedeuten als die kollisionsrechtliche Verweisung auf eine bestimmte Rechtsordnung, nämlich die des Herkunftslandes des Anbieters?

In Art. 3 ECRL werden auch nicht die in Art. 43, 49 EGV normierten Grundfreiheiten wiederholt, sondern vielmehr spezielle Regelungen aufgestellt, die mit den Schranken der Grundfreiheiten nicht übereinstimmen.[1015] Art. 3 Abs. 4 lit. a) ECRL ermöglicht es dem Bestimmungsland, Maßnahmen zum Schutz wichtiger Gemeinschaftsgüter zu ergreifen. Wäre nach der ECRL bereits grundsätzlich das Recht des Bestimmungslandes anwendbar, so enthielte die Richtlinie nicht die Klausel, dass zunächst das Herkunftsland aufzufordern ist, selbst Maßnahmen zu ergreifen.[1016] Durch die Einführung dieser Klausel wird eine Art „Subsidiarität" des Ergreifens von Maßnahmen durch das Bestimmungsland geschaffen. Maßgeblich sind dementsprechend in erster Linie die rechtlichen Instrumentarien des Herkunftslandes. Für ein kollisionsrechtliches Verständnis spricht auch, dass der gesamte koordinierte Bereich entsprechend Art. 2 lit. h) ECRL einheitlich behandelt werden soll; dies bestätigt auch Erwägungsgrund Nr. 21 der Richtlinie über den elektronischen Geschäftsverkehr.[1017]

Auch aufgrund seines Zweckes kann das Herkunftslandprinzip nur kollisionsrechtlich begriffen werden. Ein Anbieter soll seine Aktivitäten nur nach dem Recht seines Niederlassungsstaates ausrichten müssen, so dass eine europaweit einheitliche Gestaltung der Werbemaßnahme ermöglicht wird.

Es ist umgekehrt kaum möglich, das Herkunftslandprinzip anders als kollisionsrechtlich zu verstehen. Sachrechtlich könnte man das Herkunftslandprinzip nur dann interpretieren, wenn man ihm jedes verweisungsrechtliche Element auf eine fremde Rechtsordnung abspräche. Dann müsste sich das Herkunftslandprinzip darauf beschränken, diejenigen Normen unangewendet zu lassen, die gemeinschaftsrechtswidrig sind. Das Herkunftslandprinzip geht aber darüber hinaus; es besagt weiterführend, welche Normen an die Stelle der so gerissenen Lücke treten, nämlich die des Herkunftsstaates des Diensteanbieters. Damit wird eine positive Ersetzung der kollisionsrechtlich

[1015] *Thünken*, IPRax 2001, 15 (19); so auch: *Fezer/Koos*, IPRax 2000, 349 (353), die allerdings eine kollisionsrechtliche Bedeutung des Herkunftslandprinzips ablehnen.

[1016] *Thünken*, IPRax 2001, 15 (19).

[1017] Danach betrifft der koordinierte Bereich auch Vorschriften des Wettbewerbsrechts, nämlich: *„Anforderungen betreffend Online-Tätigkeiten, beispielsweise Online-Informationsdienste, Online-Werbung, Online-Verkauf und Online-Vertragsschluss."*

berufenen Rechtsordnung bewirkt. Dabei geht das Prinzip über die bloße Berücksichtigung der ausländischen Rechtsnormen im Rahmen der lex causae hinaus. Es werden vielmehr die ausländischen Rechtsnormen angewandt.[1018]

Zu der Frage des anwendbaren Rechts enthält das Herkunftslandprinzip eine eindeutige Aussage. Eine Differenzierung zwischen der Bestimmung des internationalen Anwendungsbereichs von Rechtsvorschriften einerseits und Kollisionsnormen andererseits ist nicht denkbar, denn die Bestimmung, wann eine bestimmte Vorschrift einer Rechtsordnung anwendbar ist, ist eine Kollisionsnorm.[1019] Es bleibt daher festzuhalten, dass Art. 3 Abs. 1 , 2 ECRL kollisionsrechtliche Implikationen enthält. Andererseits soll es sich nach dem Willen des Gesetzgebers nicht um eine Kollisionsnorm handeln,[1020] wie sich aus Art. 1 Abs. 4 ECRL ergibt. Mit der Einführung des Art. 1 Abs. 4 ECRL sollte erreicht werden, dass keine Änderungen des IPR eintreten.

Aufgrund des hier vertretenen Verständnisses ergibt sich ein Widerspruch zu Art. 1 Abs. 4 ECRL. Fraglich ist daher, wie eine mögliche Deutung dieser Bestimmung vor dem Hintergrund des kollisionsrechtlichen Verständnisses des Herkunftslandprinzips in der ECRL aussehen kann.

II. Vereinbarkeit des kollisionsrechtlichen Gehalts von Art. 3 Abs. 1, 2 ECRL mit Art. 1 Abs. 4 ECRL

1. Lösungen unter Außerachtlassung der Aussage des Art. 1 Abs. 4 ECRL

Eine Lösung des Spannungsverhältnisses von Art. 1 Abs. 4 ECRL einerseits und Art. 3 Abs. 1, 2 ECRL andererseits könnte durch das Verständnis des Art. 1 Abs. 4 ECRL als sogenannte „narrative Norm“ zu finden sein.[1021] Darunter sind solche Normen zu verstehen, die selbst keinen eigenen Regelungsgehalt haben, sondern lediglich gesetzgeberische Motive oder Auslegungsmethoden hinsichtlich eines bestimmten juristischen Problems enthalten.[1022] Ein solcher

---

[1018] *Mankowski*, ZVglRWiss 100 (2001), 137 (145).

[1019] Vgl. dazu im Einzelnen oben S. 58 f.; *Mankowski*, IPRax 1995, 230 (231 f.); *ders.*, Seerechtliche Vertragsverhältnisse, S. 301 ff.

[1020] Vgl. dazu: *Vermeer*, Molengrafica 1999/2000, 151 (179).

[1021] Staudinger/*von Hoffmann*, Art. 40 EGBGB Rn. 299.

[1022] Allgemein zum Begriff der narrativen Norm: *Jayme*, Rec des Cours 1995 I, 12 (260 f.); *Virally*, Ann Inst dr int 60 (1983), 166 ff.), der eine Unterscheidung zwischen *„textes*

„texte international dépourvu de portée juridique"[1023] könnte Art. 1 Abs. 4 ECRL sein, der ähnlich einem Erwägungsgrund lediglich ein gesetzgeberisches Motiv zum Ausdruck bringt. Dieses wäre dann nicht notwendig als verbindlich anzusehen und hinderte daher im konkreten Fall des Art. 1 Abs. 4 ECRL nicht daran, Art. 3 Abs. 1, 2 ECRL kollisionsrechtliche Bedeutung beizumessen.

Eine andere Möglichkeit, den Widerspruch von Art. 3 Abs. 1, 2 ECRL zu Art. 1 Abs. 4 ECRL aufzulösen, wäre Art. 1 Abs. 4 ECRL für gänzlich unbeachtlich zu erklären.[1024] Dieses Verständnis der Richtlinienbestimmung lässt sich damit begründen, dass die Organe der Europäischen Gemeinschaft keine Definitionskompetenz dafür haben, was IPR ist und was nicht.[1025] Allein dadurch, dass die Kommission behauptet, eine bestimmte Regelung habe keinen kollisionsrechtlichen Gehalt, verliert die Norm nicht ihren international-privatrechtlichen Charakter. Die Auslegung einer Rechtsnorm durch die normschöpfenden Organe findet ihre Grenzen dort, wo sie der Norm selbst widerspricht. Eine Übernahme des gesetzgeberischen Willens unter Überschreitung der Wortlautgrenze würde unkritischen Gesetzespositivismus bedeuten.[1026] *Vermeer* vergleicht die durch die Richtlinie geschaffene Situation mit Magarittes Bild eines Apfels, das mit dem Kommentar „Ceci n'est pas un[e] pomme" versehen ist.[1027]

Mankowski nennt die Behauptung des Art. 1 Abs. 4 ECRL, es würden keine zusätzlichen Regeln im Bereich des IPR geschaffen, „Verbalequilibristik."[1028]

---

internationaux de portée juidique" und *„textes internationaux dépourvus de portée juridique"* vornimmt.

[1023] *Virally*, Ann Inst dr int 60 (1983), 166 ff.; *Jayme*, Rec des Cours 1995 I, 12 (260).

[1024] So: *Mankowski*, ZVglRWiss 100 (2001), 137 (138); *ders.*, Molengrafica 1999/2000, 97 (131 f.); *ders.*, in: Aufbruch nach Europa, S. 595 (599); *ders.*, EWS 2002, 401 (402 f.); *Vermeer*, Molengrafica 1999/2000, 151 (180).

[1025] Darauf weist zu Recht *Mankowski* hin, der davon spricht, dass die Behauptung, bei Art. 3 Abs. 1, 2 ECRL handele es sich nicht um eine Kollisionsnorm, *„den Berg zutreffender Dogmatik"* nicht zu versetzen vermag; *Mankowski*, ZVglRWiss 100 (2001), 137 (138); *ders.*, Molengrafica 1999/2000, 97 (131 f.); *ders.*, in: Aufbruch nach Europa, S. 595 (599); *ders.*, EWS 2002, 401 (402 f.); ferner: *Vermeer*, Molengrafica 1999/2000, 151 (180).

[1026] *Mankowski*, ZVglRWiss 100 (2001), 137 (138); der betont, dass dieser inzwischen der rechtswissenschaftlichen Vergangenheit angehöre.

[1027] *Vermeer*, Molengrafica 1999/200, 151 (180).

[1028] Nach *Mankowski* ist allerdings auch das primärrechtliche Herkunftslandprinzip kollisionsrechtlich zu deuten, da es sich zumindest im Ergebnis wie eine kollisionsrechtliche Anknüpfung auswirke und demgemäß durchaus als eine Norm kollisionsrechtlichen Charakters aufgefasst werden könne. Dem kann aber nach obigen

Die Normaussage des Art. 1 Abs. 4 ECRL sei entweder nicht richtig durchdacht oder eine „bewusste Irreführung“.[1029]

Gegenüber einer solchen Lösung unter Außerachtlassung des gesetzgeberischen Willens und unter Auslegung der Norm konträr zu ihrem Wortlaut[1030] erscheint es vorzugswürdig, eine Lösung zu suchen, die einerseits der kollisionsrechtlichen Aussage der Binnenmarktregel in Art. 3 Abs. 1, 2 ECRL gerecht wird und auf der anderen Seite Art. 1 Abs. 4 ECRL eine Bedeutung belässt. Dies soll im Folgenden versucht werden.

2. Kollisionsrechtliche Relevanz von Art. 1 Abs. 4 ECRL

Der Aussage des Art. 1 Abs. 4 ECRL, die Richtlinie schaffe keine zusätzlichen internationalprivatrechtlichen Bestimmungen, könnte neben dem Herkunftslandprinzip in Art. 3 Abs. 1, 2 ECRL eine kollisionsrechtliche Bedeutung zukommen.

Art 3 Abs. 1, 2 ECRL verweist nämlich nicht uneingeschränkt auf das Recht des Herkunftslandes des Diensteanbieters. Zunächst ist der räumliche Anwendungsbereich der Norm auf Binnenmarktsachverhalte beschränkt. Bei Drittstaatensachverhalten bleibt es bei der allgemeinen kollisionsrechtlichen Anknüpfung. Eine weitere Einschränkung der kollisionsrechtlichen Berufung des Herkunftslandrechts findet aufgrund des sachlichen Anwendungsbereichs des Art. 3 Abs. 1, 2 ECRL statt. Handelt es sich nicht um eine Tätigkeit innerhalb des koordinierten Bereichs im Sinne von Art. 2 lit. h) ECRL,[1031] bleibt es ebenfalls bei der Anwendung der allgemeinen kollisionsrechtlichen Regeln. Schließlich enthält die Richtlinie noch eine dritte Beschränkung des

Ausführungen nicht gefolgt werden. Diese andere Einschätzung des primärrechtlichen Herkunftslandprinzips hindert indes nicht daran, das sekundärrechtliche Herkunftslandprinzip kollisionsrechtlich aufzufassen, da das sekundärrechtliche Gemeinschaftsrecht durchaus eine andere Ausgestaltung erfahren kann als das primärrechtliche. *Mankowski*, CR 2000, 763 (767); *ders.*, ZVglRWiss 100 (2001), 137 (141).

[1029] *Mankowski*, IPRax 2002, 257.

[1030] So: *Mankowski*, der formuliert, Art. 1 Abs. 4 ECRL sei *„wegen Widerspruchs zur Realität unbeachtlich.“* *Mankowski*, EWS 2002, 401 (402). Vgl. ferner: *ders.*, ZVglRWiss 100 (2001), 137 (138); *ders.*, IPRax 2002, 257; *Vermeer*, Molengrafica 1999/200, 151 (180); *Crabit*, Revue du Droit de l'Union Européenne 2000, 749 (759 f.); *Schaub*, RabelsZ 66 (2002), 18 (34); *Lurger*, in: Aufbruch nach Europa, S. 479 (484); *Halfmeier*, ZEuP 2001, 837 (862).

[1031] Vgl. dazu im Einzelnen oben S. 188.

Anwendungsbereichs des Herkunftslandprinzips. Diese ergibt sich aus einer teleologischen Auslegung der Norm in Verbindung mit ihrer europarechtlichen Reichweite. Wie oben bereits eingehend dargestellt, ist Hintergrund der Anknüpfung an das Herkunftslandprinzip im internationalen Wettbewerbsrecht die Beachtung der Grundfreiheiten des EGV. Eine Behinderung des freien Warenverkehrs tritt aber dann nicht ein, wenn die Normen des Marktortrechts die wettbewerbliche Maßnahme bereits zulassen. Vor diesem Hintergrund gebietet Art. 3 ECRL eine Anknüpfung an das Herkunftslandrecht nur, wenn das nach den allgemeinen Regeln kollisionsrechtlich berufene Wettbewerbsrecht die Maßnahme nicht bereits gestattet. Die Anknüpfung nach internationalprivatrechtlichen Grundsätzen bleibt daher im Grundsatz bestehen, sofern diese nicht zu strengeren Regelungen führt, als dies nach den Bestimmungen des Herkunftslandes der Fall wäre.[1032] Die Anknüpfung an das Recht des Herkunftslandes des Diensteanbieters verdrängt daher die allgemeinen internationalprivatrechtlichen Regeln im Bereich des Wettbewerbsrechts nicht gänzlich; vielmehr wird grundsätzlich an den allgemeinen Regeln des internationalen Wettbewerbsrechts festgehalten.[1033]

Wie aber das Verhältnis von Marktortanknüpfung zu Herkunftslandprinzip genau aussieht, ist damit noch nicht gesagt und soll im Folgenden eingehend untersucht werden.

a) Mehrere Anknüpfungsmomente

Das Verhältnis von Art. 3 Abs. 1, 2 ECRL zu Art. 1 Abs. 4 ECRL könnte so zu beschreiben sein, dass mehrere Anknüpfungsmomente nebeneinander stehen. Aus Art. 1 Abs. 4 ECRL ergibt sich eine Anknüpfung an das Marktortrecht, während Art. 3 Abs. 1, 2 auf das Herkunftslandrecht verweist.

[1032] So auch: *Landfermann*, in: Aufbruch nach Europa, S. 503 (512 ff.); ferner: *Bodewig*, allerdings auf der Grundlage einer sachrechtlichen Interpretation, *Bodewig*, GRUR Int. 2000, 475 (479 f.); ähnlich *Ahrens*, der allerdings den Herkunftslandstandard als beweisbedürftige Ausnahme ansieht, *Ahrens*, CR 2000, 835 ff.

[1033] Nach der Empfehlung des Ausschusses für Recht und Binnenmarkt für die zweite Lesung des Europäischen Parlaments gilt für das Herkunftslandprinzip Folgendes: „*Entsprechend der Forderung des Parlaments steht nunmehr nach dem Gemeinsamen Standpunkt eindeutig fest, dass die Richtlinie dem internationalen Privatrecht vorgeht, indem bestimmt wird, dass diese Richtlinie zwar keine zusätzlichen Regeln im Bereich des internationalen Privatrechts schafft, die Anwendung dieses Rechts jedoch nicht dazu führen darf, dass die Dienstleistungsfreiheit in der Informationsgesellschaft, wie sie in der Richtlinie vorgesehen ist, beeinträchtigt wird.*" Empfehlung des Ausschusses für Recht und Binnenmarkt für die zweite Lesung des Europäischen Parlaments, A5-0106/2000, v. 12. 04. 2000, S. 11.

(1) Mögliche Anknüpfungen

Verwendet eine Kollisionsnorm nicht eines, sondern mehrere Anknüpfungsmomente, so stellt sich die Frage, wie diese zueinander stehen. Möglich wäre es, die Art der Anknüpfung in Art. 3 Abs. 1, 2 ECRL als alternative Anknüpfung zu begreifen.[1034] Eine solche liegt dann vor, wenn eine materiellrechtliche Ergebnisvorgabe durch gleichrangig nebeneinander stehende Anknüpfungsalternativen erreicht werden soll.[1035] Die Alternativanknüpfung dient damit der materiellrechtlichen Begünstigung eines bestimmten Ergebnisses. Es kommt diejenige Rechtsordnung zur Anwendung, die für den jeweils Begünstigten zu einem vorteilhafteren Ergebnis führt. Die Alternativanknüpfung wird demnach durch eine bestimmte materiellrechtliche Ergebnisvorgabe bestimmt, die dadurch gefördert werden soll, dass bestimmte genau bezeichnete Rechtsordnungen gleichrangig nebeneinander gestellt werden.[1036] Daher wird in Zusammenhang mit der alternativen Anknüpfung von dem Günstigkeitsprinzip gesprochen.[1037] Ein solcher „favor-Gedanke“ findet sich im autonomen deutschen Recht beispielsweise in Art. 11 Abs. 1 EGBGB, ferner in Art. 26 Abs. 1 EGBGB und in Art. 16 Abs. 2 EGBGB.

Gegenüber der Annahme alternativer Anknüpfungen ist indes Zurückhaltung geboten. Bedenklich ist die Begünstigung eines bestimmten materiellen Ergebnisses, wenn dieses auf rein inländischen Vorstellungen beruht, die von ausländischen Rechtsordnungen nicht geteilt werden. Aufgrund dieser Problematik wahrt das klassische System des IPR gerade Neutralität gegenüber bestimmten materiellen Inhalten.[1038] Bedient man sich aufgrund der alternativen Anknüpfung eines kollisionsrechtlichen Mittels, um ein bestimmtes Sachrecht auszuschalten und ein anderes zu fördern, so widerspricht dies internationalprivatrechtlichen Grundprinzipien. Bei er alternativen Anknüpfung kommt nämlich nicht die Rechtsordnung mit der engsten Verbindung zum Sachverhalt zur Anwendung, sondern die Bestimmung der anzuwendenden

[1034] Zu dem Begriff der „Alternativanknüpfung“ vgl. im Einzelnen: *Baum*, Alternativanknüpfungen, S. 50 ff.

[1035] *Baum*, Alternativanknüpfungen, S. 50 ff.; *von Hoffmann*, IPR § 5 Rn. 117; *Kropholler*, IPR, § 20 II; *Neuhaus*, Die Grundbegriffe des IPR, § 19 II; *Rauscher*, NJW 1988, 2151 (2153 f.); *Siehr*, IPR, Buch 2 § 47 III 1 b).

[1036] *Kropholler*, IPR, § 20 II 1; *Rauscher*, NJW 1988, 2151 (2153 f.); *Neuhaus*, Die Grundbegriffe des IPR, § 19 II 2.

[1037] *Von Hoffmann*, IPR, § 5 Rn. 117; *Kropholler*, IPR, § 20 II 1.

[1038] *Von Hoffmann*, IPR, § 5 Rn. 117; *Kropholler*, IPR, § 20 II 3.

Rechtsordnung wird vielmehr von materiellrechtlichen Zielvorgaben bestimmt.[1039]

Davon abzugrenzen ist die subsidiäre Anknüpfung. Auch bei dieser wird ein bestimmtes materielles Ergebnis begünstigt, allerdings liegt der Unterschied zur alternativen Anknüpfung hier in dem Verhältnis der Anknüpfungen zueinander. Kennzeichnend für die subsidiäre Anknüpfung ist, dass eine Anknüpfung nur dann zum Tragen kommt, wenn die Hauptanknüpfung versagt.[1040] Eine solche nur hilfsweise Anknüpfung an eine oder mehrere weitere Rechtsordnungen ist etwa in Art. 19 Abs. 1 EGBGB oder auch in Art. 18 Abs. 1 EGBGB enthalten. Die hilfsweise Anknüpfung kommt nur dann zur Anwendung, wenn die Primäranknüpfung leer läuft. Die Anknüpfungen stehen hier nicht gleichrangig nebeneinander, sondern in einer Rangordnung zueinander. Die Termini werden nicht einheitlich verwendet. So geht etwa *Siehr* von einer subsidiären Anknüpfung auch dann aus, wenn die Primäranknüpfung nicht versagt, sondern lediglich bestimmte Schutzvorschriften umgangen werden, wie dies beispielsweise bei Art. 29 Abs. 1 EGBGB und Art. 30 Abs. 1 EGBGB der Fall ist.[1041]

Kropholler nennt als weitere Art der Kombination mehrerer Anknüpfungen die korrigierende Anknüpfung.[1042] Mit diesem Begriff will *Kropholler* solche Fälle erfassen, in denen grundsätzlich eine Primäranknüpfung besteht, das von dieser berufene Recht allerdings durch eine weitere, subsidiäre Anknüpfung verändert werden kann. Bei dieser korrigierenden Anknüpfung handelt es sich grundsätzlich um einen Verweis auf inländisches Recht, so bei Art. 13 Abs. 2 EGBGB, Art. 16 Abs. 2 EGBGB oder Art. 17 Abs. 1 S. 2 EGBGB. Die genannten Vorschriften sind spezielle Vorbehaltsklauseln zugunsten des inländischen Rechts. Korrigierende Anknüpfungen gibt es nach *Kropholler* allerdings auch zugunsten ausländischen Rechts, wie etwa in Art. 18 Abs. 1 S. 2 EGBGB.[1043] Im Unterschied zu der subsidiären Anknüpfung handelt es sich hier nicht um Fälle, in denen eine Primäranknüpfung versagt, vielmehr besteht die Anknüpfung, führt aber im Einzelfall nicht zu dem gewünschten Ergebnis, so dass auf eine andere Anknüpfung zurückgegriffen wird. Abzugrenzen von der alternativen Anknüpfung ist diese korrigierende Anknüpfung dadurch, dass es

---

1039 Eingehend: *Baum*, Alternativanknüpfungen, S. 55 ff.

1040 *Von Hoffmann*, IPR § 5 Rn. 118; *Kropholler*, IPR, § 20 III; *Neuhaus*, Die Grundbegriffe des IPR, § 19 II 3; Siehr, IPR, § 47 III 1 d).

1041 *Siehr*, IPR, § 47 III 1 d).

1042 *Kropholler*, IPR, § 20 I 1 c).

1043 Wenn die Norm auf ausländisches Recht verweist, will *Kropholler* sie nicht als spezielle Vorbehaltsklausel verstanden wissen. *Kropholler*, IPR, § 20 I 1 c).

sich hier nicht um gleichrangige Alternativen handelt, sondern gerade ein Regel-Ausnahme-Verhältnis normiert wird. Aufgrund der für die beschriebenen Fälle typischen Ergebniskorrektur der Anknüpfung im Einzelfall erscheint es sinnvoller, diese Fälle als solche besonderer Vorbehaltsklauseln zu bezeichnen und auf die von *Kropholler* vorgenommene Begriffsbildung zu verzichten.[1044]

(2) Eigene Anknüpfung in Art. 3 Abs. 1, 2 ECRL?

Aus Art. 1 Abs. 4 ECRL ergibt sich, dass im Grundsatz keine Abkehr von den bestehenden Anknüpfungsregeln des internationalen Wettbewerbsrechts erfolgen soll. Daher muss von der Anknüpfung an den Ort der wettbewerblichen Interessenkollision ausgegangen werden. Wie aber der Verweis in Art. 3 Abs. 1, 2 ECRL kollisionsrechtlich zu werten ist, ist damit noch nicht gesagt. Ein Beispielsfall mag an dieser Stelle die Problematik erhellen.

Beispielsfall: Ein europaweit tätiges Unternehmen A, das Teledienstleistungen anbietet, hat seinen Sitz in Frankreich. Da es europaweit im Internet wirbt, hat es sich die Domainnamen der EU-Staaten sichern lassen (A.de, A.com, A.it.). Die von ihm verwandte Werbestrategie ist nach dem französischen Recht erlaubt, verstößt aber gegen deutsches materielles Wettbewerbsrecht.

Nach den allgemeinen Regeln des internationalen Wettbewerbsrechts findet im deutschen IPR das Recht des Ortes der wettbewerblichen Interessenkollision, mithin das Marktortrecht, Anwendung.[1045] Vorliegend wäre daher deutsches materielles Wettbewerbsrecht anzuwenden. Die wettbewerbliche Maßnahme würde von deutschen Gerichten untersagt. Diese Untersagung bedeutet eine Beschränkung eines Dienstes der Informationsgesellschaft im Sinne des Art. 3 Abs. 2 ECRL aus einem Grund, der in den koordinierten Bereich fällt. Da nach Art. 1 Abs. 4 ECRL aber keine grundsätzliche Abkehr von den Regeln des IPR erfolgen soll, ist deutsches Wettbewerbsrecht als Marktortrecht zwar im Grundsatz anzuwenden; in vorliegendem Fall käme aber nach Art. 3 Abs. 1, 2 ECRL aufgrund der daraus folgenden Beschränkung das Recht des Herkunftslandes zur Anwendung. Bildet man den Fall indes umgekehrt, so dass die wettbewerbliche Maßnahme des A in Deutschland erlaubt, in dem Herkunftsland des Anbieters aber zu untersagen ist, findet das Recht des Marktortes Anwendung. In diesem Fall bleibt es bei den allgemeinen Regeln. Ist

[1044] Eingehend zu besonderen Vorbehaltsklauseln vgl. unten S. 89 ff.

[1045] Vgl. dazu im Einzelnen oben S. 107 ff., insbesondere auch zu den Besonderheiten von Wettbewerbsverletzungen im Internet vgl. oben S. 134 ff.

nun die fragliche wettbewerbliche Maßnahme in beiden Ländern untersagt, so bleibt es ebenfalls bei dem Verweis auf das Recht des Marktortes. Genauso verhält es sich, wenn die wettbewerbliche Maßnahme in allen Ländern erlaubt ist. Das Herkunftslandrecht kommt in diesem Fall nicht zum Tragen, es bleibt also bei den allgemeinen Regeln.

Das Verhältnis des Herkunftslandprinzips zu der Marktortanknüpfung könnte daher so aufgefasst werden, dass eine zwingende alternative Anknüpfung zugunsten des Rechts ausgesprochen wird, das im konkreten Einzelfall für den Anbieter günstiger ist im Sinne einer materiellrechtlich orientierten „Inhaltskontrolle". Möglich wäre folglich ein Verständnis als inhaltliche Beschränkung des kollisionsrechtlich berufenen Rechts. Für diese Deutung spricht, dass die betreffende wettbewerbliche Maßnahme möglichst rechtmäßig sein soll. Allerdings dient, berücksichtigt man Sinn und Zweck der Regelung, diese nicht in erster Linie der Zulässigkeit möglichst weitreichender wettbewerblicher Maßnahmen, es wird im Gegenteil ausdrücklich die Gefahr eines *„race to the bottom"* heraufbeschworen.[1046] Auch hat der Beispielsfall gezeigt, dass die Anknüpfungsalternativen nicht alternativ im Sinne von Gleichrangigkeit nebeneinander stehen, sondern vielmehr im Regelfall das Marktortrecht zu Anwendung gelangt.

Da die Regeln des IPR im Grundsatz unangetastet bleiben sollen, ist die Marktortanknüpfung primäre Anknüpfung, während das Recht des Herkunftslandes nur dann zur Anwendung kommt, wenn die Marktortanknüpfung nicht zum gewünschten Ergebnis, nämlich der Rechtmäßigkeit der fraglichen wettbewerblichen Maßnahme, gelangt. Die Anknüpfung an das Marktortrecht steht also nicht gleichberechtigt neben dem Verweis auf das Herkunftslandrecht. Das Herkunftslandrecht kommt vielmehr nur dann zum Tragen, wenn das Marktortrecht zu Beschränkungen führt, die das Recht des Herkunftslandes nicht kennt. Damit ergibt sich vorliegend ein Subsidiaritätsverhältnis. Eine subsidiäre Anknüpfung in dem dargestellten Sinne liegt aber auch nicht vor, da das Anknüpfungsmoment Marktort bei Anwendung

[1046] *Schack*, MMR 2000, 59 (63); *Mankowski*, GRUR Int. 1999, 909 (913 ff.); *ders.*, ZVglRWiss 100 (2001), 137 ff.; *Leupold/Bräutigam/Pfeiffer*, WRP, 2000, 575 (585); *Hoeren*, Grundzüge des Internetrechts, S. 39; *Becker*, in: Rechtsschutz gegen Urheberrechtsverletzungen und Wettbewerbsverstöße in grenzüberschreitenden Medien, S. 29 (44); *Lehmann*, EuZW 2000, 517 (518); *ders.*, ZUM 1999, 180 (181); *ders.*, in: Neue Herausforderungen an das Privatrecht, S. 1 (5 f.); *Köhler*, ZVersWiss 89 (2000), 487 (494); *Lurger*, in: Aufbruch nach Europa, S. 479 (486 f.); *Fritze/Holzbach*, WRP 2000, 872 (875); *Spindler*, ZUM 1999, 775 (781); *ders.*, in: Systemwechsel im europäischen Kollisionsrecht, S. 107 (110). Als verfehlt bezeichnet ferner *Lindacher* das Herkunftslandprinzip, *Lindacher*, EWiR § 1 UWG 11/01, 831 (832); ablehnend ferner: *Mankowski*, GRUR Int. 1999, 909 (912 ff.); *ders.*, EWS 2002, 401 ff.

des Herkunftslandrechts nicht *versagt*. Es besteht vielmehr eine Primäranknüpfung, die durch die Anwendung einer weiteren Rechtsordnung korrigiert werden kann. Nur wenn diese zu einer Untersagung der wettbewerblichen Maßnahme führt, die das Herkunftslandrecht nicht kennt, kommt letzteres zur Anwendung.

Der Beispielsfall hat verdeutlicht, dass nur in einem denkbaren Fall der Marktort nicht das maßgebliche Anknüpfungsmoment bildet. Nur in diesem einen Fall ist die Rechtmäßigkeit der wettbewerblichen Handlung dem Herkunftslandrecht zu entnehmen. Die allgemeinen kollisionsrechtlichen Normen werden durch das Herkunftslandprinzip in Art. 3 Abs. 1, 2 ECRL nicht ausgehebelt, sondern lediglich im Anwendungsbereich der Richtlinie begrenzt.[1047] Von einer abweichenden Grundanknüpfung an das Herkunftslandrecht zu sprechen, erscheint daher verfehlt. Näher liegt das Verständnis als besondere Vorbehaltsklausel.

b) Besondere Vorbehaltsklausel

Das Herkunftslandprinzip in der E-Commerce-Richtlinie könnte ähnlich wie im primären Gemeinschaftsrecht als eine besondere Vorbehaltsklausel zugunsten des Herkunftslandrechts zu werten sein.[1048]

Eine besondere Vorbehaltsklausel[1049] bildet keine kollisionsrechtliche Grundanknüpfung, sondern begrenzt lediglich die Wirkung der allgemeinen Regeln.[1050] Es ist mithin nur eine Unteranknüpfung, die der Korrektur der Grundanknüpfung dient. Der Sachverhalt bleibt aber dem festgestellten Statut unterworfen.[1051] Allerdings handelt es sich bei Art. 3 Abs. 1, 2 ECRL nicht um eine Exklusivnorm zugunsten inländischen Rechts. Bei dem Herkunftslandprinzip in der ECRL geht es nicht um die Bevorzugung einer bestimmten Rechtsordnung oder gar um die Anwendung des innerstaatlichen Rechts. Die Norm ist allseitig formuliert. Das *innerstaatliche* Recht des Marktortes kann vielmehr gerade durch das *fremde* Recht des Niederlassungsstaates des Anbieters ersetzt werden. Es handelt sich daher weder um einen Vorbehalt zugunsten inländischen Rechts noch zugunsten eines

---

1047 Staudinger/*von Hoffmann*, Art. 40 EGBGB, Rn. 299.

1048 Siehe dazu oben S. 89 ff.

1049 Siehe bereits oben S. 89 ff.

1050 Staudinger/*von Hoffmann*, Art. 40 EGBGB Rn. 299.

1051 Dazu: *Kropholler*, IPR, § 36 V.

bestimmten Ergebnisses, sondern um eine *gemeinschaftsrechtliche Vorbehaltsklausel.*[1052]

Das Herkunftslandprinzip in der ECRL ist mithin ein europarechtlicher Vorbehalt, der es ermöglicht, europarechtliche Grundsätze zu wahren, und der gleichzeitig keine Abkehr von den hergebrachten Prinzipien des IPR fordert. Das Herkunftslandrecht kommt mithin immer dann zur Anwendung, wenn gemeinschaftsrechtliche Grundsätze dies gebieten. Das Herkunftslandprinzip ähnelt mithin einer ordre-public-Kontrolle; diese ist sowohl in ihrer negativen als auch in ihrer positiven Komponente eine Kollisionsnorm.[1053] Mit diesem Verständnis wird erreicht, dass es im Grundsatz bei den allgemeinen Regeln des IPR bleibt, und nur im Einzelfall eine Ergebniskorrektur zugunsten des Herkunftslandrechts vorgenommen wird. Dies entspricht Sinn und Zweck des Herkunftslandprinzips, da die Anbieter nicht den strengeren Regeln des Marktortes unterworfen werden, wenn ihr Herkunftslandrecht eine bestimmte wettbewerbliche Maßnahme zulässt. In diesem Fall wird das Ergebnis der kollisionsrechtlichen Anknüpfung korrigiert, was zu einer Anwendung der maßgeblichen wettbewerblichen Vorschrift des Herkunftslandes des Anbieters führt. Andererseits wird auch Art. 1 Abs. 4 ECRL nicht gänzlich unberücksichtigt gelassen,[1054] da keine neue Grundanknüpfung in der ECRL enthalten ist, sondern lediglich ein Vorbehalt zugunsten des Herkunftslandrechts.

c) Das Herkunftslandprinzip als Sachnormverweisung

Art. 3 Abs. 1, 2 ECRL ist kollisionsrechtlicher Natur. Es fragt sich daher, um was für eine Art der Verweisung es sich handelt. Wenn Art. 3 Abs. 1, 2 ECRL auf das Recht des Niederlassungsstaates verweist, so ist nach den allgemeinen internationalprivatrechtlichen Regeln auch dessen allgemeines Kollisionsrecht erfasst. Dies ergibt sich aus Art. 4 Abs. 1 S. 1, 1. HS EGBGB. Für die Zulassung einer Gesamtverweisung spricht, dass Art. 3 Abs. 1, 2 ECRL den gesamten koordinierten Bereich erfasst, wozu nach der Definition in Art. 2 lit. h) ECRL im Prinzip das gesamte Rechtssystem eines Mitgliedstaates zählt, mithin auch dessen IPR.

[1052] Vgl. dazu bereits oben S. 89 ff.

[1053] *Schurig*, Kollisionsnorm und Sachrecht, S. 248 ff.; *Kegel/Schurig*, IPR § 16 II.

[1054] Vgl. zur Auflösung des Widerspruchs zu Art. 1 Abs. 4 ECRL unten S. 242.

Von einem Teil der Literatur wird das Herkunftslandprinzip in der ECRL daher als Gesamtverweisung interpretiert.[1055] Für dieses Verständnis wird auf Art. 1 Abs. 4 ECRL verwiesen, da im Ergebnis das IPR des Herkunftslandes maßgeblich wäre, das in der Regel nach dem Markortprinzip das anwendbare Recht ermittelt.[1056] Darin liegt aber zugleich der Nachteil einer Gesamtverweisung.[1057] Internationalprivatrechtlich wäre weiterhin das Marktortrecht maßgeblich. Die dem Herkunftslandprinzip dann noch verbleibende Bedeutung wäre gering und vor dem Hintergrund der Zielsetzung einer einheitlichen Anknüpfung fragwürdig. Daher wird zu Recht überwiegend von einer Sachnormverweisung ausgegangen.[1058]

Abgesehen von diesen Schlussfolgerungen aus Sinn und Zweck der Bestimmung,[1059] ergibt sich die Lösung der Art der Anknüpfung aber bereits aus allgemeinen kollisionsrechtlichen Grundsätzen. Aus der ratio einer besonderen Vorbehaltsklausel folgt, dass es sich um eine Sachnormverweisung handeln muss. Die Vorbehaltsklausel soll nicht zu der Maßgeblichkeit irgendeines

---

[1055] *Spindler*, ZUM 1999, 775 (785 f.); *ders.*, MMR-Beilage 7/2000, 4 (9 f.); *ders.*, ZHR 165 (2001), 324 (337); *Lurger*, in: Aufbruch nach Europa, 479 (488 f.); vgl. ferner die Überlegungen bei: *Hoeren*, MMR 1999, 192 (195).

[1056] Zu der internationalprivatrechtlichen Anknüpfung in den Mitgliedstaaten der Gemeinschaft, vgl. die Darstellung oben S. 148 ff.

[1057] Das Ziel des Herkunftslandprinzips, dass sich die Anbieter nur nach einer Rechtsordnung richten müssen, würde verfehlt, wenn man eine Gesamtverweisung auch auf das IPR des Herkunftslands annähme. Man käme in der Regel zu einer Anknüpfung an das Bestimmungsland, so dass eine Ersparnis von Rechtsermittlungskosten nicht erreicht würde. Dies hätte zur Folge, dass nach den Vorschriften des IPR des Niederlassungsstaates das maßgebliche Recht ermittelt würde. In der Regel wird es sich dabei um das Recht des Marktortes handeln. Damit wäre das Herkunftslandprinzip weitgehend seiner Wirkung beraubt. Dazu: *Mankowski*, GRUR Int. 1999, 909 (913); *ders.*, ZVglRWiss 100 (2001), 137 (140); *ders.*, EWS 2002, 401 (409); *Lindholm/Maennel*, CRi 2000, 65 (66); *Ahrens*, CR 2000, 835 (837 f.); *Thünken*, IPRax 2001, 15 (20).

[1058] *Hoeren*, MMR 1999, 192 (195); *Spindler*, ZHR 165 (2001), 324 (337); *Fezer/Koos*, IPRax 2000, 349 (353); *Ahrens*, CR 2000, 835 (837); *Härting*, DB 2001, 80 (81); *Mankowski*, GRUR Int. 1999, 909 (913); *ders.*, ZVglRWiss 100 (2001), 137 (152 f.); *ders.*, EWS 2002, 401 (409); *Apel/Grapperhaus*, WRP 1999, 1247 (1252); Staudinger/*Fezer*, Int. WirschR., Rn. 448; *Thünken*, IPRax 2001, 15 (20); *Grundmann*, RabelsZ 67 (2003), 246 (272); zuletzt auch: *Naskret*, Das Verhältnis zwischen Herkunftslandprinzip und Internationalem Privatrecht in der Richtlinie zum elektronischen Geschäftsverkehr, S. 109 ff., insb. S. 114.

[1059] *Grundmann* geht davon, dass der mit der E-Commerce-Richtlinie in der EG-Kommission befassten Abteilung der Unterschied zwischen Gesamt- und Sachnormverweisung nicht bekannt ist, RabelsZ 67 (2003), 246 (272).

Rechts führen, sondern zu der eines bestimmten. Daher kommt eine Gesamtverweisung nicht in Betracht. Aus dem hier vertretenen Verständnis der Binnenmarktregelung in Art. 3 Abs. 1, 2 ECRL ergibt sich zwingend, das es sich bei der Verweisung auf das Herkunftslandrecht um eine Sachnormverweisung handelt.

3. Zwischenergebnis

Art. 3 Abs. 1, 2 ECRL ist kollisionsrechtlicher Natur. Dennoch läuft Art. 1 Abs. 4 ECRL nicht leer, da es bei der Grundsatzanknüpfung an das Marktortrecht bleibt. Art. 3 Abs. 1, 2 ECRL formuliert lediglich einen gemeinschaftsrechtlichen Vorbehalt zugunsten des Herkunftslandrechts. Mit dieser Interpretation des Art. 3 Abs. 1, 2 ECRL erreicht man, dass einerseits dem Herkunftslandprinzip eine kollisionsrechtliche Bedeutung zugesprochen wird und andererseits auch Art. 1 Abs. 4 ECRL einen Regelungsbereich erhält und nicht lediglich als Leerformel abgetan wird. Versteht man unter Kollisionsnormen nur Grundanknüpfungen, so ist Art. 3 Abs. 1, 2 ECRL tatsächlich keine Kollisionsnorm. Es bleibt nach dem hier vertretenen Verständnis des Binnenmarktprinzips in der ECRL bei den allgemeinen Regeln des IPR; nur im Einzelfall bei Beschränkungen von Maßnahmen, die in den koordinierten Bereich der Richtlinie fallen, wird die Wirkung der allgemeinen Regeln durch eine besondere Vorbehaltsklausel zugunsten des Herkunftslandrechts begrenzt. Der Sachverhalt bleibt aber dem festgestellten Statut unterworfen, so dass im Grundsatz weiterhin die Marktortanknüpfung gilt.

4. Überprüfung des gefundenen Ergebnisses anhand der primärrechtlichen Vorgaben

a) Vergleich der Regelung des Art. 3 Abs. 1, 2 ECRL mit den Vorgaben des primären Gemeinschaftsrechts

Bei Art. 3 Abs. 1, 2 ECRL handelt es sich um eine besondere Vorbehaltsklausel. Ebenso wie im primären Gemeinschaftsrecht ist grundsätzlich vom Marktortprinzip auszugehen.[1060] Bei einschränkenden Maßnahmen ist indes im koordinierten Bereich das Herkunftslandprinzip maßgeblich. Art. 3 Abs. 4 ECRL sieht zudem Fälle vor, in denen die Mitgliedstaaten vom

[1060] Zu den Vorgaben des primären Gemeinschaftsrechts, vgl. oben S. 33 ff.

Herkunftslandprinzip abweichende Maßnahmen treffen können. Demnach sind ebenso wie im primären Gemeinschaftsrecht abweichende Regelungen rechtfertigungsfähig. In dem Fall, in dem die Vorbehaltsklausel greift, die Maßnahme also im Herkunftsland rechtmäßig wäre, es im Marktortstaat aber nicht ist, können nach Art. 3 Abs. 4 ECRL strengere Maßnahmen gerechtfertigt sein. Die Vorschrift enthält damit einen ausdrücklichen ordre-public-Vorbehalt,[1061] der eine Gleichwertigkeitsprüfung durch die Behörden des Bestimmungslandes vorsieht.[1062] Die Vorschrift lautet wie folgt:

„Die Mitgliedstaaten können Maßnahmen ergreifen, die im Hinblick auf einen bestimmten Dienst der Informationsgesellschaft von Absatz 2 abweichen, wenn die folgenden Bedingungen erfüllt sind:
a) Die Maßnahmen
i) sind aus einem der folgenden Gründe erforderlich:
- Schutz der öffentlichen Ordnung, insbesondere Verhütung Ermittlung, Aufklärung und Verfolgung von Straftaten, einschließlich des Jugendschutzes und der Bekämpfung der Hetze aus Gründen der Rasse, des Geschlechts, des Glaubens oder der Nationalität, sowie von Verletzungen der Menschenwürde einzelner Personen,
- Schutz der öffentlichen Gesundheit,
- Schutz der öffentlichen Sicherheit, einschließlich der Wahrung nationaler Sicherheits- und Verteidigungsinteressen,
- Schutz der Verbraucher, einschließlich des Schutzes von Anlegern
ii) betreffen einen bestimmten Dienst der Informationsgesellschaft, der die unter Ziffer i) genannten Schutzziele beeinträchtigt oder eine ernsthafte und schwerwiegende Gefahr einer Beeinträchtigung dieser Ziele darstellt;
iii) stehen in einem angemessenen Verhältnis zu diesen Schutzzielen.
b) Der Mitgliedstaat hat vor Ergreifen der betreffenden Maßnahme unbeschadet etwaiger Gerichtsverfahren, einschließlich Vorverfahren und Schritten im Rahmen einer strafrechtlichen Ermittlung,
- den in Absatz 1 genannten Mitgliedstaat aufgefordert, Maßnahmen zu ergreifen, und dieser hat dem nicht Folge geleistet oder die von ihm getroffenen Maßnahmen sind unzulänglich;
- die Kommission und den in Absatz 1 genannten Mitgliedstaaten über seine Absicht, derartige Maßnahmen zu ergreifen, unterrichtet.“

[1061] So auch: *Heß*, JZ 2001, 573 (582).

[1062] Ausführlich dazu: *Spindler*, MMR-Beilage 7/2000, 4 (7 ff.); *Köhler/Arndt*, EWS 2001, 102 (106 ff.); *Waldenberger*, EuZW 1999, 296 (299 ff.).

Die Mitgliedstaaten können folglich lediglich dann Maßnahmen treffen, die vom Herkunftslandprinzip abweichen, wenn einer der in Art. 3 Abs. 4 ECRL normierten Rechtfertigungsgründe eingreift. Die Maßnahmen müssen demnach zum Schutz der öffentlichen Ordnung, Gesundheit oder Sicherheit, zum Schutz der Verbraucher oder Anleger erforderlich sein und dem Verhältnismäßigkeitsprinzip entsprechen; ferner muss eine *„ernsthafte und schwerwiegende Gefahr einer Beeinträchtigung"* der Regelungsziele bestehen. Die von einem Mitgliedstaat geplanten Maßnahmen können zudem, außer in dringenden Fällen, erst nach Durchlaufen des aufwendigen Verfahrens nach Art. 3 Abs. 4 lit. b) ECRL ergriffen werden. Die ECRL enthält folglich eine sehr weitgehende Anknüpfung an das Herkunftslandrecht.

Damit unterscheiden sich die Rechtfertigungsgründe der Richtlinie erheblich von denen des primären Gemeinschaftsrechts.[1063] Im Rahmen der Richtlinie ist ein besonderes Verfahren einzuhalten. Ferner ist die Zahl der Rechtfertigungsgründe wesentlich begrenzter als bei den Grundfreiheiten.[1064] Außer den in der Richtlinie enumerativ aufgezählten Rechtfertigungsgründen sind im primären Gemeinschaftsrecht auch Maßnahmen zum Schutz des lauteren und fairen Wettbewerbs gerechtfertigt, ferner solche zum Schutz der Meinungs- und Pressefreiheit, von Kulturgütern, von Immaterialgütern, der Umwelt und andere. Zudem beschränken sich die Ausnahmetatbestände nach Art. 3 Abs. 4 ECRL auf individuelle Vollzugsmaßnahmen und erfassen Rechtsvorschriften gerade nicht.[1065] Der Anwendungsbereich des Herkunftslandprinzips in Art. 3 Abs. 1, 2 ECRL erfasst ferner auch solche Bereiche, die als Regelungen von bloßen Verkaufsmodalitäten nach der „Keck-Rechtsprechung" des EuGH[1066] einer Überprüfung anhand der Grundfreiheiten des EGV weithin entzogen waren.[1067] Die in Art. 3 Abs. 4-6 ECRL vorgesehenen Ausnahmetatbestände enthalten folglich keine vergleichbare Übertragung der Schranken der Grundfreiheiten und des Verhältnismäßigkeits-prinzips.[1068] Nach der ECRL ist also die Anwendung von strengeren Vorschriften des Marktortes wesentlich seltener gerechtfertigt als im EGV.[1069] Dem Herkunftslandprinzip kommt eine größere Rolle zu.

1063 Vgl. dazu oben S. 21 f.

1064 Zu den Rechtfertigungsgründen im primären Gemeinschaftsrecht siehe oben S. 21 f.

1065 *Brenn*, ÖJZ 1999, 481 (484); *Fezer/Koos*, IPRax 2000, 349 (353).

1066 Dazu oben S. 25 ff.

1067 *Fezer/Koos*, IPRax 2000, 349 (353); *Spindler*, in: Systemwechsel im europäischen Kollisionsrecht, S. 107 (120); *Arndt/Köhler*, EWS 2001, 102 (107).

1068 *Brenn*, ÖJZ 1999, 481 (484); *Fezer/Koos*, IPRax 2000, 128 (135).

1069 Dazu. *Lurger/Vallant*, RIW 2002, 188 (191); vgl. bereits: *Lurger*, VR 2001, 14 (23); ferner: *Spindler*, in: Systemwechsel im europäischen Kollisionsrecht, S. 107 (120).

Nach obigen Ausführungen[1070] ist die Reichweite des primärrechtlichen Herkunftslandprinzips keine zufällige, sondern ergibt sich zwingend aus dem EGV. Aufgrund der begrenzten Öffnung der Kompetenzsphäre der Mitgliedstaaten darf das Herkunftslandprinzip nicht weiter reichen, als dies zur Verwirklichung der Binnenmarktzielsetzung erforderlich ist. Jede Ausweitung des Herkunftslandprinzips auf Bereiche, für die seine Geltung nicht erforderlich ist, bedeutet einen kompetenzrechtlich nicht gedeckten Eingriff in die Regelungsgewalt der Mitgliedstaaten.[1071] Eine weitere Ausdehnung, als oben für das primärrechtliche Herkunftslandprinzip herausgearbeitet wurde, ist vor dem Hintergrund der gemeinschaftsrechtlichen Ziele nicht erforderlich und damit auch nicht zulässig.[1072] Art. 3 ECRL sieht aber eine größere Weite des Anwendungsbereichs des Herkunftslandprinzips vor.

Wie diese über den primärrechtlich zulässigen Rahmen hinausgehende Anknüpfung an das Herkunftslandrecht zu werten ist und welche Folgen sich aus diesem Sachverhalt für die Richtlinie ergeben, erscheint fragwürdig und bedarf einer näheren Auseinandersetzung mit dem Verhältnis des sekundären zum primären Gemeinschaftsrecht.[1073]

b) Verhältnis des sekundären Gemeinschaftsrechts zu den Grundfreiheiten des EGV

Die Grundfreiheiten sind zwar an die Mitgliedstaaten adressiert, richten sich aber auch an den Gemeinschaftsgesetzgeber.[1074] Auch wenn sich insofern in Rechtsprechung[1075] und Literatur[1076] kein völlig einheitliches Bild ergibt,[1077]

1070 Dazu oben S. 33 ff.

1071 Siehe dazu im Einzelnen oben S. 33 ff.

1072 Siehe dazu die Ausführungen oben S. 33 ff.

1073 Dazu ausführlich: *Steindorff*, EG-Vertrag und Privatrecht, S. 423 ff.; *Schwemer*, Die Bindung des Gemeinschaftsgesetzgebers an die Grundfreiheiten; *Scheffer*, Die Marktfreiheiten des EG-Vertrages als Ermessensgrenze des Gemeinschaftsgesetzgebers.

1074 Ausführlich zu dieser Fragestellung: *Scheffer*, Die Marktfreiheiten des EG-Vertrages als Ermessensgrenze des Gemeinschaftsgesetzgebers, S. 32 ff.; *Schwemer*, Die Bindung des Gemeinschaftsgesetzgebers an die Grundfreiheiten, S. 25 ff.; ferner: *Jarass*, EuR 1991, 211 (223); *Mestmäcker*, in: Festschrift Willgerodt, S. 263 (270, 278 ff.).

1075 Grundlegend: EuGH 20. 04. 1978 – verb. Rs. 80 und 81/77 -, Slg. 1978, 927 (947) Rn. 35, 36 („Société des Commissionaires/Receveur des Douanes"); ferner: EuGH 17. 05. 1984 – 15/83 -, Slg. 1984, 2171 (2184) Rn. 15 („Denkavit"); EuGH 09. 08. 1994 – Rs. C-51/93 -, Slg. 1994-I, 3879 (3898) Rn. 11 („Meyhui"); EuGH 11. 07. 1996 - verb. Rs. 427/93, C-429/93, C-436/93 -, Slg. 1996-I, 3457 (3530) Rn. 36 („Bristol-Myers Squibb u.a.").

wird doch von der ganz herrschenden Meinung eine Bindung des Gemeinschaftsgesetzgebers an die Grundfreiheiten vertreten.[1078] Das primäre Gemeinschaftsrecht genießt nicht nur gegenüber dem mitgliedstaatlichen Recht Vorrang, sondern auch gegenüber den sekundärrechtlichen Bestimmungen des Gemeinschaftsgesetzgebers.[1079] Gemäß Art. 249 Abs. 1 EGV wird sekundäres Gemeinschaftsrecht „nach Maßgabe" des EGV erlassen. Daraus folgt eine Bindung des sekundären Gemeinschaftsrechts an das primäre Recht.[1080] Demzufolge richten sich die Grundfreiheiten nicht nur gegen beschränkende Maßnahmen der Mitgliedstaaten, sondern darüber hinaus auch gegen solche der

---

1076 *Schwemer,* Die Bindung des Gemeinschaftsgesetzgebers an die Grundfreiheiten, S. 25 ff., S. 66 ff., S. 75 ff., S. 88 ff.; *Scheffer,* Die Marktfreiheiten des EG-Vertrages als Ermessensgrenze des Gemeinschaftsgesetzgebers, S. 121 ff.; *Schaefer,* Die unmittelbare Wirkung des Verbots der nichttarifären Handelshemmnisse (Art. 30 EWGV) in den Rechtsbeziehungen zwischen Privaten, S. 44 ff.; *Mestmäcker,* in Festschrift Börner, S. 277 (283 ff.); *Roth,* in: Aspekte des internationalen Versicherungsvertragsrechts im Europäischen Wirtschaftsraum, S. 1 (15); *Freitag,* Der Einfluss des Europäischen Gemeinschaftsrechts auf das internationale Produkthaftungsrecht, S. 335 ff.

1077 Gegen eine Bindung des Gemeinschaftsgesetzgebers an die Grundfreiheiten spricht etwa die Aussage *Bahlmanns,* der die Ansicht vertritt, die Grundfreiheiten statuierten in erster Linie Abwehrrechte gegen nationale Eingriffe einzelner Mitgliedstaaten, seien aber kein Schutzsystem gegenüber den Gemeinschaftsorganen; *Bahlmann,* EuR 1982, 1 (3). *Roth,* weist darauf hin, dass das Spannungsverhältnis zwischen sekundärem und primärem Gemeinschaftsrecht sich anders darstelle *„als dasjenige zwischen mitgliedstaatlichem Recht und EWG-Vertrag".* Zum einen könne Rechtsangleichung bewirken, dass die den zwischenstaatlichen Handel hemmenden Wirkungen einer Regelung entfielen, und zum anderen könne *„der Gemeinschaftsgesetzgeber das Allgemeininteresse als Gemeinschaftsallgemeininteresse abweichend von den Grundsätzen definieren, wie sie zum Allgemeininteresse der Mitgliedstaaten entwickelt"* worden seien; dazu im Einzelnen: *Roth,* in: Aspekte des internationalen Versicherungsvertragsrechts im Europäischen Wirtschaftsraum, S. 1 (15).

1078 *Schwemer,* Die Bindung des Gemeinschaftsgesetzgebers an die Grundfreiheiten, S. 25 ff.; *Mestmäcker,* in: Festschrift von der Groeben, S. 9 (18); *Scheffer,* Die Marktfreiheiten des EG-Vertrages als Ermessensgrenze des Gemeinschaftsgesetzgebers, S. 121 ff.

1079 *Bleckmann,* Europarecht, Rn. 525 ff.; *Streinz,* Europarecht, Rn. 524; *Freitag,* Der Einfluss des Europäischen Gemeinschaftsrechts auf das internationale Produkthaftungsrecht, S. 335 ff.

1080 EuGH 09. 08. 1994 – Rs. C-51/93 -, Slg. 1994, I-3879 (3898) Rn. 11 („Schott Zwiesel"); *Steindorff,* EG-Vertrag und Privatrecht, S. 423 f.; *Schwemer,* Die Bindung des Gemeinschaftsgesetzgebers an die Grundfreiheiten, S. 37, 66 ff.; *Scheffer,* Die Marktfreiheiten des EG-Vertrages als Ermessensgrenze des Gemeinschaftsgesetzgebers, S. 121 ff.

Gemeinschaftsorgane selbst, so dass der Gemeinschaftsgesetzgeber die Schranken der Grundfreiheiten nicht überschreiten darf.[1081]

Das Ziel der europäischen Integration ist nach Art. 2, 3 Abs. 1 lit. c) EGV die Schaffung eines Binnenmarktes.[1082] Die Instrumentarien, mit denen die Gemeinschaft die bestehenden Hemmnisse abbauen soll, gibt der EGV selbst, insbesondere in den Art. 94 ff. EGV, vor. Gegen diese Vorgaben des Vertrages verstieße es, wenn nur den Mitgliedstaaten Schranken auferlegt würden, nicht aber der Europäischen Gemeinschaft selbst.[1083] Die Europäische Gemeinschaft ist zwar eine gegenüber den Mitgliedstaaten selbständige juristische Person, dennoch handeln über ihre Organe, insbesondere über das Hauptrechtssetzungsgremium des Rates,[1084] die Mitgliedstaaten.[1085]

Ein gewisser Spielraum kommt dem Gemeinschaftsgesetzgeber aber gleichwohl bei der Durchsetzung der Vertragsziele zu.[1086] Maßstäbe für den Umfang dieses Spielraums sind aus dem EGV unmittelbar nicht zu entnehmen. Dem Gesetzgeber kommt zwar eine gewisse Einschätzungsprärogative zu,[1087] allerdings ist die Europäische Gemeinschaft nicht souverän, sondern darf nur in dem Rahmen handeln, der ihr durch die Gründungsverträge zugewiesen ist. Eine Richtlinienbestimmung, die eine Grundfreiheit beschränkt, ohne dass dies gerechtfertigt wäre, ist unwirksam.[1088] Aufgrund der kompetenzrechtlichen Schranken des Gemeinschaftsgesetzgebers gilt dies auch bei einer sekundärrechtlichen Bestimmung, die über die grundfreiheitliche Gewährung hinausgeht. Der Gemeinschaftsgesetzgeber darf seine Kompetenzen nicht dadurch erweitern, dass er im sekundären Recht den Bestand der ihm übertragenen Hoheitsrechte überschreitet.[1089] Die Normen der Richtlinien dürfen demgemäß nicht den

---

1081 *Scheffer,* Die Marktfreiheiten des EG-Vertrages als Ermessensgrenze des Gemeinschaftsgesetzgebers, S. 121 ff.

1082 Zum Binnenmarktziel vgl. oben S. 12 ff.

1083 *Freitag,* Der Einfluss des Europäischen Gemeinschaftsrechts auf das internationale Produkthaftungsrecht, S. 335 ff.

1084 *Bleckmann,* Europarecht, Rn. 224; *Everling,* ZLR 1989, 304 (305); *Streinz,* Europarecht, Rn. 249.

1085 *Freitag,* Der Einfluss des Europäischen Gemeinschaftsrechts auf das internationale Produkthaftungsrecht, S. 336 f.; *Bleckmann,* Europarecht, Rn. 224.

1086 *Schwemer,* Die Bindung des Gemeinschaftsgesetzgebers an die Grundfreiheiten, 48 ff.

1087 *Zweigert,* in: Festschrift Dölle, S. 401 (406 f.); *Freitag,* Der Einfluss des Europäischen Gemeinschaftsrechts auf das internationale Produkthaftungsrecht, S. 336 f.

1088 *Steindorff,* EG-Vertrag und Privatrecht, S. 425 f.

1089 Im Einzelnen dazu oben S. 33 ff.

Grundfreiheiten widersprechen. Normenhierarchische Konflikte sind zugunsten des Primärrechts zu entscheiden.[1090]

Das Herkunftslandprinzip in Art. 3 Abs. 1, 2 ECRL geht aber nach dem oben Ausgeführten über den nach den primärrechtlichen Vorgaben zulässigen Rahmen hinaus. Fraglich ist mithin, ob durch eine gemeinschaftsrechtskonforme Auslegung eine dem EGV entsprechende Aussage erreicht werden kann.[1091] Sekundärrechtliche Bestimmungen sind nach Möglichkeit so auszulegen, dass sie im Einklang mit den Vorgaben des Primärrechts stehen. Ist eine solche gemeinschaftsrechtskonforme Auslegung nicht möglich, verstößt die Bestimmung der Richtlinie gegen primäres Recht.[1092] Im Sinne des Prinzips der gemeinschaftsrechtskonformen Auslegung sekundären Gemeinschaftsrechts wendet der EuGH bei verschiedenen Auslegungsmöglichkeiten einer sekundärrechtlichen Bestimmung diejenige an, die mit dem EGV als vereinbar angesehen werden kann.[1093]

c) Primärrechtskonforme Auslegung des Herkunftslandprinzips in Art. 3 Abs. 1, 2 ECRL

Wie eine gemeinschaftskonforme Auslegung des Herkunftslandprinzips in der ECRL im Einzelnen auszusehen hat, ergibt sich aus der primärrechtlichen Vorbehaltsklausel.[1094] Das Herkunftslandprinzip kann nicht weiter reichen, als das Primärrecht dies vorgibt. Es kommt mithin nur in den von der primärrechtlichen Vorbehaltsklausel vorgegebenen Fällen zur Anwendung. Daher ist an dieser Stelle die zuvor erarbeitete gemeinschaftsrechtliche Vorbehaltsklausel zu rekapitulieren. *Bei Binnenmarktsachverhalten ist eine produktbezogene oder diskriminierende vermarktungsbezogene wettbewerbliche Maßnahme dann nach dem Recht des Herkunftslandes des Anbieters dieser Maßnahme zu beurteilen, wenn sie dort rechtmäßig ist, nach dem Recht des Marktortes aber rechtswidrig wäre, es sei denn die Maßnahme ist nach Art. 30 EGV, bzw. zwingenden Erfordernissen des Allgemeinwohls, gerechtfertigt.*

1090 *Schwemer,* Die Bindung des Gemeinschaftsgesetzgebers an die Grundfreiheiten, 66 ff.

1091 EuGH 21. 03. 1991 – Rs. C-314/89 -, Slg. 1991, I-1647 (1674) Nrn. 23, 24 („Zusätzliche Abgabe für Milch"); zur gemeinschaftsrechtskonformen Auslegung ferner: *Oppermann,* Europarecht, Rn. 688; *Schwemer,* Die Bindung des Gemeinschaftsgesetzgebers an die Grundfreiheiten, S. 68 f.

1092 *Steindorff,* EG-Vertrag und Privatrecht, S. 425 f.

1093 EuGH 13. 12. 1983 – Rs. 218/82 -, Slg. 1983, 4063 (4075) Rn. 15 („Kommission/Rat").

1094 Vgl. zu der primärrechtlichen Vorbehaltsklausel oben S. 89 ff.

Eine primärrechtskonforme Auslegung muss das Herkunftslandprinzip in der ECRL auf den Rahmen beschränken, den es nach der Warenverkehrs- und Dienstleistungsfreiheit hat. Daher müssen restriktivere Regelungen des Marktortes auch aus den nach dem primären Gemeinschaftsrecht anerkannten Gründen rechtfertigungsfähig sein. Eine Beschränkung auf die in der Richtlinie genannten Rechtfertigungsgründe wäre zu eng und nach dem oben Gesagten folglich gemeinschaftsrechtswidrig.

Eine solche primärrechtskonforme Auslegung lässt sich dadurch erreichen, dass man die in Art. 3 Abs. 4 ECRL genannten Rechtfertigungsgründe nicht als abschließend, sondern als beispielhaft wertet. Diese Auslegung müsste aber vom Wortlaut der Regelung noch gedeckt sein. In Art. 3 Abs. 4 ECRL heißt es: „*Die Mitgliedstaaten können Maßnahmen ergreifen, die im Hinblick auf einen bestimmten Dienst der Informationsgesellschaft von Absatz 2 abweichen, wenn die folgenden Bedingungen erfüllt sind.*" Der Wortlaut legt ein nur beispielhaftes Verständnis der Rechtfertigungsgründe zwar nicht nahe, lässt es aber wohl noch zu. Immerhin heißt es in Art. 3 Abs. 4 ECRL gerade nicht, die Mitgliedstaaten könnten Maßnahmen *nur* ergreifen, wenn die folgenden Rechtfertigungsgründe vorliegen. Da sekundärrechtliche Bestimmungen nach Möglichkeit so auszulegen sind, dass sie im Einklang mit den Vorgaben des Primärrechts stehen,[1095] ist diese aufgezeigte primärrechtskonforme Auslegung vorliegend zu wählen. Darüber hinaus müsste auch die „Keck-Rechtsprechung" in Art. 3 Abs. 4 ECRL hineingelesen werden. Wie oben festgestellt, ist bei bestimmten Verkaufsmodalitäten die Maßgeblichkeit der Normen des Herkunftslandes nicht erforderlich. Diese sind daher dem Anwendungsbereich der Warenverkehrsfreiheit entzogen. Dies muss mithin auch für den von der ECRL geregelten Bereich gelten. Diese Rechtsprechung lässt sich möglicherweise in Art. 3 Abs. 4 ECRL verorten, wo es heißt: „*Die Maßnahmen sind aus einem der folgenden Gründe erforderlich*". Um eine primärrechtskonforme Auslegung zu ermöglichen, könnte Art. 3 Abs. 4 a) i) ECRL so verstanden werden, dass es an der Erforderlichkeit in diesem Sinne bei bloßen Verkaufsmodalitäten generell fehlt, eine Rechtfertigung daher in diesem Fall nicht über Art. 3 Abs. 4 ECRL zu erfolgen hat. In diesem Fall wird „*der freie Verkehr von Diensten der Informationsgesellschaft aus einem anderen Mitgliedstaat*" bereits nicht *eingeschränkt* im Sinne des Art. 3 Abs. 2 ECRL. Diese Bestimmungen sind, wie oben gezeigt,[1096] nicht marktzugangsbeschränkend und unterfallen daher nicht dem Herkunftslandprinzip. Daher fehlt es bei primärrechtskonformer Auslegung von Art. 3 Abs. 2 ECRL an einer Einschränkung des freien Verkehrs im Sinne dieser Bestimmung. Die „Keck-

---

[1095] EuGH 13. 12. 1983 – Rs. 218/82 -, Slg. 1983, 4063 (4075) Rn. 15 („Kommission/Rat").

[1096] Siehe dazu die Ausführungen oben S. 29.

Rechtsprechung“ lässt sich mithin in der Richtlinienbestimmung verorten, so dass eine primärrechtskonforme Auslegung möglich ist. Weiterhin müsste eine Rechtfertigung auch bei Rechtsnormen nach Art. 3 Abs. 4 ECRL möglich sein. Dass nach Art. 3 Abs. 4 ECRL nur individuelle Vollzugsmaßnahmen erfasst sein sollen, ergibt sich bereits nicht zwangsläufig aus dem Wortlaut, so dass eine Erweiterung auf Rechtsnormen ohne weiteres möglich ist. Art. 3 ECRL ist einer restriktiven, und damit primärrechtskonformen, Auslegung daher zugänglich.

d) Auflösung des Widerspruchs zu Art. 1 Abs. 4 ECRL

Das hier vertretene Verständnis des Herkunftslandprinzips in der ECRL führt auch zu einer klaren und widerspruchsfreien Lösung des Verhältnisses der Binnenmarktregelung in Art. 3 Abs. 1, 2 ECRL zu dem Vorbehalt in Art. 1 Abs. 4 ECRL. Nach dieser Bestimmung schafft die Richtlinie keine zusätzlichen Regeln im Bereich des IPR. Nach den obigen Ausführungen ist das richtig.[1097] Art. 1 Abs. 4 ECRL sagt gerade nicht aus, das IPR werde nicht berührt; es heißt lediglich, es würden keine *zusätzlichen* Regeln geschaffen.

Das in Art. 3 Abs. 1, 2 ECRL enthaltene Herkunftslandprinzip kann aufgrund der primärrechtlichen Vorgaben nicht über das hinausgehen, was im internationalen Wettbewerbsrecht bereits gilt. Nach dem oben Gesagten ist das Marktortprinzip im internationalen Wettbewerbsrecht um eine besondere Vorbehaltsklausel zu Gunsten des Herkunftslandprinzips zu ergänzen.[1098] Diese Vorbehaltsklausel entspricht exakt in Reichweite und Bedeutung dem Herkunftslandprinzip in der Richtlinie über den elektronischen Geschäftsverkehr. Für den Bereich des nationalen internationalen Wettbewerbsrechts ergibt sich das aus dem Vorrang des Gemeinschaftsrechts. Für das Herkunftslandprinzip in der Richtlinie folgt dies aus der Bindung des Gemeinschaftsgesetzgebers an die Grundfreiheiten.

Damit sind sowohl die nationalen Regeln des internationalen Wettbewerbsrechts als auch die in der Richtlinie enthaltenen Bestimmungen an der in den Grundfreiheiten enthaltenen Vorbehaltsklausel auszurichten. Die Richtlinie schafft mithin keine *zusätzlichen* Regeln im Bereich des IPR. Das Herkunftslandrecht in der ECRL entspricht in seiner Reichweite dem im nationalen internationalen Wettbewerbsrecht enthaltenen Herkunftslandprinzip.

[1097] Vgl. dazu oben S. 243.

[1098] Vgl. dazu die Ausführungen oben S. 237 ff.

III. Ergebnis

Mit dem Herkunftslandprinzip in Art. 3 Abs. 1, 2 ECRL wird eine Korrektur der Grundanknüpfung kraft europarechtlichen Gebots normiert, die es ermöglicht, einerseits an den hergebrachten Grundsätzen festzuhalten und andererseits der fortschreitenden Internationalisierung wettbewerblicher Maßnahmen und europarechtlichen Vorgaben Rechnung zu tragen.[1099] Das in Art. 3 Abs. 1, 2 ECRL enthaltene Herkunftslandprinzip geht aber über das nach den primärrechtlichen Vorgaben zulässige Maß hinaus. Aufgrund der beschränkten Kompetenz des Gemeinschaftsgesetzgebers Richtlinienbestimmung restriktiv auszulegen. Diese Auslegung hat sich ebenso wie die gemeinschaftsrechtskonforme Auslegung des nationalen internationalen Wettbewerbsrechts an der primärrechtlichen Vorbehaltsklausel zu orientieren.

Das Herkunftslandprinzip reicht im Ergebnis in der ECRL nicht weiter als in den anderen Bereichen des internationalen Wettbewerbsrechts. Es hat ausschließlich klarstellende Bedeutung; seine Reichweite ergibt sich aus den Vorgaben des primären Gemeinschaftsrechts. Nach gemeinschaftsrechtskonformer Auslegung entspricht Art. 3 ECRL diesen Vorgaben. Folglich stimmt das Herkunftslandprinzip in Charakter und Reichweite mit dem im nationalen internationalen Wettbewerbsrecht enthaltenen Herkunftslandprinzip überein. Daraus folgt, dass die Richtlinie über den elektronischen Geschäftsverkehr keine *zusätzlichen* Regeln im Bereich des IPR schafft. Art. 1 Abs. 4 ECRL muss daher nicht als irreführend oder gar falsch gedeutet werden. Durch die Einführung des Herkunftslandprinzips in die Richtlinie über den elektronischen Geschäftsverkehr wurde mithin keine Änderung des internationalen Wettbewerbrechts erzielt.

Dies wurde bisher allerdings so nicht erkannt und führte auch bei der Umsetzung der Bestimmungen zum Herkunftslandprinzip in das deutsche Recht zu Problemen. Die Umsetzung des Herkunftslandprinzips wird in dem sich anschließenden zweiten Kapitel dargestellt.

[1099] Mit der Herkunftslandanknüpfung wird ein Inländerschutz kraft europarechtlichen Gebotes erzeugt.

2. Kapitel: Die Umsetzung des Herkunftslandprinzips in das deutsche Recht

A. Gesetzgebungsgeschichte und Hintergründe

Die ECRL musste gemäß Art. 22 ECRL von den Mitgliedstaaten bis zum 17. Januar 2002 umgesetzt werden. Dies hat der deutsche Gesetzgeber mit dem Gesetz über rechtliche Rahmenbedingungen für den elektronischen Geschäftsverkehr (EGG) getan. Dadurch wurde das Teledienstegesetz (TDG)[1100] neu gefasst.[1101] Das EGG ist ein Artikelgesetz, welches in Art. 1 EGG das TDG an die ECRL anpasst, in Art. 2 EGG die Vorgaben für Schiedsvereinbarung des Art. 17 Abs. 1 ECRL in der ZPO umsetzt, in Art. 3 EGG das Teledienstedatenschutzgesetz ändert und in Art. 4 EGG schließlich die Umstellung auf den Euro und in Art. 5 EGG das In-Kraft-Treten regelt.

I. Gesetzgebungsgeschichte

Die Gesetzgebungsgeschichte ist deshalb von Interesse, da die nunmehr in Kraft getretene Fassung des § 4 TDG erheblich von dem abweicht, was in früheren Fassungen zur Umsetzung des Herkunftslandprinzips vorgesehen war.[1102]

Das Bundesministerium für Wirtschaft und Technologie und das Bundesministerium der Justiz haben am 01. Dezember 2000 einen Entwurf eines Gesetzes über rechtliche Rahmenbedingungen für den elektronischen

---

1100 Art. 1 des Gesetzes zur Regelung der Rahmenbedingungen für Informations- und Kommunikationsdienste (IuKDG) v. 22. 07. 1997, BGBl. 1997, 1870, geändert durch Gesetz v. 27. 06. 2000, BGBl. I 2000, 897, sowie EGG v. 14. 12. 2001, BGBl. I 2001, 3721.

1101 Zur Umsetzung der ECRL in das deutsche Recht: *Jahme/Kohler*, IPRax 2001, 501 (502 f.); *Bröhl*, MMR 2001, 67 ff.; *Nickels*, DB 2001, 1919 ff.; *Mankowski*, CR 2001, 630 ff.; *ders.*, EWS 2002, 401 ff.; ferner: *Spindler*, ZRP 2001, 203 (204 ff.); *ders.*, NJW 2002, 921 (926); *ders.*, RIW 2002, 183 (186); *ders.*, in: Systemwechsel im europäischen Kollisionsrecht, S. 107 (113); *Hübner*, EuZW 2001, 225; *Härting*, CR 2001, 271 (272 ff.); *Tettenborn/Bender/Lübben/Karenfort*, K&R-Beilage 12/2001, 1 (7); *Sack*, WRP 2002, 271 (272); Naskret, Das Verhältnis zwischen Herkunftslandprinzip und Internationalem Privatrecht in der Richtlinie zum elektronischen Geschäftsverkehr, S. 131 ff.

1102 Anfänglich wurde erwogen, auf die explizite Umsetzung des Herkunftslandprinzips durch eine eigene Norm ganz zu verzichten. Siehe dazu: *Mankowski*, der auf Äußerungen des zuständigen Referenten aus dem Bundeswirtschaftsministerium verweist. *Mankowski*, EWS 2002, 401.

Geschäftsverkehr (Elektronischer Geschäftsverkehr-Gesetz - EGG) vorgelegt.[1103] Die Umsetzung des Herkunftslandprinzips sollte durch Einführung eines neuen § 4 TDG erfolgen.[1104] Ziel der Neufassung des § 4 Abs. 1 TDG war, es Diensteanbietern zu ermöglichen, nur mit der Einhaltung ihrer nationalen Vorschriften in anderen Mitgliedstaaten Dienste erbringen zu können.[1105] Diese Unterwerfung unter das nationale Wettbewerbsrecht des Niederlassungsstaates des Diensteanbieters wurde aber allein mit dem Prinzip der gegenseitigen Anerkennung in Verbindung gebracht; auf kollisionsrechtliche Implikationen dieser Regelung wurde demgegenüber nicht Bezug genommen. In § 2 Abs. 5 TDG wurde eine Art. 1 Abs. 4 ECRL entsprechende Klarstellung eingeführt.[1106] Auch für den Geltungsbereich des TDG war damit festgelegt, dass Regeln im Bereich des IPR nicht geschaffen werden sollten.

Dem Arbeitspapier folgte der am 17. Mai 2001 veröffentliche Entwurf eines Gesetzes über rechtliche Rahmenbedingungen für den elektronischen Geschäftsverkehr – EGG.[1107] Bei diesem Entwurf wurde in § 4 Abs. 1, 2 TDG[1108] dem IPR Rechnung getragen.[1109] In den gleichlautenden Fassungen des

---

1103 Arbeitspapier BMWi, BMJ, Stand: 01. Dezember 2000, Entwurf eines Gesetzes über rechtliche Rahmenbedingungen für den elektronischen Geschäftsverkehr (Elektronischer Geschäftsverkehr-Gesetz –EGG).

1104 § 4 Abs. 1, 2 TDG-Entwurf: *„(1) In der Bundesrepublik Deutschland niedergelassene Diensteanbieter und ihre Teledienste unterliegen den Anforderungen der innerstaatlichen Vorschriften auch dann, wenn die Teledienste in einem anderen Mitgliedstaat der Europäischen Union [oder in einem anderen Vertragsstaat des Abkommens über den Europäischen Wirtschaftsraum] angeboten oder erbracht werden.*

(2) Für die Aufnahme und die Ausübung der Tätigkeit von Diensteanbietern, die in einem anderen Mitgliedstaat der Europäischen Union [oder in einem anderen Vertragsstaat des Abkommens über den Europäischen Wirtschaftsraum] niedergelassen sind, sind die in diesem Mitgliedstaat [oder Vertragsstaat] geltenden Anforderungen auch dann maßgeblich, wenn die Teledienste in der Bundesrepublik Deutschland angeboten oder erbracht werden. Der freie Dienstleistungsverkehr dieser Diensteanbieter wird vorbehaltlich des Absatzes 4 nicht eingeschränkt.“

1105 „Erläuternde Hinweise zum Arbeitspapier ‚Entwurf eines Gesetzes über rechtliche Rahmenbedingungen für den elektronischen Geschäftsverkehr – EGG.'“

1106 § 2 Abs. 5 TDG-Entwurf: *„Presserechtliche Vorschriften sowie die Regelungen des internationalen Privatrechts und des internationalen Zivilprozessrechts bleiben unberührt.“*

1107 Gesetzesentwurf der Bundesregierung – Entwurf eines Gesetzes über rechtliche Rahmenbedingungen für den elektronischen Geschäftsverkehr (Elektronischer Geschäftsverkehr-Gesetz –EGG) BT-Drs. 14/6098 v. 17. 05. 2001.

1108 § 4 Abs. 1, 2 TDG-Entwurf:*„(1) In der Bundesrepublik Deutschland niedergelassene Diensteanbieter und ihre Teledienste unterliegen den innerstaatlichen Normen auch dann, wenn die Teledienste in einem anderen Staat innerhalb des Anwendungsbereiches*

Regierungs- und des Referentenentwurfs war ein zweiseitiges Günstigkeitsprinzip normiert, wobei aber keine allseitigen Verweisungen formuliert, sondern nur zwei Fallgruppen geregelt wurden.[1110] Danach betraf § 4 Abs. 1 TDG-Entwurf die Situation, dass ein in Deutschland niedergelassener Diensteanbieter seine Waren in einem anderen Mitgliedstaat anbietet. § 4 Abs. 2 TDG-Entwurf griff demgegenüber dann ein, wenn ein in einem anderen Mitgliedstaat niedergelassener Diensteanbieter seine Produkte auf dem deutschen Markt vertreiben will. In beiden Fällen sollte das internationalprivatrechtlich berufene Recht zur Anwendung kommen, sofern es den *„freien Dienstleistungsverkehr"* nicht weiter einschränkte als das Herkunftslandrecht des Anbieters. Bei Vorliegen einer Einschränkung kam nach § 4 Abs. 1, 2 TDG-Entwurf das Recht des Niederlassungsstaates zur Anwendung.

§ 4 Abs. 1, 2 TDG-Entwurf war, da er zu einer Änderung der in Deutschland geltenden Marktortanknüpfung führte, internationalprivatrechtlicher Natur. Keine Regelung traf § 4 Abs. 1 TDG allerdings für den Fall, dass sich weder die Niederlassung noch der Marktort in Deutschland befinden.[1111] Für diesen Fall lag mithin eine Regelungslücke vor. Das in § 4 Abs. 1 TDG enthaltene Günstigkeitsprinzip besagte, dass trotz Geltung des Herkunftslandrechts ein anderes mitgliedstaatliches Recht zur Anwendung kommt, wenn das deutsche

---

der Richtlinie 2000/31/EG des Europäischen Parlamentes und des Rates v. 8. Juni 2000 über bestimmte rechtliche Aspekte der Dienste der Informationsgesellschaft, insbesondere des elektronischen Geschäftsverkehrs, im Binnenmarkt (ABl. EG Nr. L 178 S. 1) geschäftsmäßig angeboten oder erbracht werden, soweit sich nicht aus den Regeln des internationalen Privatrechts etwas anderes ergibt. Auf solche Teledienste ist das nach den Regeln des internationalen Privatrechts maßgebliche Recht eines anderen Staates jedoch nicht anwendbar, soweit dadurch der freie Dienstleistungsverkehr über die Anforderungen des deutschen Rechts hinausgehend eingeschränkt werden würde.

(2) Der freie Dienstleistungsverkehr von Telediensten, die in der Bundesrepublik Deutschland von Diensteanbietern geschäftsmäßig angeboten oder erbracht werden, die in einem anderen Staat innerhalb des Anwendungsbereiches der Richtlinie 2000/31EG niedergelassen sind, wird nicht eingeschränkt. Auf solche Teledienste sind die nach den Regeln des internationalen Privatrechts maßgeblichen Normen nicht anwendbar, soweit dadurch der freie Dienstleistungsverkehr über die Anforderungen des Rechts des Niederlassungsstaates hinausgehend eingeschränkt werden würde. Absatz 5 bleibt unberührt."

1109 BT-Drs. 14/6098, S. 15 f. = BR-Drs. 136/01.

1110 Zu dem Referentenentwurf der Bundesregierung vgl.: *Bröhl*, MMR 2001, 67 ff.; *Nickels*, DB 2001, 1919 ff.; *Mankowski*, CR 2001, 630 ff.; ferner: *Spindler*, ZRP 2001, 203 (204 ff.); *Sack*, WRP 2001, 1408 ff.; *Härting*, CR 2001, 271 (272 ff.).

1111 Mit dem Fall kann sich ein deutsches Gericht etwa aufgrund von Prorogation befassen müssen. Dazu: *von Hoffmann*, IPR, § 3 Rn. 82 ff.

Kollisionsrecht auf dieses verweist und es im Vergleich zu dem Herkunftslandrecht günstiger ist. Dadurch wollte der deutsche Gesetzgeber eine Diskriminierung deutscher Anbieter im EU-Ausland verhindern.[1112] Die Anwendung einschränkenden Empfangsstaatrechts kam nur dann in Betracht, wenn es sich um die Tätigkeit ausländischer Anbieter in Deutschland handelte. In den engen Grenzen des Art. 3 Abs. 4-6 ECRL war bei diesem Sachverhalt gemäß § 4 Abs. 5 TDG-Entwurf eine Rechtfertigung möglich. In der Konstellation des § 4 Abs. 1 TDG-Entwurf war dagegen eine Rechtfertigung nicht vorgesehen. Die Folge war mithin, dass ausländische Diensteanbieter in Deutschland diskriminiert und inländische Anbieter im Ausland begünstigt wurden.[1113]

1112 Vgl. dazu: *Spindler*, in: Systemwechsel im europäischen Kollisionsrecht, S. 107 (113).

1113 In der Stellungnahme des Bundesrates wird gebeten, diese letztere Einschränkung der Anwendung des nach herkömmlichen kollisionsrechtlichen Bestimmungen berufenen Rechts durch Regelbeispiele zu erläutern, da Bedeutung und Reichweite dieser Beschränkung unklar seien. Ferner bittet der Bundesrat zu prüfen, ob diese eingeschränkte Anwendung des durch das IPR berufenen Sachrechts über das von der Richtlinie über den elektronischen Geschäftsverkehr geforderte Maß hinausgehe. Nach Art. 3 Abs. 2 ECRL seien nur solche Beschränkungen unzulässig, die in den koordinierten Bereich fallen. Die Formulierung in § 4 Abs. 1 S. 2, Abs. 2 S. 2 TDG-Entwurf sei also möglicherweise zu weitgehend. Stellungnahme des Bundesrates zum Gesetzesentwurf der Bundesregierung, BT-Drs. 14/6098, S. 32. In ihrer Gegenäußerung lehnt die Bundesregierung die vorgeschlagenen Änderungen ab. Regelbeispiele seien nicht erforderlich, da sich durch Auslegung hinreichend bestimmen lasse, welchen Umfang und Bedeutung § 4 Abs. 1 S. 2, Abs. 2 S. 2 TDG-Entwurf habe. Maßgeblich sei insoweit der Begriff der *„Anforderung"*. Dieser Begriff sei Art. 2 lit. h) ECRL entnommen und mithin in Zusammenhang mit der Definition des koordinierten Bereiches zu sehen. Folglich seien unter den Begriff der Anforderung diejenigen gesetzlichen Pflichten zu fassen, die Diensteanbieter bezüglich Aufnahme und Ausübung der Tätigkeit eines Teledienstes erfüllen müssten; mithin im Bereich des Zivilrechts Hinweis-, Belehrungs- sowie Haftungspflichten; wohingegen Bestimmungen, die keine Pflichten begründeten, wie etwa Vorschriften über die Geschäftsfähigkeit wie auch Regelungen, die nicht für Anbieter und ihre Teledienste gelten, nicht erfasst würden. Regelbeispiele seien entbehrlich, da sich Umfang und Reichweite von § 4 Abs. 1 S. 2, Abs. 2 S. 2 TDG-Entwurf durch Auslegung ermitteln ließen. Mit Hilfe dieser Auslegung lasse sich auch der Vorwurf entkräften, die Einschränkung ginge über das in Art. 3 Abs. 2 ECRL geforderte Maß hinaus. Eine Beschränkung des nach den Regeln des IPR berufenen Sachrechts ergebe sich nur im Hinblick auf die von den Diensteanbietern zu erfüllenden Anforderungen. Darüber hinaus werde das nach den herkömmlichen Regeln ermittelte Sachrecht nicht eingeschränkt. Die Diensteanbieter können sich nach der Regelung des § 4 Abs. 1 TDG-Entwurf sicher sein, nie strengeren Anforderungen unterworfen zu sein, als sie das deutsche Sachrecht vorsieht. Im Gegenteil können sie sogar von den unter Umständen nachgiebigeren Regelungen anderer Mitgliedstaaten profitieren. Auf diese Weise wird nach Ansicht der Bundesregierung Rechtssicherheit gewährleistet und den Anbietern zudem ermöglicht, auf ausländischen Märkten mit ausländischen Anbietern zu gleichen Bedingungen wettbewerblich zu konkurrieren. Gegenäußerung der

Durch § 4 TDG-Entwurf sollte der Diensteanbieter grundsätzlich *allein* die Vorschriften des Niederlassungsstaates zu beachten haben. Die Einführung des Herkunftslandprinzips ermögliche es dem Diensteanbieter, lediglich mit der Einhaltung seiner nationalen Bestimmungen Dienste in einem anderen Mitgliedstaat zu erbringen selbst dann, wenn dort andere Vorschriften gelten.[1114] Damit wird folglich eine Unterwerfung unter die Rechtsordnung des Herkunftslandes ausgesprochen, so dass die Regelung nach den eigenen Ausführungen der Bundesregierung kollisionsrechtlich verstanden werden muss.

Im Gegensatz zu diesen eindeutigen Aussagen hinsichtlich der Anwendung des Herkunftslandrechts stehen allerdings die Kommentierungen zu den einzelnen Absätzen des § 4 TDG-Entwurf.[1115] Hier wird ausgeführt, der Grundsatz der Anwendung des Niederlassungsrechts des Diensteanbieters stünde unter dem Vorbehalt abweichender Regeln des IPR. Allerdings sollen, um dem Herkunftslandprinzip Rechnung zu tragen, die Regeln des kollisionsrechtlich berufenen Rechts dann nicht zur Anwendung gelangen, wenn durch diese der freie Dienstleistungsverkehr, über die Anforderungen des deutschen Rechts hinausgehend, einschränkt würde. Entsprechend ist § 4 Abs. 2 TDG-Entwurf zu verstehen. Auszugehen ist von den internationalprivatrechtlich berufenen Normen eines Mitgliedstaates. Das insoweit berufene Sachrecht findet aber dann keine Anwendung, wenn der Dienstleistungsverkehr durch diese Normen stärkere Einschränkungen erführe als nach den Normen des Herkunftslandes des Anbieters. Auch eine Art. 1 Abs. 4 ECRL entsprechende Regelung wird in § 2 Abs. 6 TDG-Entwurf[1116] aufgenommen.[1117]

Das Günstigkeitsprinzip wurde nach der Expertenanhörung vom 8. Oktober 2001 sowie auf Drängen der Kommission,[1118] das Herkunftslandprinzip

Bundesregierung zur Stellungnahme des Bundesrates zum Gesetzesentwurf der Bundesregierung, BT-Drs. 14/6098, S. 36.

1114 Begründung zum Gesetzesentwurf der Bundesregierung, BT-Drs. 14/6098, S. 16 f.

1115 Begründung zum Gesetzesentwurf der Bundesregierung, BT-Drs. 14/6098, S. 17 f.

1116 § 2 TDG Abs. 6 TDG-Entwurf: *„Dieses Gesetz schafft weder Regelungen im Bereich des internationalen Privatrechts noch befasst es sich mit der Zuständigkeit der Gerichte."*

1117 In der Begründung heißt es, diese Klarstellung sei im Hinblick auf die Umsetzung des Herkunftslandprinzips erforderlich; Begründung zum Gesetzesentwurf der Bundesregierung, BT-Drs. 14/6098, S. 16 f.

1118 *Tettenborn/Bender/Lübben/Karenfort*, K&R-Beilage 12/2001, 1 (7); *Sack*, WRP 2002, 271 (272).

vollständig umzusetzen, wieder gestrichen.[1119] In der Beschlussempfehlung des Ausschusses für Wirtschaft und Technologie vom 07. November 2001 wurde § 4 TDG wie folgt neu gefasst:[1120]

„Herkunftslandprinzip
(1) In der Bundesrepublik Deutschland niedergelassene Diensteanbieter und ihre Teledienste unterliegen den Anforderungen des deutschen Rechts auch dann, wenn die Teledienste in einem anderen Staat innerhalb des Geltungsbereichs der Richtlinie 2000/31/EG des Europäischen Parlaments und des Rates vom 8. Juni 2000 über bestimmte rechtliche Aspekte der Dienste der Informationsgesellschaft, insbesondere des elektronischen Geschäftsverkehrs, im Binnenmarkt (ABl.EG Nr. L 178 S. 1) geschäftsmäßig angeboten oder erbracht werden.

(2) Der freie Dienstleistungsverkehr von Telediensten, die in der Bundesrepublik Deutschland von Diensteanbietern geschäftsmäßig angeboten oder erbracht werden, die in einem anderen Staat innerhalb des Geltungsbereichs der Richtlinie 2000/31/EG niedergelassen sind, wird nicht eingeschränkt. Abs. 5 bleibt unberührt."

Nach dem Wortlaut von § 4 Abs. 1, 2 TDG n. F. ergibt sich Folgendes: Für in Deutschland niedergelassene Diensteanbieter wird die Geltung deutschen Rechts angeordnet. § 4 Abs. 1, 2 TDG n. F. lehnt sich daher eng an den Richtlinientext an. In dem erläuternden Bericht zu der Beschlussempfehlung heißt es, dass grundsätzlich das Herkunftslandrecht für die Tätigkeiten der Diensteanbieter maßgeblich sei.[1121] Soweit allerdings nach den Regeln des IPR ein anderes Sachrecht berufen werde, solle dieses dann ausgeschlossen sein, wenn seine Anforderungen über die des Herkunftslandrechts hinausgingen. Das bedeutet aber im Umkehrschluss, dass, soweit das Recht nicht restriktiver ist als das Herkunftslandrecht, das internationalprivatrechtlich berufene Recht zur Anwendung gelange. Dies ist, wie oben ausgeführt, zumeist das Marktorterecht.[1122] Dieses gelangt daher im Ergebnis entgegen dem Wortlaut des § 4 Abs. 1, 2 TDG n. F. in der Regel zur Anwendung.

[1119] Im Rahmen der Anhörung im Bundestag wurden zum einen heftige Proteste aus der Wirtschaft deutlich; dazu kam die Drohung der Kommission, ein Vertragsverletzungsverfahren durchzuführen.

[1120] Beschlussempfehlung und Bericht des Ausschusses für Wirtschaft und Technologie zu dem Gesetzentwurf der Bundesregierung, BT-Drs. 14/7345.

[1121] Bericht der Abgeordneten *Krogmann*, BT-Drs. 14/7345, S. 17.

[1122] Vgl. dazu oben S. 243.

Die zahlreichen Ausnahmen von dem Herkunftslandprinzip werden in § 4 Abs. 3-5 TDG n. F. umgesetzt. Allerdings ist das Ungleichgewicht der Rechtfertigungsmöglichkeiten für Deutsche im Ausland und Ausländer im Inland bestehen geblieben. Dies sollte durch deutsche Gerichte im Wege der richtlinienkonformen Auslegung ausgeglichen werden.[1123]
Die oben angesprochene Regelungslücke für den Fall, dass weder der Sitz in Deutschland ist noch der deutsche Markt beworben wird, bleibt bestehen.

Art. 1 Abs. 4 ECRL wird durch § 2 Abs. 6 TDG n. F. umgesetzt. Im Unterschied zu Art. 1 Abs. 4 ECRL spricht § 2 Abs. 6 TDG n. F. aber nicht davon, dass keine *zusätzlichen* Regeln im Bereich des IPR getroffen werden, sondern in § 2 Abs. 6 TDG-Entwurf heißt es, es würden *„weder Regelungen im Bereich des internationalen Privatrechts"* noch Zuständigkeitsbestimmungen getroffen.

Am 9. November 2001 hat der Deutsche Bundestag das EGG in der Ausschussfassung beschlossen. Die Ausfertigung erfolgte am 14. Dezember. Im Bundesgesetzblatt wurde es am 20. Dezember 2001 verkündet und ist am 21. Dezember 2001 in Kraft getreten (Art. 5 EGG).[1124]

II. Hintergründe der endgültigen Fassung des EGG

Mit der Änderung des Wortlauts von § 4 Abs. 1, 2 TDG n. F. wollte man nicht grundsätzlich von dem bisherigen Verständnis des Art. 3 ECRL abrücken; man glaubte vielmehr, die *„schwierige Umsetzung des Herkunftslandprinzips"* am besten dadurch erreichen zu können, dass man möglichst eng am Wortlaut der Richtlinie bleibe.[1125] Man wollte sich weder zu einem kollisionsrechtlichen Verständnis bekennen, noch eine sachrechtliche Deutung zweifelsfrei festschreiben. So wurde umgekehrt auch ein Vorschlag, nach dem ausdrücklich nur auf die Anwendung deutschen *Sach*rechts verwiesen werden sollte, abgelehnt.[1126] Nach Streichung der Günstigkeitsvergleiche ist eine

---

[1123] *Lurger/Vallant*, RIW 2002, 188 ff.

[1124] BGBl. 2001 I Nr. 70, S. 3721, Gesetz über rechtliche Rahmenbedingungen für den elektronischen Geschäftsverkehr (Elektronischer Geschäftsverkehr-Gesetz - EGG); v. 14. Dezember 2001; dazu: *Lurger/Vallant*, RIW 2002, 188 ff.; *Nickels*, CR 2002, 302 ff.; *Sack*, WRP 2002, 271 ff.; *Spindler*, NJW 2002, 921 ff.; *ders.*, RIW 2002, 183 ff.; *Tettenborn/Bender/Lübben/Karenfort*, K&R-Beilage 12/2001, 1 ff.

[1125] Begründung für die Änderungen, BT-Drs. 14/7345, S. 31.

[1126] Antrag der CDU/CSU-Fraktion; nicht abgedruckt. Siehe dazu: *Spindler*, NJW 2002, 921 (926); *ders.*, RIW 2002, 183 (186).

Regelungslücke entstanden, die durch Auslegung zu schließen ist.[1127] Die Handhabung des Herkunftslandprinzips hat der Gesetzgeber damit im Ergebnis der Rechtsprechung überlassen.[1128]

Maßgeblich für die endgültige Fassung des § 4 Abs. 1, 2 TDG war die am 8. Oktober 2001 durchgeführte Anhörung des Deutschen Bundestages zum Herkunftslandprinzip im EGG. In der sich daran anschließenden Beschlussempfehlung lehnte der Wirtschaftsausschuss den Günstigkeitsvergleich ab.[1129] Der Fragenkatalog des Ausschusses, der dieser Anhörung vorausgegangen war, betraf insbesondere das Verhältnis von Art. 1 Abs. 4 ECRL zu Art. 3 Abs. 1, 2 ECRL und eventuelle kollisionsrechtliche Implikationen des Herkunftslandprinzips im EGG.

In ihrer Stellungnahme warf die Bundesrechtsanwaltskammer[1130] die Frage auf, ob Art. 1 Abs. 4 ECRL so zu verstehen sei, dass die Mitgliedstaaten bei der Umsetzung der Richtlinie keine zusätzlichen Bestimmungen des IPR schaffen dürften oder ob sie lediglich nicht gezwungen werden sollten, neue Regelungen zu schaffen. Als Hintergrund der Regelung des Art. 1 Abs. 4 ECRL wird der Grund benannt, dass die Richtlinie nicht die Konsequenz des Art. 20 EVÜ[1131] auslösen sollte, sondern es den Mitgliedstaaten in ihre eigene Verantwortung legen wollte, die Bestimmungen auf ihre Vereinbarkeit mit dem EVÜ zu prüfen. Art. 1 Abs. 4 ECRL enthalte demnach lediglich die Feststellung, dass die Richtlinie selbst keine Regelungen des IPR schaffe. Nach Ansicht der Bundesrechtsanwaltskammer ist der „soweit-Vorbehalt", das IPR betreffend, im Falle der ersten Auslegungsalternative des § 4 Abs. 1 TDG zwingend. Spräche § 4 Abs. 1 TDG keinen Verweis auf das IPR aus, so wäre die dort getroffene Regelung eindeutig kollisionsrechtlicher Natur und führte mithin zu einem Widerspruch zu § 2 Abs. 6 TDG.

Allerdings sei auch ein solcher Vorbehalt, dass das kollisionsrechtlich berufene Recht in einem bestimmten Fall nicht anzuwenden sei, eine

1127 *Sack*, WRP 2002, 271 (272).

1128 Dies kritisiert zu Recht: *Mankowski*, EWS 2002, 401 (402).

1129 Vgl. zu § 4 Abs. 1 TDG: Beschlussempfehlung und Bericht des Ausschusses für Wirtschaft und Technologie, BT-Drs. 14/7345, 31 Nr. 2.

1130 Abrufbar unter: http://www.brak.de/aktuelles/Stellungnahmen/EGG.html.

1131 Art. 20 EVÜ: *„Dieses Übereinkommen berührt nicht die Anwendung der Kollisionsnormen für vertragliche Schuldverhältnisse auf besonderen Gebieten, die in Rechtsakten der Organe der europäischen Gemeinschaften oder in dem in Ausführung dieser Akte harmonisierten innerstaatlichen Recht enthalten sind oder enthalten sein werden."*

internationalprivatrechtliche Regelung, aber eben keine *zusätzliche*, da es sich insoweit nur um eine Konkretisierung des ordre-public-Vorbehalts handele. Das Ergebnis, dass es sich bei einer Regelung, die eine Kollisionsnorm für einen bestimmten Fall aushebelt, ebenfalls um eine kollisionsrechtliche Regelung handelt, ist richtig. Allerdings greift der pauschale Verweis auf den bereits bestehenden ordre-public-Vorbehalt in Art. 6 EGBGB zu kurz. Der ordre public fände vorliegend keine Anwendung. Die Regelung des § 4 Abs. 1 TDG, mag sie ihn ergänzen oder als besondere Vorbehaltsklausel zu werten sein, ist jedenfalls eine neue Regelung, die neue *zusätzliche* Regelungsvorgaben enthält. Anders verhält es sich allerdings, wenn man Art. 1 Abs. 4 ECRL dahingehend auslegte, dass er ein Gebot zur Schaffung einer internationalprivatrechtlichen Regelung ausspricht. Dann spräche nichts gegen eine kollisionsrechtliche Deutung des § 4 Abs. 1 TDG; der „soweit-Vorbehalt" wäre entbehrlich. Allerdings verböte sich in einem solchen Fall auch die Regelung des § 2 Abs. 6 TDG. Das heißt aber für die Auslegungsvarianten der Bundesrechtsanwaltskammer, dass, da Art. 1 Abs. 4 ECRL auch explizit in das EGG aufgenommen wurde, die zweite Deutungsvariante entfällt.

Demgegenüber führte der Deutsche Multimedia Verband in seiner Stellungnahme[1132] aus, das Anknüpfungsmoment „Erfolgsort bzw. Marktort" werde im koordinierten Bereich durch die Anknüpfung an das Niederlassungsrecht ersetzt. Dadurch schließe das Herkunftslandprinzip die allgemeinen internationalprivatrechtlichen Regeln aus. Dementsprechend wird also dem Herkunftslandprinzip in Art. 3 Abs. 1, 2 ECRL eine eindeutige kollisionsrechtliche Bedeutung beigemessen. Art. 1 Abs. 4 ECRL deutet der Multimedia Verband dahingehend, dass damit lediglich klargestellt werde, dass die ECRL aufgrund der fehlenden unmittelbaren Außenwirkung selbst keine Kollisionsnorm enthalte.

Jeder Richtlinie mangelt es aber an unmittelbarer Außenwirkung. Nicht jede Richtlinie enthält deswegen aber Regelungen, die besagen, dass eine andere Regelung keine internationalprivatrechtliche sei. Eine solche Klarstellung wäre auch sinnlos, da es sich dabei um etwas der Richtlinie Immanentes handelt. Mit der gleichen Begründung könnte man in Richtlinien Vorschriften einfügen, die besagen, dass keine strafrechtlichen, zivilrechtlichen oder öffentlichrechtlichen Regelungen geschaffen werden; denn diese wirken grundsätzlich ebenfalls mangels unmittelbarer Außenwirkung nicht unmittelbar gegenüber den Adressaten. Die vorgeschlagene Deutung ist fernliegend und findet auch keine Stütze in den Gesetzgebungsmaterialien oder in der vergleichenden Auslegung anderer Richtlinien.

[1132] Deutscher Multimedia Verband e.V. URL: www.dmmv.de.

Der Grund für diese klare, kollisionsrechtliche Deutung liegt wohl in dem Wunsch der Wirtschaft, eine Abkehr von dem im Entwurf des EGG enthaltenen Günstigkeitsvergleich zu erreichen und im Sinne einer höheren Rechtssicherheit eine klare Anknüpfung festzuschreiben. Die allgemeinen kollisionsrechtlichen Regeln werden als anbieterfeindlich empfunden und eine Hinwendung zum Herkunftslandprinzip befürwortet.[1133] Dies mag aus wirtschaftlicher Sicht verständlich sein, eine saubere Auslegung der Richtlinienbestimmungen vermag dies aber nicht zu ersetzen.

Damit ist durch die Umsetzung keine Klärung der Frage erzielt worden, ob es sich bei dem Herkunftslandprinzip um eine kollisionsrechtliche oder um eine rein sachrechtliche Regelung handelt. Während nach einer Ansicht[1134] eine eindeutig kollisionsrechtliche Deutung vorgenommen wird, nimmt eine andere Meinung[1135] ein rein sachrechtliches Verständnis an.

B. Das Herkunftslandprinzip in § 4 Abs. 1, 2 TDG n. F.

I. Auslegung von § 4 Abs. 1, 2 TDG n. F.

Der nationale Gesetzgeber ist in der Regel verpflichtet, die Richtlinienbestimmungen möglichst wörtlich umzusetzen, um auf diese Weise eine umfassende Durchführung der Richtlinie in das nationale Recht zu erreichen.[1136] Andererseits muss auch den Erfordernissen der Eindeutigkeit und der Bestimmtheit genügt werden. Ziel der Umsetzung einer Richtlinienbestimmung in das nationale Recht muss es sein, eine sachgerechte, verständliche und klare Richtschnur für die Rechtsanwendungspraxis zu finden.[1137]

[1133] Vgl. die „Stellungnahme zum ‚Entwurf eines Gesetzes über rechtliche Rahmenbedingungen für den elektronischen Geschäftsverkehr – EGG" des Deutschen Multimedia Verbandes e.V., URL: www.dmmv.de.

[1134] Lurger/Vallant, RIW 2002, 188 (199), *„rein kollisionsrechtliches Herkunftslandprinzip"*.

[1135] *Sack*, WRP 2002, 271 (274); nicht ganz eindeutig: *Tettenborn/Bender/Lübben/Karenfort*, K&R-Beilage 12/2001, 1 (10 f.), die einerseits der einer *„rein sachrechtlich zu verstehenden Umsetzung"* sprechen (S. 10), andererseits aber eine *„IPR-rechtliche Sonderverweisung auf das Sachrecht des jeweiligen Herkunftslandes"* annehmen (S. 11).

[1136] *Bleckmann*, Europarecht, Rn. 441; zur richtlinienkonformen Umsetzung ferner: *Roth*, in: Europäisches Kaufgewährleistungsrecht, S. 113 (126).

[1137] Kritisch zur Umsetzung des Herkunftslandprinzips der E-Commerce in das nationale Recht: *Mankowski*, EWS 2002, 401 ff.

Vorliegend hat sich der deutsche Gesetzgeber eng an dem Wortlaut der Richtlinienbestimmung orientiert.[1138] Allerdings übertragen sich damit die

[1138] Dies entspricht der Umsetzung in Österreich: Dort gab es kein dem deutschen TDG vergleichbares Gesetz. Daher wurden die Bestimmungen der ECRL in einem neuen Bundesgesetz, *„mit dem bestimmte rechtliche Aspekte des elektronischen Geschäfts- und Rechtsverkehrs geregelt werden“* (E-Commerce-Gesetz), umgesetzt (*Kilches*, Medien und Recht 2001, 248 ff.; *Lurger/Vallant*, RIW 2002, 188 ff.; *dies.*, MMR 2002, 203 ff.). Dieses wurde am 22. 11. 2001 vom österreichischen Nationalrat beschlossen. Das österreichische E-Commerce-Gesetz (ECG) regelt das Herkunftslandprinzip und seine Ausnahmen im 6. Abschnitt in §§ 20-23 ECG. § 20 ECG lautet wie folgt:

„(1) Im koordinierten Bereich (§ 3 Z 8) richten sich die rechtlichen Anforderungen an einen in einem Mitgliedstaat niedergelassenen Diensteanbieter nach dem Recht dieses Staats.

(2) Der freie Verkehr der Dienste der Informationsgesellschaft aus einem anderen Mitgliedstaat darf vorbehaltlich der §§ 21 bis 23 nicht auf Grund inländischer Rechtsvorschriften eingeschränkt werden, die in den koordinierten Bereich fallen.“

§§ 21, 22 ECG normieren die Ausnahmen vom Anwendungsbereich der Richtlinie (Art. 1 Abs. 5 ECRL) sowie die Ausnahmen vom Herkunftslandprinzip (Art. 3 Abs. 3 ECRL). Die in Art. 1 Abs. 5 lit. d) ECRL aufgeführten Tätigkeiten und die Bestimmungen des Art. 2 lit. h) (ii) ECRL sind generell vom Regelungsbereich der Richtlinie ausgenommen, nach dem ECRL, aber lediglich vom Anwendungsbereich des Herkunftslandprinzips. Auch bei der österreichischen Umsetzung der ECRL unterscheiden sich Vorentwürfe (Ministerialentwurf [abrufbar unter: http://www.bmj.gv.at.]) und Regierungsvorlage an das Parlament [abrufbar unter: http://www.parlament.gv.at.] erheblich von dem nun beschlossenen Text. Der österreichische Gesetzesentwurf orientierte sich weitgehend an den deutschen Entwürfen. § 20 ECG der Regierungsvorlage lautete:

„(1) Im koordinierten Bereich (§ 3 Z 8) richten sich die rechtlichen Anforderungen an einen in einem Mitgliedstaat niedergelassenen Diensteanbieter nach dem Recht dieses Staates.

(2) Der freie Verkehr der Dienste der Informationsgesellschaft aus einem anderen Mitgliedstaat darf vorbehaltlich der §§ 21 bis 23 nicht auf Grund inländischer Rechtsvorschriften eingeschränkt werden, die in den koordinierten Bereich fallen.“

Privatrechtsverhältnisse des Diensteanbieters und privatrechtliche Ansprüche gegen diesen richten sich auch im koordinierten Bereich nach dem Recht, auf das die Bestimmungen des internationalen Privatrechts verweisen. Eine Regelung des verwiesenen Rechts ist vorbehaltlich der §§ 21 bis 23 nicht anzuwenden, soweit dadurch der freie Verkehr der Dienste der Informationsgesellschaft eingeschränkt werden würde; an ihre Stelle tritt die entsprechende Regelung des Rechts des Mitgliedstaates, in dem sich der Diensteanbieter niedergelassen hat.

Ähnlich wie § 4 Abs. 1, 2 TDG-Entwurf berief § 20 Abs. 3 ECG-Entwurf das nach herkömmlichen internationalprivatrechtlichen Grundsätzen ermittelte Recht nur dann zur Anwendung, wenn es den freien Verkehr der Dienste der Informationsgesellschaft nicht einschränkt. Damit wurde wie im deutschen Entwurfstext ein Günstigkeitsprinzip normiert. (Näher zu den österreichischen Umsetzungsentwürfen: *Lurger/Vallant*, RIW 2002, 188 [200]; *Zankl*, NZ 2001, 325 [329]). Von diesem ist der österreichische

Auslegungsprobleme von Art. 3 Abs. 1, 2 ECRL auf die Umsetzungsbestimmung.[1139] Die konzeptionelle Unsicherheit[1140] verlagert sich damit auf den Rechtsanwender.[1141] Die Lösung wird folglich den Gerichten überlassen.[1142]

Nach der oben für das Herkunftslandprinzip in der Richtlinie gefundenen Auslegung handelt es sich auch bei der Umsetzung in § 4 Abs. 1, 2 TDG um eine besondere Vorbehaltsklausel.[1143] Das internationalprivatrechtlich berufene Recht wird angewandt, ausnahmsweise aber dann ausgeschaltet, wenn es die Diensteanbieter stärker beschränkt als deren Heimatrecht. Es ist folglich grundsätzlich vom Marktortprinzip auszugehen.[1144] Bei einschränkenden Maßnahmen enthält § 4 Abs. 1, 2 TDG aber eine besondere Vorbehaltsklausel zugunsten des Herkunftslandes des Diensteanbieters.

II. Gemeinschaftskonformität von § 4 Abs. 1, 2 TDG n. F.

Soweit § 4 Abs. 1, 2 TDG Art. 3 Abs. 1, 2 ECRL entspricht, ist wiederum die Frage nach der gemeinschaftsrechtlichen Zulässigkeit dieser Regelung zu stellen. Nationale Bestimmungen, die Richtlinien umsetzen, sind

Gesetzgeber aber wieder abgerückt. Der endgültige § 20 ECG lehnt sich ähnlich wie die deutsche Umsetzung eng an den Richtlinientext an (*Lurger/Vallant,* RIW 2002, 188 [200]). Auch die Umsetzung des Art. 1 Abs. 4 ECRL hat der österreichische Gesetzgeber verzichtet. Das Herkunftslandprinzip in der ECRL ist kollisionsrechtlich zu verstehen. Für die dieses Prinzip umsetzende Bestimmung hat nichts anderes zu gelten. Bei gemeinschaftskonformer Auslegung ergibt sich, wie auch für § 4 Abs. 1, 2 TDG, dass es sich bei § 20 ECG um eine besondere Vorbehaltsklausel zugunsten des Herkunftslandrechts handelt, die in Voraussetzungen und Konsequenzen der im primären Gemeinschaftsrecht verankerten entspricht.

1139 Dazu: *Mankowski,* EWS 2002, 401 ff.; *Leible,* Neue Entwicklungen in der Dienstleistungs- und Warenverkehrsfreiheit, S. 71 (85 ff.).

1140 Siehe dazu: den Änderungsantrag der CDU/CSU-Fraktion, Ausschuss-Drs. 3551/14, laut Beschlussempfehlung und Bericht des Ausschusses für Wirtschaft und Technologie, BT-Drs. 14/7345, 17 f.; ferner: *Nickels,* CR 2002, 302 (304); *Mankowski,* EWS 2002, 401 (402).

1141 *Nickels,* DB 2001, 1919 (1923); *Mankowski,* EWS 2002, 401 (402).

1142 Die Umsetzung der E-Commerce-Richtlinie in Irland erflogte demgegenüber in der Weise, dass die Richtlinie einschließlich der Erwägungsgründe wörtlich übernommen, die Bestimmung des Art. 1 Abs. 4 ECRL allerdings weggelassen wurde. Ähnlich verfuhr der belgische Gesetzgeber, vgl. *Jayme/Kohler,* IPRax 2003, 485 (488).

1143 Dazu oben S. 240 f.

1144 Zu den Vorgaben des primären Gemeinschaftsrechts vgl. oben S. 33 ff.

richtlinienkonform auszulegen.[1145] Die Unwirksamkeit einer Richtlinienbestimmung setzt sich in der sie umsetzenden nationalen Norm fort. Nationale Bestimmungen, die eine unwirksame Richtlinienbestimmung umsetzen, können daher auf innergemeinschaftliche Sachverhalte keine Anwendung finden.[1146] Eine Anwendung entgegen den Vorgaben des EGV kommt nicht in Betracht. Eine sekundärrechtliche Bestimmung, die den grundfreiheitlichen Vorgaben nicht entspricht, ermächtigt die Mitgliedstaaten nicht dazu, von den Grundfreiheiten abzuweichen.[1147]

Ebenso wie die Richtlinienbestimmung geht auch das Umsetzungsgesetz von einer weitergehenden Anknüpfung an das Herkunftslandrecht aus als das primäre Gemeinschaftsrecht dies vorsieht. Der die Rechtfertigungsgründe enthaltende § 4 Abs. 5 TDG lautet folgendermaßen:

„(5) Das Angebot und die Erbringung eines Teledienstes durch einen Diensteanbieter, der in einem anderen Staat im Geltungsbereich der Richtlinie 2000/31/EG niedergelassen ist, unterliegen abweichend von Absatz 2 den Einschränkungen des innerstaatlichen Rechts, soweit dieses dem Schutz
1. der öffentlichen Ordnung, insbesondere im Hinblick auf Verhütung, Ermittlung, Aufklärung, Verfolgung und Vollstreckung von Straftaten und Ordnungswidrigkeiten, einschließlich des Jugendschutzes und der Bekämpfung der Hetze aus Gründen der Rasse, des Geschlechts, des Glaubens oder der Nationalität sowie von Verletzungen der Menschenwürde einzelner Personen,
2. der öffentlichen Sicherheit, insbesondere der Wahrung nationaler Sicherheits- und Verteidigungsinteressen,
3. der öffentlichen Gesundheit,
4. der Interessen der Verbraucher, einschließlich des Schutzes von Anlegern, vor Beeinträchtigungen oder ernsthaften und schwerwiegenden Gefahren dient, und die auf der Grundlage des innerstaatlichen Rechts in Betracht kommenden Maßnahmen in einem angemessenen Verhältnis zu diesen Schutzzielen stehen. Für das Verfahren zur Einleitung von Maßnahmen nach Satz 1 – mit Ausnahme

[1145] Der EuGH hat die Pflicht zur richtlinienkonformen Auslegung ausdrücklich aufgestellt und verlangt, dass „das nationale Gericht bei der Anwendung des nationalen Rechts, insbesondere auch der Vorschriften eines speziell zur Durchführung der Richtlinie erlassenen Gesetzes, dieses Recht im Lichte des Wortlauts und des Zwecks der Richtlinie auszulegen hat," vgl.: EuGH 10. 04. 1984 – Rs. 14/83 -, Slg. 1984, S. 1891 (1909) Rn. 26 („von Colson, Kamann/Land Nordreihn-Westfalen"). Ausführlich zum Ganzen: Franzen, Privatrechtsangleichung durch die Europäische Gemeinschaft, S. 292 ff.; ferner: Grundmann, RabelsZ 64 (2000), 457 (467 f.).

[1146] EuGH 09. 08. 1994 – Rs. C-51/93 -, Slg. 1994, I-3879 (3898), Rn. 11 („Schott Zwiesel"); *Steindorff*, EG-Vertrag und Privatrecht, S. 426.

[1147] *Schwemer*, Die Bindung des Gemeinschaftsgesetzgebers an die Grundfreiheiten, S. 66 ff.

von gerichtlichen Verfahren einschließlich etwaiger Vorverfahren und der Verfolgung von Straftaten einschließlich der Strafverfolgung und von Ordnungswidrigkeiten – sieht Art. 3 Abs. 4 und 5 der Richtlinie 2000/31/EG Konsultations- und Informationspflichten vor."

Auch nach dem Umsetzungsgesetz ist folglich die Anknüpfung an das Herkunftslandrecht weitergehend als nach den Vorgaben des primären Gemeinschaftsrechts. Die Maßnahmen gemäß § 4 Abs. 5 TDG müssen dem Schutz der öffentlichen Ordnung, Gesundheit, Sicherheit oder dem Schutz der Verbraucher oder Anleger vor Beeinträchtigungen, bzw. ernsthaften und schwerwiegenden Gefahren, dienen und dem Verhältnismäßigkeitsprinzip entsprechen. Ferner ist im Grundsatz wiederum die Einhaltung eines besonderen Verfahrens vorgesehen. Im primären Gemeinschaftsrecht sind über die in § 4 Abs. 5 TDG aufgezählten Rechtfertigungsgründe hinaus auch Maßnahmen zum Schutz des lauteren und fairen Wettbewerbs gerechtfertigt, ferner solche zum Schutz der Meinungs- und Pressefreiheit, von Kulturgütern, von Immaterialgütern, der Umwelt und andere.[1148] Damit unterscheiden sich die Rechtfertigungsgründe in § 4 Abs. 5 TDG erheblich von denen des primären Gemeinschaftsrechts.[1149] Zudem findet auch die „Keck-Rechtsprechung"[1150] keine Berücksichtigung in dem Umsetzungsgesetz, das damit Art. 3 Abs. 4 ECRL entspricht.[1151] Nach § 4 Abs. 5 TDG ist folglich die Anwendung von strengeren Vorschriften des Marktortes wesentlich seltener gerechtfertigt als im EGV.[1152] Dem Herkunftslandprinzip kommt ebenso wie in der Richtlinie eine größere Rolle zu.

Aufgrund der ausdrücklichen Bezugnahme des deutschen Gesetzgebers auf die ECRL ist nicht davon auszugehen, dass der deutsche Gesetzgeber über die Reichweite des Herkunftslandprinzips in der ECRL hinausgehen wollte. Dies belegen auch die Gesetzesmaterialien.[1153] Gegen eine weitergehende Anknüpfung an das Herkunftslandrecht als in der ECRL spricht ferner, dass diese von der im nationalen Wettbewerbskollisionsrecht geltenden

---

[1148] Zu den Rechtfertigungsgründen im primären Gemeinschaftsrecht siehe oben S. 21 f.

[1149] Vgl. dazu oben S. 21 f.

[1150] Dazu oben S. 25 ff.

[1151] *Fezer/Koos*, IPRax 2000, 349 (353); *Spindler*, in: Systemwechsel im europäischen Kollisionsrecht, S. 107 (120); *Arndt/Köhler*, EWS 2001, 102 (107).

[1152] Dazu: *Lurger/Vallant*, RIW 2002, 188 (191); vgl. bereits: *Lurger*, VR 2001, 14 (23); ferner: *Spindler*, in: Systemwechsel im europäischen Kollisionsrecht, S. 107 (120).

[1153] Vgl. zu der Gesetzgebungsgeschichte oben S. 244 ff.

Vorbehaltsklausel abweichen würde.[1154] Dem System des deutschen Gesetzgebers entspricht aber der Grundsatz der Einheitlichkeit des Kollisionsrechts. Auf eine von der Richtlinienbestimmung abweichenden Reichweite des Herkunftslandprinzips in der Umsetzungsbestimmung gibt es weder Hinweise noch ist diese zu befürworten. Daher ist nach der Möglichkeit einer einschränkenden Auslegung der Bestimmung zu suchen.

Eine richtlinienkonforme Auslegung kann dadurch erreicht werden, dass die aufgelisteten Rechtfertigungsgründe nicht als abschließend, sondern als beispielhaft gewertet werden. Diese Auslegung müsste aber vom Wortlaut der Regelung noch gedeckt sein. Der Wortlaut lässt ein nur beispielhaftes Verständnis der Rechtfertigungsgründe noch zu, zumal es gerade nicht heißt: *„Das Angebot und die Erbringung eines Teledienstes durch einen Diensteanbieter,[...], unterliegen abweichend von Absatz 2 den Einschränkungen des innerstaatlichen Rechts,* nur *soweit dieses dem Schutz[...]dient.“* Ferner müsste auch die „Keck-Rechtsprechung“ in § 4 TDG zu verorten sein. Bei bloßen Verkaufsmodalitäten wird *„der freie Dienstleistungsverkehr[...]nicht eingeschränkt“* im Sinne des § 4 Abs. 2 TDG. Da es an Marktzugangsbeschränkungen bei bloßen Verkaufsmodalitäten nach der „Keck-Rechtsprechung“ fehlt, unterfallen diese nicht dem Herkunftslandprinzip.[1155] Die „Keck-Rechtsprechung“ lässt sich mithin in § 4 Abs. 2 TDG verorten, so dass eine richtlinienkonforme Auslegung möglich ist. § 4 Abs. 1, 2 TDG n. F. ist daher ebenso auszulegen, wie dies für die Richtliniebestimmung selbst herausgearbeitet wurde.[1156]

III. Sachnormverweisung

Bei dem Verweis auf das Herkunftslandrecht des Anbieters handelt es sich ebenso wie in Art. 3 Abs. 1, 2 ECRL um eine Sachnormverweisung.[1157] Alles andere würde dem Charakter der besonderen Vorbehaltsklausel widersprechen.

[1154] Zu der besonderen Vorbehaltsklausel im deutschen internationalen Wettbewerbsrecht vgl. oben S. 156 ff.

[1155] Siehe dazu die Ausführungen oben S. 29.

[1156] Vgl. dazu S. 240 f.

[1157] Zu der dem Charakter des Art. 3 Abs. 1, 2 ECRL als Sachnormverweisung auf das Recht des Herkunftslands vgl. oben S. 232 ff.

IV. Verhältnis zu § 2 Abs. 6 TDG

Das TDG enthält mit § 2 Abs. 6 TDG ebenso wie die Richtlinie eine Bestimmung, die besagt, dass keine internationalprivatrechtlichen Regelungen getroffen werden sollen. Allerdings formuliert die Norm im Gegensatz zu Art. 1 Abs. 4 ECRL nicht, es würden keine *zusätzlichen* Regeln im Bereich des IPR geschaffen, sondern bezieht sich allgemein auf Bestimmungen des IPR. Die Norm enthält die generelle Aussage, es würden *keine* Regelungen im Bereich des IPR geschaffen. Diese Aussage ist so aber zumindest problematisch.[1158] Mit der gemeinschaftsrechtlichen Vorbehaltsklausel wird zwar keine neue Regel für das internationale Wettbewerbsrecht geschaffen, dennoch enthält das Gesetz aber eine kollisionsrechtliche Bestimmung.

Andererseits *schafft* das TDG aber keine Regelungen des IPR, denn die besondere Vorbehaltsklausel zugunsten des Herkunftslandrechts besteht schon kraft primären Gemeinschaftsrechts. Sie wird daher nicht durch das TDG *geschaffen.* Bei diesem Verständnis des § 2 Abs. 6 TDG ist diese zwar nicht falsch, aber auf der anderen Seite auch nicht sinnvoll. Die in § 2 Abs. 6 TDG getroffene Aussage kann allenfalls deklaratorische Relevanz haben. Es wäre daher zu befürworten, diese Norm zu streichen.

C. Ergebnis

Die Umsetzung des Herkunftslandprinzips in das deutsche Recht lehnt sich eng an den Wortlaut der Richtlinie an. Die Folge dessen ist, dass weder größere Klarheit noch Rechtssicherheit erzielt werden. Die in der Richtlinie enthaltenen Unsicherheiten und Widersprüche werden nicht aufgelöst, sondern setzen sich in den Umsetzungsgesetzen fort. Das Herkunftslandprinzip in § 4 Abs. 1, 2 TDG ist ebenso auszulegen, wie dies für die Richtlinienbestimmung des Art. 3 Abs. 1, 2 ECRL herausgearbeitet wurde. Damit ergibt sich, dass es sich wiederum um eine besondere Vorbehaltsklausel handelt. Diese entspricht nach der gebotenen restriktiven Auslegung in Bedeutung und Reichweite der gemeinschaftsrechtlichen Vorbehaltsklausel.[1159]

[1158] Vgl. dazu oben S. 243 f.

[1159] Vgl. dazu oben S. 33 ff.

3. Kapitel: Zusammenfassung der Ergebnisse des 2. Teils

Eine zentrale Frage, die die Richtlinie über den elektronischen Geschäftsverkehr aufwirft, ist die, ob und inwieweit dem in Art. 3 Abs. 1, 2 ECRL verankerten Herkunftslandprinzip ein kollisionsrechtlicher Gehalt zukommt, so dass anstelle des vom nationalen Kollisionsrecht berufenen Sachrechts gemeinschaftsweit das jeweilige Herkunftslandrecht anzuwenden wäre. Obwohl ausweislich Art. 1 Abs. 4 ECRL durch die Richtlinie keine „zusätzlichen Regeln im Bereich des IPR" geschaffen werden sollen, sprechen sowohl Wortlaut als auch Sinn und Zweck der Regelung für eine kollisionsrechtliche Deutung. Diese beiden Artikel sind dadurch übereinzubringen, dass Art. 3 Abs. 1, 2 ECRL zwar kollisionsrechtlich verstanden wird, allerdings keine neue Grundanknüpfung normiert, sondern lediglich als besondere Vorbehaltsklausel zugunsten des Herkunftslandes die Wirkungen der allgemeinen Regeln begrenzt. Im Grundsatz bleibt es also auch im Anwendungsbereich der ECRL bei der Anknüpfung an das Marktortrecht.

Die ECRL enthält damit eine Vorbehaltsklausel zugunsten des Herkunftslandrechts, ähnlich der im ersten Teil für das nationale internationale Wettbewerbsrecht erarbeiteten. Allerdings geht die Vorbehaltsklausel in der Richtlinie in ihrer Reichweite über das nach den Vorgaben der Warenverkehrs- und der Dienstleistungsfreiheit zulässige Maß hinaus. Die Grundfreiheiten sind zwar an die Mitgliedstaaten adressiert, richten sich aber auch an den Gemeinschaftsgesetzgeber. Mangels weitergehender Souveränitätsübertragung fehlt den Europäischen Gemeinschaften die Kompetenz, über den von den Grundfreiheiten gesetzten Rahmen hinauszugehen. Eine an den Vorgaben des Primärrechts orientierte Auslegung von Art. 3 Abs. 1, 2 ECRL muss das dort normierte Herkunftslandprinzip auf den Umfang beschränken, den es nach Warenverkehrs- und Dienstleistungsfreiheit hat. Die Auslegung hat sich ebenso wie die gemeinschaftsrechtskonforme Auslegung des nationalen internationalen Wettbewerbsrechts an der primärrechtlichen Vorbehaltsklausel zu orientieren. Die Folge dessen ist, dass restriktivere Regelungen des Marktortes auch aus den nach dem primären Gemeinschaftsrecht anerkannten Gründen rechtfertigungsfähig sein müssen. Eine solche gemeinschaftskonforme Auslegung lässt sich dadurch erreichen, dass man die in Art. 3 Abs. 4 ECRL genannten Rechtfertigungsgründe nicht als abschließend, sondern als beispielhaft wertet und die „Keck-Rechtsprechung" in Art. 3 Abs. 4 ECRL hineinliest; zudem darf Art. 3 Abs. 4 ECRL nicht auf individuelle Vollzugsmaßnahmen beschränkt sein, sondern muss gleichfalls auch Rechts-normen erfassen. Das insoweit einschränkend ausgelegte Herkunftslandprinzip entspricht in Charakter und Reichweite dem im nationalen internationalen Wettbewerbsrecht enthaltenen Herkunftslandprinzip. Daraus folgt, dass die Richtlinie über den elektronischen Geschäftsverkehr keine *zusätzlichen* Regeln im Bereich des IPR schafft. Aus Art. 1 Abs. 4

ECRL folgt damit kein Widerspruch zu einer kollisionsrechtlichen Deutung des Herkunftslandprinzips in der Richtlinie über den elektronischen Geschäftsverkehr.

Das Umsetzungsgesetz der ECRL in das deutsche Recht enthält eine Vorbehaltsklausel zugunsten des Herkunftslandrechts, die in ihrer Reichweite der Richtlinienbestimmung entspricht. Damit hat auch die Umsetzung der Richtlinie in das deutsche Recht eine weitergehende Anknüpfung an das Herkunftslandrecht zur Folge. Das in § 4 Abs. 1, 2 TDG normierte Herkunftslandprinzip ist daher richtlinienkonform auszulegen.

Die nach gemeinschaftskonformer Auslegung in der ECRL enthaltene besondere Vorbehaltsklausel bedeutet keine Veränderungen des internationalen Wettbewerbsrechts. Auch im Anwendungsbereich der Richtlinie bleibt es im Grundsatz bei der Anknüpfung an das Marktortrecht; diese wird lediglich durch eine besondere Vorbehaltsklausel zugunsten des Herkunftslandrechts ergänzt. Die Einführung des Herkunftslandprinzips in der ECRL führt daher nicht zu einer Änderung des internationalen Wettbewerbsrechts. Die gemeinschaftliche Vorbehaltsklausel beeinflusst das internationale Wettbewerbsrecht sowohl im autonomen nationalem Kollisionsrecht als auch in den vereinheitlichten Bereichen.

Zusammenfassung der Ergebnisse und Schlussbetrachtung

I. Zusammenfassung der Ergebnisse in 15 Thesen

1. Voraussetzung für die Klärung des Spannungsverhältnisses zwischen Grundfreiheiten und nationalem IPR ist die Bestimmung der Funktion der Grundfreiheiten im Binnenmarktkonzept des EGV.

2. Das Binnenmarktziel des EGV verlangt, dass Waren, die den Anforderungen ihres Herkunftslandes entsprechen, im gesamten Markt frei zirkulieren können. Dieser Zielsetzung entspricht die Weiterentwicklung der Grundfreiheiten von Diskriminierungsverboten zu Beschränkungsverboten.

3. Das Binnenmarktziel bestimmt die Weite der grundfreiheitlichen Gewährleistung. Es bedeutet damit zugleich eine Kompetenzgrenze der Gemeinschaft. Die Grundfreiheiten verdanken die Möglichkeit, den Handlungsspielraum der Mitgliedstaaten einschränken zu können, dem Souveränitätsverzicht der Mitgliedstaaten. Ist der Umfang der übertragenen Hoheitsrechte nicht genau auszumachen, so besteht die Vermutung, dass die Übertragung genau so weit geht, wie es für das Funktionieren des Gemeinschafts-marktes erforderlich ist. Dem EGV liegt das Bekenntnis zu einem unvollkommenen Binnenmarkt zugrunde, der gerade durch den Fortbestand von Rechtsunterschieden und bestimmten rechtlichen Einschränkungen der wirtschaftlichen Handlungsfreiheit gekennzeichnet ist.

4. Ein Verständnis der Warenverkehrsfreiheit als Beschränkungsverbot führt gegenüber der Deutung als bloßem Diskriminierungsverbot zu einem stärkeren Eingriff in die Hoheitsgewalt der Mitgliedstaaten. Das Bestimmungslandprinzip einerseits und das Herkunftslandprinzip andererseits, als funktionale Umsetzung von Diskriminierungs- und Beschränkungsverbot, greifen in unterschiedlichem Maße in die mitgliedstaatlichen Regelungsbefugnisse ein. Die Anwendung der Regelungen des einen Mitgliedstaates im Sinne des Bestimmungslandprinzips bedingt nur die nicht diskriminierende Anwendung der eigenen Regelungen auf alle Waren. Demgegenüber führt das Herkunftslandprinzip zu einem partiellen Regelungsverzicht des Zielstaates und der Anwendung von Vorschriften eines anderen Mitgliedstaates.

5. Warenverkehrs- und Dienstleistungsfreiheit enthalten ein eingeschränktes Herkunftslandprinzip. Das gemeinschaftsrechtliche Herkunftslandprinzip kann nämlich nur dann als Grundlage der Warenverkehrsfreiheit gesehen werden, wenn es *erforderlich* für die Verwirklichung des Binnenmarktzieles ist. Die

Warenverkehrsfreiheit verlangt, dass im Rahmen des Erforderlichen alle in der Gemeinschaft vorkommenden Produkte überall unter voller Beibehaltung ihrer Individualität in den Wettbewerb eintreten können.

6. Das Verständnis von Warenverkehrs- und Dienstleistungsfreiheit als partiellem Beschränkungsverbot im Sinne eines eingeschränkten Herkunftslandprinzips liegt auch der Rechtsprechung des EuGH zugrunde. Nach der anfänglich weiten Deutung des Herkunftslandprinzips in den Entscheidungen „Dassonville“ und „Cassis de Dijon“ hat der EuGH in der Entscheidung „Keck“ das Herkunftslandprinzip eingeschränkt und dem Diskriminierungsverbot wieder mehr an Bedeutung zugebilligt und damit den Anwendungsbereich des Diskriminierungsverbots zu Lasten des Beschränkungsverbots verschoben.

7. Das primäre Gemeinschaftsrecht hat nicht nur als Schranke, sondern auch als Rechtsquelle Einfluss auf das IPR. Der Anwendungsvorrang des Gemeinschaftsrechts erfasst auch die nationalen internationalprivatrechtlichen Regelungen, da es sich bei diesen um einen Teil der Rechtsordnung der Mitgliedstaaten handelt.

8. Das primärrechtliche Herkunftslandprinzip beinhaltet die kollisionsrechtlich wirkende gemeinschaftsrechtliche Vorbehaltsklausel: *Bei Binnenmarktsachverhalten ist eine produktbezogene oder diskriminierende vermarktungsbezogene wettbewerbliche Maßnahme dann nach dem Recht des Herkunftslandes des Anbieters dieser Maßnahme zu beurteilen, wenn sie dort rechtmäßig ist, nach dem Recht des Marktortes aber rechtswidrig wäre, es sei denn die Maßnahme ist nach Art. 30 EGV, bzw. zwingenden Erfordernissen des Allgemeinwohls, gerechtfertigt.*

9. Die gemeinschaftsrechtliche Vorbehaltsklausel wirkt unmittelbar im deutschen IPR. Sie führt zu einer Korrektur der Grundanknüpfung, wenn diese zu gemeinschaftsrechtswidrigen Ergebnissen führt.

10. Die Anknüpfung im deutschen internationalen Wettbewerbsrecht erfolgt nach dem Marktortprinzip. Die besondere Vorbehaltsklausel führt im Einzelfall zu einer Korrektur dieser Anknüpfung.

11. Im Anwendungsbereich der Richtlinie über den elektronischen Geschäftsverkehr ergeben sich keine Änderungen der kollisionsrechtlichen Anknüpfung im Wettbewerbsrecht. Das Herkunftslandprinzip begrenzt lediglich als besondere Vorbehaltsklausel die Wirkungen der allgemeinen Regeln.

12. Die Binnenmarktregel der Richtlinie ist weiter gefasst, als dies aufgrund der beschränkten Kompetenz des Gemeinschaftsgesetzgebers zulässig ist. Durch restriktive Auslegung ist das in Art. 3 Abs. 1, 2 ECRL enthaltene Herkunftslandprinzip in seinem Anwendungsbereich zu beschränken.

13. Das primärrechtskonform ausgelegte Herkunftslandprinzip der ECRL entspricht in Charakter und Reichweite dem im nationalen internationalen Wettbewerbsrecht enthaltenen Herkunftslandprinzip.

14. Die ECRL schafft keine *zusätzlichen* Regeln im Bereich des IPR. Sie bestätigt für den Bereich des internationalen Wettbewerbsrechts nur die angesichts der Grundfreiheiten ohnehin bereits bestehende Rechtslage. Art. 1 Abs. 4 ECRL hat insoweit klarstellende Bedeutung; die Richtlinie ist *nicht* in sich widersprüchlich.

15. Die Umsetzung des Herkunftslandprinzips der ECRL in § 4 Abs. 1, 2 TDG hat ebenfalls eine weitergehendere Anknüpfung an das Herkunftslandrecht zur Folge, als das primäre Gemeinschaftsrechts dies vorsieht. Nach richtlinienkonformer Auslegung entspricht sie Art. 3 ECRL.

II. Schlussbetrachtung

Die Frage der Anknüpfung im internationalen Wettbewerbsrecht wird zumeist ausschließlich aus internationalprivatrechtlichem Blickwinkel beleuchtet. Die Untersuchung hat aber ergeben, dass die Grundlagen gemeinschaftsrechtlich determiniert sind. Nur auf der Basis sowohl gemeinschaftsrechtlicher als auch internationalprivatrechtlicher Wertungen kann eine Grundlage für ein europäisches Kollisionsrecht des unlauteren Wettbewerbs geschaffen werden. Diesen Vorgaben entspricht eine Grundanknüpfung an das Recht des Marktortes. Die Grundfreiheiten gebieten aber eine Korrektur der Anknüpfungsergebnisse zugunsten des Herkunftslandrechts, wenn die kollisionsrechtlich ermittelte Norm zu nicht gerechtfertigten Beschränkungen der Warenverkehrs- bzw. Dienstleistungsfreiheit führt. Auf internationalprivatrechtlicher Ebene ergibt sich daher eine besondere gemeinschaftsrechtlich begründete Vorbehaltsklausel.

Dieses Anknüpfungssystem ermöglicht es, einerseits an den hergebrachten internationalprivatrechtlichen Grundsätzen festzuhalten und andererseits den gemeinschaftsrechtlichen Vorgaben Rechnung zu tragen. Es löst daher im Bereich des Wettbewerbskollisionsrechts das Spannungsverhältnisses zwischen IPR und Gemeinschaftsrecht.

LITERATURVERZEICHNIS

ACKERMANN, Thomas, Warenverkehrsfreiheit und „Verkaufsmodalitäten", RIW 1994, 189-194;

AHRENS, Hans-Jürgen, Das Herkunftslandprinzip in der E-Commerce-Richtlinie, CR 2000, 835-841;

ALBRECHT, Uwe, Europäisches Werberecht und seine Auswirkungen auf das deutsche Wettbewerbsrecht, WRP 1997, 926-928;

APEL, Jürgen/ GRAPPERHAUS, Tanja, Das Offline-Online-Chaos oder wie die Europäische Kommission den grenzüberschreitenden Werbemarkt zu harmonisieren droht, WRP 1999, 1247-1259;

ARNDT, Hans-Wolfgang, Warenverkehrsfreiheit innerhalb der Europäischen Union: der Fall „Keck" – EuGH, NJW 1994, 121, JuS 1994, 469-473;

ARNDT, Hans-Wolfgang, Europarecht, 5. Auflage, Heidelberg 2001;

ARNDT, Hans-Wolfgang/ KÖHLER, Markus, Elektronischer Handel nach der E-Commerce-Richtlinie, EWS 2001, 102-112;

BÄR, Rolf, Kartellrecht und Internationales Privatrecht, Die kollisionsrechtliche Behandlung wirtschaftlicher Eingriffe, dargestellt am Beispiel des Gesetzes gegen Wettbewerbsbeschränkungen, Karlsruhe 1965;

BÄR, Rolf, Internationales Kartellrecht und unlauterer Wettbewerb, in: Ivo Schwander (Hrsg.), Beiträge zum neuen IPR des Sachen- Schuld- und Gesellschaftsrechts, Festschrift für Rudolf Moser, Zürich 1987, S. 143-178;

BAHLMANN, Kai, Der Grundrechtsschutz in der Europäischen Gemeinschaft – Wege der Verwirklichung -, EuR 1982, 1- 20;

VON BAR, Carl Ludwig, Theorie und Praxis des Internationalen Privatrechts, Band 1, 2. Auflage, Hannover 1889, Neudruck 1966;

VON BAR, Christian, Internationales Privatrecht, Erster Band, Allgemeine Lehren, München 1987;

VON BAR, Christian, Internationales Privatrecht, Zweiter Band, Besonderer Teil, München 1991;

BASEDOW, Jürgen, Keck on the facts, EuZW 1994, 225;

BASEDOW, Jürgen, Der kollisionsrechtliche Gehalt der Produktfreiheiten im europäischen Binnenmarkt: favor offerentis, RabelsZ 59 (1995) 1-55;

BASEDOW, Jürgen, Europäisches Internationales Privatrecht, NJW 1996, 1921-1929;

BASEDOW, Jürgen, Die Vergemeinschaftung des Kollisionsrechts nach dem Vertrag von Amsterdam, in: Systemwechsel im europäischen Kollisionsrecht: Fachtagung der Bayer-Stiftung für Deutsches und Internationales Arbeits- und Wirtschaftsrecht am 17. und 18. Mai 2001, München 2002, S. 19-45;

BATIFFOL, Henri/ LAGARDE, Paul, Droit international privé II, 7ème édition Paris 1983;

BAUDENBACHER, Carl, Die wettbewerbsrechtliche Beurteilung grenzüberschreitender Werbe- und Absatztätigkeit nach schweizerischem Recht, GRUR Int. 1988, 310-320;

BAUM, Harald, Alternativanknüpfungen, Dissertation, Tübingen 1985;

BAUMBACH, Adolf/ HEFERMAHL, Wolfgang, Wettbewerbsrecht: Gesetz gegen den unlauteren Wettbewerb, Zugabeverordnung, Rabattgesetz und Nebengesetze, 22. Auflage, München 2001;

BECHTOLD, Stefan, Multimedia und Urheberrecht – einige grundsätzliche Anmerkungen, GRUR 1998, 18-27;

BECKER, Jürgen, Bewertung der Richtlinienentwürfe der EU aus der Sicht der Urheber und der Verwertungsgesellschaften, in: Rechtsschutz gegen Urheberrechtsverletzungen und Wettbewerbsverstöße in grenzüberschreitenden Medien, 1. Auflage, Baden–Baden 2000, S. 29-51;

BECKER, Ulrich, Von „Dassonville“ über „Cassis“ zu „Keck“ - Der Begriff der Maßnahme gleicher Wirkung in Art. 30 EGV, EuR 1994, 162-174;

BEHRENS, Peter, Die Konvergenz der wirtschaftlichen Freiheiten im europäischen Gemeinschaftsrecht, EuR 1992, 145-162;

BEIER, Friedrich-Karl/ SCHRICKER, Gerhard/ ULMER, Eugen, Stellungnahme des Max-Planck-Instituts für ausländisches und internationales Patent-, Urheber- und Wettbewerbsrecht zum Entwurf eines Gesetzes zur Ergänzung des internationalen Privatrechts (außervertragliche Schuldverhältnisse und Sachen), GRUR Int. 1985, 104-108;

BEITZKE, Günther, Entscheidungsrezension: Auslandswettbewerb unter Inländern – BGHZ 40, 391, JuS 1966, 139-147;

BENDER, Gunnar/ SOMMER, Christian, E-Commerce-Richtlinie: Auswirkungen auf den elektronischen Geschäftsverkehr in Deutschland, RIW 2000, 260–264;

BERGER, Rechtliche Rahmenbedingungen anwaltlicher Dienstleistungen über das Internet, NJW 2001, 1530-1536;

BERNHARD, Peter, Cassis de Dijon und Kollisionsrecht – am Beispiel des unlauteren Wettbewerbs, EuZW 1992, 437-443;

BERNHARD, Peter, Das IPR des unlauteren Wettbewerbs in den Mitgliedstaaten der EG, 1. Auflage, Baden-Baden 1994;

BERNHARD, Peter, „Keck“ und „Mars“ – die neueste Rechtsprechung des EuGH zu Art. 30 EGV, EWS 1995, 404-411;

BERNHARD, Peter, Literaturbesprechung: Wolfgang Drasch, Das Herkunftslandprinzip im Internationalen Privatrecht - Auswirkungen des europäischen Binnenmarktes auf Vertrags- und Wettbewerbsrecht, RabelsZ 63 (1999), 175;

BERNREUTHER, Friedrich, Der Ort der Rechtsdurchsetzung des Herkunftslandrechts nach Art. 3 Abs. 2 Electronic-Commerce-Richtlinie und das Grundgesetz, WRP 2001, 513-525;

BEUTLER, Bengt/ BIEBER, Roland/ PIPKORN, Jörn/ STREIL, Jochen, Die Europäische Union, 5. Auflage, Baden-Baden 2001;

BLAUROCK, Uwe, Grenzüberschreitende elektronische Geschäfte, in: Gerhard Hohloch (Hrsg.), Recht und Internet, 1. Auflage, Baden-Baden 2001, S. 31-43;

BLECKMANN, Albert, Europarecht: Das Recht der Europäischen Union und der Europäischen Gemeinschaften, 6. Auflage, Köln, Berlin, Bonn, München 1997;

BODEWIG, Theo, Elektronischer Geschäftsverkehr und Unerlaubter Wettbewerb, GRUR Int. 2000, 475–483;

BODEWIG, Theo, Vorrang wirtschaftlicher Interessen im Medienrecht, Zur Auslegung der Fernsehrichtlinie durch den EuGH, JZ 2000, 659–664;

BOEHME-NEßLER, Volker, Rechtsprobleme der Internet-Werbung, ZUM 2001, 547-554;

BOGDAN, Michael, Some reflections regarding the new EU Directive on injunctions for the protection of consumers' interests, Consumer Law Journal 1998, 369-375;

BORCHARDT, Klaus-Dieter, Die rechtlichen Grundlagen der Europäischen Union, Heidelberg 1996;

BORGES, Georg, Weltweite Geschäfte per Internet und deutscher Verbraucherschutz, ZIP 1999, 565-573;

BORNKAMM, Joachim, Anmerkung zu „Keck und Mithouard", GRUR 1994, 297–299;

BORNKAMM, Joachim, Gerichtsstand und anwendbares Recht bei Kennzeichen- und Wettbewerbsverstößen im Internet, in: Michael Bartsch/ Bernd Lutterbeck (Hrsg.), Neues Recht für neue Medien, Köln 1998, S. 99-116;

DE BOTTINI, Renaud, La directive «Commerce électronique» du 8 juin 2000, Revue du Marché commun et de l'Union européenne 2001, 368-373;

BRAGA, Sevold, Kodifikationsgrundsätze des Internationalen Privatrechts, RabelsZ 23 (1958), 421-448;

BRASELMANN, Petra, Übernationales Recht und Mehrsprachigkeit, Linguistische Überlegungen zu Sprachproblemen in EuGH-Urteilen, EuR 1992, 55-74;

BRENN, Christoph, Der elektronische Geschäftsverkehr, ÖJZ 1999, 481-490;

BRIEM, Stephan, Internationales und Europäisches Wettbewerbsrecht und Kennzeichenrecht, Wien 1995;

BRISCH, Klaus M., E-Commerce-Richtlinien-Vorschlag, CR 1998, 783-784;

BRISCH, Klaus M., EU-Richtlinienvorschlag zum elektronischen Geschäftsverkehr, CR 1999, 235-244;

BRÖDERMANN, Eckart, Europäisches Gemeinschaftsrecht versus IPR: Einflüsse und Konformitätsgebot, MDR 1992, 89-95;

BRÖDERMANN, Eckart/ IVERSEN, Holger, Europäisches Gemeinschaftsrecht und Internationales Privatrecht, Tübingen 1994;

BRÖHL, Georg M., EGG – Gesetz über rechtliche Rahmenbedingungen des elektronischen Geschäftsverkehrs, Erläuterungen zum Referentenentwurf, MMR 2001, 67-71;

BULLINGER, Martin/ MESTMÄCKER, Ernst-Joachim, Multimediadienste, Struktur und staatliche Aufgaben nach deutschem und europäischem Recht, 1. Auflage, Baden-Baden 1997;

BUSCH, Dirk, Probleme im Anwendungsbereich des Verbotes nichttarifärer Handelshemmnisse aus Art. 28 EGV unter Berücksichtigung neuerer Entwicklungen in der Rechtsprechung des EuGH, ZEuS 2001, 349-364;

VON CAEMMERER, Ernst, Vorschläge und Gutachten zur Reform des deutschen internationalen Privatrechts der außervertraglichen Schuldverhältnisse, Tübingen 1983;

CALLIESS, Christian, Subsidiaritäts- und Solidaritätsprinzip in der Europäischen Union; Vorgaben für die Anwendung von Art. 5 (ex-Art. 3 b) EGV nach dem Vertrag von Amsterdam, 2. Auflage, Baden-Baden 1999;

CALLIESS, Christian, Nach dem „Tabakwerbung-Urteil“ des EuGH: Binnenmarkt und gemeinschaftsrechtliche Kompetenzverfassung im neuen Licht, JURA 2001, 311-318;

CALLIESS, Christian/ RUFFERT, Matthias, Kommentar des Vertrages über die Europäische Union und des Vertrages zur Gründung der Europäischen Gemeinschaft – EUV/EGV-, 2. Auflage, Neuwied, Kriftel 2002;

CALLIESS, Gralf-Peter, Heimatstaatprinzip und Europa-Pass (single licence principle) im europäischen Finanzmarktrecht: Wettbewerb der Finanzdienstleister oder der Finanzplätze? Im Blickpunkt: „Forum-Shopping“ und Aufsichtsarbitrage im Investmentrecht, EWS 2000, 432-442;

CALLMANN, Rudolf, Internationale Probleme des Wettbewerbs- und Monopolrechts, GRUR Int. 1962, 438-443;

CHROCZIEL, Peter, Die eingeschränkte Geltung des Gesetzes gegen Unlauteren Wettbewerb für EG-Ausländer, EWS 1992, 173–179;

CLASSEN, Claus, Dieter, Auf dem Weg zu einer einheitlichen Dogmatik der EG-Grundfreiheiten?, EWS 1995, 97- 106;

CONSTANTINESCO, Leontin-Jean, Das Recht der Europäischen Gemeinschaften, Band 1, 1. Auflage, Baden-Baden 1977;

CRABIT, Emmanuel, La directive sur le commerce électronique. Le projet «Méditerranée», Revue du Droit de l'Union Européenne 2000, 749-833;

DÄNZER-VANOTTI, Wolfgang, Der Europäische Gerichtshof zwischen Rechtsprechung und Rechtssetzung, in: Ole Due/ Marcus Lutter/ Jürgen Schwarze (Hrsg.), Festschrift für Ulrich Everling, Band 1, 1. Auflage, Baden-Baden 1995, S. 205-221;

DÄNZER-VANOTTI, Wolfgang, Unzulässige Rechtsfortbildung des Europäischen Gerichtshofs, RIW 1992, 733-742;

DAUSES, Manfred A., Dogmatik des Freien Warenverkehrs in der Europäischen Gemeinschaft, RIW 1984, 197-206;

DAUSES, Manfred A., Die Rechtsprechung des EuGH zum Verbraucherschutz und zur Werbefreiheit im Binnenmarkt, EuZW 1995, 425-431;

DAUSES, Manfred A., Handbuch des EU-Wirtschaftsrechts, Band 1, München, Loseblatt, Stand: März 2002;

DETHLOFF, Nina, Marketing im Internet und Internationales Wettbewerbsrecht, NJW 1998, 1596-1603

DETHLOFF, Nina, Europäisches Kollisionsrecht des unlauteren Wettbewerbs, JZ 2000, 179-185;

DETHLOFF, Nina, Europäisierung des Wettbewerbsrechts - Einfluss des europäischen Rechts auf das Sach- und Kollisionsrecht des unlauteren Wettbewerbs, Tübingen 2001;

DEUTSCH, Erwin, Wettbewerbstatbestände mit Auslandsbeziehung, Stuttgart 1962;

DEUTSCH, Erwin, Anmerkung zu: BGH, Urteil v. 12.5.1971 – VIII ZR 196/69, JZ 1971, 732-733;

DI FABIO, Udo, Der neue Artikel 23 des Grundgesetzes, Positivierung vollzogenen Verfassungswandels oder Verfassungsneuschöpfung?, Der Staat 1993, 191-217;

DIESELHORST, Jochen, Anwendbares Recht bei Internationalen Online-Diensten, ZUM 1998, 293-300;

DRASCH, Wolfgang, Das Herkunftslandprinzip im Internationalen Privatrecht; Auswirkungen des europäischen Binnenmarktes auf Vertrags- und Wettbewerbsrecht, Dissertation, Baden-Baden 1997;

DREHER, Meinrad, Wettbewerb oder Vereinheitlichung der Rechtsordnungen in Europa, JZ 1999, 105-112;

DREIER, Horst, Grundgesetz Kommentar, Band II: Artikel 20-82, Tübingen 1998;

DRIJBER, B. J., De Richtlijn elektronische handel op de snijtafel, SEW 2001, 122-138;

DROBNIG, Ulrich, Verstößt das Staatsangehörigkeitsprinzip gegen das Diskriminierungsverbot des EWG-Vertrages, RabelsZ 34 (1970), 636-662;

DROSTE, Anmerkung zum Urteil des BGH vom 23. Oktober 1970 „Tampax“, GRUR 1970, 155-156;

DUINTJER TEBBENS, Duintjer Tebbens, Harry, Les conflits de loi en matière de publicité déloyale à l'épreuve du droit communautaire, Revue critique de droit international privé 83 (1994), 451-481;
DYER, Adair, Unfair competition in private international law, Recueil des Cours 211 (1988 IV), 373-446;

EBBING, Frank, Virtuelle Rechtsberatung und das anwaltliche Werbeverbot, NJW-CoR 1996, 242-248;
EBERHARTINGER, Michael, Konvergenz und Neustrukturierung der Grundfreiheiten, EWS 1997, 43-52;
EICHLER, Alexander, Arzneimittel im Internet – Anmerkung zu LG Frankfurt a. M., Urteile vom 9. 11. 2000, K&R 2001, 144-149;
ENGEL-FLECHSIG, Stefan, Das neue Multimediarecht in Deutschland, in: Michael Lehmann (Hrsg.), Rechtsgeschäfte im Netz – Electronic Commerce, Stuttgart 1999, S. 4-29;
EPINEY, Astrid, Umgekehrte Diskriminierungen: Zulässigkeit und Grenzen der discrimination à rebours nach europäischem Gemeinschaftsrecht und nationalem Verfassungsrecht, Habilitationsschrift, Köln, Berlin, Bonn, München 1995;
ERNST, Stefan, Internet und Recht, JuS 1997, 776-782;
ERNST, Stefan, Anmerkung zu: OLG Frankfurt a. M. Beschluss v. 3. 12. 1998 – 6 W 122/98, NJW-CoR 1999, 302-303;
ERNST, Stefan, Verbraucherschutzrechtliche Aspekte des EU-Richtlinienvorschlags zum Electronic Commerce, VuR 1999, 397-405;
ESSEL, Marcus, E-Commerce-Richtlinie und Wettbewerbsrecht: Eine kritische Anmerkung, ÖBl 2000, 156–159;
EVERLING, Ulrich, Zur neueren EuGH-Rechtsprechung zum Wettbewerbsrecht, EuR 1982, 301-314;
EVERLING, Ulrich, Rechtsvereinheitlichung durch Richterrecht in der Europäischen Gemeinschaft, RabelsZ 50 (1986), 193-232;
EVERLING, Ulrich, Die Rechtsprechung des EuGH zum freien Warenverkehr im Binnenmarkt, ZLR 1989, 304-323;
EVERLING, Ulrich, Probleme der Rechtsangleichung zur Verwirklichung des europäischen Binnenmarktes, in: Festschrift für Ernst Steindorff, Berlin, New York 1990, S. 1155-1173;
EVERLING, Ulrich, Zur Bedeutung der Rechtsprechung des Europäischen Gerichtshofs für die Werbung in Europa, in: Irreführende Werbung in Europa, Bonn 1990, S. 43-70;

FERID, Murad, Im Ausland erfüllte Tatbestandsmerkmale inländischer Sachnormen, GRUR Int. 1973, 472-478;
FEZER, Karl-Heinz, Europäisierung des Wettbewerbsrechts, JZ 1994, 317-326;

FEZER, Karl- Heinz/ KOOS, Stefan, Das gemeinschaftsrechtliche Herkunftslandprinzip und die e-commerce-Richtlinie - Zur dringenden Notwendigkeit einer Harmonisierung des Wettbewerbsrechts in den Mitgliedstaaten der Europäischen Union als einer gemeinschaftsrechtlichen Aufgabe, IPRax 2000, 349-354;

FLEISCHER, Wolf-Heinrich, Das italienische Wettbewerbsrecht und die Probleme des selektiven Parfümvertriebs unter Berücksichtigung der Rechtslage in Frankreich und Deutschland, Frankfurt a. M., Berlin, Bern, Paris, Wien 1995;

FRANZEN, Martin, Privatrechtsangleichung durch die Europäische Gemeinschaft, Berlin, New York 1999;

FREITAG, Robert, Der Einfluss des Europäischen Gemeinschaftsrechts auf das internationale Produkthaftungsrecht, Tübingen 2000;

FRITZE, Ulrich/ HOLZBACH, Christoph, Die Electronic-Commerce-Richtlinie, Ende oder Chance für das Deutsche Wettbewerbsrecht, WRP 2000, 872–876;

FREYTAG, Stefan, EU-Kommission: Richtlinienentwurf zum Electronic Commerce, MMR 1998, V;

FREIHERR VON GAMM, Otto-Friedrich, Grundlagen, Europäisches Gemeinschaftsrecht, Internationales Wettbewerbsrecht, Gesetz gegen den unlauteren Wettbewerb – unter Einfluss kartellrechtlicher Aspekte, 1. Halbband, 5. Auflage, Köln, Berlin, Bonn, München 1987;

FREIHERR VON GAMM, Otto-Friedrich, Anwendung deutschen Wettbewerbsrechts auf auslandsbezogene Sachverhalte, EWS 1991, 166-169;

GÄRTNER, Rudolf, EG-Versicherungsbinnenmarkt und Versicherungsvertragsrecht, EWS 1994, 114-123;

GEBAUER, Martin, Internationales Privatrecht und Warenverkehrsfreiheit in Europa, IPRax 1995, 152-156;

GIERSCHMANN, Sibylle, Die E-Commerce-Richtlinie, DB 2000, 1315-1319;

GLATT, Christoph, Vertragsschluss im Internet, Die Artikel 9 bis 11 der E-Commerce-Richtlinie und ihre Umsetzung im deutschen Recht, ZUM 2001, 390-397;

GLÖCKNER, Jochen, „Cold Calling“ und europäische Richtlinie zum Fernabsatz – ein trojanisches Pferd im deutschen Lauterkeitsrecht, GRUR Int. 2000, 29-37;

GLÖCKNER, Jochen, Wettbewerbsverstöße im Internet – Grenzen einer kollisionsrechtlichen Problemlösung, ZVglRWiss 99 (1999), 278-309;

GLOY, Wolfgang, Handbuch des Wettbewerbsrechts, 2. Auflage, München 1997;

GRABITZ, Eberhard, Das Recht auf Zugang zum Markt nach dem EWG-Vertrag, in: Rolf Stödter/ Werner Thieme (Hrsg.), Festschrift für Hans Peter Ipsen zum 70. Geburtstag, Tübingen 1977, S. 645-667;

GRABITZ, Eberhard, Über die Verfassung des Binnenmarktes, in: Festschrift für Ernst Steindorff, Berlin, New York 1990, S. 1229-1245;

GRABITZ, Eberhard/ VON BOGDANDY, Armin, Vom Gemeinsamen Markt zum Binnenmarkt – Statik und Dynamik des Europäischen Marktes, JuS 1990, 170-175;

GRABITZ, Eberhard/ HILF, Meinhard, Das Recht der Europäischen Union, EUV/EGV, Band 1 und Band 3, München, Loseblatt, Stand: April 2003;

GRANDPIERRE, Andreas, Herkunftslandprinzip contra Marktortanknüpfung; Auswirkungen des Gemeinschaftsrechts auf die Kollisionsregeln im Wettbewerb, Dissertation, Frankfurt a. M. 1999;

GREISSINGER, Christian, Die EuGH-Rechtsprechung zur Fernsehrichtlinie, CR 1999, 112-121;

VON DER GROEBEN, Hans/ SCHWARZE, Jürgen, Kommentar zum Vertrag über die Europäische Union und zur Gründung der Europäischen Gemeinschaft, Band 1, 6. Auflage, Baden-Baden 2003;

GRUBER, Michael, Werbung im Internet, in: Michael Gruber/ Peter Mader (Hrsg.), Internet und e-commerce, Neue Herausforderungen an das Privatrecht, Wien 2000, S. 109-155;

GRUNDMANN, Stefan, Binnenmarktkollisionsrecht – vom klassischen IPR zur Integrationsordnung, RabelsZ 64 (2000), 457-477;

GRUNDMANN, Stefan, Das Internationale Privatrecht der E-Commerce-Richtlinie – was ist kategorial anders im Kollisionsrecht des Binnenmarkts und warum?, RabelsZ 67 (2003), 246-297;

GUNDEL, Jörg, Anmerkung zu: EuGH, Urteil vom 13. 01. 2000 – Rs. C-254/98 (Schutzverband gegen unlauteren Wettbewerb/TK-Heimdienst Sass GmbH), EuZW, 2000, 311-312;

VAN HAERSOLTE-VAN HOF, J. J., Richtlijn elektronische handel – internationaal privaatrechtlelijke aspecten, Nederlands tijdschrift voor Europees recht 2000, 325-327;

HAKENBERG, Waltraud/ HARLES, Marianne, Anmerkung zu GB-Inno-BM/Confédération Urteil des EuGH vom 7. 3. 1990, GRUR Int. 1990, 957-960;

HALFMEIER, Alex, Vom Cassislikör zur E-Commerce-Richtlinie: Auf dem Weg zu einem europäischen Mediendeliktsrecht, ZEuP 2001, 837-868;

HAMANN, Andreas, Der Entwurf einer E-Commerce-Richtlinie unter rundfunkrechtlichen Gesichtspunkten, ZUM 2000, 290-297;

HAMMER, Kristina, Handbuch zum freien Warenverkehr – Eine Analyse der Rechtsprechung zu Art. 30 EGV vor und nach dem Urteil „Keck und Mithouard“, Neuwied, Kriftel 1998;

HANIKA, Heinrich, Internet versus Schutz der öffentlichen Gesundheit und Standesrecht, MedR 2000, 205-212;

HÄRTING, Niko, Gesetzentwurf zur Umsetzung der E-Commerce-Richtlinie, CR 2001, 271-277;

HÄRTING, Niko, Umsetzung der E-Commerce-Richtlinie, DB 2001, 80-82;

HEERMANN, Peter, Das deutsche Wettbewerbsrecht und die „Keck" - Rechtsprechung des EuGH, Missverständnisse und Argumentationsdefizite rund um den Begriff der „Verkaufsmodalitäten", WRP 1999, 381-389;

HELBERGER, Natali, Die Konkretisierung des Sendestaatsprinzips in der Rechtsprechung des EuGH, ZUM 1998, 50-60;

HELMBERG, Monika, Der Einfluss des EG-Rechts auf das IPR (Teil II), WBl 1997, 137- 147;

HENNING-BODEWIG, Frauke, Die EG-Fernsehrichtlinie von 1989, in: Gerhard Schricker/ Frauke Henning-Bodewig (Hrsg.), Neuordnung des Wettbewerbsrechts, 1. Auflage, Baden-Baden 1998/1999, S. 81-92;

HENNING-BODEWIG, Frauke, Das Folgedokument zum Grünbuch über die kommerziellen Kommunikationen im Binnenmarkt: Ein neuer Ansatz der Kommission?, GRUR Int. 1999, 233-241;

HENNING-BODEWIG, Frauke, Abschaffung von Rabattgesetz und Zugabeverordnung?, WRP 2000, 886-889;

HENNING-BODEWIG, Frauke, E-Commerce und irreführende Werbung, Auswirkungen des Herkunftslandprinzips auf das europäische und deutsche Irreführungsrecht, WRP 2001, 771-777;

HENNING-BODEWIG, Frauke, Das Europäische Wettbewerbsrecht: Eine Zwischenbilanz, GRUR Int. 2002, 389-462;

HERDEGEN, Matthias, Europarecht, 4. Auflage, München 2002;

HEß, Burkhard, Aktuelle Perspektiven der europäischen Prozeßrechtsangleichung, JZ 2001, 573-583;

HOEREN, Thomas, Cybermanners und Wettbewerbsrecht - Einige Überlegungen zum Lauterkeitsrecht im Internet, WRP 1997, 993-1126;

HOEREN, Thomas, Vorschlag für eine EU-Richtlinie über E-Commerce - Eine erste kritische Analyse, MMR 1999, 192–199;

HOEREN, Thomas, Zivilrechtliche Haftung im Internet, PHi 1999, 86-96;

HOEREN, Thomas, Grundzüge des Internetrechts, E-Commerce/ Domains/ Urheberrecht, München 2001;

VON HOFFMANN, Bernd/ ORTIZ-ARCE, Antonio Das neue spanische Internationale Privatrecht, RabelsZ 39 (1975), 647-691;

VON HOFFMANN, Bernd, Inländische Sachnormen mit zwingendem internationalen Anwendungsbereich, IPRax 1989, 261-271;

VON HOFFMANN, Bernd, Richtlinien der Europäischen Gemeinschaft und Internationales Privatrecht, ZfRV 1995, 45-54;

VON HOFFMANN, Bernd, Internationales Haftungsrecht im Referentenentwurf des Bundesjustizministeriums vom 1. 12. 1993, IPRax 1996, 1-8;

VON HOFFMANN, Bernd, The Relevance of European Community Law, in: Bernd von Hoffmann (Hrsg.), European Private International Law, Trier 1998, S. 19-37;

VON HOFFMANN, Bernd, Internationales Privatrecht, 6. Auflage, München 2000;

VON HOFFMANN, Bernd, Internationales Privatrecht, 7. Auflage, München 2002;

HOFFMANN, Michael, Die Grundfreiheiten des EG-Vertrags als koordinationsrechtliche und gleichheitsrechtliche Abwehrrechte, 1. Auflage, Baden-Baden 2000;

HÖFLING, Heribert/ MÖWES, Bernd/ PECHSTEIN, Matthias, Europäisches Medienrecht insbesondere EG-Fernsehrichtlinie und Europarats-Fernsehübereinkommen in Gegenüberstellung der Einzelregelungen, München 1991;

HOHLOCH, Gerhard, Das Deliktsstatut, Grundlagen und Grundlinien des internationalen Deliktsrechts, Frankfurt a. M. 1984;

HOLZNAGEL, Bernd/ HOLZNAGEL, Ina, Zukunft der Haftungsregeln für Internet-Provider - Zugleich: Eine Kritik des Electronic Commerce-Richtlinienentwurfs vom 18. 11. 1998, K&R 1999, 103-106;

HÖPPING, Ulrike, Auswirkungen der Warenverkehrsfreiheit auf das IPR, Dissertation, Frankfurt a. M. 1997;

HÖSCH, Ulrich Willi, Der Einfluß der Freiheit des Warenverkehrs (Art. 30 EWGV) auf das Recht des unlauteren Wettbewerbs, Dissertation, Frankfurt a. M. 1993;

HOTH, Jürgen, Ausländische Werbung mit Inlandswirkung, GRUR Int. 1972, 449-456;

HUBER, Peter, Das internationale Deliktsrecht nach der Reform, JA 2000, 67-73;

HUCKE, Anja, Erforderlichkeit einer Harmonisierung des Wettbewerbsrechts in Europa, Habilitationsschrift, 1. Auflage, Baden-Baden 2001;

HÜBNER, Ulrich, Herausforderungen an einen europäischen Rechtsrahmen für E-Commerce, EuZW 2001, 225;

HUPPERTZ, Peter, Wettbewerbliche Zulässigkeit von Verbraucher-Einkaufsgemeinschaften im Web, MMR 2000, 329-333;

IPSEN, Hans Peter, Europäisches Gemeinschaftsrecht, Tübingen 1972;

JANSEN, Thomas, Zivilrechtliche Aspekte des E-Commerce, die EU-Richtlinie für den elektronischen Geschäftsverkehr, DSWR 2000, 125-126;

JARASS, Hans D., Elemente einer Dogmatik der Grundfreiheiten, EuR 1995, 202-226;

JARASS, Hans D., Die Grundfreiheiten als Grundgleichheiten – Systematische Überlegungen zur Qualifikation und Rechtfertigung von Beschränkungen der Grundfreiheiten, in: Ole Due/ Marcus Lutter/ Jürgen Schwarze (Hrsg.), Festschrift für Ulrich Everling, Band 1, 1. Auflage, Baden-Baden 1995, S. 593-609;

JARASS, Hans D., Richtlinienkonforme bzw. EG-rechtkonforme Auslegung nationalen Rechts, EuR 1991, 211-223;

JAYME, Erik, Ausländische Rechtsregeln und Tatbestand inländischer Sachnormen – Betrachtungen zu Ehrenzweigs Datum-Theorie –, in: Erik Jayme/ Gerhard Kegel (Hrsg.), Gedächtnisschrift für Albert A. Ehrenzweig, Karlsruhe, Heidelberg 1976, S. 35-49;

JAYME, Erik, Entwurf eines EU-Übereinkommens über das auf außervertragliche Schuldverhältnisse anzuwendende Recht, Tagung der Europäischen Gruppe für IPR in Den Haag, IPRax 1998, 140-141;

JAYME, Erik, Entwurf eines EU-Übereinkommens über das auf außervertragliche Schuldverhältnisse anwendbare Recht - Tagung der Europäischen Gruppe für Internationales Privatrecht in Luxemburg, IPRax 1999, 298;

JAYME, Erik/ KOHLER, Christian, Das Internationale Privat- und Verfahrensrecht der EG auf dem Wege zum Binnenmarkt, IPRax 1990, 353-361;

JAYME, Erik/ KOHLER, Christian, Das Internationale Privat- und Verfahrensrecht der EG, Harmonisierungsmodell oder Mehrspurigkeit des Kollisionsrechts, IPRax 1991, 361-369;

JAYME, Erik/ KOHLER, Christian, Das internationale Privat- und Verfahrensrecht der EG 1993 – Spannungen zwischen Staatsverträgen und Richtlinien, IPRax 1993, 357-371;

JAYME, Erik/ KOHLER, Christian, Europäisches Kollisionsrecht 2000: Interlokales Privatrecht oder universelles Gemeinschaftsrecht?, IPRax, 2000, 454-465;

JAYME, Erik/ KOHLER, Christian, Europäisches Kollisionsrecht 2001, Anerkennungsprinzip statt IPR, IPRax, 2001, 501-514;

JAYME, Erik/ KOHLER, Christian, Europäisches Kollisionsrecht 2001, IPRax, 2003, 485-495;

JESTAEDT, Thomas/ KÄSTLE, Florian, Kehrtwende oder Rückbesinnung in der Anwendung von Art. 30 EGV: Das *Keck*-Urteil, EWS 1994, 26-29;

JOERGES, Christian, Die Klassische Konzeption des Internationalen Privatrechts und das Recht des unlauteren Wettbewerbs, RabelsZ 36 (1972), 471-491;

JOERGES, Christian, Die Verwirklichung des Binnenmarktes und die Europäisierung des Produktsicherheitsrechts, in: Festschrift für Ernst Steindorff, Berlin, New York 1990, S. 1247-1267;

JUNKER, Abbo, Intentionales Privatrecht, München 1998;

KARENFORT, Jörg/ WEIßBERGER, Arnd, Lauterkeit des Wirtschaftsverkehrs in Gefahr? - Die Konsequenzen der E-Commerce-Richtlinie für RabattG und ZugabeVO, MMR-Beilage 7/2000, 38-42;

KATZENBERGER, Paul, Kollisionsrecht des unlauteren Wettbewerbsrechts, in: Gerhard Schricker/ Frauke Henning-Bodewig, Neuordnung des Wettbewerbsrechts, 1. Auflage, Baden-Baden 1998/1999, S. 218-229;

KAYE, Peter, Recent Developments in the English Private International Law of Tort, IPRax 1995, 406-409;

KEGEL, Gerhard/ SCHURIG, Klaus, Internationales Privatrecht, 8. Auflage, München 2000;

KEGEL, Gerhard, Die selbstgerechte Sachnorm, in: Erik Jayme/ Gerhard Kegel (Hrsg.), Gedächtnisschrift für Albert A. Ehrenzweig, Karlsruhe, Heidelberg 1976, S. 51-87;

KELLER, Max/ SIEHR, Kurt, Allgemeine Lehren des Internationalen Privatrechts, Zürich 1986;

KEßLER, Jutta, Das System der Warenverkehrsfreiheit im Gemeinschaftsrecht, Dissertation, Berlin 1997;

KIETHE, Kurt, Werbung im Internet, WRP 2000, 616-623;

KILCHES, Ralph, Electronic Commerce Richtlinie, Medien und Recht 1999, 3-6;

KILCHES, Ralph, E-Commerce-Gesetz – gelungene Richtlinienumsetzung?, Medien und Recht 2001, 248-253;

KINDLER, Peter, Internationale Zuständigkeit und anwendbares Recht im italienischen IPR-Gesetz von 1995, RabelsZ 61 (1997), 227-284;

KINGREEN, Thorsten, Die Struktur der Grundfreiheiten des Europäischen Gemeinschaftsrechts, Berlin 1999;

KNOTHE, Matthias/ BASHGAYAN, Hassan, Die Revision der EG-Fernsehrichtlinie, Ein europäischer Entscheidungsprozeß im Lichte nationaler Kompetenzen, AfP 1997, 849-859;

KOENIG, Christian/ BRAUN, Jens-Daniel/ CAPITO, Ralf, Europäischer Systemwettbewerb durch Wahl der Rechtsregeln in einem Binnenmarkt für mitgliedstaatliche Regulierungen?, EWS 1999, 401-409;

KÖHLER, Helmut, Die Auswirkungen der E-Commerce-Richtlinie auf die Versicherungswirtschaft, ZVersWiss 89 (2000), 487-507;

KÖHLER, Helmut/ PIPER, Henning, Gesetz gegen den unlauteren Wettbewerb, 3. Auflage, München 2002;

KÖHLER, Marcus/ ARNDT, Hans-Wolfgang, Recht des Internet, 4. Auflage, Heidelberg 2003;

KÖSTER, Horst-Peter, Urheberkollisionsrecht im Internet – Aufweichung des „Territorialitätsprinzips“ durch das europäische „Ursprungslandprinzip“?, in: Multimedia, Internet und Urheberrecht, Dresden 1998, S. 153-168;

KOHLER, Christian, Die Formung europäischen Kollisionsrechts durch den Gerichtshof der Europäischen Gemeinschaften, in: Europäisches Kollisionsrecht: die Konventionen von Brüssel, Lugano und Rom, ausländische Erfahrungen und österreichische Perspektiven, Frankfurt a. M., Berlin, Bern, New York, Paris, Wien 1993, S. 15-31;

KOHLER, Christian, Europäisches Kollisionsrecht zwischen Amsterdam und Nizza, ZEuS 2001, 575-593;

KOHLER, Christian/ KNAPP, Andreas, Gemeinschaftsrecht und Privatrecht – Zur Rechtsprechung des EuGH im Jahre 1999, ZEuP 2001, 116-149;

KOOS, Stefan, Europäischer Lauterkeitsmaßstab und globale Integration, Beitrag zu einer weltmarktorientierten Sichtweise des nationalen und gemeinschaftsrechtlichen Wettbewerbs, München 1996;

KOPPENSTEINER, Hans-Georg, Österreichisches und europäisches Wettbewerbsrecht, Wettbewerbsbeschränkungen, Unlauterer Wettbewerb, Marken, 3. Auflage, Wien 1997;

KORT, Michael, Zur „multistate“-Problematik grenzüberschreitender Fernsehwerbung, GRUR Int. 1994, 594-602;

KORT, Michael, Schranken der Dienstleistungsfreiheit im europäischen Recht, JZ 1996, 132-140;

KOTTHOFF, Jost, Werbung ausländischer Unternehmen im Inland – Die Beurteilung grenzüberschreitender Werbung nach dem internationalen Privatrecht, dem Wettbewerbsrecht und dem Recht der Europäischen Union, Baden-Baden 1995;

KOTTHOFF, Jost, Die Anwendbarkeit des deutschen Wettbewerbsrechts auf Werbemaßnahmen im Internet, CR 1997, 676-683;

KREUZER, Karl Friedrich, Die Vollendung der Kodifikation des deutschen Internationalen Privatrechts durch das Gesetz zum Internationalen Privatrecht der außervertraglichen Schuldverhältnisse und Sachen vom 21. 5. 1999, RabelsZ 65 (2001), 383-462;

KRONKE, Herbert, Electronic Commerce und Europäisches Verbrauchervertrags – IPR, Zur Umsetzung der Fernabsatzrichtlinie, RIW 1996, 985-993;

KROPHOLLER, Jan, Internationales Einheitsrecht, Allgemeine Lehren, Tübingen 1975;

KROPHOLLER, Jan, Internationales Privatrecht, 4. Auflage, Tübingen 2001;

LANDFERMANN, Hans-Georg, Internet-Werbung und IPR, in: Jürgen Basedow/ Ulrich Drobnig/ Reinhard Ellger/ Klaus J. Hopt/ Hein Kötz/ Rainer Kulms/ Ernst-Joachim Mestmäcker (Hrsg.), Aufbruch nach Europa, 75 Jahre Max-Planck-Institut für Privatrecht, Tübingen 2001, S. 503-515;

LANDFERMANN, Hans-Georg, Der Richtlinienvorschlag, „Elektronischer Geschäftsverkehr“ – Ziele und Probleme, ZUM 1999, 795–802;

LARENZ, Karl/ CANARIS, Claus-Wilhelm, Methodenlehre der Rechtswissenschaft, 3. Auflage, Berlin, Heidelberg, New York 1995;
LECHELER, Helmut, Einführung in das Europarecht, München 2000;
LEHMANN, Michael, Rechtsgeschäfte und Verantwortlichkeit im Netz - Der Richtlinien-Vorschlag der EU-Kommission, ZUM 1999, 180-184;
LEHMANN, Michael, Electronic Commerce und Werbung im Netz, in: Michael Lehmann (Hrsg.), Rechtsgeschäfte im Netz, Stuttgart 1999, S. 169-181;
LEHMANN, Michael, Electronic Commerce und Verbraucherschutz in Europa, in: Michael Gruber/ Peter Mader (Hrsg.), Internet und e-commerce, Neue Herausforderungen an das Privatrecht, Wien 2000, S. 1-12;
LEHMANN, Michael, Electronic Commerce und Verbraucherschutz in Europa, EuZW 2000, 517-521;
LEIBLE, Stefan, Anmerkung zum Urteil des Landgerichts Köln, Beschluss vom 11. November 1993 – 81 O 88/93 „+ 10 % Eiskrem", WRP 1994, 908-911;
LEIBLE, Stefan, Das Herkunftslandprinzip im IPR – Fata Morgana oder neue Metaregel, in: Annette Nordhausen (Hrsg.), Neue Entwicklungen in der Dienstleistungs- und Warenverkehrsfreiheit, 1. Auflage Baden-Baden 2000, S. 71-88;
LENSDORF, Lars, Das deutsche Werberecht im Rahmen des Euro-Marketing – Liberalisierung im Wege der Harmonisierung?, Konstanz 1998;
LEUPOLD, Andreas/ BRÄUTIGAM, Peter/ PFEIFFER, Markus, Von der Werbung zur kommerziellen Kommunikation: Die Vermarktung von Waren und Dienstleistungen im Internet, WRP 2000, 575-598;
LICHTENSTEIN, Erich, Der gewerbliche Rechtsschutz im internationalen Privatrecht, NJW 1964, 1208-1213;
LINDACHER, Walter F., Zum Internationalen Privatrecht des unlauteren Wettbewerbs, WRP 1996, 645-652;
LINDACHER, Walter F., Powershopping in der Form sich schließender Preisstufen ist wettbewerbswidrig i.S.v. § 1 UWG, OLG Köln, Urt. v. 1.6.2001 – 6 U 204/00 (nicht rechtskräftig; LG Köln), ZIP 2001, 1214, OLG Köln EWiR 1 UWG 11/01, 831-832;
LINDHOLM, Pia/ MAENNEL, Frithjof, Directive on Electronic commerce (2000/31/EC), CRi 2000, 65-69;
LÖFFLER, Severin, Werbung im Cyberspace – Eine kollisionsrechtliche Betrachtung, WRP 2001, 379-384;
LORENZ, Egon, Die Rechtswahlfreiheit im internationalen Schuldvertragsrecht, RIW 1987, 569-584;
LÜDER, Tilman E., Die Grenzen der Keck-Rechtsprechung, Neue Entwicklungen im Bereich grenzüberschreitender Werbung im Binnenmarkt, EuZW 1996, 615-621;
LÜDERITZ, Alexander, Internationales Privatrecht, 2. Auflage, Neuwied, Kriftel, Berlin 1992;

LURGER, Brigitta, Regulierung und Deregulierung im europäischen Privatrecht, Frankfurt a. M. 1997;

LURGER, Brigitta, Internationales Deliktsrecht und Internet – ein Ausgangspunkt für grundlegende Umwälzungen im Internationalen Privatrecht, in: Jürgen Basedow/ Ulrich Drobnig/ Reinhard Ellger/ Klaus J. Hopt/ Hein Kötz/ Rainer Kulms/ Ernst-Joachim Mestmäcker (Hrsg.), Aufbruch nach Europa, 75 Jahre Max-Planck-Institut für Privatrecht, Tübingen 2001, S. 479-501;

LURGER, Brigitta, Zivilrechtliche Aspekte des E-Commerce unter Einschluss des Verbraucherrechts und des Kollisionsrechts, VR 2001, 14-24;

LURGER, Brigitta/ VALLANT, Sonja Maria, Grenzüberschreitender Wettbewerb im Internet, Umsetzung des Herkunftslandprinzips der E-Commerce-Richtlinie in Deutschland und Österreich, RIW 2001, 188-202;

LURGER, Brigitta/ VALLANT, Sonja Maria, Die österreichische Umsetzung des Herkunftslandprinzips der E-Commerce-Richtlinie, MMR 2002, 203-209;

MAENNEL, Frithjof, Elektronischer Geschäftsverkehr ohne Grenzen – der Richtlinien-Vorschlag der Europäischen Kommission, MMR 1999, 187-192;

MAENNEL, Frithjof, Die E-Commerce-Richtlinie der europäischen Gemeinschaft, in: Dirk Ehlers/ Hans-Michael Wolfgang/ Hermann Pünder (Hrsg.), Rechtsfragen des Electronic Commerce, Köln 2001, S. 29-51;

MANKOWSKI, Peter, Seerechtliche Vertragsverhältnisse im Internationalen Privatrecht, Tübingen 1995;

MANKOWSKI, Peter, Internet und Internationales Wettbewerbsrecht, GRUR Int. 1999, 909–921;

MANKOWSKI, Peter, Internationales Versicherungsrecht und Internet – Zugleich ein Beitrag zu Grundsatzfragen der Art. 7 Abs. 2, 8, 9, Abs. 3 und 4 EGVVG, VersR 1999, 923-932;

MANKOWSKI, Peter, Wider ein transnationales Cyberlaw - Oder: Von der fortbestehenden Bedeutung des Internationalen Privatrechts bei Internetsachverhalten, AfP 1999, 138-143;

MANKOWSKI, Peter, Das Internet im Internationalen Vertrags- und Deliktsrecht, RabelsZ 63 (1999), 203-294;

MANKOWSKI, Peter, Electronic Commerce und Internationales Privatrecht, Molengrafica 1999/2000, 97-150;

MANKOWSKI, Peter, Wettbewerbsrechtliches Gerichtspflichtigkeits- und Rechtsanwendungsrisiko bei Werbung über Websites - Zugleich Anmerkung zu OLG Bremen v. 17. 2. 2000 –2U139/99, CR 2000, 763-769;

MANKOWSKI, Peter, Buchbesprechung: Andreas Grandpierre, Herkunftslandprinzip contra Marktortanknüpfung - Auswirkungen des Gemeinschaftsrechts auf die Kollisionsregeln im Wettbewerb, WRP 2000, 657-658;

MANKOWSKI, Peter, Binnenmarkt-IPR – Eine Problemskizze -, in: Jürgen Basedow/ Ulrich Drobnig/ Reinhard Ellger/ Klaus J. Hopt/ Hein Kötz/ Rainer Kulms/ Ernst-Joachim Mestmäcker (Hrsg.), Aufbruch nach Europa, 75 Jahre Max-Planck-Institut für Privatrecht, Tübingen 2001, S. 595-615;

MANKOWSKI, Peter, Das Herkunftslandprinzip als Internationales Privatrecht der electronic commerce-Richtlinie, ZVglRWiss 100 (2001), 137-181;

MANKOWSKI, Peter, Herkunftslandprinzip und deutsches Umsetzungsgesetz zur e-commerce-Richtlinie, IPRax 2002, 257-266;

MANKOWSKI, Peter, Das Herkunftlandprinzip des E-Commerce-Rechts als Internationales Privatrecht, EWS 2002, 401-410;

MANN, F. A., Kollisionsnorm und Sachnorm mit abgrenzendem Tatbestandsmerkmal, in: Fritz Bauer/ Josef Esser/ Friedrich Kübler/ Ernst Steindorff (Hrsg.), Funktionswandel der Privatrechtsinstitutionen, Festschrift für Ludwig Raiser, Tübingen 1974, S. 499-513;

MANSEL, Heinz-Peter, Zum Systemwechsel im europäischen Kollisionsrecht nach Amsterdam und Nizza, in: Systemwechsel im europäischen Kollisionsrecht: Fachtagung der Bayer-Stiftung für Deutsches und Internationales Arbeits- und Wirtschaftsrecht am 17. und 18. Mai 2001, München 2002, S. 1-15;

MARTIN-EHLERS, André, Die Irreführungsverbote des UWG im Spannungsfeld des freien europäischen Werbeverkehrs, Berlin 1994;

MARTINY, Dieter, Gemeinschaftsrecht, ordre public, zwingende Bestimmungen und Exklusivnormen, in: Christian von Bar (Hrsg.), Europäisches Gemeinschaftsrecht und Internationales Privatrecht, Köln, Berlin, Bonn, München 1991, S. 211-242;

MATTHIES, Heinrich, Art. 30 EG-Vertrag nach Keck, in: Ole Due/ Marcus Lutter/ Jürgen Schwarze (Hrsg.), Festschrift für Ulrich Everling, Baden-Baden 1995, S. 803-817;

MAYER, Franz C., Recht und Cyberspace, NJW 1996, 1782-1791;

MAYER, Patrik/ WINKLER, Rolf M., Die Richtlinie der EU zum E-Commerce, NJW-CoR 2000, 310-311;

MEHRING, E. W., Dokumentation der „Besonderheiten" des Wettbewerbsrechts in Europa – Niederlande, WRP 1990, 477-482;

MESTMÄCKER, Ernst-Joachim, Auf dem Wege zu einer Ordnungspolitik für Europa, in: Ernst-Joachim Mestmäcker/ Hans Möller/ Hans-Peter Schwarze (Hrsg.), Eine Ordnungspolitik für Europa, Festschrift für Hans von der Groeben, Baden-Baden 1987, S. 9- 49;

MESTMÄCKER, Ernst-Joachim, Zur Anwendbarkeit der Wettbewerbsregeln auf die Mitgliedstaaten und die Europäischen Gemeinschaften, in: Jürgen F. Baur/ Peter-Christian Müller-Graff/ Manfred Zuleeg (Hrsg.), Europarecht. Energierecht. Wirtschaftsrecht, Festschrift für Bodo Börner zum 70. Geburtstag, Köln, Berlin, Bonn, München 1992, S. 277-288;

MESTMÄCKER, Ernst-Joachim, Zur Wirtschaftsverfassung in der Europäischen Union, in: Rolf H. Hasse/ Josef Molsberger/ Christian Wartin (Hrsg.), Ordnung in Freiheit, Festschrift für Hans Willgerodt zum 70. Geburtstag, Stuttgart, Jena, New York 1994, S. 263-292;

MEYER, Alfred Hagen, Das Verbraucherleitbild des Europäischen Gerichtshofs – Abkehr vom „flüchtigen Verbraucher" -, WRP 1993, 215-224;

MEYER, Andreas, Europäischer Binnenmarkt und produktspezifisches Werberecht, GRUR Int. 1996, 697-708;

MEYER, Peter, Die Grundsätze der Auslegung des europäischen Gemeinschaftsrechts, JURA 1994, 455-458;

MOOK, Klaus-Georg, Internationale Rechtsunterschiede und nationales Wettbewerbsrecht: rechtliche Möglichkeiten zur Abwehr von Wettbewerbsstörungen und ihre Grenzen, Berlin 1986;

MORITZ, Hans-Werner, Quo vadis elektronischer Geschäftsverkehr, CR 2000, 61-72;

MÖSCHEL, Wernhard, Kehrtwende in der Rechtsprechung des EuGH zur Warenverkehrsfreiheit, NJW 1994, 429-431;

MÜLBERT, Peter O., Ausländische Eingriffsnormen als Datum, IPRax 1986, 140-142;

MÜLBERT, Peter O., Privatrecht, die EG-Grundfreiheiten und der Binnenmarkt - Zwingendes Privatrecht als Grundfreiheitenbeschränkung im EG-Binnenmarkt, ZHR 159 (1995), 2-33;

MÜLLER-GRAFF, Peter-Christian, Binnenmarktziel und Rechtsordnung, Bergisch Gladbach Köln 1989;

MÜLLER-GRAFF, Peter-Christian, Die Rechtsangleichung zur Verwirklichung des Binnenmarktes, EuR 1989, 107-151;

MÜLLER-GRAFF, Peter-Christian, Binnenmarktauftrag und Subsidiaritätsprinzip?, ZHR 159 (1995), 34-77;

MÜNCHENER Kommentar zum Bürgerlichem Gesetzbuch, Band 10: Einführungsgesetz zum Bürgerlichen Gesetzbuche (Art. 1-38) Internationales Privatrecht, 3. Auflage, München 1998;

NACKEN, Gert A., Das Grünbuch über die Kommerzielle Kommunikation – der Beginn einer Harmonisierungsdiskussion, WRP 1997, 929-932;

NASKRET, Stefanie, Das Verhältnis zwischen Herkunftslandprinzip und Internationalem Privatrecht in der Richtlichie zum elektronischen Geschäftsverkehr, Münster 2003;

NEUHAUS, Paul Heinrich, Die Grundbegriffe des Internationalen Privatrechts, 2. Auflage, Tübingen 1976;

NICKELS, Sven, Der elektronische Geschäftsverkehr und das Herkunftslandprinzip, DB 2001, 1919-1923;

NICKELS, Sven, Neues Bundesrecht für den E-Commerce, CR 2002, 302-309;

NICOLAYSEN, Gert, Inländerdiskriminierung im Warenverkehr, EuR 1991, 95-120;

NICOLAYSEN, Gert, Europarecht I, 1. Auflage, Baden-Baden 1991;

NICOLAYSEN, Gert, Europarecht II, Das Wirtschaftsrecht im Binnenmarkt, 1. Auflage, Baden-Baden 1996;

NIEMEYER, Theodor, Urteilsanmerkung; Supreme Court (Andrews/Andrews, 23 Sup. Ct. Rep. 237; Harward Law Review XVI 448), NiemZ 13 (1903), 447-448;

NUßBAUM, Arthur, Deutsches Internationales Privatrecht, Tübingen 1932;

OLY, Ansgar, Herkunftslandprinzip und Kollisionsrecht, GRUR Int. 2001, 899-908;

OPPERMANN, Thomas, Europarecht, 2. Auflage, München 1999;

PAEFGEN, Thomas Christian, Globales und Euro-Marketing: Eine juristische Querschnittsanalyse grenzüberschreitender Werbung, Baden-Baden 1989;

PAEFGEN, Thomas Christian, Unlauterer Wettbewerb im Ausland, GRUR Int. 1994, 99-120;

PALANDT, Bürgerliches Gesetzbuch, 63. Auflage, München 2004;

PECHSTEIN, Matthias, Rechtssubjektivität für die Europäische Union?, EuR 1996, 137-144;

PECHSTEIN, Matthias/ KOENIG, Christian, Die Europäische Union, 3. Auflage, Tübingen 2000;

PETSCHKE, Matthias, Die Warenverkehrsfreiheit in der neuesten Rechtsprechung des EuGH – Anmerkung zu den Urteilen EuGH, EuZW 1993, 770 – Keck und EuGH, EuZW 1994, 119 – Hünermund, EuZW 1994, 107-111;

PICHLER, Rufus, Vorschlag für eine Richtlinie über den elektronischen Geschäftsverkehr, ELR 1999, 74-80;

PIPER, Henning, Zu den Auswirkungen des EG-Binnenmarktes auf das deutsche Recht gegen den unlauteren Wettbewerb, WRP 1992, 685-691;

RAAPE, Leo/ STURM, Fritz, Internationales Privatrecht, Band 1: Allgemeine Lehren, 6. Auflage, München 1977;

RABEL, Ernst, The conflict of laws, A comparative study, Volume I, Second Edition, Ann Arbor 1958;

RABEL, Ernst, The conflict of laws, A comparative study, Volume II, Second Edition, Michigan 1960;

RAUSCHER, Thomas, Sachnormverweisungen aus dem Sinn der Verweisung, NJW 1988, 2151-2154;

REESE, Ulrich, Grenzüberschreitende Werbung in der Europäischen Gemeinschaft – unter besonderer Berücksichtigung der Auswirkungen des Gemeinschaftsrechts auf das deutsche Recht des unlauteren Wettbewerbs, Dissertation, München 1994;

REESE, Willis/VISCHER, Frank, The conflict-of-laws rules on unfair competition, Annuaire de l'Institut de Droit International, Volume 60, Tome I (1983), 159-165;

REGELMANN, Christof, Die internationalprivatrechtliche Anknüpfung des Gesetzes gegen unlauteren Wettbewerb - Eine Darstellung unter Berücksichtigung der Rechtslage in Österreich und der Schweiz, Konstanz 1987;

REICH, Norbert, Die Freiheit des Dienstleistungsverkehrs als Grundfreiheit, ZHR 153 (1989), 571-594;

REICH, Norbert, Binnenmarkt als Rechtsbegriff, EuZW 1991, 203-210;

REICH, Norbert, Rechtsprobleme grenzüberschreitender irreführender Werbung im Binnenmarkt – dargestellt am deutschen, französischen und englischen Recht unter besonderer Berücksichtigung des EG-Recht -, RabelsZ 56 (1992), 444-520;

REICH, Norbert, Europäisches Verbraucherrecht – Eine problemorientierte Einführung in das europäische Wirtschaftrecht 3. Auflage, Baden-Baden 1996;

REICH, Norbert, Der Vorschlag der EG-Kommission für eine Richtlinie des Europaparlaments und des Rates über bestimmte rechtliche Aspekte des elektronischen Geschäftsverkehrs im Binnenmarkt vom 23.12.98 und seine Auswirkungen auf das Vertragsrecht, in: Hans Schulte-Nölke/ Reiner Schulze (Hrsg.), Europäische Rechtsangleichung und nationale Privatrechte, 1. Auflage, Baden-Baden 1999, S. 79-106;

REICH, Norbert, NORDHAUSEN, Annette, Verbraucher und Recht im elektronischen Geschäftsverkehr (eG), 1. Auflage, Baden-Baden 2000;

REINEL, Stefan, Dokumentation der „Besonderheiten" des Wettbewerbsrechts in Europa – Dänemark, WRP 1990, 92-97;

REMIEN, Oliver, Grenzen der gerichtlichen Privatrechtsangleichung mittels der Grundfreiheiten des EG-Vertrages, JZ 1994, 349-353;

REMIEN, Oliver, Einheit, Mehrstufigkeit und Flexibilität im europäischen Privat- und Wirtschaftsrecht, RabslsZ 62 (1998), 627- 647;

RESS, Georg, Abschied von Cassis de Dijon und Dassonville?, EuZW 1993, 745;

REUTER, Alexander, Der Ausländer im deutschen Wettbewerbs- und Kennzeichnungsrecht, BB 1989, 2265-2271;

RIEGL, Werner, Streudelikte im internationalen Privatrecht, Dissertation Augsburg 1986;

RITTNER, Fritz, Literaturbesprechung: Pascal Royla, Grenzüberschreitende Finanzmarktaufsicht in der EG. Münsterische Beiträge zur Rechtswissenschaft, Band 132. Berlin 2000, ZHR 165 (2001), 403-405;

ROHE, Mathias, Binnenmarkt oder Interessenverband? Zum Verhältnis von Binnenmarktziel und Subsidiaritätsprinzip nach dem Maastricht-Vertrag, RabelsZ 61(1997) 1-85;

ROTH, Herbert, EG-Richtlinien und bürgerliches Recht, JZ 1999, 529-539;

ROTH, Wulf-Henning, Harmonisierung des Dienstleistungsrechts in der EWG, EuR 1986, 340-369;

ROTH, Wulf-Henning, Harmonisierung des Dienstleistungsrechts in der EWG (Schluss), EuR 1987, 7-27;

ROTH, Wulf-Henning, Der Einfluss des Europäischen Gemeinschaftsrechts auf das Internationale Privatrecht, RabelsZ 55 (1991), 623-673;

ROTH, Wulf-Henning, Angleichung des IPR durch sekundäres Gemeinschaftsrecht, IPRax 1994, 165-174;

ROTH, Wulf-Henning, Rückzug des Europäischen Gerichtshofs vom Binnenmarktkonzept, in: Forschungsinstitut für Wirtschaftsverfassung und Wettbewerb (Hrsg.), Marktwirtschaft und Wettbewerb im sich erweiternden europäischen Raum, Köln, Berlin, Bonn, München 1994, S. 21-42;

ROTH, Wulf-Henning, Dienstleistungsfreiheit und Allgemeininteresse im europäischen internationalen Versicherungsvertragsrecht, in: Fritz Reichert-Facilides (Hrsg.), Aspekte des internationalen Versicherungsvertragsrechts im Europäischen Wirtschaftsraum – Referate und Diskussionsberichte eines deutsch-österreichisch-schweizerischen Kolloquiums, Tübingen 1994, S. 1-41;

ROTH, Wulf-Henning, Wettbewerb der Mitgliedstaaten oder Wettbewerb der Hersteller?, ZHR 159 (1995), 78-95;

ROTH, Wulf-Henning, Zur Tragweite der Harmonisierung im Recht des unlauteren Wettbewerbs, in: Festschrift für Ernst-Joachim Mestmäcker, Baden-Baden 1996, S. 725-746;

ROTH, Wulf-Henning, Freier Warenverkehr nach „Keck", in: Festschrift für Bernhard Großfeld zum 65. Geburtstag, Heidelberg 1999, S. 929-957;

ROTH, Wulf-Henning, Die Grundfreiheiten und das Internationale Privatrecht – das Beispiel Produkthaftung –, in: Heimo Schack, Gedächtnisschrift für Alexander Lüderitz, München 2000, S. 635-657;

ROTH, Wulf-Henning, Der nationale Transformationsakt: Vom Punktuellen zum Systematischen, in: Stefan Grundmann/ Dieter Medicus/ Walter Rolland (Hrsg.), Europäisches Kaufgewährleistungsrecht – Reform und Internationalisierung des deutschen Schuldrechts, Köln, Berlin, Bonn, München 2000, S. 113-142;

ROTH, Wulf-Henning, Der Einfluss der Grundfreiheiten auf das internationale Privat- und Verfahrensrecht, in: Systemwechsel im europäischen

Kollisionsrecht: Fachtagung der Bayer-Stiftung für Deutsches und Internationales Arbeits- und Wirtschaftsrecht am 17. und 18. Mai 2001, München 2002, S. 47-63;

RUMPHORST, Werner, Erwerb des Satellitenrechts für ein bestimmtes Territorium?, GRUR Int. 1993, 934-935;

RÜßMANN, Helmut, Wettbewerbshandlung im Internet - Internationale Zuständigkeit und anwendbares Recht, K&R 1998, 423-427;

SACK, Rolf, Die kollisionsrechtliche und wettbewerbsrechtliche Beurteilung grenzüberschreitender Werbe- und Absatztätigkeit nach deutschem Recht, GRUR Int. 1988, 320-343;

SACK, Rolf, Zur Vereinbarkeit des RabattG mit Art. 30 EG-Vertrag, EWS 1994, 181-185;

SACK, Rolf, Art. 30, 36 EG-Vertrag und das internationale Wettbewerbsrecht, WRP 1994, 281–290;

SACK, Rolf, Auswirkungen der Art. 30, 36 und 59 ff. EG-Vertrag auf das Recht gegen den unlauteren Wettbewerb, in: Gerhard Schricker/ Frauke Henning-Bodeweg (Hrsg.), Neuordnung des Wettbewerbsrechts, 1. Auflage, Baden-Baden 1998/1999, S. 139-162;

SACK, Rolf, Die Präzisierung des Verbraucherleitbildes durch den EuGH, WRP 1999, 399-402;

SACK, Rolf, Das internationale Wettbewerbs- und Immaterialgüterrecht nach der EGBGB-Novelle, WRP 2000, 269–289;

SACK, Rolf, Das internationale Wettbewerbsrecht nach der E-Commerce-Richtlinie (ECRL) und dem EGG-/TDG-Entwurf, WRP 2001, 1408-1425;

SACK, Rolf, Herkunftslandprinzip und internationale elektronische Werbung nach der Novellierung des Teledienstegesetzes (TDG), WRP 2002, 271-283;

SAECKER, Christopher, Die Haftung von Diensteanbietern nach dem Entwurf des EGG, MMR-Beilage 9/2001, 2-4;

SAMTLEBEN, Jürgen, Das Internationale Privatrecht der Börsentermingeschäfte und der EWG-Vertrag – Zum Urteil des Europäischen Gerichtshofs vom 24. 10. 1978, RabelsZ 45 (1981), 218-252;

SANDROCK, Otto, Das Kollisionsrecht des unlauteren Wettbewerbs zwischen internationalem Immaterialgüterrecht und dem internationalen Kartellrecht, GRUR Int. 1988, 507-522;

SASSE, Hans Albert, Grenzüberschreitende Werbung - Die Anwendbarkeit und die Anwendung des deutschen Rechts vor deutschen Gerichten auf inländische Auswirkungen von Werbeaussagen in ausländischen Werbemedien, Dissertation, Kiel 1974;

VON SAVIGNY, Friedrich Karl, System, des heutigen römischen Rechts, Band 8, Neudruck der Ausgabe Berlin 1849, Aalen 1974;

SCHACK, Heimo, Rechtsangleichung mit der Brechstange des EuGH – Vom Fluch eines falsch verstandenen Diskriminierungsverbots, ZZP 108 (1995), 47-58;

SCHACK, Heimo, Neue Techniken und Geistiges Eigentum, JZ 1998, 753-763;

SCHACK, Heimo, Internationale Urheber-, Marken- und Wettbewerbsrechtsverletzungen im Internet, MMR 2000, 59–65;

SCHAEFER, Detlef, Die unmittelbare Wirkung des Verbots der nichttarifären Handelshemmnisse (Art. 30 EWGV) in den Rechtsbeziehungen zwischen Privaten, Probleme der horizontalen unmittelbaren Wirkung des Gemeinschaftsrechts, gezeigt am Beispiel des Art. 30 EWGV, Frankfurt a. M. 1987;

SCHAUB, Renate, Die Neuregelung des Internationalen Deliktsrechts in Deutschland und das europäische Gemeinschaftsrecht, RabelsZ 66 (2002), 18-65;

SCHAUER, Bernd, Electronic Commerce in der EU, Wien 1999;

SCHEFFER, Urban, Die Marktfreiheiten des EG-Vertrages als Ermessensgrenze des Gemeinschaftsgesetzgebers, Franfurt a. M. 1997;

SCHILLING, Rechtsfragen zu Art. 30 EGV – Zugleich eine Anmerkung zum EuGH-Urteil vom 24. 11. 1993 in den verbundenen Rechtssachen C-267 und 268/91 -, EuR 1994, 50-70;

SCHMID, Gregor, Neuordnung des Wettbewerbsrechts – Recht des unlauteren Wettbewerbs und Verbraucherschutz im Wandel – Bericht über das 11. Ringberg-Symposium des Max-Planck-Instituts für ausländisches und internationales Patent - Urheber- und Wettbewerbsrecht, GRUR Int. 1998, 475-493;

SCHMID, Gregor, Freier Dienstleistungsverkehr und Recht des unlauteren Wettbewerbs, dargestellt am Beispiel der Telefonwerbung, Köln, Berlin, Bonn, München 2000;

SCHMITT-VOCKENHAUSEN, Monika, Revision der EG-Fernsehrichtlinie – ein weiterer Schritt in eine europäische Medienordnung?, ZUM 1998, 377-381;

SCHNYDER, Anton K., Wirtschaftskollisionsrecht, Sonderanknüpfungen und extraterritoriale Anwendung wirtschaftsrechtlicher Normen unter besonderer Berücksichtigung von Marktrecht, Zürich 1990;

SCHÖNHERR, Georg, Wettbewerbsrechtliche Aspekte des Internet, ÖBl 1999, 267-275;

SCHRICKER, Gerhard, Territoriale Probleme und Klagerecht bei unlauterem Wettbewerb, GRUR Int. 1973, 453-459;

SCHRICKER, Gerhard, Probleme der Europäischen Angleichung des Rechts des unlauteren Wettbewerbs, in: Herbert Bernstein/ Ulrich Drobnig/ Hein Kötz (Hrsg.), Festschrift für Konrad Zweigert, Tübingen 1981, S. 537-574;

SCHRICKER, Gerhard, Die Durchsetzbarkeit deutscher Werberegelungen bei grenzüberschreitender Rundfunkwerbung, GRUR Int. 1982, 720-726;

SCHRICKER, Gerhard, Die Bekämpfung der irreführenden Werbung in den Mitgliedstaaten der EG, GRUR Int. 1990, 112-121;

SCHRICKER, Gerhard, Die europäische Angleichung des Rechts des unlauteren Wettbewerbs – ein aussichtsloses Unterfangen?, GRUR Int. 1990, 771-777;

SCHRICKER, Gerhard, Deregulierung im Recht des unlauteren Wettbewerb, GRUR Int. 1994, 586-594;

SCHRÖDER, Meinhard, Das Bundsverfassungsgericht als Hüter des Staats im Prozeß der europäischen Integration, DVBl. 1994, 316-325;

SCHURIG, Klaus, Kollisionsnorm und Sachrecht – Zu Struktur, Standort und Methode des internationalen Privatrechts, Berlin 1981;

SCHWAB, Kai Michael, Zielkonflikte des Richtlinienentwurfs zu „Elektronischem Geschäftsverkehr im Binnenmarkt," EuZW 1999, 737;

SCHWANDER, Ivo, Lois d'application immédiate, Sonderanknüpfung, IPR-Sachnormen und andere Ausnahmen von der gewöhnlichen Anknüpfung im internationalen Privatrecht, Zürich 1975;

SCHWAPPACH, Jürgen, EU-Rechtshandbuch für die Wirtschaft, 2. Auflage, München 1996;

SCHWARZE, Jürgen, Werbung im Gemeinschaftsrecht – Rechtsbestand und Grundfragen, in: Jürgen Schwarze (Hrsg.), Werbung und Werbeverbote im Lichte des europäischen Gemeinschaftsrechts, 1. Auflage, Baden-Baden 1999, S. 9-25;

SCHWARZE, Jürgen, EU-Kommentar, 1. Auflage, Baden-Baden 2000;

SCHWARZE, Jürgen, Aktuelle Herausforderungen des Wettbewerbs- und Urheberrechts durch grenzüberschreitende Medien, in: Jürgen Schwarze (Hrsg.), Rechtsschutz gegen Urheberrechtsverletzungen und Wettbewerbsverstöße in grenzüberschreitenden Medien, 1. Auflage, Baden-Baden 2000, S. 9-18;

SCHWEITZER, Michael, Staatsrecht, Völkerrecht, Europarecht, 7. Auflage, Heidelberg 2000;

SCHWEITZER, Michael/ HUMMER, Waldemar, Europarecht, Das Recht der europäischen Union – Das Recht der Europäischen Gemeinschaften (EGKS, EG, EAG) – mit Schwerpunkt EG, 5. Auflage, Neuwied, Kriftel, Berlin 1996;

SCHWEMER, Rolf-Oliver, Die Bindung des Gemeinschaftsgesetzgebers an die Grundfreiheiten, Frankfurt a. M. 1995

SCHWINTOWSKI, Peter, Freier Warenverkehr im europäischen Binnenmarkt, Eine Fundamentalkritik an der Rechtsprechung des EuGH zu Art. 28 EGV, RabelsZ 64 (2000), 38-59;

SIEHR, Kurt, Normen mit eigener Bestimmung ihres räumlich-persönlichen Anwendungsbereichs im Kollisionsrecht der Bundsrepublik Deutschland, RabelsZ 46 (1982), 357-383;

SIEHR, Kurt, Internationales Privatrecht, Heidelberg 2001;

SCHMID, Gregor, Freier Dienstleistungsverkehr und Recht des unlauteren Wettbewerbs, dargestellt am Beispiel der Telefonwerbung, Köln, Berlin, Bonn, München 2000;

SOERGEL, Bürgerliches Gesetzbuch mit Einführungsgesetz und Nebengesetzen, Band 10: Einführungsgesetz, Stuttgart, Berlin, Köln, Stand 1996;

SOLBACH, Thomas, Staatliche Regelungen von Verkaufsmodalitäten als Maßnahmen gleicher Wirkung wie mengenmäßige Einfuhrbeschränkungen im Sinne des Artikels 30 EGV, Dissertation, München 1996;

SONNENBERGER, Hans Jürgen, Europarecht und IPR, ZVglRWiss 95 (1996), 3–47;

SONNENBERGER, Hans Jürgen, Das Internationale Privatrecht im dritten Jahrtausend – Rückblick und Ausblick, ZVglRWiss 100 (2001), 107-136;

SPICKHOFF, Andreas, Der ordre public im internationalen Privatrecht, Entwicklung – Struktur – Konkretisierung, Neuwied, Frankfurt 1989;

SPICKHOFF, Andreas, Die Restkodifikation des Internationalen Privatrechts: Außervertragliches Schuld- und Sachenrecht, NJW 1999, 2209-2215;

SPINDLER, Gerald, Deliktsrechtliche Haftung im Internet – nationale und internationale Rechtsprobleme, ZUM 1996, 533-563;

SPINDLER, Gerald, Der neue Vorschlag einer E-Commerce-Richtlinie, ZUM 1999, 775–795;

SPINDLER, Gerald, Verantwortlichkeit von Diensteanbietern nach dem Vorschlag einer E-Commerce-Richtlinie, MMR 1999, 199;

SPINDLER, Gerald, E-Commerce in Europa, Die E-Commerce-Richtlinie in ihrer endgültigen Fassung, MMR-Beilage 7/2000, 4–21;

SPINDLER, Gerald, Grenzüberschreitende elektronische Rechtsgeschäfte, in: Gerhard Hohloch (Hrsg.), Recht und Internet, 1. Auflage, Baden-Baden 2001, S. 9-30;

SPINDLER, Gerald, Der Entwurf zur Umsetzung der E-Commerce-Richtlinie, ZRP 2001, 203-207;

SPINDLER, Gerald, Kapitalgeschäfte im Binnenmarkt – Der Einfluß der E-Commerce-Richtlinie auf das Internationale Vertragsrecht -, IPRax 2001, 400-411;

SPINDLER, Gerald, Internet, Kapitalmarkt und Kollisionsrecht unter besonderer Berücksichtigung der E-Commerce-Richtlinie, ZHR 165 (2001), 324-361;

SPINDLER, Gerald, Die E-Commerce-Richtlinie und das Internationale Wirtschaftsrecht, in: Systemwechsel im europäischen Kollisionsrecht:

Fachtagung der Bayer-Stiftung für Deutsches und Internationales Arbeits- und Wirtschaftsrecht am 17. und 18. Mai 2001, München 2002, S. 107-133;

SPINDLER, Gerald, Das Herkunftslandprinzip im neuen Teledienstegesetz, RIW 2002, 183-188;

SPINDLER, Gerald, Das Gesetz zum elektronischen Geschäftsverkehr – Verantwortlichkeit der Diensteanbieter und Herkunftslandprinzip, NJW 2002, 921-927;

STAUDINGER, Ansgar, Das Gesetz zum Internationalen Privatrecht für außervertragliche Schuldverhältnisse und Sachen vom 21. 5. 99, DB 1999, 1589-1594;

STAUDINGER, Ansgar, Art. 29 a EGBGB des Referentenentwurfs zum Fernabsatzgesetz, IPRax 1999, 414-420;

STAUDINGERS, Kommentar zum Bürgerlichen Gesetzbuch mit Einführungsgesetz und Nebengesetzen, Einleitung zum IPR, Art. 3-6 EGBGB, Berlin 1996;

STAUDINGERS, Kommentar zum Bürgerlichen Gesetzbuch mit Einführungsgesetz und Nebengesetzen, Art. 38 EGBGB, 13. Bearbeitung, Berlin 1998;

STAUDINGERS, Kommentar zum Bürgerlichen Gesetzbuch mit Einführungsgesetz und Nebengesetzen, Art. 38-42 EGBGB, Berlin 2001;

STAUDINGERS Kommentar zum Bürgerlichen Gesetzbuch mit Einführungsgesetz und Nebengesetzen, EGBGB/IPR Internationales Wirtschaftsrecht, 13. Bearbeitung, Berlin 2000;

STEIN, Torsten, Freier Wettbewerb und Werbeverbote in der Europäischen Union, EuZW 1995, 435-438;

STEINDORFF, Ernst, Sachnormen im internationalen Privatrecht, Frankfurt a. M. 1958;

STEINDORFF, Ernst, Dienstleistungsfreiheit im EG-Recht, RIW 1983, 831-839;

STEINDORFF, Ernst, Gemeinsamer Markt als Binnenmarkt, ZHR 150 (1986), 687-704;

STEINDORFF, Ernst, Anerkennung im EG-Recht, in: Bernhard Pfister/ Michael R. Will (Hrsg.), Festschrift für Werner Lorenz zum 70. Geburtstag, Tübingen 1991, S. 561-576;

STEINDORFF, Ernst, Unlauterer Wettbewerb im System des EG-Rechts, WRP 1993, 139-151;

STEINDORFF, Ernst, Unvollkommener Binnenmarkt, ZHR 158 (1994), 149-169;

STEINDORFF, Ernst, EG-Vertrag und Privatrecht, Baden-Baden 1996;

STREINZ, Rudolf, Europarecht, 5. Auflage, Heidelberg 2001;

STROWEL, Alain/ IDE, Nicolas/ VERHOESTRAETE, Florence, La Directive Du 8. Juin 2000 Sur Le Commerce Électronique: Un Cadre Juridique pour l'Internet, J.Trib. 2001, 133-145 ;

TAUPITZ, Jochen, Das internationale Produkthaftungsrecht im Zugriff der europäischen Warenverkehrsfreiheit: Abschied vom favor laesi?, ZEuP 1997, 986-1009;

TETTENBORN, Alexander, Europäischer Rechtsrahmen für den elektronischen Geschäftsverkehr, K&R 1999, 252;

TETTENBORN, Alexander, E-Commerce-Richtlinie: Politische Einigung in Brüssel erzielt, K&R 2000, 59–63;

TETTENBORN, Alexander, E-Commerce-Richtlinie – Erste Überlegungen zur Umsetzung in Deutschland, K&R 2000, 386-389;

TETTENBORN, Alexander, BENDER, Gunnar/ LÜBBEN, Natalie/ KARENFORT, Jörg, Rechtsrahmen für den elektronischen Geschäftsverkehr, K&R Beilage 1/ Heft 12, 2001, S. 1-40;

THORN, Karsten, Neues Internationales Privatrecht in Italien – eine kritische Betrachtung, ZVglRWiss 96 (1997), 347-385;

THORN, Karsten, Verbraucherschutz bei Verträgen im Fernabsatz, IPRax 1999, 1-99;

THÜNKEN, Alexander, Die EG-Richtlinie über den elektronischen Geschäftsverkehr und das internationale Privatrecht des unlauteren Wettbewerbs, IPRax, 2001, 15-22;

THÜNKEN, Alexander, Das Kollisionsrechtliche Herkunftslandprinzip, Frankfurt a.M. 2003;

TILMANN, Winfried, Irreführende Werbung in Europa – Möglichkeiten und Grenzen der Rechtsentwicklung, GRUR 1990, 87-93;

TIMMERMANNS, Christiaan, Werbung und Grundfreiheiten, in: Jürgen Schwarze (Hrsg.), Werbung und Werbeverbote im Lichte des europäischen Gemeinschaftsrechts, 1. Auflage, Baden-Baden 1999, S. 26-36;

TROLLER, Kamen, Das Internationale Privatrecht des unlauteren Wettbewerbs, Freiburg 1962;

UKROW, Jörg, Richterliche Rechtsfortbildung durch den EuGH: Dargestellt am Beispiel der Erweiterung des Rechtsschutzes des Marktbürgers im Bereich des vorläufigen Rechtsschutzes und der Staatshaftung, Baden-Baden 1995;

ULMER, Eugen, Das Recht des unlauteren Wettbewerbs in den Mitgliedstaaten der Europäischen Wirtschaftsgemeinschaft, Band V: Italien, Köln 1965;

ULMER, Eugen, Das Recht des unlauteren Wettbewerbs in den Mitgliedstaaten der EWG, Band IV: Frankreich, Köln 1967;

ULMER, Eugen, Das Recht des unlauteren Wettbewerbs in den Mitgliedstaaten der Europäischen Wirtschaftsgemeinschaft, Band II/2: Niederlande, Köln 1967;

ULMER, Eugen, Das Recht des unlauteren Wettbewerbs in den Mitgliedstaaten der Europäischen Wirtschaftsgemeinschaft, Band II/1: Belgien, Luxemburg, Köln 1967;

ULMER, Eugen, Das Recht des unlauteren Wettbewerbs in den Mitgliedstaaten der Europäischen Wirtschaftsgemeinschaft, Band VI: Vereinigtes Königreich von Großbritannien und Nordirland, Köln 1980;

UWG GROßKOMMENTAR, Rainer Jacobs/ Walter F. Lindacher/ Otto Tepitzky (Hrsg.), Berlin, New York, Loseblatt, Stand: 9. Lieferung 1994;

VALLELERSUNDI, Ana Palacio, Le commerce électronique, le juge, le consummateur, l'enreprise et le Marché intérieur: nouvelle équation pour le droit communautaire, Revue du Droit de l'Union Européenne 2001, 5-26 ;

VEELKEN, Winfried, Sachnormzwecke im Internationalen Wettbewerbsrecht, in: Jürgen Basedow/ Ulrich Drobnig/ Reinhard Ellger/ Klaus J. Hopt/ Hein Kötz/ Rainer Kulms/ Ernst-Joachim Mestmäcker (Hrsg.), Aufbruch nach Europa, 75 Jahre Max-Planck-Institut für Privatrecht, Tübingen 2001, S. 381-397;

VERMEER, Marike, Unfair Competition on the Internet; The Dutch Perspective, Substantive -, and Private International Law Aspects of Unfair Competition in electronic commerce, Molengrafica 1999/2000, 151-187;

VIRALLY, Michel, La distinction entre textes internationaux de portée juridique et textes internationaux dépourvus de portée juridique, Ann Int dr int 60 (1983), 166-257;

VOGEL, Klaus, Die Verfassungsentscheidung des Grundgesetzes für eine internationale Zusammenarbeit, Tübingen 1964;

VOSER, Nathalie, Die Theorie der lois d'application immédiate im Internationalen Privatrecht, Basel 1993;

WÄGENBAUER, Rolf, Werberecht und Werbeverbote - Einige Bemerkungen aus der Sicht des Gemeinschaftsrechts, EuZW 1995, 431-435;

WAGNER, Rolf, Zum Inkrafttreten des Gesetzes zum IPR für außervertragliche Schuldverhältnisse und für Sachen, IPRax 1999, 210-212;

WAGNER, Rolf, Ein neuer Anlauf zur Vereinheitlichung des IPR für außervertragliche Schuldverhältnisse auf EU-Ebene, EuZW 1999, 709-714;

WALDENBURGER, Arthur, Electronic Commerce: der Richtlinienvorschlag der EG- Kommission, EuZW 1999, 296–303;

WANK, Rolf, Die Auslegung von Gesetzen, Köln, Berlin, Bonn, München 1997;

WEATHERILL, Stephan, After Keck: Some thoughts on how to clarify the clarification, CML Rev. 33 (1996), 885-906;

WEBER, Claus, Die Dienstleistungsfreiheit nach den Art. 59 ff. EG-Vertrag – einheitliche Schranken für alle Formen der Dienstleistung, EWS 1995, 292-296;

WEBER, Wolfgang, Die kollisionsrechtliche Behandlung von Wettbewerbsverletzung mit Auslandsbezug – Eine Darstellung unter besonderer Berücksichtigung des österreichischen IPR-Gesetzes, des Schweizer Expertenentwurfs eines IPR-Gesetzes sowie der Möglichkeit von Harmonisierungsmaßnahmen im Kollisions- und Wettbewerbsrecht für die europäische Gemeinschaft, Franfurt 1982;

WEBER, Wolfgang, Zum Anwendungsbereich des deutschen UWG beim Auslandswettbewerb zwischen Inländern – Zugleich zu BGH GRUR Int. 1982, 553 – „Domgarten-Brand," GRUR Int. 1983, 26-30;

WENGLER, Wilhelm, Das Gesetz über unlauteren Wettbewerb und das internationale Privatrecht, RabelsZ 19 (1954), 401-426;

WEYER, Hartmut, Freier Warenverkehr und nationale Regelungsgewalt in der Europäischen Union, Dissertation, Berlin 1997;

WHITE, Eric L., In search of the limits to article 30 EEC treaty, CMLRev. 26 (1989), 235-280;

WILDERMANN, Daniela, Vertragsschluß im Netz, Dissertation, München 2000;

WILDERSPIN, Michael, Die Vergemeinschaftung des internationalen Schuldrechts (Rom I, Rom II): Stand und Perspektiven, in: Systemwechsel im europäischen Kollisionsrecht: Fachtagung der Bayer-Stiftung für Deutsches und Internationales Arbeits- und Wirtschaftsrecht am 17. und 18. Mai 2001, München 2002, S. 77-105;

VON WILMOWSKI, Peter, EG-Freiheiten und Vertragsrecht, JZ 1996, 590-596;

VON WILMOWSKI, Peter, Europäisches Kreditsicherungsrecht, Sachenrecht und Insolvenzrecht unter dem EG-Vertrag, Tübingen 1996;

VON WILMOWSKI, EG-Vertrag und kollisionsrechtliche Rechtswahlfreiheit, RabelsZ (62) 1998, 1-37;

WILTSCHEK, Lothar, Die Beurteilung grenzüberschreitender Werbe- und Absatztätigkeit nach österreichischem Wettbewerbsrecht, GRUR Int. 1988, 299-309;

WIRNER, Helmut, Wettbewerbsrecht und Internationales Privatrecht, München, Köln, Berlin, Bonn 1960;

WOLF, Manfred, Privates Bankvertragsrecht im EG-Binnenmarkt - Auswirkungen der II. EG-Bankenrechtsrichtlinie auf privatrechtliche Bankgeschäfte, WM 1990, 1941-1952;

ZANKL, Wolfgang, Der Entwurf zum E-Commerce-Gesetz, NZ, 2001, 325-329;

ZIEM, Claudia, Spamming - Zulässigkeit nach § 1 UWG, Fernabsatzrichtlinie und E-Commerce-Richtlinien-Entwurf, MMR 2000, 129-135;

ZULEEG, Manfred, Die Grundfreiheiten des Gemeinsamen Marktes im Wandel, in: Festschrift für Ulrich Everling, Baden-Baden 1995, S. 1717-1727;

ZWEIGERT, Konrad, Grundsatzfragen der europäischen Rechtsangleichung, ihrer Schöpfung und Sicherung, in: Ernst von Caemmerer/ Arthur Nikisch/ Konrad Zweigert (Hrsg.), Vom Deutschen zum Europäischen Recht, Festschrift für Hans Dölle, Band II, Tübingen 1963, S. 401-418;

ZWEIGERT, Konrad/ KÖTZ, Hein, Einführung in die Rechtsvergleichung, 3. Auflage, Tübingen 1996;

STUDIEN ZUM VERGLEICHENDEN UND INTERNATIONALEN RECHT

Herausgeber: Bernd von Hoffmann, Erik Jayme und Heinz-Peter Mansel

Band 1 Ferdinand Henke: Die Datenschutzkonvention des Europarates. 1986.

Band 2 Peter Czermak: Der express trust im internationalen Privatrecht. 1986.

Band 3 Peter Kindler: Der Ausgleichsanspruch des Handelsvertreters im deutsch-italienischen Warenverkehr. Eine rechtsvergleichende und kollisionsrechtliche Untersuchung. 1987.

Band 4 Wilhelm Denzer: Stellung und Bedeutung des Engineers in den FIDIC-Bauvertragsbedingungen. 1988.

Band 5 Marijan-Maximilian Lederer: Die internationale Enteignung von Mitgliedschaftsrechten unter besonderer Berücksichtigung der französischen Enteignungen 1982. 1989.

Band 6 Rainer Esser: Klagen gegen ausländische Staaten. 1990.

Band 7 Chang Jae-Ok: Auf dem Weg zu einer Materialisierung des Immateriellen ? Personen-, Persönlichkeitsschutz und Geldersatz des immateriellen Schadens in rechtsvergleichender Hinsicht am Beispiel des koreanischen und japanischen Zivilrechts unter besonderer Berücksichtigung des deutschen Rechts. 1990.

Band 8 Paul-Frank Weise: Lex mercatoria. Materielles Recht vor der internationalen Handelsschiedsgerichtbarkeit.1990.

Band 9 Werner Born: Der Auftrittsvertrag für Musikgruppen im Bereich der Rock- und Popmusik. 1990.

Band 10 Ralf Erich Jürgens: IPR und Verfassung in Italien und in der Bundesrepublik Deutschland. 1990.

Band 11 Rainer Gildeggen: Internationale Schieds- und Schiedsverfahrensvereinbarungen in Allgemeinen Geschäftsbedingungen vor deutschen Gerichten. 1991.

Band 12 Klaus Grabinski: Die kollisionsrechtliche Behandlung des Durchgriffs bei rechtlich verselbständigten Unternehmen in privater oder öffentlicher Hand. 1991.

Band 13 Dieter Stummel: Konkurs und Integration. Konventionsrechtliche Wege zur Bewältigung grenzüberschreitender Insolvenzverfahren. 1991.

Band 14 Joachim Güntzer: Die Rechtsstellung des Geschäftsführers im spanischen Aktienrecht. Die Neuregelung des spanischen Aktienrechts nach dem Beitritt Spaniens zur EG. 1991.

Band 15 Sabine Isenburg-Epple: Die Berücksichtigung ausländischer Rechtshängigkeit nach dem Europäischen Gerichtsstands- und Vollstreckungsübereinkommen vom 27.9.1968. Untersuchungen zum Anwendungsbereich von Art. 21 EuGVÜ unter schwerpunktmäßiger Behandlung der Frage nach der Bestimmung eines europäischen Streitgegenstandsbegriffs. 1992.

Band 16 Ulrich Nickl: Die Qualifikation der culpa in contrahendo im Internationalen Privatrecht. 1992.

Band 17 Theo Rauh: Leistungserschwerungen im Schuldvertrag. Eine rechtsvergleichende Untersuchung des englischen, US-amerikanischen, französischen und deutschen Rechts unter besonderer Berücksichtigung der gerichtlichen Praxis. 1992.

Band 18 Bernadette Chaussade-Klein: Vorvertragliche "obligation de renseignements" im französischen Recht. 1992.

Band 19 Josef Sievers: Verbraucherschutz gegen unlautere Vertragsbedingungen im französischen Recht. Vom Code civil zum "Code de la consommation" – die Entstehung eines Sonderprivatrechts für Verbraucher. 1993.

Band 20 Achim Schäfer: Grenzüberschreitende Kreditsicherung an Grundstücken, unter besonderer Berücksichtigung des deutschen und italienischen Rechts. 1993.

Band 21 Eugenio Hernández-Breton: Internationale Gerichtsstandsklauseln in Allgemeinen Geschäftsbedingungen. Unter besonderer Berücksichtigung des deutsch-südamerikanischen Rechtsverkehrs (dargestellt am Beispiel Argentinien, Brasilien und Venezuela). 1993.

Band 22 Ingo Reng: Unterhaltsansprüche aufgrund nichtehelicher Lebensgemeinschaft – Internationales Privatrecht und ausländisches materielles Recht. 1994.

Band 23 Stefanie Roloff: Die Geltendmachung ausländischer öffentlicher Ansprüche im Inland. 1994.

Band 24 Katharina Ludwig: Der Vertragsschluß nach UN-Kaufrecht im Spannungsverhältnis von Common Law und Civil Law. Dargestellt auf der Grundlage der Rechtsordnungen Englands und Deutschlands. 1994.

Band 25 Malte Diesselhorst: Mehrparteienschiedsverfahren. Internationale Schiedsverfahren unter Beteiligung von mehr als zwei Parteien. 1994.

Band 26 Manfred Kost: Konsensprobleme im internationalen Schuldvertragsrecht. 1995.

Band 27 Wolff-Heinrich Fleischer: Das italienische Wettbewerbsrecht und die Probleme des selektiven Parfümvertriebs unter Berücksichtigung der Rechtslage in Frankreich und Deutschland. 1995.

Band 28 Angelika Fuchs: Lateinamerikanische Devisenkontrollen in der internationalen Schuldenkrise und Art. VIII Abschn. 2 b) IWF-Abkommen. 1995.

Band 29 Jacques Matthias Aull: Der Geltungsanspruch des EuGVÜ: "Binnensachverhalte" und Internationales Zivilverfahrensrecht in der Europäischen Union. Zur Auslegung von Art. 17 Abs. 1 S. 1 EuGVÜ. 1996.

Band 30 Hartmut Ost: EVÜ und fact doctrine. Konflikte zwischen europäischer IPR-Vereinheitlichung und der Stellung ausländischen Rechts im angelsächsischen Zivilprozeß. 1996.

Band 31 Stefan Wagner: Die Testierfähigkeit im Internationalen Privatrecht. 1996.

Band 32 Wolfgang Jakob Hau: Positive Kompetenzkonflikte im Internationalen Zivilprozeßrecht. Überlegungen zur Bewältigung von *multi-fora disputes*. 1996.

Band 33 Markus Schütz: UN-Kaufrecht und *Culpa in contrahendo*. 1996.

Band 34 Volker Geyrhalter: Das Lösungsrecht des gutgläubigen Erwerbers. Ein "vergessener" Kompromiß und die Auswirkungen auf das heutige deutsche Recht unter besonderer Berücksichtigung des internationalen Sachenrechts. 1996.

Band 35 Andreas Kramer: Abwicklungsstörungen bei Kaufverträgen. Die Lieferung vertragswidriger Sachen im deutschen und italienischen Recht. 1996.

Band 36 Petra Krings: Erfüllungsmodalitäten im internationalen Schuldvertragsrecht. 1997.

Band 37 Tonja Gaibler: Der rechtsgeschäftliche Irrtum im französischen Recht. 1997.

Band 38 Dirk Otto: Rechtsspaltung im indischen Erbrecht. Bedeutung und Auswirkungen auf deutsch-indische Nachlaßfälle. 1997.

Band 09 Gregor W. Decku: Zwischen Vertrag und Delikt. Grenzfälle vertraglicher und deliktischer Haftung dargestellt am Beispiel der Berufs- und Expertenhaftung zum Schutze des Vermögens Dritter im deutschen und englischen Recht. 1997.

Band 40 Ulrike Höpping: Auswirkungen der Warenverkehrsfreiheit auf das IPR unter besonderer Berücksichtigung des Internationalen Produkthaftungsrechts und des Internationalen Vertragsrechts. 1997.

Band 41 Andreas Bartosch: Die vermögensrechtlichen Beziehungen der Ehegatten bei bestehender Ehe im englischen Recht – Eigentum, Besitz, Schuldvertrag. 1997.

Band 42 Helene Boriths Müller: Die Umsetzung der europäischen Übereinkommen von Rom und Brüssel in das Recht der Mitgliedstaaten. Dargestellt am Beispiel Deutschlands und Dänemarks. 1997.

Band 43 Bernd von Hoffmann / Myong-Chang Hwang (eds.): The Public Concept of Land Ownership. Reports and Discussions of a German-Korean Symposium held in Seoul on October 7-9, 1996. 1997.

Band 44 Oliver Heeder: Fraus legis. Eine rechtsvergleichende Untersuchung über den Vorbehalt der Gesetzesumgehung in Deutschland, Österreich, der Schweiz, Frankreich und Belgien unter besonderer Berücksichtigung des Internationalen Privatrechts. 1998.

Band 45 Heinrich Schütt: Deliktstyp und Internationales Privatrecht. Dargestellt an grenzüberschreitenden Problemen der Arzthaftung. 1998.

Band 46 Axel Steiner: Die stillschweigende Rechtswahl im Prozeß im System der subjektiven Anknüpfungen im deutschen Internationalen Privatrecht. 1998.

Band 47 Martina Schulz: Der Eigentumsvorbehalt in europäischen Rechtsordnungen. Rechtsvergleichende Untersuchung des deutschen, englischen und französischen Rechts unter besonderer Berücksichtigung von Erweiterungen und Verlängerungen. 1998.

Band 48 Karin Dreher: Die Rechtswahl im internationalen Erbrecht. Unter besonderer Berücksichtigung des italienischen IPR-Reformgesetzes N. 218 vom 31. Mai 1995. 1999.

Band 49 Giuliano Gabrielli: Das Verhältnis zwischen der Anfechtung wegen Eigenschaftsirrtums und den Gewährleistungsansprüchen im deutschen, österreichischen und italienischen Recht. 1999.

Band 50 Bernd von Hoffmann / Myong-Chan Hwang (eds.): Developments in Land Law. Reports and Discussions of a German-Korean Symposium held in Berlin and Trier on July 21-24, 1997. 1999.

Band 51 Volker Heidbüchel: Das UNCITRAL-Übereinkommen über unabhängige Garantien und Standby Letters of Credit. Vergleiche mit den Richtlinien der Internationalen Handelskammer, dem deutschen, englischen und US-amerikanischen Recht. 1999.

Band 52 Jan Christoph Nordmeyer: Pflichtteilsansprüche und Wiedervereinigung. Eine systematische Analyse der Ausgleichsansprüche nach BGB-Pflichtteilsrecht unter besonderer Berücksichtigung der durch den Wiedervereinigungsprozeß eingetretenen Wertveränderungen. 1999.

Band 53 Bettina Linder: Vertragsabschluß beim grenzüberschreitenden Verbraucherleasing. 1999.

Band 54 Almontasser Fetih: Die zivilrechtliche Haftung bei Vertragsverhandlungen. Eine rechtsvergleichende Studie zum deutschen, französischen, ägyptischen und islamischen Recht. 2000.

Band 55 Sona Rajani: Die Geltung und Anwendung des Gemeinschaftsrechts im Vereinigten Königreich von Großbritannien und Nordirland. Der Grundsatz der Parlamentssouveränität im Wandel. 2000.

Band 56 Joachim Kayser: Gegenmaßnahmen im Außenwirtschaftsrecht und das System des europäischen Kollisionsrechts. Eine Analyse der EU-Abwehrverordnung gegen die Auswirkungen extraterritorialer Rechtserstreckung eines Drittlandes. 2001.

Band 57 Albrecht Conrad: Qualifikationsfragen des Trust im Europäischen Zivilprozeßrecht. 2001.

Band 58 Bernd Borgmann: Die Entsendung von Arbeitnehmern in der Europäischen Gemeinschaft. Wechselwirkungen zwischen Kollisionsrecht, Grundfreiheiten und Spezialgesetzen. 2001.

Band 59 Aleksandar Jaksic: Arbitration and Human Rights. 2002.

Band 60 Islamisches und arabisches Recht als Problem der Rechtsanwendung. Symposium zu Ehren von Professor Emeritus Dr. iur. Omaia Elwan. Veranstaltet vom Institut für ausländisches und internationales Privat- und Wirtschaftsrecht der Universität Heidelberg und der Gesellschaft für Arabisches und Islamisches Recht e.V. Herausgegeben von Herbert Kronke, Gert Reinhart und Nika Witteborg. 2001.

Band 61 Patrick Fiedler: Stabilisierungsklauseln und materielle Verweisung im internationalen Vertragsrecht. 2001.

Band 62 Werner Mangold: Die Abtretung im Europäischen Kollisionsrecht. Unter besonderer Berücksichtigung des spanischen Rechts. 2001.

Band 63 Eike Dirk Eschenfelder: Beweiserhebung im Ausland und ihre Verwertung im inländischen Zivilprozess. Zur Bedeutung des US-amerikanischen discovery-Verfahrens für das deutsche Erkenntnisverfahren. 2002.

Band 64 Bernd Ehle: Wege zu einer Kohärenz der Rechtsquellen im Europäischen Kollisionsrecht der Verbraucherverträge. 2002.

Band 65 Heiko Lehmkuhl: Das Nacherfüllungsrecht des Verkäufers im UN-Kaufrecht. 2002.

Band 66 Jochen Nikolaus Schlotter: Erbrechtliche Probleme in der Société Privée Européenne. IPR-Harmonisierung im einheitlichen Europäischen Rechtsraum. 2002.

Band 67 Konrad Ost: Doppelrelevante Tatsachen im Internationalen Zivilverfahrensrecht. Zur Prüfung der internationalen Zuständigkeit bei den Gerichtsständen des Erfüllungsortes und der unerlaubten Handlung. 2002.

Band 68 Tobias Bosch: Die Durchbrechungen des Gesamtstatuts im internationalen Ehegüterrecht. Unter besonderer Berücksichtigung deutsch-französischer Rechtsfälle. 2002.

Band 69 Ursula Philipp: Form im amerikanischen Erbrecht. Zwischen Formalismus und harmless error. 2002.

Band 70 Christian Stefan Wolf: Der Begriff der wesentlich engeren Verbindung im Internationalen Sachenrecht. 2002.

Band 71 André Fomferek: Der Schutz des Vermögens Minderjähriger. Ein Vergleich des deutschen und des englischen Rechts unter Berücksichtigung des schottischen und irischen Rechts. 2002.

Band 72 Nicolas Blanchard: Die prozessualen Schranken der Formfreiheit. Beweismittel und Beweiskraft im EG-Schuldvertragsübereinkommen in deutsch-französischen Vertragsfällen. 2002.

Band 73 Markus Dreißigacker: Sprachenfreiheit im Verbrauchervertragsrecht. Der Verbraucher im Spannungsfeld zwischen kultureller Identität und Privatautonomie. 2002.

Band 74 Vassiliki Myller-Igknay: Auskunftsansprüche im griechischen Zivilrecht. Auswirkungen im deutsch-griechischen Rechtsverkehr sowie im deutschen internationalen Privat- und Verfahrensrecht. 2003

Band 75 Stefan Bruinier: Der Einfluss der Grundfreiheiten auf das Internationale Privatrecht. 2003.

Band 76 Nika Witteborg: Das gemeinsame Sorgerecht nichtverheirateter Eltern. Eine Untersuchung im soziologischen, rechtsgeschichtlichen, verfassungsrechtlichen, rechtsvergleichenden und internationalen Kontext. 2003.

Band 77 Peter Stankewitsch: Entscheidungsnormen im IPR als Wirksamkeitsvoraussetzungen der Rechtswahl. 2003.

Band 78 Jan Wilhelm Ritter: Euro-Einführung und IPR unter besonderer Berücksichtigung nachehelicher Unterhaltsverträge. Eine Untersuchung mit Blick auf das deutsche, französische und schweizerische Recht. 2003.

Band 79 Wolf Richard Herkner: Die Grenzen der Rechtswahl im internationalen Deliktsrecht. 2003.

Band 80 Ira Ditandy: Internationale Zuständigkeit. Neuregelung durch die LOPJ 1985. Vergleich mit dem europäischen Vorbild und Auswirkungen auf das spanische internationale Zivilverfahrensrecht. 2003.

Band 81 Andrea Verena Schefold: Werbung im Internet und das deutsche Internationale Privatrecht. 2004.

Band 82 Klaus Herkenrath: Die Umsetzung der Richtlinie 93/13/EWG über missbräuliche Klauseln in Verbraucherverträgen in Deutschland, dem Vereinigten Königreich, Frankreich und Italien. Auswirkungen nationaler Umsetzungstechniken auf dem Harmonisierungserfolg. 2003.

Band 83 Alexander Thünken: Das kollisionsrechtliche Herkunftslandprinzip. 2003.

Band 84 Barbara v. Daumiller: Die Rechtswahl im italienischen internationalen Erbrecht: und ihre Auswirkungen im deutsch-italienischen Rechtsverkehr. 2003.

Band 85 Robert Mödl: Macht, Verantwortlichkeit und Zurechnung im Konzern. Eine rechtsvergleichende Untersuchung auf der Grundlage des deutschen, spanischen und US-amerikanischen Rechts. 2003.

Band 86 Ursula Kerpen: Das Internationale Privatrecht der Persönlichkeitsrechtsverletzungen. Eine Untersuchung auf rechtsvergleichender Grundlage. 2003.

Band 87 Barbara Ploeckl: Umgangsrechtsstreitigkeiten im deutsch-französischen Rechtsverkehr. Bestehende internationale und nationale Regelungen und der geplante *europäische Besuchstitel*. 2003.

Band 88 Katrin Wannemacher: Die Außenkompetenzen der EG im Bereich des Internationalen Zivilverfahrensrechts. Der räumliche Anwendungsbereich des Art. 65 EGV am Beispiel der EuGVO und der EheVO. 2003.

Band 89 Maren B. Eilinghoff: Das Kollisionsrecht der ungerechtfertigten Bereicherung nach dem IPR-Reformgesetz von 1999. 2004.

Band 90 Patrick Niehr: Die zivilprozessuale Dokumentenvorlegung im deutsch-englischen Rechtshilfeverkehr nach der deutschen und der englischen Prozessrechtsreform. 2004.

Band 91 Anna Christina Gördes: Internationale Zuständigkeit, Anerkennung und Vollstreckung von Entscheidungen über die elterliche Verantwortung. Die VO(EG) Nr. 1347/2000, ihre geplanten Änderungen und das Verhältnis beider zum Minderjährigen- und Kinderschutzabkommen. 2004.

Band 92 Martin Rädler: Rechtsbehelfe des Käufers eines Unternehmens oder einer unternehmerischen Beteiligung gegen den Verkäufer im deutschen und französischen Recht. 2004.

Band 93 Marc-Yngve Dietrich: Rechtsstellung und Beteiligung der Gläubiger im französischen Insolvenzverfahren. 2004.

Band 94 Katia Niemann: Die rechtsgeschäftliche und organschaftliche Stellvertretung und deren kollisionsrechtliche Einordnung. Deutschland und England im Vergleich. 2004.

Band 95 Daniel Ludwig: Neuregelungen des deutschen Internationalen Insolvenzverfahrensrechts. Eine Untersuchung unter vergleichender Heranziehung der Europäischen Insolvenzverordnung. 2004.

Band 96 Cordelia Faulenbach: Der gemeinschaftsrechtliche Vorbehalt im europäischen Wettbewerbsrecht. Die Herkunftslandanknüpfung der E-Commerce-Richtlinie unter dem Einfluss der Grundfreiheiten. 2004.

Kolibri 360 GmbH
Ferdinand-Jühlke-Straße 7
99095 Erfurt, Deutschland
produktsicherheit@kolibri360.de

Druck:
CPI Druckdienstleistungen GmbH
im Auftrag der
Kolibri 360 GmbH
Ferdinand-Jühlke-Str. 7
99095 Erfurt